LAW & BUSINESS
法商图书

陈倩思 著

资本市场法律热点观察

业务规则与热点行业解读

Observation

of Hot Topics in Law in Capital Markets

法律出版社 LAW PRESS · CHINA
北京

图书在版编目(CIP)数据

资本市场法律热点观察 : 业务规则与热点行业解读 / 陈倩思著. -- 北京 : 法律出版社, 2023
ISBN 978-7-5197-7868-2

Ⅰ. ①资… Ⅱ. ①陈… Ⅲ. ①资本市场-金融法-法律解释-中国 Ⅳ. ①D922.280.5

中国国家版本馆CIP数据核字(2023)第069231号

资本市场法律热点观察
——业务规则与热点行业解读
ZIBEN SHICHANG FALÜ REDIAN GUANCHA
—YEWU GUIZE YU REDIAN HANGYE JIEDU

陈倩思 著

责任编辑 慕雪丹 章 雯
装帧设计 汪奇峰

出版发行 法律出版社
编辑统筹 法商出版分社
责任校对 赵明霞
责任印制 胡晓雅
经　　销 新华书店

开本 710毫米×1000毫米 1/16
印张 23 **字数** 374千
版本 2023年8月第1版
印次 2023年8月第1次印刷
印刷 永清县金鑫印刷有限公司

地址:北京市丰台区莲花池西里7号(100073)
网址:www.lawpress.com.cn
投稿邮箱:info@lawpress.com.cn
举报盗版邮箱:jbwq@lawpress.com.cn

销售电话:010-83938349
客服电话:010-83938350
咨询电话:010-63939796

书号:ISBN 978-7-5197-7868-2
定价:89.00元

凡购买本社图书,如有印装错误,我社负责退换。电话:010-83938349

序　一

过去30多年来，中国的发展创造了奇迹，而这个奇迹的起点正是珠三角。珠三角地区不仅是改革开放的前沿、经济特区和开路先锋，也是政策与法治创新发展的高地。在这样的大时代背景下，珠三角粤港澳大湾区的专业法律服务不断成长开拓，律师队伍来自五湖四海，他们勇立潮头，深度融入敢于创新、务实肯干、开放包容的岭南文化与创业浪潮，兼具家国情怀和专业使命，行业内涌现出众多职业贤达和专业精英。金杜国际中心落户珠三角、大湾区，努力学习吸收岭南人杰地灵之气息，立足本区域，辐射全国、亚洲乃至世界，大家齐心合力，不断提升国际化服务能力，共同推动粤港澳大湾区国际化综合法律服务能力更上一层楼。

今天，站在百年变局的路口，我们更需要持续发扬创新、务实、开放的精神，脚踏实地、兢兢业业、奋勇拼搏，走出一条属于自己的专业服务发展道路。

本书是同事们在总结提炼多年深耕资本市场法律服务经验的基础上，归纳业务规则规律特点，难点热点案件形成的智力成果，其在重视专业创新与提供综合性解决方案、积极主动满足市场与客户需求等方面的探索与实践，具有可读性和一定的专业学习与参考价值。本书凝结着金杜大湾区律师团队的集体专业智慧和深度理性思考后的理论成果。

在金杜律师事务所成立30周年之际，该书的特别推出适逢其时，是对金杜生日的献礼，更是对一直以来信赖、支持金杜发展成长的广大客户朋友们的致敬！

怀着对时代的感恩与敬畏、对前途与未来的憧憬与自信，坚守法律人的初心，不断求索前行。

告别了2022年的集体记忆，一切艰辛痛楚跋涉磨砺雨打风吹去。迎新共勉，让新的一年带来更多精彩美好，新的期盼与收获。

王俊峰

金杜律师事务所创始合伙人

金杜全球主席

序　二

党的十一届三中全会以来,我国确立了以经济建设为中心的社会主义初级阶段基本路线,确立了改革开放的基本国策。我国资本市场的发展历程正是改革开放宏大篇章中重要而又精彩的一章:以上市制度的逐步调整革新为主线,从20世纪90年代初仍带有浓重计划经济色彩的分配上市指标,到2000年以来逐步完善上市保荐制度、中国证监会核准上市,到2019年以信息披露为核心的注册制试点,再到完善配套法规并于2023年开始全面推行注册制,境内资本市场的市场化水平、专业化水平、法治化水平不断提高,自律规则、监管规则、投资者保护规则等资本市场相关规则日趋完善。

我从事律师职业将近30年,有幸见证和参与了中国资本市场在经济腾飞背景下的发展与变迁。当下已进入我国经济发展转型的关键阶段,我们也站在了境内资本市场前进的新阶段、新起点。一方面,规则和制度持续更新迭代,为企业和投资者参与资本市场创造更健全的法治环境;另一方面,经济结构优化,产业升级,更多新兴行业逐渐崭露头角,也让诸多具有行业特色的法律问题受到关注。

健康的实体经济与健康的资本市场之间是相互促进、相互依存的状态,在这方面粤港澳大湾区提供了良好的观察样本。珠三角地区是我国改革开放的排头兵,40余年来一直走在中国改革和发展的前沿,培育出了通讯技术、智能装备、新能源、互联网信息服务、生物医药、家用电器、电子信息、服装纺织、房地产等优势产业集群。在这些产业成长的过程中,粤港澳大湾区良好的资本运作环境和活跃的投融资氛围为吸引产业落地、助力产业发展与升级、推动优秀企业走向世界发挥了重要的作用。一批又一批优秀企业的涌现,又为粤港澳大湾区整个资本市场的发展注入源源不断的活力,使产业与资本的互动处于良性循环的状态。

陈倩思律师是我的同事,她具有以理工科见长的华中科技大学和以法律见长的武汉大学的双重学术背景。我想在她于高校求学的阶段,法律职业必须与实业紧密相连的想法就已经在她心中播下了种子。在进入金杜前,陈倩思律师曾供职于华为，外派海外数年，亲身经历了中国科技企业在海外奋勇开拓的酸甜苦辣。企业需要什么样的法律服务、需要什么样的律师，在华为供职的这段经历一定令她有所领悟。加入金杜多年以来，陈倩思律师带领团队与实体经济领域的众多客户建立了有深度、有广度、有温度的合作关系，粤港澳大湾区的诸多客户朋友尤其给予了我们最前沿的法律服务经验。正是有这些优秀的客户，才让我们一次次有机会将律师的专业法律技能与企业经营、资本运作相结合，从而形成了一套观察法律和行业的方法论。在此，必须向这些优秀的企业和它们的掌舵人表达诚挚的谢意。

陈倩思律师和我提及，编写并出版本书的目的，是将我们对资本市场法规和热点行业法律要点的观察汇集成册，为在潮流中起伏的企业和中介服务机构提供我们的观察和思考。也许本书中会有一些遗漏，对部分问题的阐述和分析可以更细致，行业间着墨的力度也可以更平衡一些。但是瑕不掩瑜，我热切期待着本书能够为读者们带去帮助，开阔企业进行资本运作的思路，为热点行业进行资本运作提供具有一定时效性的法律指引。也期待陈倩思律师继续进步，精进学识，为客户提供更好的服务！

王立新
金杜律师事务所管委会委员
粤港澳大湾区暨金杜国际中心管理合伙人
广州分所管理合伙人

自　序

在内部经济转型、外部局势变幻、疫情持续影响等多重因素的交叉作用下，近几年来我国经济环境发生了较为明显的变化。体现在具体行业上，不少过去受到资本热捧、发展势头迅猛的行业呈下行趋势，而以新能源、硬科技、医疗健康等为代表的若干行业则在经济放缓的背景下逆势上行，进入发展的快车道，在一级市场、二级市场上吸引了大量资金方的关注和投入。党的二十大报告中提出，“构建新一代信息技术、人工智能、生物技术、新能源、新材料、高端装备、绿色环保等一批新的增长引擎”，“加快实施创新驱动发展战略”，进一步为相关行业提供了持续和广阔的市场空间。作为专业的资本市场律师，我们深感紧贴市场变化、积极响应市场需求、不断更新专业能力的重要性。

基于此，我们通过对证券法律服务中的代表性场景的相关规则进行解读，以及对新能源、硬科技、医疗健康等热门行业的突出法律问题进行梳理，编写了证券法律业务规则和热点行业研究两编共二十章，以正式出版物的形式推出，以期对所涉及的资本运作核心法律问题进行阐述，以资本市场从业者的第一视角进行较为全面的解读。

本书业务规则编选取了我们在证券法律服务中常见的几种场景——境外上市、境内上市、上市公司资本运作、跨境投资和守门人职责，以证券律师的视角为读者层层打开资本市场规则的面纱；本书热点行业编聚焦新能源、硬科技、医疗健康等热点行业，从最新法规政策、宏观监管架构、行业资本市场表现、资本运作核心法律问题等多个角度，为读者自宏观至微观展开行业细分领域的资本市场画卷。

由于篇幅所限，我们仅选取了近年来最新动向及重点事项解读，无法一一罗列资本市场的全部规则和发展历史，也无法详尽阐述行业方方面面的法律问题。我们期待，本书可以让读者对资本市场法律层面问题有更深入的理解，希望本书的推出只是一个开始，为读者打开一扇从法律角度探知资本市场的窗口。也欢迎接触到本书的资本市场的同仁或是拟加入资本市场的有志之士，以本书为契机，与我们建立沟通、分享的桥梁。

最后，感谢我团队的同事们，感谢出版社各位编辑，有赖于你们的大力支持，辛劳付出，本书才得以如期印出。

陈倩思
金杜律师事务所合伙人

目　录

上编　业务规则

近年来，我国资本市场法律法规和业务规则不断推陈出新，整个规则体系和监管环境发生了巨大的变化。境外上市方面，《境内企业境外发行证券和上市管理试行办法》于2023年2月17日发布，统一境外间接上市（红筹上市）和直接上市（如H股上市）的监管模式从探索变为了现实；境内上市方面，科创板、北交所横空出世，深交所中小板与主板合并，创业板顺利由审核制向注册制过渡，随着2023年2月17日全面实施注册制相关法规规则发布，全面推进注册制已经正式铺开；跨境投资方面，外商投资实现了审批制—备案制—报告制的过渡，境外投资的监管架构则趋于简练……

随法规更新随时刷新自身的知识储备，是律师职业永恒的功课。在境内资本市场规则变迁的过程中，律师同资本市场的其他参与主体一道，通过梳理规则、研习案例、参与项目等多种方式，形成对规则脉络化、体系化、时效性的理解。

在学习规则、理解规则、运用规则的过程中，我们选取了本律师团队在资本市场法律服务工作中最为常见的几种场景——境外上市、境内上市、上市公司资本运作、跨境投资以及中介机构职责——作为切入点，尝试以成文的形式记录下一些理解、感悟和经验。出于知识分享、共同进步的目的，我们期待能够为资本市场各参与主体提供一套场景化的解题思路。

第一章　境外上市:企业境外上市新规解读
——从监管规则之变迁谈起

2023 年 2 月 17 日,中国证监会发布了《境内企业境外发行证券和上市管理试行办法》(以下简称《管理试行办法》)及 5 项配套指引①(合称境外上市新规或新规),自 2023 年 3 月 31 日起施行。境外上市新规下,监管机构对我国境内企业直接或间接境外发行上市实施统一备案管理,标志着我国对于境内企业在境外发行证券的相关监管机制迎来全面革新,境内企业境外上市迎来了统一备案制新时代。

本章在回顾境内企业境外上市主要模式、相关程序及监管制度变迁的基础上,全面梳理境外上市新规要点、审核程序及相关实践关注事项,与读者们分享我们对境外上市新规的一些理解及看法。

一、境内企业境外上市主要模式及监管变迁

(一)境内企业境外上市主要模式

境内企业境外上市主要采用间接境外上市模式(红筹模式,含“大红筹”②和“小红筹”,仅为本章之目的,本章中主要指“小红筹”)或直接境外上市模式(以 H

---

① 5 项配套指引包括:《监管规则适用指引——境外发行上市类第 1 号》;《监管规则适用指引——境外发行上市类第 2 号:备案材料内容和格式指引》;《监管规则适用指引——境外发行上市类第 3 号:报告内容指引》;《监管规则适用指引——境外发行上市类第 4 号:备案沟通指引》;《监管规则适用指引——境外发行上市类第 5 号:境外证券公司备案指引》。

② 国务院《关于进一步加强在境外发行股票和上市管理的通知》(国发〔1997〕21 号,以下简称 97 红筹指引,于 2023 年 3 月 31 日起失效)原为大红筹监管的主要依据,根据该通知,大红筹监管的范围为在境外注册、中资控股(包括中资为最大股东)的境外上市公司及非上市公司。之后实践中将该通知适用范围限缩解读为仅限于中国企业控股,甚至仅限于国有企业控股。

股模式为代表,本章中亦以 H 股模式为例),主要区别见表 1－1－1。

表 1－1－1　红筹模式与 H 股模式的主要区别

<table>
<tr><th></th><th>红筹模式</th><th>H 股模式</th></tr>
<tr><td>上市地</td><td>我国香港地区、美国等境外地区、国家</td><td>仅限我国香港地区</td></tr>
<tr><td>上市主体</td><td>境内企业通过红筹重组,以境外公司(如开曼公司)作为上市主体</td><td>直接以境内企业作为上市主体</td></tr>
<tr><td>上市架构</td><td>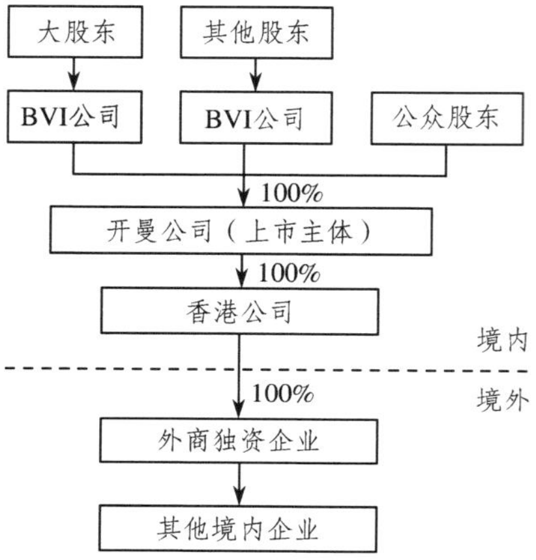

注:VIE 模式下,存在外商投资限制的其他境内企业由外商独资企业通过 VIE 协议控制</td><td>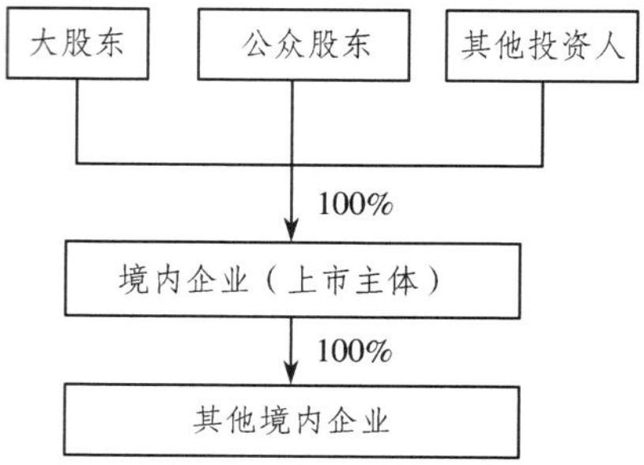
</td></tr>
</table>

(二)境内企业境外上市监管变迁

境内企业境外上市兴起于 20 世纪 90 年代初,随着我国对境内企业境外上市的监管变迁,境内企业境外上市逐步形成红筹上市模式与 H 股上市模式两条独立监管条线的格局。

1. 1992—1994 年:政策初始期

1992 年 10 月,我国成立国务院证券委员会①(以下简称证券委),开始对证券市场进行统一管理。

① 国务院证券委员会:国务院证券委员会系我国于 1992 年成立的最高证券管理权力机关,中国证监会是国务院证券委员会的执行机构,依法对证券市场进行监管。1998 年 4 月,中国证监会与国务院证券委员会合并为中国证监会,专司全国证券、期货市场的监管职能。

1992 年 12 月 17 日，在证券委成立两个月后，国务院颁布《关于进一步加强证券市场宏观管理的通知》，首次明确企业境外上市应经证券委员会审批，正式开启了对中国境内企业境外上市的监管。

此后，无论是证券委于 1993 年 4 月转批的中国证监会《关于境内企业到境外公开发行股票和上市存在的问题的报告》、国务院于同月颁布的《股票发行与交易管理暂行条例》（国务院令第 112 号），抑或中国证监会于 1994 年 2 月致香港证监会的《关于境内企业到境外发行股票和上市审批程序的函》，均一再重申境内企业**直接或者间接**到境外发行股票、将其股票在境外交易，**均需经证券委审批**。

这一时期，相关监管规则并未区分红筹上市和 H 股上市，凡境外上市均需经证券委审批同意。事实上，该时期境外上市的主力军为国有企业，除规范境外上市管理外，上述规则一定程度上亦是为了避免因境外证券运作带来的国有资产流失风险。

2. 1994 年后：政策成熟期

1994 年后，红筹上市模式与 H 股上市模式的监管规则出现分野，经历几轮变迁后，形成两条独立监管条线的格局（见图 1－1－1）。

红筹上市	H 股上市
1997 年：开启“大红筹”时代 国务院发布 97 红筹指引，自发布以来，97 红筹指引为“大红筹”上市审批的主要依据	1994 年：H 股上市核心制度建立 1994 年 8 月，国务院发布《关于股份有限公司境外募集股份及上市的特别规定》（国务院令第 160 号，以下简称**《境外上市特别规定》**）、证券委等发布《关于执行〈到境外上市公司章程必备条款〉的通知》（证委发〔1994〕21 号，以下简称**《章程必备条款》**），明确了中国企业发行境外上市外资股的发行规则、外部审批程序、内部治理制度、信息披露要求及章程必备条款。上述规定也是境内企业境外直接上市须遵守的核心规定
2000—2003 年：“无异议函”监管阶段 2000 年，中国证监会《关于涉及境内权益的境外公司在境外发行股票和上市有关问题的通知》开始对小红筹上市企业实施**“无异议函”监管**，要求不受 97 红筹指引规制的民营企业在采用小红筹上市前，应由律师就该事项向中国证监会报送法律意见书，并取得中国证监会无异议函。 直至 2003 年，中国证监会**取消对小红筹上市企业的“无异议函”监管**，小红筹上市自此无须经中国证监会审批	1999 年：确立“456”标准 《关于企业申请境外上市有关问题的通知》（证监发行字〔1999〕83 号）确立了境内企业境外上市的“456”标准*；此外，《境内企业申请到香港创业板上市审批与监管指引》对香港创业板上市条件作出了特别规定

2003 年后：中国证监会单一监管转向各部委多元监管

2003 年后，我国对红筹上市的监管思路从中国证监会单一监管逐步转向商务部、国家外汇局、国家发改委、工商、税务、国资委等多部门多元监管。

- 75 号文、37 号文外汇登记

  2005 年，国家外汇管理局先后出台汇发〔2005〕11 号文、汇发〔2005〕29 号文及汇发〔2005〕75 号文等，对境内居民境外投资外汇管理事项作出规定。此后国家外汇管理局又陆续出台系列规则，逐步简化和完善了相关外汇登记管理制度。根据汇发〔2014〕37 号文、汇发〔2015〕13 号文及汇发〔2019〕39 号文的相关规定，境内居民于境外设立特殊目的公司进行投融资应当于商业银行办理外汇登记。

- 10 号文

  《关于外国投资者并购境内企业的规定》（以下简称 10 号文）于 2006 年 8 月出台并于 2009 年 6 月修订，出台后即对红筹架构搭建产生重要影响。根据 10 号文规定，关联并购及特定情况下的特殊目的公司境外上市须取得商务部审批及中国证监会核准**。

  为避免触发上述审批、核准程序，实践中逐渐产生了“两步走”、实际控制人取得境外身份等红筹重组方式。

- 境外直接投资审批

  国家发改委《企业境外投资管理办法》、商务部《境外投资管理办法》及外汇局汇发〔2015〕13 号文、汇发〔2019〕39 号文等规定对于境内企业境外直接投资的审批程序作出了规定（以下统称境外直接投资规则）。

  红筹架构搭建过程中，为实现原境内法人股东的权益外翻，往往涉及原境内法人股东新设境外子公司。境外直接投资规则也因此成为企业红筹上市时的重要监管规则之一

2009 年：明确 28 项和 22 项审批申请文件

2009 年发布的《股份有限公司境外公开募集股份及上市（包括增发）审批申请材料目录和申请书示范文本》明确了香港主板上市所需的 28 项审批申请文件、创业板上市所需的 22 项审批申请文件

2013 年：废止“456”标准并简化审批文件

2013 年 1 月生效的《关于股份有限公司境外发行股票和上市申报文件及审核程序的监管指引》（中国证监会公告〔2012〕45 号）废止了“456”标准并简化上市程序；基于此，同月，中国证监会将香港主板、创业板上市审批申请文件大幅简化为 13 项、12 项

2015 年：发布审核关注要点

中国证监会在梳理 2014 年境外发行上市审核反馈意见所关注共性问题的基础上编制了《股份有限公司境外公开募集股份及上市（包括增发）审核关注要点》（2015 年版）（以下简称《2015 年审核关注要点》），首次明确 13 项审核关注要点

2016 年：进一步简化审批程序

2016 年更新的《股份有限公司境外公开募集股份及上市（包括增发）审批》进一步简化境外上市的申请文件和申请程序，取消了财务审核、取消提交环保证明文件的要求

2019 年：全面实施 H 股全流通、更新审核关注要点并简化审批程序

《H 股公司境内未上市股份申请“全流通”业务指引》（中国证监会公告〔2019〕22 号）的生效代表我国开始全面实施 H 股全流通。

2019 年 7 月，中国证监会将《2015 年审核关注要点》中的事项删减为 11 项，删除了国有股权管理的相关事项；同月，更新后的境外上市审批指南（2019 年版）亦不再要求提交对国资监管部门对国有股权设置的批复文件，将审批申请文件简化为 6 项***。

2019 年 11 月发布的《H 股公司境内未上市股份申请“全流通”审核关注要点》明确了“全流通”的六项审核关注要点

图 1－1－1　1994 年后红筹上市与 H 股上市监管条线格局

注：*456 标准来源于《关于企业申请境外上市有关问题的通知》（证监发行字〔1999〕83 号）第 1 条第 3 项，境内股份有限公司申请境外上市的条件之一为“净资产不少于 4 亿元人民币，过去一年税后利润不少于 6000 万元人民币，并有增长潜力，按合理预期市盈率计算，筹资额不少于 5000 万美元”。

**《关于外国投资者并购境内企业的规定》第 11 条规定，“境内公司、企业或自然人以其在境外合法设立或控制的公司名义并购与其有关联关系的境内的公司，应报商务部审批。当事人不得以外商投资企业境内投资或其他方式规避前述要求”。该规定第 40 条第 1 款要求，“特殊目的公司境外上市交易，应经国务院证券监督管理机构批准”。

***中国证监会于 2018 年 11 月 22 日颁布的《中国证监会关于落实证明事项清理工作取消相关事项的决定》（中国证监会公告〔2018〕38 号）取消了境内公司申请境外发行股票和上市时需要提交国有资产管理部门关于国有股减（转）持的相关批复文件的规定，随后 2019 年更新的境外上市审批指南及《H 股公司境内未上市股份申请“全流通”业务指引》（2019 年版）均体现了该变化。

二、境外上市新规要点

与以往境外上市监管规则显著不同的是，境外上市新规首次明确将境内企业直接及间接境外发行上市纳入统一监管，打破了目前红筹上市和 H 股上市两条独立监管条线的局面。境外上市新规的主要要点如下。

（一）监管范围：境内企业直接及间接境外发行上市

1. 境外发行上市方式及证券类型

（1）境外发行上市方式

境外上市新规明确将境内企业直接境外发行上市（H 股模式）及间接境外发行上市（红筹模式）均纳入监管范围。对于“境外间接发行上市”，境外上市新规明确认定标准为同时符合以下两项情形：

①财务指标：境内企业最近一个会计年度的营业收入、利润总额、总资产或净资产，任一指标占发行人同期经审计合并财务报表相关数据的比例超过 50%；

②业务及人员指标：经营活动的主要环节在境内开展或者主要场所位于境内，或者负责经营管理的高级管理人员多数为中国公民或者经常居住地位于境内。

境外上市新规强调，在认定间接境外发行上市时，应遵循实质重于形式的原则，为间接境外发行上市的认定做了兜底。境外上市新规进一步阐明，如发行人不符合上述第 1 项财务指标，但在境外市场按照非本国（或地区）发行人有关规定要求提交发行上市申请，且依规定披露的风险因素主要和境内相关的，则证券公司及发行人境内律师应遵循实质重于形式的原则，对发行人是否属于备案范围进行综合论证与识别。

(2)境外发行上市证券类型

纳入境外上市新规监管范围的证券类型为境内企业直接或间接在境外发行上市的股票、存托凭证、可转换为股票的公司债券或者其他具有股权性质的证券。

2. 境外发行上市对象及币种

境外上市新规放宽了对币种的限制及直接境外发行上市的对象,在符合国家跨境投融资、外汇管理和跨境人民币管理等相关规定的前提下,允许境外发行上市企业通过人民币或外币募集资金和分红派息。此外,对于直接境外发行上市的发行对象在境外投资者的基础上增加境内特定主体,允许直接境外发行上市的境内企业在实施股权激励、发行证券购买资产或国家另有规定①的情形下,向境内特定主体发行证券。

对于股权激励,境外上市新规还明确了激励对象范围、相关程序及核查要求,允许发行人存在首发备案前制定、准备在上市后实施的期权激励计划;且明确股权激励不属于《管理试行办法》第16条第2款规定的应履行备案的情形,②豁免了境内企业境外上市后发行证券进行股权激励的备案程序。以往,境内企业以H股模式上市时,一般需以内资股作为向境内员工进行股权激励的来源;根据境外上市新规前述规定,在遵循外汇管理等相关规定的前提下,企业将可直接以外资股作为员工股权激励来源,激励工具的选择将更为灵活,且境内企业境外上市后实施股权激励将无须履行备案程序,简化了股权激励程序。

(二)境外上市禁止情形:不得境外发行上市的五种情形

境外上市新规明确涉及以下情形之一的,不得境外发行上市。

---

① 通过合格境内机构投资者(QDII)、履行境外投资备案(ODI)程序等方式开展的投资属于"国家另有规定"的情形。

② 《监管规则适用指引——境外发行上市类第1号》第2条第3项规定:"《管理试行办法》第十六条第二款规定的发行人境外发行上市后在同一境外市场发行证券,不包括发行证券用于实施股权激励、公积金转为增加公司资本、分配股票股利、股份拆细的情形。"

1. 法律、行政法规或者国家有关规定明确禁止上市融资的[①];

2. 经国务院有关主管部门依法审查认定,境外发行上市可能危害国家安全的;

3. 境内企业及其控股股东、实际控制人最近 3 年内存在贪污、贿赂、侵占财产、挪用财产或者破坏社会主义市场经济秩序的刑事犯罪[②]的;

4. 境内企业因涉嫌犯罪或重大违法违规行为[③]正在被依法立案调查,尚未有明确结论意见的;

5. 控股股东或者受控股股东、实际控制人支配的股东持有的股权存在重大权属纠纷的。

如境内企业境外发行上市前存在上述情形的,应当暂缓或者终止境外发行上市,并及时向中国证监会、国务院有关主管部门报告。

(三)境外上市程序要求:事前审查、备案及重大事项报告程序

1. 一般程序:备案程序及重大事项报告程序

(1)境外上市备案程序

境外上市新规下,境内企业以不同模式境外上市均须履行事中、事后备案程序,具体如下:

①备案义务主体。境内企业直接境外发行上市的,由发行人履行备案程序;间接境外发行上市的,由发行人指定一家主要境内运营实体为境内责任人,履行备案程序。

②备案时点。事中备案及事后备案:发行人应分别在境外提交首次公开发行上市申请文件(如港股递交 A1 表格、美股递交 F1 表格)及完成境外上市证券发行后 3 个工作日内,向中国证监会进行备案。

---

① 禁止上市融资的情况主要包括:(1)国家发改委、商务部印发的《市场准入负面清单》禁止上市融资的;(2)境内企业属于《国务院关于建立完善守信联合激励和失信联合惩戒制度加快推进社会诚信建设的指导意见》(国发〔2016〕33 号)规定的严重失信主体的;(3)在产业政策、安全生产、行业监管等领域存在法律、行政法规和国家有关规定限制或禁止上市融资的。

② 如刑事犯罪主体为发行人收购而来,且相关刑事犯罪行为发生于发行人收购完成之前,原则上不视为发行人存在相关情形。但发行人主营业务收入和净利润主要来源于相关主体的除外。

③ 违法违规行为导致严重环境污染、重大人员伤亡、国家经济利益重大损失或其他社会影响恶劣的情况,原则上应当认定为重大违法违规行为。

③备案材料。境外首次公开发行上市的备案材料包括但不限于：备案报告及承诺备案报告所附文件；行业主管部门等出具的监管意见、备案或核准等文件（如适用）；有关部门出具的安全评估审查意见（如适用）；境内法律意见书；招股说明书或上市文件。

④备案情形。除境内企业境外首次公开发行上市证券须履行备案程序外，境外上市新规下涉及备案的情形还包括境外上市后再融资、二次上市、借壳上市及特殊目的并购公司（SPAC）、H股全流通申请等涉及境外证券发行行为。在不同的备案情形中，须严格按照境外上市新规中的不同备案要求履行事中及（或）事后备案程序。

（2）重大事项报告程序

境外上市新规下，境内企业在境外上市的事中、事后均须遵守并履行重大事项报告制度，具体如下：

第一，事中报告。发行人备案后、完成境外发行上市前，发生以下重大事项的，应当及时向中国证监会报告，并自相关事项发生之日起3个工作日内更新备案材料：①主营业务或业务牌照资质的重大变更；②控制权变更或股权结构的重大变更；③发行上市方案的重大调整[①]。

第二，事后报告。发行人境外上市后，发生以下重大事项，应当在发生并公告之日起3个工作日内向中国证监会报告具体情况：①控制权变更；②被境外证券监督管理机构或有关主管部门采取调查、处罚等措施；③转换上市地位或上市板块；④主动终止上市或强制终止上市。

需要注意的是，发行人境外上市后主要业务经营活动发生重大变化，不再属于备案范围的，应当自变化发生之日起3个工作日内，向中国证监会提交专项报告及境内律师事务所出具的法律意见，说明有关情况。

2. 特殊程序要求：安全审查程序

境外上市新规明确规定，“境内企业境外发行上市活动，应当严格遵守外商投资、网络安全、数据安全等国家安全法律法规和有关规定，切实履行维护国家安全的义务。涉及安全审查的，应当在向境外证券监督管理机构、交易所等提交发行

---

① 发行上市方案重大调整，包括变更上市地以及方案调整后控制权可能发生变更、调增发行股份比例。调减发行股份比例、变更上市方式、变更上市板块但未变更上市地等情形，无须更新备案材料。

上市申请前依法履行相关安全审查程序”。

（1）外商投资安全审查程序

①2022 年 1 月 1 日起施行的《外商投资准入特别管理措施（负面清单）（2021 年版）》（以下简称《负面清单》）第 6 条规定，“**从事《外商投资准入负面清单》禁止投资领域业务**的境内企业到境外发行股份并上市交易的，应当经国家有关主管部门审核同意，境外投资者不得参与企业经营管理，其持股比例参照境外投资者境内证券投资管理有关规定执行”。

②根据国家发改委、商务部的相关答记者问，对于上述规定需要注意：

第一，对于外商投资安全审查的适用范围，目前仅明确适用于从事《负面清单》禁止投资领域业务的境内企业到境外直接上市。也就是说，一方面，如企业从事的是“限制类”而非“禁止类”业务，则不属于上述第 6 条所规范的情形；另一方面，目前仅明确 H 股上市模式需进行外商投资安全审查；对于红筹上市模式，外商投资相关规定及境外上市新规均未就其是否需进行外商投资安全审查予以明确，鉴于新规施行后，H 股上市和红筹上市纳入统一管理且新规强调均需遵守外商投资法律法规，初步理解间接境外发行上市有较大可能同样适用外商投资安全审查的相关要求[①]，建议届时与相关主管部门了解监管意见。

第二，上述规定中“应当经国家有关主管部门审核同意”系指审核同意境内企业赴境外上市不适用《负面清单》禁止性规定，而不是指审核境内企业赴境外上市的活动本身。这意味着，从事《负面清单》禁止投资领域业务的境内企业并未被禁止赴境外上市。相反，如经相关主管部门审核同意，其赴境外上市可以被认定为不适用《负面清单》禁止性规定。

第三，目前，外商投资安全审查的具体办理流程尚未明确。境外上市新规要求企业在办理境外上市事中备案时提交有关部门出具的审查意见（如适用）作为申请材料之一，我们倾向于认为企业应当在备案前与有关部门沟通并完成外商投资安全审查（如涉及）。

---

①　根据国家发改委《你关心的热点问题，国家发展改革委来回应啦！（六）》（网址：https://www.ndrc.gov.cn/fggz/fgzy/shgqhy/202201/t20220128_1313731.html? code = &state = 123）一文，外商投资安全审查的适用范围仅限于从事《负面清单》禁止投资领域业务的境内企业到境外直接上市。对于境内企业到境外间接上市的，中国证监会正在就相关规定公开征求意见，欢迎各方提出建设性意见和建议，待相关文件完成程序正式出台后，有关部门将按规定办理。目前境外上市新规尚未就间接上市是否需进行外商投资安全审查予以明确。

第四，此外，境内企业向中国证监会提交境外上市申请材料后，如涉及外资准入《负面清单》禁止领域等事项，中国证监会将征求行业或相关领域主管部门的意见，依规推进相关监管程序。

（2）网络/数据安全审查程序

2021 年 9 月 1 日起施行的《数据安全法》第 24 条第 1 款明确规定，“国家建立数据安全审查制度，对影响或者可能影响国家安全的数据处理活动进行国家安全审查”。同时，根据 2022 年 2 月 15 日起施行的《网络安全审查办法》，**网络/数据安全审查包括主动申报审查及被动审查两种情形**。对于掌握超过 100 万用户个人信息的网络平台运营者赴国外上市的，必须主动向网络安全审查办公室申报网络安全审查，并于备案前取得审查意见，即主动申报审查；对于网络安全审查工作机制成员单位认为影响或者可能影响国家安全的网络产品和服务以及数据处理活动，主管部门有权依法进行网络安全审查，即被动审查。

依据上述规定，并结合境外上市新规，境内企业赴国外上市涉及主动申报审查，赴港上市虽然不涉及主动申报审查，但是不排除被动审查的可能。因此，境内企业无论是赴国外上市还是赴港上市，如其从事的行业或开展的业务可能涉及上述法律规定的安全审查事项，建议均应主动与相应监管部门提前沟通，了解是否须履行上述安全审查程序，避免影响上市计划及时间表安排。

此外，根据境外上市新规的规定，在上述安全审查过程中，国务院有关主管部门有权要求采取及时整改、作出承诺、剥离业务资产等措施，消除或避免境外发行上市对国家安全的影响；如经国务院有关主管部门依法审查认定境外发行上市可能危害国家安全的，该境内企业不得境外发行上市。对此，提前与监管部门沟通有利于公司提早作出相关安排或调整上市计划。

（四）境外发行上市相关主体的法律责任

以往境内相关监管规则对境外上市相关市场主体需承担的法律责任规定并不清晰，红筹上市活动更是未被明确纳入境内证券监管范围。就此，境外上市新规明确规定了境内企业境外上市相关责任主体的范围及其法律责任。其中，责任主体包括境内企业及其控股股东、实际控制人、直接负责的主管人员和其他直接责任人员，从事境内企业境外发行上市业务的境内外证券公司、证券服务机构等。前述责任主体应对境外上市相关材料的真实性、完整性负责，境外上市新规就未履行备案或备案材料存在隐瞒重要事实、编造重大虚假内容等违法违规行为均明确规定了各责任主体对应的法律责任，提高了境外上市违规成本，有利于保护境内外投资者合法权益，促进企业境外上市活动规范健康有序发展。

三、境外上市新规时代下境外上市审核程序及实践关注事项

（一）境外上市新规生效前后的境内企业境外上市程序

如前文所述，于境外上市新规生效前，红筹上市与H股上市基本为两条独立的监管条线，红筹上市一般不涉及境内监管部门审批程序。红筹上市和H股上市的相关程序见图1－1－2。

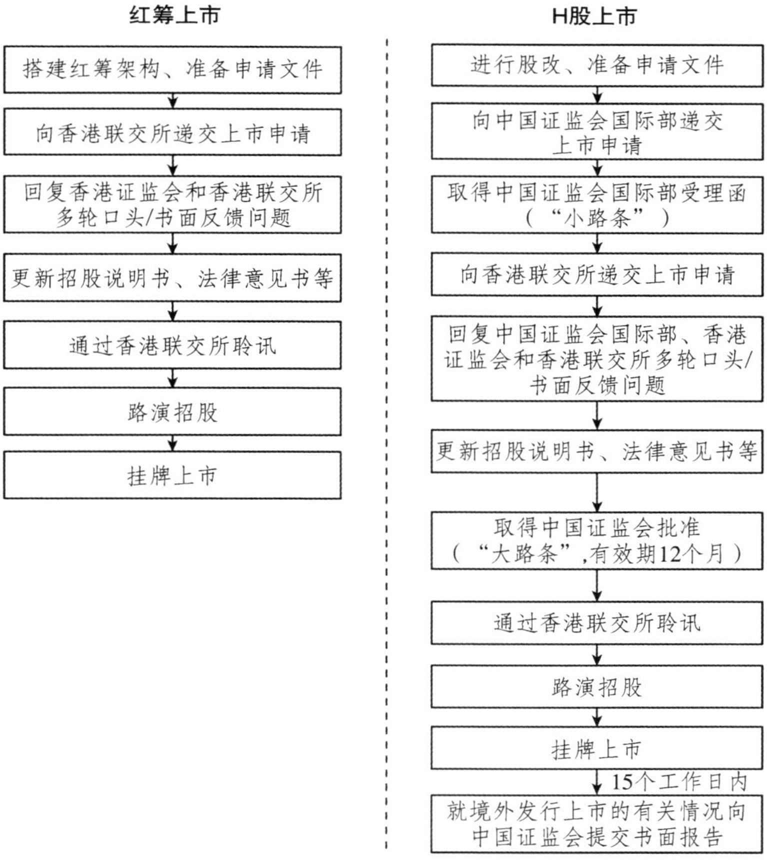

图1－1－2　红筹上市和H股上市的相关程序

境外上市新规生效后，红筹上市与H股的流程基本一致（仍有细微差别，如境内备案程序的义务履行主体存在差异），主要程序见图1－1－3。

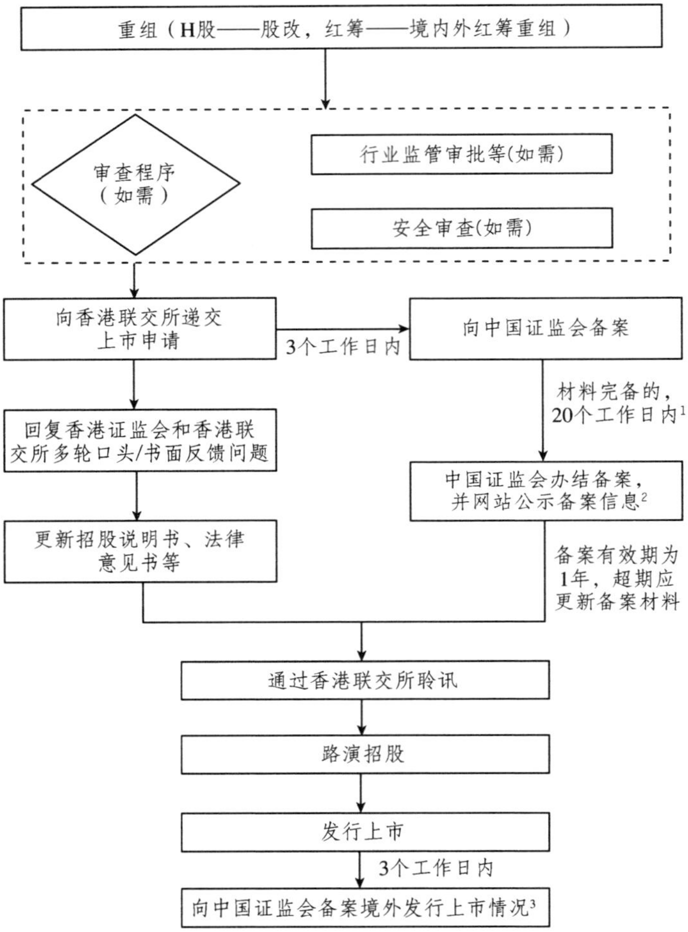

图1－1－3　境外上市新规下H股及红筹境外上市流程

注：1　在向中国证监会备案过程中，发行人可能存在境外发行上市五种禁止情形的，中国证监会征求有关主管部门意见的时间不计算在备案时限内；

2　发行人在境外采用秘密或非公开方式提交上市申请文件的，可在备案时向中国证监会申请延后公示备案信息，并应在境外公开发行上市申请文件后3个工作日内向中国证监会报告；

3　采用分次发行的，应在首次发行完成后的3个工作日内履行备案程序，说明拟发行的证券总数。剩余各次发行完成后，应当向中国证监会汇总报告发行情况。

（二）境外上市新规下境外上市实践关注事项

1. 境外上市是否仍能采用 VIE 架构

（1）满足合规要求的 VIE 架构仍可依法备案赴境外上市

新规出台前，红筹上市企业采用 VIE 架构无须经境内监管部门审批，但实践中企业通常需就架构合规性取得相关行业主管部门意见；境外上市新规施行后，企业采用 VIE 架构赴境外上市被纳入监管范围，但其本身并不代表监管部门对 VIE 架构持否定态度，中国证监会有关负责人在答记者问中明确表示，中国证监会将征求有关主管部门意见，对**满足合规要求的 VIE 架构企业境外上市予以备案**。

（2）新规就 VIE 架构的合规性明确了核查要求

《监管规则适用指引——境外发行上市类第 2 号》（以下简称2 号指引）明确了 VIE 架构的具体核查要求，包括：①境外投资者参与发行人经营管理情况；②是否存在境内法律、行政法规和有关规定明确不得采用协议或合约安排控制业务、牌照、资质等的情形；③通过协议控制架构安排控制的境内运营主体是否属于外商投资安全审查范围，是否涉及外商投资限制或禁止领域。2 号指引为 VIE 架构企业赴境外上市提供了较为明确的合规性核查指引，进一步释放了积极信号。

（3）新规施行后，不排除 VIE 架构落入《负面清单》第 6 条规定的适用范围的可能

根据《负面清单》及相关答记者问，从事《负面清单》禁止投资领域业务的境内企业境外发行上市应经国家有关主管部门审核同意，该项新增规定暂时仅明确适用于境外直接上市；新规施行后，该项新增规定较大可能将同时适用于境外间接上市，监管机构对 VIE 架构的态度有待在具体项目中进一步明确。

2. 新规出台是否会影响已境外上市企业

（1）备案过渡期安排

根据中国证监会 2023 年 2 月 17 日发布的《关于境内企业境外发行上市备案管理安排的通知》及相关答记者问，新规施行后将区分增量企业及存量企业分别安排：

①存量企业：不要求立即备案，但后续如涉及再融资时应按新规要求备案。存量企业包括新规施行前已境外上市企业、间接境外发行上市申请已取得境外监

管机构/证券交易所同意(如中国香港市场已通过聆讯、美国市场已同意注册生效等)且在2023年9月30日前完成境外发行上市的企业,以及直接境外发行上市已取得中国证监会核准批文且在核准批文有效期内完成境外发行上市的企业(统称**存量企业**)。

②增量企业:除上述存量企业外的其他拟境外上市企业(统称**增量企业**)在新规施行后,**应按新规履行备案程序**。

(2)再融资备案简化

境外上市新规对于IPO和再融资的备案时点、备案材料要求等方面做出了差异化的制度安排,境外再融资进行事后备案且其备案材料有所简化,减少了对已上市企业融资活动的影响。

结 语

回顾我国对于境内企业境外上市监管的三十多年变迁历程,个中虽有波折,但整体态势仍为扩大开放、有序发展。我们理解,从境外上市新规的内容及相关精神来看,境外上市新规对境外上市备案制度及流程进行了规范,就数据安全、个人信息保护等其他境内监管协同制度安排进行了明确,这些制度将成为搭建更为健康、长远、可持续的境外上市融资渠道的坚定基石,同时也在资本市场发展、信息安全保护及投资者利益维护中获得平衡。我们将持续关注境外上市实践情况,并与大家共同探讨实时热点问题。

第二章　境内上市：A 股注册制各板块的板块定位分析及上市选择

2018 年 11 月，习近平总书记在首届中国国际进口博览会开幕式上正式提出“将在上海证券交易所设立科创板并试点注册制”。自此，注册制在我国资本市场拉开帷幕。首批科创板企业于 2019 年 7 月 22 日上市交易；首批创业板注册制企业于 2020 年 8 月 24 日上市，创业板改革并试点注册制正式落地；北交所于 2021 年 11 月 15 日开市并实行注册制。在市场期待的目光中，2023 年 2 月 17 日，中国证监会发布 A 股全面实行股票发行注册制相关制度规则；同日，上交所、深交所和北交所正式发布与全面实行股票发行注册制相配套的业务规则及指南；前述制度规则、业务规则及指南（合称**全面注册制规则**）自发布之日（2023 年 2 月 17 日）起施行。该等注册制规则的发布及施行标志着 A 股全面注册制正式落地，A 股以及中国资本市场迈入新时代。

根据同花顺 iFinD 金融数据终端统计，自注册制启动试点至 2023 年 2 月 1 日，已有 504 家、411 家、87 家企业分别在科创板、创业板、北交所实现发行上市。主板正式实施注册制后的市场情况和企业表现，我们拭目以待。过去，A 股市场较多聚焦成熟期的优秀企业，留给初创期和成长期企业的空间相对较小。注册制试点以来，科创板、创业板设置的多套上市指标均得到选用，未盈利企业、特殊股权结构企业、红筹企业均有上市案例；北交所的设立进一步让更多原本达不到沪深交易所上市标准的创新型中小企业，尤其是“专精特新”企业，得以进入资本市场。注册制改革实施以来，拟上市公司的上市路径增加，为更多不同类型企业进入资本市场提供了相应路径。本章就注册制的各板块定位及上市路径选择进行分析，以期为拟上市公司提供一定参考。

一、科创板板块定位分析

(一)科创板板块定位之规定

根据《首次公开发行股票注册管理办法》、《上海证券交易所股票上市规则》(2023 年 2 月修订)、《科创属性评价指引(试行)》(2022 年修正)及《上海证券交易所科创板企业发行上市申报及推荐暂行规定》(2022 年 12 月修订)的规定,科创板面向世界科技前沿、面向经济主战场、面向国家重大需求。优先支持符合国家战略,拥有关键核心技术,科技创新能力突出,主要依靠核心技术开展生产经营,具有稳定的商业模式,市场认可度高,社会形象良好,具有较强成长性的企业。具体如下。

1. 行业领域要求

(1)支持类行业领域

申报科创板发行上市的发行人,其业务应当属于表 1 –2 –1 中行业领域的高新技术产业和战略性新兴产业。

表 1 –2 –1　申报科创板发行上市的发行人行业领域要求

行业领域	主要行业
新一代信息技术	主要包括半导体和集成电路、电子信息、下一代信息网络、人工智能、大数据、云计算、软件、互联网、物联网和智能硬件等
高端装备	主要包括智能制造、航空航天、先进轨道交通、海洋工程装备及相关服务等
新材料	主要包括先进钢铁材料、先进有色金属、材料、先进石化化工新材料、先进无机非金属材料、高性能复合材料、前沿新材料及相关服务等
新能源	主要包括先进核电、大型风电、高效光电光热、高效储能及相关服务等
节能环保	主要包括高效节能产品及设备、先进环保技术装备、先进环保产品、资源循环利用、新能源汽车整车、新能源汽车关键零部件、动力电池及相关服务等
生物医药	主要包括生物制品、高端化学药、高端医疗设备与器械及相关服务等
其他	符合科创板定位的其他领域

注:就"符合科创板定位的其他领域"而言,规则层面尚无更多的解释。经检索案例,适用该领域申报并上市的项目如普源精电(688337. SH),其在《发行人及保荐机构关于第二轮审核问询函的回复》中披露"鉴于公司产品为通用电子测量仪器,其下游应用领域较多,并非专门应用于某一特定应用场景中,将公司定位于某一单一领域无法反映公司所处行业的特点。因此,公司将所处行业重新定位于

《上海证券交易所科创板企业发行上市申报及推荐暂行规定》中第三条（七）‘符合科创板定位的其他领域’”。因此，我们理解，如企业的其他各项指标符合科创板的定位，虽不能将其简单定义到已明确的六大行业领域，但亦可选择申报科创板并上市。

（2）限制类行业领域

限制金融科技、模式创新企业在科创板发行上市。

（3）禁止类行业领域

禁止房地产和主要从事金融、投资类业务的企业在科创板发行上市。

2. 具体指标要求

在符合行业领域要求的前提下，同时符合表1-2-2中4项指标的企业可申报科创板发行上市。

表1-2-2　科创板上市指标要求

指　　标	内　　容
指标1	最近3年累计研发投入占最近3年累计营业收入比例5%以上，或者最近3年研发投入金额累计在6000万元以上；其中，软件企业最近3年累计研发投入占最近3年累计营业收入比例10%以上
指标2	研发人员占当年员工总数的比例不低于10%
指标3（软件企业除外）	应用于公司主营业务的发明专利（含国防专利）5项以上
指标4（采用《上海证券交易所科创板股票上市规则》第2.1.2条第1款第5项上市标准申报科创板发行上市的发行人，或按照《关于开展创新企业境内发行股票或存托凭证试点的若干意见》等相关规则申报科创板的已境外上市红筹企业除外）	最近3年营业收入复合增长率达到20%，或者最近1年营业收入金额达到3亿元

在符合行业领域要求的前提下，虽未达到上述4项常规指标要求，但符合下列情形之一的企业亦可申报科创板发行上市：

（1）拥有的核心技术经国家主管部门认定具有国际领先、引领作用或者对于国家战略具有重大意义；

（2）作为主要参与单位或者发行人的核心技术人员作为主要参与人员，获得国家科技进步奖、国家自然科学奖、国家技术发明奖，并将相关技术运用于公司主营业务；

(3)独立或者牵头承担与主营业务和核心技术相关的“国家重大科技专项”项目;

(4)依靠核心技术形成的主要产品(服务),属于国家鼓励、支持和推动的关键设备、关键产品、关键零部件、关键材料等,并实现了进口替代;

(5)形成核心技术和应用于主营业务的发明专利(含国防专利)合计50项以上。

(二)科创板定位之常见审核关注要点

鉴于科创板对板块定位有较为明确的规定,企业在上市审核过程中会被关注是否符合科创板定位,主要问题包括:

1. 行业/板块定位

(1)主要产品是否属于国家科技创新和科创板支持、鼓励的行业领域;

(2)所属行业归类于科创板行业领域范畴的具体原因和合理性;

(3)与同行业可比公司行业领域归类的差异情况及原因分析;

(4)行业定位是否客观准确。

2. 核心技术是否具有先进性、竞争力

核心技术是否为行业成熟技术或行业内开展业务通用的基础性/通用技术,公司相关技术先进性的具体体现。

3. 核心技术在产品中的应用

(1)与主营业务收入相关的发明专利与主要产品的对应关系、与核心技术的关系、报告期内实现的收入及占比;

(2)核心技术在主要产品的生产/研发过程或生产/研发工序中的应用情况。

4. 核心技术人员及研发投入

(1)研发人员、核心技术人员认定标准、相关标准开始执行时点及报告期内标准的执行情况,近3年研发人员人数情况;

(2)公司研发部门主要成员、主要专利发明人、主要研发项目参与人等情况;

(3)核心技术的底层技术来源、与核心技术人员及其从业经历的关系,发行人及其技术人员是否存在违反保密条款、侵犯知识产权或商业秘密的情况,是否存在侵权或利用情形。

5. 发行人是否具备独立研发能力、创新能力

(1)发行人关键技术难点的突破是否仅限在应用层面解决问题,应用类软件

及其技术发展趋势与国家战略的匹配程度，发行人是否符合科创属性的要求；

（2）说明发行人现有研发体系是否具备持续创新能力或发行人技术持续创新的机制；

（3）进一步说明发行人的独立研发能力。

（三）小结

科创板的设立是为了进一步落实创新驱动发展战略，为科创型企业上市进行融资提供一个平台。因而，企业具备科创属性，满足科创板定位，是企业成功登陆科创板的前提。对于拟申报科创板的企业而言，建议严格按照监管要求提前评估自身是否符合科创板的定位，在专业机构的辅导下，提前筹划，提高成功率。

二、创业板板块定位分析

（一）创业板板块定位之规定

根据《首次公开发行股票注册管理办法》、《深圳证券交易所创业板股票上市规则》（2023 年修订）、《深圳证券交易所股票发行上市审核规则》和《深圳证券交易所创业板企业发行上市申报及推荐暂行规定》（2022 年修订）等规定，创业板深入贯彻创新驱动发展战略，适应发展更多依靠创新、创造、创意的大趋势，主要服务成长型创新创业企业，支持传统产业与新技术、新产业、新业态、新模式深度融合。创业板板块定位要求具体如下：

1. 成长型创新创业企业

符合下列标准之一：

（1）最近 3 年研发投入复合增长率不低于 15%，最近 1 年研发投入金额不低于 1000 万元，且最近 3 年营业收入复合增长率不低于 20%；

（2）最近 3 年累计研发投入金额不低于 5000 万元，且最近 3 年营业收入复合增长率不低于 20%；

（3）属于制造业优化升级、现代服务业或者数字经济等现代产业体系领域，且最近 3 年营业收入复合增长率不低于 30%。

最近 1 年营业收入金额达到 3 亿元的企业，或者按照《关于开展创新企业境内发行股票或存托凭证试点的若干意见》等相关规则申报创业板的已境外上市红筹企业，不适用前款规定的营业收入复合增长率要求。

2. 三创

企业符合“创新、创造、创意”大趋势。

3. 四新

支持传统产业与新技术、新产业、新业态、新模式深度融合。

4. 行业负面清单

属于上市公司行业分类相关规定中下列行业的企业，原则上不支持其申报在创业板发行上市：(1)农林牧渔业；(2)采矿业；(3)酒、饮料和精制茶制造业；(4)纺织业；(5)黑色金属冶炼和压延加工业；(6)电力、热力、燃气及水生产和供应业；(7)建筑业；(8)交通运输、仓储和邮政业；(9)住宿和餐饮业；(10)金融业；(11)房地产业；(12)居民服务、修理和其他服务业。

例外情形：与互联网、大数据、云计算、自动化、人工智能、新能源等新技术、新产业、新业态、新模式深度融合的创新创业企业除外。

5. 禁止行业

禁止产能过剩行业、《产业结构调整指导目录》中的淘汰类行业，以及从事学前教育、学科类培训、类金融业务的企业在创业板发行上市。

(二)企业论证符合创业板定位的对策

鉴于《深圳证券交易所创业板企业发行上市申报及推荐暂行规定(2022年修订)》于2022年12月30日才颁布并实施，在此之前创业板对其板块定位的概念较为模糊，以下系我们基于该规定颁布前的案例总结的企业论证其符合创业板定位的对策：

1. 非行业负面清单企业

通常，监管机构问询创业板定位时，非行业负面清单企业会从以下角度论证其符合创业板定位，具体如下：

(1)行业定位

第一，所在行业不属于负面清单；

第二，所在行业属于《新产业新业态新商业模式统计分类》(2018)，包括现代农林牧渔业、先进制造业、新型能源活动、节能环保活动、互联网与现代信息技术服务、现代技术服务与创新创业服务、现代生产性服务活动、新型生活性服务活动、现代综合管理活动；

第三，所在行业属于《产业结构调整指导目录》（2019 年本）中的“鼓励类”行业，不涉及“淘汰类”行业。

（2）符合高新技术产业和战略性新兴产业发展方向

第一，公司及其子公司被认定为高新技术企业，公司的主要产品被认定为高新技术产品；

第二，对企业主要产品（服务）发挥核心支持作用的技术属于《高新技术企业认定管理办法》（2016 年修订）中“国家重点支持的高新技术领域”规定的范围。

（3）创新、创造、创意特征

第一，产品创新：通过产品设计、生产加工工艺、质量控制、材料选择等方面的创新，推出新产品或对现有产品进行改良，实现生产成本下降、生产效率提高、产能规模扩大、产品合格率提高、安全性提升、产品性能提升、产品寿命周期提升、生产能耗和污染物排放减少等；

第二，技术创新：专利数量、形成有自主知识产权的核心技术、专利与技术的具体运用、专利和技术产生的营业收入、技术的先进性（是否属于通用技术、是否处于领先地位、是否形成竞争壁垒、是否存在技术迭代风险）；

第三，研发实力：在研项目情况、研发成果情况、研发成果的转化情况及预计转化可行性、研发费用、研发费用的主要构成、占营业收入比例及变化趋势、归集与核算是否完整准确，是否存在非研发用途的费用支出、研发人员的数量与占员工总数的比例、研发人员学历及专业背景等。

（4）与新技术、新产业、新业态、新模式深度融合

通过互联网、大数据、云计算、自动化、人工智能、新能源等新技术在传统产业中的运用，形成新的细分行业产业，拓展新的业态，开创新的运营、服务和管理模式等商业模式。

（5）成长性

第一，主营业务是否符合产业发展方向，所在行业是否具备良好的市场前景，报告期内企业主营业务收入和净利润是否持续增长；

第二，行业发展前景、企业自身的技术和研发实力，相关的行业政策是否会限制企业发展等。

（6）核心竞争力

核心竞争力体现在与同行业可比公司在产品及服务、核心技术与研发能力、

业务经营情况、市场地位、客户服务拓展能力等方面的优势。

2. 行业负面清单企业

除根据新老划断原则无须适用《负面清单》的企业外，[①]截至2023年3月1日，暂无《负面清单》行业企业成功在创业板上市的案例。考虑到《负面清单》行业在创业板上市较为困难，涉及《负面清单》行业的企业如果选择创业板，应当事先论证：

（1）报告期内公司归类于非负面清单行业的细分产品收入和毛利占比最高。虽然负面清单行业产品某阶段的收入超过非负面清单行业产品，但该阶段非负面清单行业产品毛利占比超过50%，仍系公司主要盈利来源，且该阶段结束后细分产品收入和毛利占比最高的产品已恢复为非负面清单行业产品。

（2）销售收入主要来源于非负面清单行业，发行人虽未直接从事该非负面清单行业的生产，但在生产销售中起主导作用。

（3）公司经营项目核心工艺环节、产品特点、产业链定位、行业特征等方面都与负面清单行业有着本质区别。

如拟上市企业确实属于负面清单行业，应当按照《深圳证券交易所创业板企业发行上市申报及推荐暂行规定》（2022年修订）第5条与第6条[②]，重点论证公司业务与互联网、大数据、云计算、自动化、人工智能、新能源等新技术、新产业、新业态、新模式存在深度融合。

（三）小结

如上文所述，创业板试点注册制是存量市场的注册制改革，监管部门对拟上

---

① 《深交所新闻发言人就创业板改革并试点注册制相关审核工作衔接安排答记者问》提到，"为做好新旧制度衔接、稳定市场预期，按照'新老划断'原则，在审企业无需适用相关负面清单的规定。在审企业在报送申请文件时，不需提交有关符合创业板定位要求的专项说明"。

② 《深圳证券交易所创业板企业发行上市申报及推荐暂行规定》（2022年修订）第5条规定："属于上市公司行业分类相关规定中下列行业的企业，原则上不支持其申报在创业板发行上市，但与互联网、大数据、云计算、自动化、人工智能、新能源等新技术、新产业、新业态、新模式深度融合的创新创业企业除外：（一）农林牧渔业；（二）采矿业；（三）酒、饮料和精制茶制造业；（四）纺织业；（五）黑色金属冶炼和压延加工业；（六）电力、热力、燃气及水生产和供应业；（七）建筑业；（八）交通运输、仓储和邮政业；（九）住宿和餐饮业；（十）金融业；（十一）房地产业；（十二）居民服务、修理和其他服务业。禁止产能过剩行业、《产业结构调整指导目录》中的淘汰类行业，以及从事学前教育、学科类培训、类金融业务的企业在创业板发行上市。"第6条规定："本规定第五条第一款所列行业中与互联网、大数据、云计算、自动化、人工智能、新能源等新技术、新产业、新业态、新模式深度融合的创新创业企业，支持其申报在创业板发行上市。本所发行上市审核中，对按照前款规定申报的发行人的业务模式、核心技术、研发优势等情况予以重点关注，并可以根据需要向本所行业咨询专家库的专家进行咨询。"

市企业的信息披露质量较之前审核制提出了更高的要求。拟上市企业及其中介机构在选择上市板块前，应当审慎进行事前论证，恰当选择同行业可比公司，准确论述，突出重点，进行量化分析，以论证企业符合创业板行业定位的“成长型创新创业企业”和“三创四新”的要求。

三、北交所板块定位分析

（一）北交所板块定位之规定

2021 年北交所“横空出世”。北交所建立在新三板的基础上，承接原新三板精选层的企业，并重新建立了一系列配套业务规则和监管规则，新三板创新层企业可在北交所上市，北交所上市的企业可以转板科创板、创业板，在北交所上市期间亦可独立交易融资。

根据《北京证券交易所股票上市规则（试行）》，北交所主要服务**创新型中小企业**，重点支持先进制造业和现代服务业等领域的企业。根据《北京证券交易所向不特定合格投资者公开发行股票并上市业务规则适用指引第 1 号》的规定，北交所禁止从事金融业、房地产业、学前教育和学科类培训等业务的企业上市。此外，该规则适用指引还要求拟上市企业结合行业特点、经营特点、产品用途、业务模式、市场竞争力、技术创新或模式创新、研发投入与科技成果转化等情况，在招股书中充分披露自身的**创新特征**，并要求保荐机构对拟上市企业的创新发展能力进行核查并发表结论意见。

此外，北交所亦鼓励和支持**“专精特新”中小企业**上市。中国证监会于 2021 年 9 月 3 日召开新闻发布会，相关人员在回复“设立北京证券交易所对服务中小企业有什么重要意义”这一问题时明确表示，北交所的目标是“进一步破除新三板建设的政策障碍，围绕**‘专精特新’中小企业发展需求**，夯实市场服务功能，完善政策支持体系，形成科技、创新和资本的聚集效应，逐步发展成为服务创新型中小企业的主阵地”。2022 年 11 月 23 日，北交所董事长周贵华在金融街论坛年会上表示，北交所支持各地区域性股权市场根据《关于高质量建设区域性股权市场“专精特新”专板的指导意见》开展“专精特新”专板建设，将深化与各地区域性股权市场的合作对接，建立挂牌审查绿色通道，探索开展“公示审查”白名单等创新制度安排。①

① 参见《“专精特新”企业搭乘北交所“快车”，多家公司业绩表现亮眼》，载网易网 2022 年 11 月 25 日，https://www.163.com/dy/article/HN1KC93P05199F01.html。

“专精特新”即“专业化、精细化、特色化、新颖化”，具体内涵见表1－2－3。

表1－2－3 “专精特新”具体内涵

内涵	解释①	评价指标②
专业化	专注核心业务，提高专业化生产、服务和协作配套的能力，为大企业、大项目和产业链提供零部件、元器件、配套产品和配套服务	(1)从事特定细分市场时间 (2)主营业务收入占营业收入的比例 (3)细分产品占有率排名 (4)是否拥有行业领军人才或省市引进的高层次人才，员工学历等
精细化	精细化生产、精细化管理、精细化服务，以美誉度高、性价比好、品质精良的产品和服务在细分市场中占据优势	(1)取得质量管理体系、知识产权管理体系认证 (2)拥有自主品牌 (3)产品生产执行标准达到国际或国内先进水平
特色化	利用特色资源，弘扬传统技艺和地域文化，采用独特工艺、技术、配方或原料，研制生产具有地方或企业特色的产品	(1)具有行业或区域的独特性，拥有地域特色的产品或服务 (2)掌握独有、可持续的工艺、技术和配方 (3)有效期内的“中华老字号”、驰名商标、省级以上名牌产品等
新颖化	开展技术创新、管理创新和商业模式创新，培育新的增长点，形成新的竞争优势	(1)研发经费支出占营业收入比重 (2)从事研发和技术创新的员工比例 (3)取得一定数量的与主要产品相关的发明专利或实用新型专利 (4)主持或参与制定或修订相关业务领域的国际标准、国家标准、行业标准、团体标准等

根据新华财经统计，截至北交所成立一周年时，北交所已有超40家“专精特新”“小巨人”上市企业，数量占比超过三成。③

（二）北交所板块定位及其他上市重点关注事项

由前文可知，北交所要求企业具有创新特征，但目前尚未明确规定创新特征的

① “解释”出自工信部《关于促进中小企业“专精特新”发展的指导意见》（工信部企业〔2013〕264号）。

② 评价指标由国家和各省市“专精特新”企业遴选标准归纳，具体参见工业和信息化部办公厅《关于开展专精特新“小巨人”企业培育工作的通知》（工信厅企业函〔2018〕381号）及广东省工业和信息化厅《关于印发〈广东省工业和信息化厅专精特新中小企业遴选办法〉的通知》（粤工信规字〔2020〕3号）。

③ 参见《[财经分析]北交所开市一年融资超250亿元 激活新三板挂牌市场》，载新浪财经网，https://finance.sina.com.cn/jjxw/2022－11－15/doc－imqmmthc4620281.shtml? cref = cj。

具体判断标准。经检索北交所开市后的首发上市问询案例可知，是否具有创新特征是北交所上市审核的重点关注事项。北交所要求拟上市企业结合行业发展趋势、主要产品与核心技术的具体情况，对比同行业可比公司，量化分析各主要产品、核心技术、业务环节或模式的创新性、先进性和竞争优劣势，问询口径与科创板、创业板具有一定相似性。创新特征披露不充分的企业，会受到北交所的多轮问询，乃至被否决上市申请，比如2022年11月北交所上市委员会以“关于创新性的信息披露不准确、不完整”为由，否决了深圳市巍特环境科技股份有限公司的上市申请。

除创新特征外，北交所上市审核重点关注事项主要涉及募投项目/募集资金投向、毛利率方面、销售方面，具体如下：

1. 募投项目/募集资金投向：募投项目、募集资金规模、募投项目投产、发行融资与募投项目、募投项目可行性/合理性、募投项目与发行人业务协同性、募集资金投向等；

2. 毛利率方面：毛利率是否显著高于同行业可比公司，毛利率是否有进一步下降的风险，毛利率水平存在差异、毛利率快速增长的主要原因及合理性等；

3. 销售：销售信用政策、产品销售价格、境外销售、信息设备销售业务、销售模式、销售费用率等。

（三）小结

对于暂不满足科创板、创业板上市条件的企业，北交所不失为一个选择，除可实现进入资本市场的目标外，也可以登陆北交所为起点，为企业发展壮大、科研和创新能力进一步提升后继续登陆科创板或创业板奠定一定基础。

四、全面注册制规则下的主板板块定位分析

《首次公开发行股票注册管理办法》第3条规定，“主板突出‘大盘蓝筹’特色，重点支持业务模式成熟、经营业绩稳定、规模较大、具有行业代表性的优质企业”。

《首次公开发行股票注册管理办法》对于主板的板块定位表述相对宏观，对于“业务模式成熟、经营业绩稳定、规模较大、具有行业代表性”这一点，是否有更为明确的认定标准或具体的量化指标，有待中国证监会和沪深交易所后续出台规则进一步明确，并根据后续审核实践进一步观察。此外，主板是否会像科创板、创业

板一样出台明确的鼓励行业清单或行业负面清单也有待观察。

五、A 股注册制各板块的上市选择

如前文所述，全面注册制规则下，科创板、创业板、北交所和主板均明确了各自的板块定位。其中科创板、创业板均要求拟上市企业符合明确具体的板块定位要求；北交所要求拟上市企业具有创新特征；主板则突出"大盘蓝筹"定位。我们进一步于下文就已上市公司的行业分布以及各板块的上市财务指标要求进行分析，以期为拟上市公司提供更清晰的路径选择参考。

（一）行业分布

根据同花顺 iFinD 金融数据终端统计，自注册制启动试点至 2023 年 3 月 1 日，成功登陆科创板、创业板及北交所的企业[①]数量分别为 508 家、419 家、97 家。按照新证监会行业分类标准行业分布具体情况如图 1－2－1 所示。其中，制造业企业数量最多，在各板块的表现均佳，在科创板、创业板及北交所的占比分别为 79.92%、71.36% 及 88.66%。

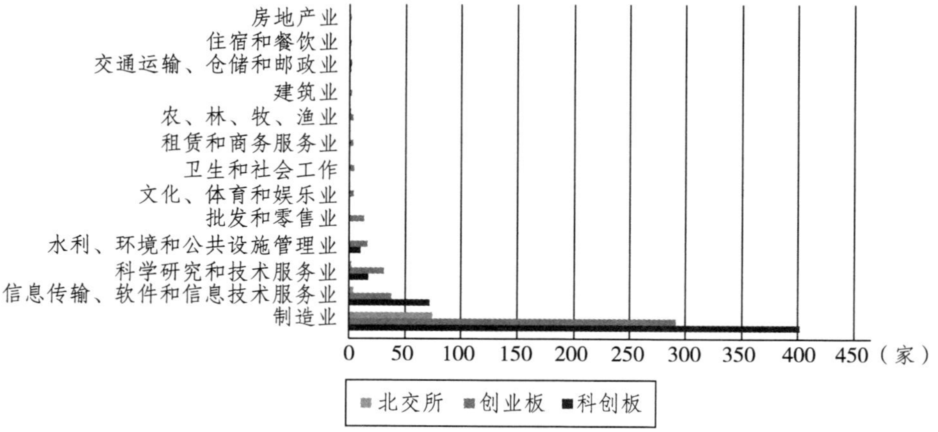

图 1－2－1　成功登陆科创板、创业板及北交所的企业数量

（自注册制启动试点至 2023 年 3 月 1 日）

---

① 需要说明的是，自 2023 年 2 月 17 日全面注册制推行，截至 2023 年 3 月 1 日，尚未有按注册制规则在主板上市的企业。

（二）上市财务指标要求

拟上市公司可以根据上述板块定位、行业分布情况再综合各板块的财务数据要求选择适合的板块上市，现行规则下，各板块对拟申报上市企业需满足的财务指标要求如下，拟上市公司在符合板块定位之余，还应至少满足一项财务指标要求。

1. 不存在表决权差异安排的境内企业

表1－2－4　具体指标要求

类别	指标	科创板	创业板	北交所
盈利指标	（市值）＋净利润＋（加权平均净资产收益率）或（收入）	预计市值不低于10亿元，最近两年净利润均为正且累计净利润不低于人民币5000万元； 预计市值不低于人民币10亿元，最近1年净利润为正且营业收入不低于人民币1亿元	最近两年净利润为正且累计净利润不低于5000万元； 预计市值不低于10亿元，最近1年净利润为正且营业收入不低于1亿元	预计市值不低于2亿元，最近两年净利润均不低于1500万元且加权平均净资产收益率平均不低于8%，或者最近1年净利润不低于2500万元且加权平均净资产收益率不低于8%
非盈利指标	市值＋收入	预计市值不低于人民币30亿元，且最近1年营业收入不低于人民币3亿元	预计市值不低于50亿元，且最近1年营业收入不低于3亿元	
	市值＋收入＋研发投入	预计市值不低于人民币15亿元，最近1年营业收入不低于人民币2亿元，且最近3年累计研发投入占最近3年累计营业收入的比例不低于15%		预计市值不低于8亿元，最近1年营业收入不低于2亿元，最近两年研发投入合计占最近两年营业收入合计比例不低于8%
	市值＋营业收入＋经营活动现金流	预计市值不低于人民币20亿元，最近1年营业收入不低于人民币3亿元，且最近3年经营活动产生的现金流量净额累计不低于人民币1亿元		预计市值不低于4亿元，最近两年收入平均不低于1亿元，且最近1年营业收入增长率不低于30%，最近1年经营活动产生的现金流量净额为正

续表

类别	指标	科创板	创业板	北交所
	市值 + 技术优势	预计市值不低于人民币40亿元,主要业务或产品需经国家有关部门批准,市场空间大,目前已取得阶段性成果。医药行业企业需至少有一项核心产品获准开展二期临床试验,其他符合科创板定位的企业需具备明显的技术优势并满足相应条件		
	市值 + 研发投入			预计市值不低于15亿元,最近两年研发投入合计不低于5000万元

在全面注册制规则下,A股主板首发上市的财务和市值指标有所增加,调整后的主板首发上市需满足的财务和市值指标具体规定于上交所和深交所分别发布的文件中。原上市规则与全面注册制规则关于财务和市值指标的对比见表1-2-5。

表1-2-5 原上市规则与全面注册制规则关于财务和市值指标的对比

《首次公开发行股票并上市管理办法》(已失效)	《上海证券交易所股票上市规则》(2023年2月修订)、《深圳证券交易所股票上市规则》(2023年修订)
(1)最近3个会计年度净利润均为正数且累计超过人民币3000万元,净利润以扣除非经常性损益前后较低者为计算依据; (2)最近3个会计年度经营活动产生的现金流量净额累计超过人民币5000万元;或者最近3个会计年度营业收入累计超过人民币3亿元; (3)发行前股本总额不少于人民币3000万元; (4)最近一期末无形资产(扣除土地使用权、水面养殖权和采矿权等后)占净资产的比例不高于20%; (5)最近一期末不存在未弥补亏损	(1)最近3年净利润均为正,且最近3年净利润累计不低于1.5亿元,最近1年净利润不低于6000万元,最近3年经营活动产生的现金流量净额累计不低于1亿元或营业收入累计不低于10亿元; (2)预计市值不低于50亿元,且最近1年净利润为正,最近1年营业收入不低于6亿元,最近3年经营活动产生的现金流量净额累计不低于1.5亿元; (3)预计市值不低于80亿元,且最近1年净利润为正,最近1年营业收入不低于8亿元

全面注册制规则下的主板首发上市财务和市值指标具有如下主要变化和特点：

（1）优化主板上市条件：取消了无形资产比例限制和最近一期末不存在未弥补亏损要求。

（2）设置多元化的财务指标：将主板核准制下单一的“净利润＋现金流量净额/营业收入”财务指标，调整为注册制下3套财务指标，新增的市值相关指标不再要求连续3年盈利，仅要求最近一年盈利，且净利润为正即可。

（3）提高财务指标要求：注册制下主板第一套标准的财务数据要求比核准制下主板财务指标大幅提升，最近3年净利润由累计超过3000万元提升至1.5亿元，最近1年净利润由3000万元提升至6000万元，最近3年经营活动产生的现金流量净额累计从5000万元提升至1亿元，最近3年营业收入累计由3亿元提升至10亿元。如发行人预计市值达不到50亿元，采用第一套财务标准实际上比核准制下的上市门槛更高。

（4）突出主板定位：与科创板和创业板指标相比，主板对收入、利润和市值的指标要求更高，突出“大盘蓝筹”特色。主板第二、第三套标准的市值要求分别为50亿元和80亿元。

（5）对盈利仍较为坚持：主板3套财务指标仍要求至少最近1年盈利，且未引入允许未盈利企业上市的标准。

2. 存在差异表决安排的境内企业

全面注册制明确了具有表决权差异安排的企业在主板首发上市的财务和市值指标，这意味着具有表决权差异安排的企业也可以申请主板首发上市。

此外，全面注册制首次取消了存在差异表决安排的境内企业于创业板首发上市的盈利要求，不再要求最近1年净利润为正。全面注册制规则下，存在差异表决安排的境内企业所适用的沪深交易所不同板块的财务和市值指标对比见表1－2－6。

表1－2－6　不同板块的财务和市值指标对比

指标	沪深交易所主板	科创板	创业板
市值（＋净利润）	预计市值不低于200亿元	预计市值不低于100亿元	预计市值不低于100亿元

续表

指标	沪深交易所主板	科创板	创业板
市值（+净利润）+收入	预计市值不低于100亿元，且最近1年净利润为正，最近1年营业收入不低于10亿元	预计市值不低于50亿元且最近1年营业收入不低于5亿元	预计市值不低于50亿元，最近1年营业收入不低于5亿元

北交所暂未对存在差异表决安排企业设置另外的财务指标要求，但《北京证券交易所股票上市规则（试行）》规定，发行人具有表决权差异安排的，该安排应当平稳运行至少一个完整会计年度，且相关信息披露和公司治理应当符合中国证监会及全国股转公司相关规定。

3. 红筹企业

在全面注册制规则下，北交所将成为施行注册制的板块中唯一未为红筹企业上市提供通道的板块。对于沪深交易所主板，与存在差异表决安排的境内企业相似，全面注册制明确了红筹企业在主板首发上市的财务和市值指标，允许红筹企业申请在主板首发上市；创业板取消了红筹企业最近1年净利润为正的要求，与科创板接轨。全面注册制规则下，主板、科创板和创业板对红筹企业的财务指标要求见表1－2－7。

表1－2－7　主板、科创板和创业板对红筹企业的财务指标要求

类别	主板	科创板	创业板
尚未在境外上市	1. 预计市值不低于200亿元，且最近1年营业收入不低于30亿元； 2. 预计市值不低于100亿元，且营业收入快速增长，拥有自主研发、国际领先技术，在同行业竞争中处于相对优势地位；或 3. 预计市值不低于50亿元，且最近1年营业收入不低于5亿元，且营业收入快速增长，拥有自主研发、国际领先技术，在同行业竞争中处于相对优势地位。	营业收入快速增长，拥有自主研发、国际领先技术，同行业竞争中处于相对优势地位的，市值及财务指标应当至少符合下列标准之一： 1. 预计市值不低于100亿元；或 2. 预计市值不低于50亿元，且最近1年营业收入不低于5亿元。 注："营业收入快速增长"应当符合下列标准之一： （1）最近1年营业收入不低于5亿元的，最近3年营业收入复合增长率10%以上；	营业收入快速增长，拥有自主研发、国际领先技术，同行业竞争中处于相对优势地位的，市值及财务指标应当至少符合下列标准之一： 1. 预计市值不低于100亿元；或 2. 预计市值不低于50亿元，最近1年营业收入不低于5亿元。 注："营业收入快速增长"指符合下列标准之一： （1）最近1年营业收入不低于5亿元的，最近3年营业收入复合增长率10%以上；

续表

类别	主板	科创板	创业板
	注:"营业收入快速增长"应当符合下列标准之一: (1)最近1年营业收入不低于5亿元的,最近3年营业收入复合增长率10%以上; (2)最近1年营业收入低于5亿元的,最近3年营业收入复合增长率20%以上;或 (3)受行业周期性波动等因素影响,行业整体处于下行周期的,发行人最近3年营业收入复合增长率高于同行业可比公司同期平均增长水平。 但处于研发阶段的红筹企业和对国家创新驱动发展战略有重要意义的红筹企业,不适用"营业收入快速增长"的上述要求	(2)最近1年营业收入低于5亿元的,最近3年营业收入复合增长率20%以上;或 (3)受行业周期性波动等因素影响,行业整体处于下行周期的,发行人最近3年营业收入复合增长率高于同行业可比公司同期平均增长水平。 但处于研发阶段的红筹企业和对国家创新驱动发展战略有重要意义的红筹企业,不适用"营业收入快速增长"的上述要求	(2)最近1年营业收入低于5亿元的,最近3年营业收入复合增长率20%以上;或 (3)受行业周期性波动等因素影响,行业整体处于下行周期的,发行人最近3年营业收入复合增长率高于同行业可比公司同期平均增长水平。 但处于研发阶段的红筹企业和对国家创新驱动发展战略有重要意义的红筹企业,不适用"营业收入快速增长"的上述要求
已在境外上市	1. 市值不低于2000亿元;或 2. 市值200亿元以上,且拥有自主研发、国际领先技术,科技创新能力较强,在同行业竞争中处于相对优势地位	符合《关于创新试点红筹企业在境内上市相关安排的公告》(中国证券监督管理委员会公告〔2020〕26号)相关规定	符合《关于创新试点红筹企业在境内上市相关安排的公告》(中国证券监督管理委员会公告〔2020〕26号)相关规定

注:《关于创新试点红筹企业在境内上市相关安排的公告》(中国证券监督管理委员会公告〔2020〕26号)规定的相关标准为:(1)市值不低于2000亿元人民币;(2)市值200亿元人民币以上,且拥有自主研发、国际领先技术,科技创新能力较强,同行业竞争中处于相对优势地位。截至2023年3月1日,科创板有3家企业选择前述第2项标准上市,暂无选择第1项标准上市的案例,创业板则暂无相关案例。

结　语

自注册制启动试点至2023年3月1日,科创板和创业板已募集资金超过11,744.53亿元,北交所已募集资金超过182.12亿元,越来越多的企业得以通过注册制登陆资本市场。具有科创属性的高科技企业选择科创板，成长型创新创业和“三创四新”企业选择创业板，创新型中小企业选择北交所，大盘蓝筹企业选择主板，构建了 A 股多层次的注册制结构。全面注册制已于 2023 年 2 月 17 日正式落地，我们期待在全面注册制时代，更多的优质企业能够借助资本市场快速成长，亦期待着能够参与其中，为更多的优质企业登陆资本市场搭建桥梁。

第三章　上市公司资本运作：方式、规则及案例

上市公司是优秀企业代表。中国证监会主席易会满于 2022 年 4 月 9 日在中国上市公司协会第三届会员代表大会上表示，截至 2022 年 3 月底，境内上市公司共 4782 家，总市值 80.7 万亿元，规模稳居全球第二；实体上市公司利润占规模以上工业企业利润的比重，由 2018 年的近四成增长到目前的约半数；上市公司缴纳的税费，相当于全国税收收入的近 1/4；上市公司的国民经济支柱地位更加彰显。① 2023 年 2 月 17 日，中国证监会、上交所和深交所就全面实施证券发行注册制发布了一系列法规规则（以下简称**全面注册制新规**），正式宣告全面注册制时代到来。全面注册制新规的正式落地，预期可进一步加快优质企业进入资本市场的速度，上市公司对我国经济的影响力将进一步提升。

上市公司对我国国民经济的贡献毋庸置疑。但在经济形势相对下行的背景下，上市公司改善经营的需求与相关行业整体疲软的局面存在一定的冲突。灵活运用资本市场对企业经营的支持功能，为上市公司扩张谋求发展、收缩应对风险、调整筹划转型提供帮助，让这些优秀企业能够更好地适应市场的起伏，对于稳定整体经济局势、推动经济稳健增长有着重要的意义。本章拟从近年来上市公司资本运作情况入手，就上市公司如何运用资本市场工具防控经营风险、助推长期平稳发展提供参考建议。

一、2020 年以来上市公司经营和资本运作情况

2020 年以来，因新冠疫情在全球暴发，上市公司经营或多或少均受疫情影响。其中，有的行业因疫情影响收入增速放缓甚至萎缩，利润出现下滑；有的行业则在

① 参见刘慧：《易会满：资本市场坚定深化改革的方向不会变》，载《中国经济时报》2022 年 4 月 11 日，第 2 版。

疫情或政策的助推下，收入和利润呈现出超越整体经济大盘的增长。疫情加快了上市公司的分化，为不同上市公司的发展带来了全新的挑战。

（一）疫情以来上市公司业绩情况

1. 整体业绩情况随疫情走势波动

自新冠疫情暴发以来，上市公司整体经营业绩受到冲击，业绩情况与疫情走势呈现一定相关性。根据万得数据金融终端和同花顺 iFinD 金融终端的统计，2020 年，沪深交易所 A 股上市公司营收和净利润分别为 51.76 万亿元、3.99 万亿元，在上市公司数量增加约 11.5% 的情况下，同比增速仅为 2.79%、4.56%，[①]业绩受冲击明显；2021 年国内疫情相对平稳，沪深交易所 A 股上市公司业绩较 2020 年有了较大幅度提升，在上市公司数量增加约 12.4% 的情况下，该年度 A 股上市公司营收和净利润分别为 66.32 万亿元、5.06 万亿元，同比增速分别为 18.60%、18.90%；[②]2022 年前三季度[③]受疫情在多个大中城市出现反弹影响，全部 A 股上市公司合计营收 52.33 万亿元、净利润 4.39 万亿元，在上市公司数量增加约 8.8% 的情况下，同比仅增长 8.50%、3.08%。[④]

2. 多方因素影响下行业分化明显

在不同行业的周期下，企业经营业绩发生分化是正常的经济现象。在 2020 年以来的新冠疫情反复及国际政治经济形势复杂的影响下，行业之间、企业之间的分化进一步加剧，上市公司表现出了三方面分化趋势：一是具有科创、创新属性的企业业绩增长跑赢大盘；[⑤]二是上游行业业绩好于下游行业，受相关大宗商品价格上涨的带动和影响，2022 年前三季度，有色金属、煤炭、石油石化、电力设备等资源、能

---

① 参见 Wind 万得《A 股 2020 年业绩大数据榜单出炉》，载 https://baijiahao.baidu.com/s?id=1698490702102810914&wfr=spider&for=pc。

② 参见 Wind 万得《增势不减，A 股上市公司 2021 年年报全榜单出炉》，载 https://baijiahao.baidu.com/s?id=1731504705894023051&wfr=spider&for=pc。

③ 鉴于截至本书成稿的 2023 年 3 月初，A 股上市公司整体尚未刊发 2022 年第四季度及 2022 年度的业绩，故业绩数据截至 2022 年第三季度。

④ 参见 Wind 万得《稳中向好，A 股三季报大数据榜单揭晓》，载 https://baijiahao.baidu.com/s?id=1748419487503854332&wfr=spider&for=pc。

⑤ 根据万得数据和同花顺 iFinD 金融终端统计，2022 年前三季度，创业板营收和净利润增速分别同比增长 20.7% 和 8.3%，科创板营收和净利润分别同比增长 33% 和 24.3%。

源相关行业利润同比增幅均在 20% 以上，[①]而下游工业企业利润被波及，大量出现收入与利润增长不匹配的情况；三是行业内部分化明显，在受疫情和政策冲击较大的零售、地产、软件服务等行业，行业内部各上市公司分化明显，体量较大、管理水平较高、竞争力强的少部分企业获得大部分的利润，行业内企业经营业绩分化加剧。

3. 常态化退市下上市公司危机感增强

吸引优质的企业进入，清退不符合上市条件的企业，让资本市场"有进有出"，是助力资本市场健康发展的重要措施。随着注册制的实施，2020 年中国证监会和沪深交易所开始加强对问题上市公司的清退。2020 年度、2021 年度分别有 19 家、20 家 A 股上市公司退市，而 2022 年度则共有 46 家公司被强制退市，再创 A 股单年度退市上市公司数量新高。以往这些"僵尸企业"还能凭借其上市地位的"壳价值"在市场上卖出一个好价，而随着注册制实施，优质企业上市进度加快，"壳价值"不断降低，上市公司陷入持续性的经营困境后很可能最终走向退市，上市公司维持自身经营活力、避免陷入经营危机的压力相应增大。

（二）2020 年以来上市公司资本运作情况

1. 再融资金额随疫情走势波动

根据万得数据金融终端和同花顺 iFinD 金融终端的统计，2019 年至 2022 年，各年度 A 股上市公司再融资（含公开和非公开发行股票、可转债和可交债）规模分别为 12,757.96 亿元、11,470.81 亿元、12,259.72 亿元和 10,298.34 亿元。在上市公司数量由 2019 年年末的 3777 家增加至 2022 年年末的超过 5000 家、上市公司再融资审批程序优化的大背景下，上市公司再融资在震荡中呈现一定下降趋势，侧面反映出 A 股上市公司在当前市场环境下稳健经营、避免过度扩张的谨慎心态。

2. 重大资产重组尚未恢复至疫情前水平

根据万得数据金融终端和同花顺 iFinD 金融终端的统计，2019 年至 2022 年，A 股上市公司共完成 467 起重大资产重组。其中，2019 年、2020 年、2021 年、2022 年完成的数量分别为 160 起、129 起、88 起、90 起。在交易总金额方面，2019 年、2020 年、2021 年、2022 年的合计金额分别约 8937.88 亿元、6618.82 亿元、5487.27

---

① 参见《[国联策略|三季报分析]景气分化，关注高"科含量"赛道》，载 https://pdf.dfcfw.com/pdf/H3_AP202211041579966268_1.pdf? 1667588011000.pdf。

亿元、3301.67 亿元。不论是从交易次数还是交易总金额上看,A 股上市公司对重大资产重组的交易活跃度与新冠疫情前相比都有较大下滑。

3. 分拆上市逐渐升温

2019 年 12 月,中国证监会发布《上市公司分拆所属子公司境内上市试点若干规定》①,为 A 股上市公司分拆子公司在境内 IPO 提供了较为明确的标准和路径。市场很快给出积极反应,A 股上市公司分拆下属企业至 A 股上市的热度逐渐增加。根据万得数据金融终端和同花顺 iFinD 金融终端的统计,2021 年度共有 9 家上市公司完成分拆子公司在境内上市,2022 年这一数据达到 12 家。

二、上市公司主要资本运作工具规则及案例

2020 年以来,尽管面临多重挑战,A 股上市公司的整体收入和利润增速仍超过了同期 GDP 的增长速度。但同时也需注意到,目前 A 股上市公司整体质量并不平均,板块间、行业间及行业内不同上市公司的分化正在加剧,优胜劣汰的趋势日渐明显。上市公司壳资源价值不断降低,经营不善企业被实施 ST、退市将成为常态化趋势。在当前国内外复杂因素叠加的整体背景下,上市企业务必保持紧迫感与危机感,时刻关注自身经营风险,平稳发展。

作为证券律师,在长期服务资本市场及上市公司的过程中,我们注意到企业拟进行业务转型或发生经营问题的一些先兆,包括但不限于企业尝试多业务板块协作、精简部分板块、陷入债务依赖、盈利主要依靠单一或少量产品、利润率始终低于同行业、现金流恶化、人员稳定性下滑、资产抵质押率偏高等。当上市公司拟进行业务转型、调整经营战略以化解经营存在的问题或困境时,用好资本运作工具是企业能否实现目标的关键胜负手。

以下,本章将从律师的视角为上市公司介绍一些主要资本运作工具的规则及案例,并就如何用好这些工具提供一些建议。

(一)股权融资规则及关注要点

提高直接融资比重一直是国家做大做强资本市场的重要目标之一,而相较于

① 该规定已被《上市公司分拆规则(试行)》废止,关于《上市公司分拆规则(试行)》的内容请见本章第二节标题“(三)”部分相关内容。

发行公司债券，上市公司进行股权融资可以在增厚上市公司资产的同时降低负债。与非上市公司相比，上市公司股份的流动性较好，公司治理较为透明，估值相对公允，对投资方而言是较好的投资标的。在上市公司的控股股东、实际控制人能够保持对上市公司控制的情况下，充分发掘上市公司股权融资的潜力，为上市公司引入市场影响力强、资金实力雄厚的投资人，是助推上市公司发展、改善经营、优化管理的理想手段。

1. A股市场关于股权融资的主要规则

全面注册制新规下，在全面统一沪深交易所A股上市公司股权融资规则的基础上，主板、创业板和科创板针对其各自板块定位设置了部分差异性的股权融资条件。全面注册制新规颁布实施后的上市公司股权融资主要规则见表1－3－1。

表1－3－1　A股市场关于股权融资的主要规则

标准	适用于沪深交易所各板块的规则	适用于特定板块的要求
公开发行股票的条件		
需满足右栏条件	1. 具备健全且运行良好的组织机构； 2. 现任董事、监事和高级管理人员符合法律、行政法规规定的任职要求； 3. 具有完整的业务体系和直接面向市场独立经营的能力，不存在对持续经营有重大不利影响的情形； 4. 会计基础工作规范，内部控制制度健全且有效执行，财务报表的编制和披露符合企业会计准则和相关信息披露规则的规定，在所有重大方面公允反映了上市公司的财务状况、经营成果和现金流量，最近3年财务会计报告被出具无保留意见审计报告； 5. 除金融类企业外，最近一期末不存在金额较大的财务性投资	主板上市公司配股、增发的，应当最近3个会计年度盈利；增发还应当满足最近3个会计年度加权平均净资产收益率平均不低于6%；净利润以扣除非经常性损益前后孰低者为计算依据
不得涉及右栏情形	1. 擅自改变前次募集资金用途未作纠正，或者未经股东大会认可； 2. 上市公司或者其现任董事、监事和高级管理人员最近3年受到中国证监会行政处罚，或者最近1年受到证券交易所公开谴责，或者因涉嫌犯罪正在被司法机关立案侦查或者涉嫌违法违规正在被中国证监会立案调查； 3. 上市公司或者其控股股东、实际控制人最近1年存在未履行向投资者作出的公开承诺的情形； 4. 上市公司或者其控股股东、实际控制人最近3年存在贪污、贿赂、侵占财产、挪用财产或者破坏社会主义市场经济秩序的刑事犯罪，或者存在严重损害上市公司利益、投资者合法权益、社会公共利益的重大违法行为	—

续表

标准	适用于沪深交易所各板块的规则	适用于特定板块的要求
非公开发行股票的条件		
上市公司不得涉及右栏情形	1. 擅自改变前次募集资金用途未作纠正,或者未经股东大会认可。 2. 最近一年财务报表的编制和披露在重大方面不符合企业会计准则或者相关信息披露规则的规定;最近一年财务会计报告被出具否定意见或者无法表示意见的审计报告;最近一年财务会计报告被出具保留意见的审计报告,且保留意见所涉及事项对上市公司的重大不利影响尚未消除。本次发行涉及重大资产重组的除外。 3. 现任董事、监事和高级管理人员最近3年受到中国证监会行政处罚,或者最近一年受到证券交易所公开谴责。 4. 上市公司或者其现任董事、监事和高级管理人员因涉嫌犯罪正在被司法机关立案侦查或者涉嫌违法违规正在被中国证监会立案调查。 5. 控股股东、实际控制人最近3年存在严重损害上市公司利益或者投资者合法权益的重大违法行为。 6. 最近3年存在严重损害投资者合法权益或者社会公共利益的重大违法行为	—
发行可转债的条件		
发行可转债的共同要求	1. 具备健全且运行良好的组织机构; 2. 最近3年平均可分配利润足以支付公司债券一年的利息; 3. 具有合理的资产负债结构和正常的现金流量	—
公开发行可转债的特别要求	需满足如下条件: 1. 现任董事、监事和高级管理人员符合法律、行政法规规定的任职要求; 2. 具有完整的业务体系和直接面向市场独立经营的能力,不存在对持续经营有重大不利影响的情形; 3. 会计基础工作规范,内部控制制度健全且有效执行,财务报表的编制和披露符合企业会计准则和相关信息披露规则的规定,在所有重大方面公允反映了上市公司的财务状况、经营成果和现金流量,最近3年财务会计报告被出具无保留意见审计报告; 4. 除金融类企业外,最近一期末不存在金额较大的财务性投资	主板上市公司向不特定对象发行可转债的,应当最近3个会计年度盈利,且最近3个会计年度加权平均净资产收益率平均不低于6%;净利润以扣除非经常性损益前后孰低者为计算依据

续表

标准	适用于沪深交易所各板块的规则	适用于特定板块的要求
公开发行可转债的特别要求	不存在如下情形： 1. 擅自改变前次募集资金用途未作纠正，或者未经股东大会认可； 2. 上市公司或者其现任董事、监事和高级管理人员最近 3 年受到中国证监会行政处罚，或者最近一年受到证券交易所公开谴责，或者因涉嫌犯罪正在被司法机关立案侦查或者涉嫌违法违规正在被中国证监会立案调查； 3. 上市公司或者其控股股东、实际控制人最近一年存在未履行向投资者作出的公开承诺的情形； 4. 上市公司或者其控股股东、实际控制人最近 3 年存在贪污、贿赂、侵占财产、挪用财产或者破坏社会主义市场经济秩序的刑事犯罪，或者存在严重损害上市公司利益、投资者合法权益、社会公共利益的重大违法行为	
非公开发行可转债的特别要求	不存在非公开发行股票不得涉及的情形	—
不得发行可转债的情形	1. 对已公开发行的公司债券或者其他债务有违约或者延迟支付本息的事实，仍处于继续状态； 2. 违反《证券法》规定，改变公开发行公司债券所募资金用途	—
募集资金用途		
需遵守右栏规定	1. 符合国家产业政策和有关环境保护、土地管理等法律、行政法规规定； 2. 除金融类企业外，本次募集资金使用不得为持有财务性投资，不得直接或者间接投资于以买卖有价证券为主要业务的公司； 3. 募集资金项目实施后，不会与控股股东、实际控制人及其控制的其他企业新增构成重大不利影响的同业竞争、显失公平的关联交易，或者严重影响公司生产经营的独立性	科创板上市公司发行股票募集的资金应当投资于科技创新领域的业务

2. 股权融资要点提示

上市公司股权融资可分为公开发行（向不特定对象发行）和非公开发行（定向发行）。目前在 A 股市场中，上市公司股权融资采用非公开发行股票方式的占绝大多数，由于发行条件相对较低、审批流程较快、发行定价较为可控、发行成本较低等因素，非公开发行股票得到了更多上市公司的青睐。相比之下，直接公开增发股票的案例在A股上市公司中较为少见，还曾出现连续多年无上市公司公开增发股票的局面。但在具有股权融资性质的可转换公司债券发行中，公开发行则并不罕见。[①] 公开发行可转债可以吸引尽可能多的市场投资者参与认购，为上市公司争取更好的发行条件。

在非公开发行股票引入投资人的选择上，可将上市公司融资需求和未来业务发展需求合并进行考虑。例如，上市公司处于市场相对狭窄、客户较为集中的行业领域，可通过非公开发行股票引入行业内具有影响力的下游客户持有上市公司股份，形成一定程度的利益绑定，为拓展上市公司与重要客户的合作、更好地响应和适配重要客户需求提供协助；上市公司有开拓国际市场的计划，可以考虑通过非公开发行股票引入知名的国际投资机构持有上市公司股份，通过知名投资机构在国际市场中广泛的影响力和投资版图，帮助上市公司增强在国际市场的影响力、寻求海外投资并购机会。

非公开发行股票也是上市公司收购资产的重要支付手段之一。关于上市公司发行股份购买资产的分析详见下文标题“（二）”的相关内容。

尽管有诸多好处，但我们仍然要提示股权融资需关注以下问题。一是从上市公司控制权的角度出发，通过股权融资引入外部投资人不可避免地会稀释控股股东所持有上市公司的股份，如果上市公司股权已经较为分散、控股股东所持股份比例已经较低，实施增发前需要控股股东、实际控制人更为谨慎地评估增发对控制权的影响。未来随着境内资本市场放宽对优先股的发行条件，可以进一步丰富股权分散型上市公司再融资的选择。二是股权融资同样也会摊薄中小股东的股份，且未来随着股份的解禁（非公开发行股票情形下），上市公司的股价将面临一定下行压力，中小股东未必会支持上市公司进行股权融资。因此，做好信息披露，向市场说明上市公司实施股权融资的目的、预期获益、摊薄填补方案同样重要，上市公司需要与财务顾问进行充分研究、与重要中小股东进行充分沟通，以争取中小股东的支持，避免造成上市公司、控股股东和中小股

---

① 具体从发行数据上看，根据万得数据金融终端和同花顺 iFinD 金融终端的统计，2022 年度 A 股上市公司共完成 353 笔定增发行，募资规模合计超过 7400 亿元；同年度 A 股上市公司共完成 149 笔可转债发行，募资规模合计接近 2200 亿元，而自 2019 年至 2022 年，A 股上市公司直接公开增发新股募资的仅有 5 笔，募资规模合计仅有 115.21 亿元。

东之间的不合甚至对立。三是从监管和审批角度出发，上市公司治理体系是否健全、财务基础工作是否扎实、经营活动是否规范，对上市公司是否具备进行股权再融资的条件具有根本性的影响。为确保上市公司进行再融资时符合相关条件、各方面没有硬伤，上市公司的控股股东、实际控制人、管理层需做好上市公司经营管理各方面的合规工作。

3. 股权融资典型案例

海尔自20世纪90年代起就是中国家电的知名品牌，在国内享有较高的品牌声望，获得了市场的广泛认可，并加快了走向国际市场的步伐。2014年，青岛海尔(600690. SH，现名为海尔智家)引入国际知名投资机构KKR即是通过股权融资引入战投、优化经营、扩展海外影响力并最终实现上市公司和战略投资方双赢的典型案例。

2013年国庆节前，青岛海尔发布一系列公告，宣布拟向国际知名投资机构KKR非公开发行股票(以下简称该次定增)。2014年7月，该次定增完成，KKR最终以32.81亿元人民币取得青岛海尔10%股份，成为青岛海尔的第二大股东。KKR的定位是战略投资者，当时青岛海尔正在积极拓展其国际化版图，青岛海尔在相关新闻稿中将引入KKR的战略意义表述为“通过整合KKR集团的全球资源和投后管理能力，提升海尔在新产品开发、销售渠道管理和提升、品牌管理、市场推广、采购/费用、生产创新等环节的竞争力，提升盈利能力”。根据青岛海尔该次定增的预案，KKR“将利用其全球资源，与公司在战略定位、物联网智慧家电、激励制度和绩效考核机制、资本市场和资本结构优化与资金运用、海外业务及并购，以及潜在的运营提升等领域进行一系列战略合作，致力于提升公司主营业务总收入及各项长期财务指标，增强创新能力，加速将股份公司打造成为具有国际一流创新能力的全球家电行业引领者”。

进行该次定增时，青岛海尔资金状况良好，企业经营稳健，募资并非其引入KKR的主要目的，通过股权与KKR这一国际知名投资机构联姻并利用其背后的资源助力自身国际化进程才是关键。而在KKR方面，其看好青岛海尔的品牌效应，认可公司的经营管理能力，并认为青岛海尔的股价存在被低估的情况，通过投资并助力该公司的发展，KKR有望获得可观的投资收益。双方彼此清晰、明确的战略目标共同促成了一次“双向奔赴”。

双方合作过程中最经典的事件为青岛海尔对美国通用电气公司旗下的白色

家电业务(以下简称 GE 家电)的收购案。在 KKR 的牵线搭桥和背书下,2016 年,青岛海尔打败了伊莱克斯、三星、LG、美的等一众颇具影响力的竞争对手,成功收购了 GE 家电。与 KKR 互利共赢的合作关系一举帮助青岛海尔在北美市场站稳了脚跟,大大拓展了业务版图。此外,KKR 向青岛海尔委派了一名董事,利用 KKR 丰富的管理经验,为青岛海尔改善管理架构、提高经营效率、建立良性考核机制提供了重要帮助。

2017 年 11 月,在 KKR 正式入股青岛海尔 3 年后,青岛海尔的市值突破 1000 亿元,KKR 对青岛海尔的投资获得了 80 亿元浮盈,双方都从这次成功的合作中得到了巨大收获。青岛海尔通过非公开发行股票引入 KKR 作为战略投资者,是 A 股上市公司通过股权融资推动企业整体转型提升的典范之一。上市公司根据自身需求合理运用股权融资,不仅可以获得资金。从长远来看,通过引入优质投资者可以优化自身经营、拓展行业内外的"朋友圈"、提升自身的影响力,对企业长期经营更具重大意义。

(二)上市公司实施并购重组规则及关注要点

并购重组在实操中含义广泛,一般而言,是指两个及两个以上的企业通过股权交易、资产交易等方式,实现一个企业对另一个企业其全部或部分资产的控制,或者实现两个及两个以上企业的合并。根据企业的实际情况,并购有助于企业快速做大规模、补足业务能力短板、优化管理、降低单位成本。可以说,合理实施并购重组是企业发展到一定阶段时进一步做大做强的"捷径"。

上市公司实施并购重组,一方面资金来源更广泛、支付手段更多元,对被并购方的吸引力更高;另一方面受到信息披露、内外部审批流程的更多限制,特别是当并购重组的规模达到重大资产重组的标准时,需要按照重大资产重组的规则进行审核,涉及的准备工作大幅增加。对于有并购重组计划的上市公司而言,掌握并购重组规则,熟悉并购重组的流程和注意事项,对顺利实施并购重组、及早识别和规避风险有重要意义。

1. A 股市场关于上市公司实施并购重组的现行主要规则

(1)上市公司实施并购重组的审议和披露标准

上市公司实施并购重组时,需要根据交易标的的体量适用相应的信息披露和审议要求。A 股各板块关于上市公司实施重大交易的主要披露和审议标准见表

1－3－2。

表1－3－2　A股各板块关于上市公司实施重大交易的主要披露和审议标准

沪深主板	创业板	科创板
需经董事会审议并披露		
1.交易涉及的资产总额(同时存在账面值和评估值的,以高者为准)占上市公司最近一期经审计总资产的10%以上; 2.交易标的(如股权)涉及的资产净额(同时存在账面值和评估值的,以高者为准)占上市公司最近一期经审计净资产的10%以上,且绝对金额超过1000万元; 3.交易的成交金额(包括承担的债务和费用)占上市公司最近一期经审计净资产的10%以上,且绝对金额超过1000万元; 4.交易产生的利润占上市公司最近一个会计年度经审计净利润的10%以上,且绝对金额超过100万元; 5.交易标的(如股权)在最近一个会计年度相关的营业收入占上市公司最近一个会计年度经审计营业收入的10%以上,且绝对金额超过1000万元; 6.交易标的(如股权)在最近一个会计年度相关的净利润占上市公司最近一个会计年度经审计净利润的10%以上,且绝对金额超过100万元	1.交易涉及的资产总额占上市公司最近一期经审计总资产的10%以上,该交易涉及的资产总额同时存在账面值和评估值的,以较高者作为计算依据; 2.交易标的(如股权)在最近一个会计年度相关的营业收入占上市公司最近一个会计年度经审计营业收入的10%以上,且绝对金额超过1000万元; 3.交易标的(如股权)在最近一个会计年度相关的净利润占上市公司最近一个会计年度经审计净利润的10%以上,且绝对金额超过100万元; 4.交易的成交金额(含承担债务和费用)占上市公司最近一期经审计净资产的10%以上,且绝对金额超过1000万元; 5.交易产生的利润占上市公司最近一个会计年度经审计净利润的10%以上,且绝对金额超过100万元	1.交易涉及的资产总额(同时存在账面值和评估值的,以高者为准)占上市公司最近一期经审计总资产的10%以上; 2.交易的成交金额占上市公司市值的10%以上; 3.交易标的(如股权)的最近一个会计年度资产净额占上市公司市值的10%以上; 4.交易标的(如股权)最近一个会计年度相关的营业收入占上市公司最近一个会计年度经审计营业收入的10%以上,且超过1000万元; 5.交易产生的利润占上市公司最近一个会计年度经审计净利润的10%以上,且超过100万元; 6.交易标的(如股权)最近一个会计年度相关的净利润占上市公司最近一个会计年度经审计净利润的10%以上,且超过100万元

续表

沪深主板	创业板	科创板
另需经股东大会审议		
1. 交易涉及的资产总额(同时存在账面值和评估值的,以高者为准)占上市公司最近一期经审计总资产的50%以上; 2. 交易标的(如股权)涉及的资产净额(同时存在账面值和评估值的,以高者为准)占上市公司最近一期经审计净资产的50%以上,且绝对金额超过5000万元; 3. 交易的成交金额(包括承担的债务和费用)占上市公司最近一期经审计净资产的50%以上,且绝对金额超过5000万元; 4. 交易产生的利润占上市公司最近一个会计年度经审计净利润的50%以上,且绝对金额超过500万元; 5. 交易标的(如股权)在最近一个会计年度相关的营业收入占上市公司最近一个会计年度经审计营业收入的50%以上,且绝对金额超过5000万元; 6. 交易标的(如股权)在最近一个会计年度相关的净利润占上市公司最近一个会计年度经审计净利润的50%以上,且绝对金额超过500万元; 7. 交易涉及资产总额或者成交金额在连续12个月内经累计计算超过公司最近一期经审计总资产30%的,应当提交股东大会审议,并经出席会议的股东所持表决权的2/3以上通过。已经经审议并披露的交易不纳入计算范围	1. 交易涉及的资产总额占上市公司最近一期经审计总资产的50%以上,该交易涉及的资产总额同时存在账面值和评估值的,以较高者为准; 2. 交易标的(如股权)在最近一个会计年度相关的营业收入占上市公司最近一个会计年度经审计营业收入的50%以上,且绝对金额超过5000万元; 3. 交易标的(如股权)在最近一个会计年度相关的净利润占上市公司最近一个会计年度经审计净利润的50%以上,且绝对金额超过500万元; 4. 交易的成交金额(含承担债务和费用)占上市公司最近一期经审计净资产的50%以上,且绝对金额超过5000万元; 5. 交易产生的利润占上市公司最近一个会计年度经审计净利润的50%以上,且绝对金额超过500万元; 上述指标计算涉及的数据为负值的,取其绝对值计算 6. 以资产总额和成交总额中的较高者作为计算标准,连续12个月内累计金额达到最近一期经审计总资产30%的,应当提交股东大会审议,经出席会议的股东所持表决权的2/3以上通过。已经经审议并披露的交易不纳入计算范围	1. 交易涉及的资产总额(同时存在账面值和评估值的,以高者为准)占上市公司最近一期经审计总资产的50%以上; 2. 交易的成交金额占上市公司市值的50%以上; 3. 交易标的(如股权)的最近一个会计年度资产净额占上市公司市值的50%以上; 4. 交易标的(如股权)最近一个会计年度相关的营业收入占上市公司最近一个会计年度经审计营业收入的50%以上,且超过5000万元; 5. 交易产生的利润占上市公司最近一个会计年度经审计净利润的50%以上,且超过500万元; 6. 交易标的(如股权)最近一个会计年度相关的净利润占上市公司最近一个会计年度经审计净利润的50%以上,且超过500万元; 7. 交易涉及资产总额或者成交金额连续12个月内累计计算超过公司最近一期经审计总资产30%的,应当提交股东大会审议,并经出席会议的股东所持表决权的2/3以上通过。已经经审议并披露的交易不纳入计算范围

续表

<table>
<tr><th colspan="3">关联交易审议和披露标准</th></tr>
<tr><td>沪深主板</td><td>创业板</td><td>科创板</td></tr>
<tr><td colspan="3">需经董事会审议并披露</td></tr>
<tr><td colspan="2">1. 与关联自然人发生的成交金额超过 30 万元的交易；
2. 与关联法人发生的成交金额超过 300 万元，且占上市公司最近一期经审计净资产绝对值 0.5% 以上的交易</td><td>1. 与关联自然人发生的成交金额在 30 万元以上的交易；
2. 与关联法人发生的成交金额占上市公司最近一期经审计总资产或市值 0.1% 以上的交易，且超过 300 万元</td></tr>
<tr><td colspan="3">与同一关联人进行的交易或与不同关联人进行交易标的类别相关的交易，按照连续 12 个月内累计计算的原则适用上述标准，已经经审议并披露的交易不纳入计算范围</td></tr>
<tr><td colspan="3">另需经股东大会审议</td></tr>
<tr><td colspan="2">上市公司与关联人发生的交易金额在 3000 万元以上，且占上市公司最近一期经审计净资产绝对值 5% 以上的，应将该交易提交股东大会审议</td><td>上市公司与关联人发生的交易金额占上市公司最近一期经审计总资产或市值 1% 以上的交易，且超过 3000 万元，应提交股东大会审议</td></tr>
<tr><td colspan="3">与同一关联人进行的交易或与不同关联人进行交易标的类别相关的交易，按照连续 12 个月内累计计算的原则适用上述标准，已经经审议并披露的交易不纳入计算范围</td></tr>
</table>

（2）上市公司重大资产重组主要规则

为保护投资者的权益，避免劣质资产借并购重组进入资本市场，A 股上市公司实施并购重组的标的满足重大资产重组甚至重组上市的标准时，监管部门将对交易进行更严格的审查，并要求标的符合上市公司的监管要求。全面注册制新规下，重大资产重组的标准、标的资产要求、发股收购的股价限制和审批流程见表 1－3－3。

表1-3-3 重大资产重组的标准、标的资产要求、发股收购的股价限制和审批流程

沪深主板	创业板	科创板
重大资产重组的标准(不含重组上市)		
根据《上市公司重大资产重组管理办法》(2023年修订,以下简称《重组办法》)第12条: 上市公司及其控股或者控制的公司购买、出售资产,达到下列标准之一的,构成重大资产重组: (1)购买、出售的资产总额占上市公司最近一个会计年度经审计的合并财务会计报告期末资产总额的比例达到50%以上; (2)购买、出售的资产在最近一个会计年度所产生的营业收入占上市公司同期经审计的合并财务会计报告营业收入的比例达到50%以上,且超过5000万元人民币; (3)购买、出售的资产净额占上市公司最近一个会计年度经审计的合并财务会计报告期末净资产额的比例达到50%以上,且超过5000万元人民币	标准与主板一致	标准与主板一致
重组上市标准		
根据《重组办法》第13条第1款第1项(2020修正)至第5项: 上市公司自控制权发生变更之日起36个月内,向收购人及其关联人购买资产,导致上市公司发生以下根本变化情形之一的,构成重大资产重组,应当按照本办法的规定履行相关义务和程序: (1)购买的资产总额占上市公司控制权发生变更的前一个会计年度经审计的合并财务会计报告期末资产总额的比例达到100%以上; (2)购买的资产在最近一个会计年度所产生的营业收入占上市公司控制权发生变更的前一个会计年度经审计的合并财务会计报告营业收入的比例达到100%以上; (3)购买的资产净额占上市公司控制权发生变更的前一个会计年度经审计的合并财务会计报告期末净资产额的比例达到100%以上; (4)为购买资产发行的股份占上市公司首次向收购人及其关联人购买资产的董事会决议前一个交易日的股份的比例达到100%以上; (5)上市公司向收购人及其关联人购买资产虽未达到本款第(1)项至第(4)项标准,但可能导致上市公司主营业务发生根本变化	标准与主板一致	标准与主板一致

续表

沪深主板	创业板	科创板
标的资产要求		
上市公司实施重大资产重组,应当**就该次交易符合下列要求作出充分说明,并予以披露:** (1)符合国家产业政策和有关环境保护、土地管理、反垄断、外商投资、对外投资等法律和行政法规的规定; (2)不会导致上市公司不符合股票上市条件; (3)重大资产重组所涉及的资产定价公允,不存在损害上市公司和股东合法权益的情形; (4)重大资产重组所涉及的资产权属清晰,资产过户或者转移不存在法律障碍,相关债权债务处理合法; (5)有利于上市公司增强持续经营能力,不存在可能导致上市公司重组后主要资产为现金或者无具体经营业务的情形; (6)有利于上市公司在业务、资产、财务、人员、机构等方面与实际控制人及其关联人保持独立,符合中国证监会关于上市公司独立性的相关规定; (7)有利于上市公司形成或者保持健全有效的法人治理结构。 **主板上市公司重组上市标的资产特别要求:** (1)最近3年连续盈利,且最近3年净利润累计不低于1.5亿元,最近1年净利润不低于6000万元,最近3年经营活动产生的现金流量净额累计不低于1亿元或者营业收入累计不低于10亿元; (2)标的资产对应的经营实体存在表决权差异安排的,除符合相关法规规定的相应发行条件、相关板块定位外,还应最近3年连续盈利,且最近3年净利润累计不低于1.5亿元,最近一年净利润不低于6000万元,最近一年营业收入不低于10亿元	**在主板规则基础上,创业板标的资产定位的特别要求:** 标的资产所属行业应当符合创业板定位,或者与上市公司处于同行业或者上下游 **重组上市特别要求:** 标的资产应当属于符合国家战略的高新技术产业和战略性新兴产业资产,对应的经营实体应当是符合创业板上市要求,并符合下列条件之一: (1)最近两年净利润均为正,且累计净利润不低于人民币5000万元; (2)最近1年净利润为正且营业收入不低于人民币1亿元; (3)最近1年营业收入不低于人民币3亿元,且最近3年经营活动产生的现金流量净额累计不低于人民币1亿元。 重组上市标的资产对应的经营实体存在表决权差异安排的,应当符合下列条件之一: (1)最近1年营业收入不低于人民币5亿元,且最近两年净利润均为正且累计不低于人民币5000万元; (2)最近1年营业收入不低于人民币5亿元,且最近3年经营活动产生的现金流量净额累计不低于人民币1亿元。 标的资产对应的经营实体尚未盈利的,在上市公司重组上市后首次实现盈利前,控股股东、实际控制人自该次交易所取得的股份登记之日起3个完整会计年度内,不得减持该部分股份;自该次交易所取得的股份登记之日起第四个完整会计年度和第五个完整会计年度内,每年减持的该部分股份不得超过上市公司股份总数的2%	**在主板规则基础上,科创板标的资产定位的特别要求:** 标的资产应当符合科创板定位,所属行业应当与科创公司处于同行业或者上下游,且与科创公司主营业务具有协同效应。 **重组上市特别要求:** 标的资产对应的经营实体应当是符合科创板发行条件的股份有限公司或者有限责任公司,并符合下列条件之一: (1)最近两年净利润均为正且累计不低于人民币5000万元; (2)最近1年营业收入不低于人民币3亿元,且最近3年经营活动产生的现金流量净额累计不低于人民币1亿元。 重组上市标的资产对应的经营实体存在表决权差异安排的,相关要求与创业板一致。 标的资产对应的经营实体尚未盈利的,相关要求与创业板一致
构成重组上市的,上市公司购买的资产对应的经营实体应当是股份有限公司或者有限责任公司,且符合《首次公开发行股票注册管理办法》规定的其他发行条件		

续表

发股收购的定价
上市公司发行股份的价格不得低于市场参考价的80%。市场参考价为本次发行股份购买资产的董事会决议公告日前20个交易日、60个交易日或者120个交易日的公司股票交易均价之一
发股收购和重组上市的审核流程
(1)沪深证券交易所自律监管与中国证监会监督职能分工 证券交易所依法制定上市公司重大资产重组业务规则,并对上市公司重大资产重组行为、证券服务机构和人员履职行为等进行自律管理。 中国证监会基于证券交易所的审核意见,依法对上市公司发行股份购买资产涉及的证券发行申请履行注册程序,并对证券交易所的审核工作进行监督。 对上市公司发行股份购买资产涉及的证券发行申请予以注册,不表明中国证监会和证券交易所对该证券的投资价值或者投资者的收益作出实质性判断或者保证,也不表明中国证监会和证券交易所对申请文件的真实性、准确性、完整性作出保证。 (2)证券交易所一般审核流程 ⅰ.上市公司实施发行股份购买资产的,应当按照规定聘请独立财务顾问,并委托独立财务顾问在股东大会作出重大资产重组决议后3个工作日内,通过证券交易所并购重组审核业务系统报送申请文件。 ⅱ.证券交易所收到申请文件后5个工作日内,对文件进行核对,作出是否受理的决定,告知上市公司及其独立财务顾问。申请文件不符合条件的,上市公司应当予以补正,补正时限最长不超过30个工作日。受理申请文件后10个工作日内,独立财务顾问应当以电子文档形式报送工作底稿,供监管备查。 ⅲ.上市公司申请发行股份购买资产不构成重组上市的,证券交易所重组审核机构自受理申请文件之日起10个工作日内,向上市公司、交易对方、独立财务顾问、证券服务机构提出首轮审核问询。上市公司申请发行股份购买资产构成重组上市的,证券交易所重组审核机构自受理申请文件之日起20个工作日内,提出首轮审核问询。 ⅳ.上市公司申请发行股份购买资产不构成重组上市的,回复证券交易所审核问询的时间总计不得超过1个月;申请发行股份购买资产构成重组上市的,回复证券交易所审核问询的时间总计不得超过3个月。 逾期未回复的,上市公司应当在到期日的次日,披露本次交易的进展情况及未能及时回复的具体原因等事项。上市公司难以在本款规定的时限内回复的,可以向证券交易所申请延期一次,时间不得超过1个月。 ⅴ.上市公司申请发行股份购买资产不构成重组上市的,证券交易所自受理申请文件之日起,2个月内出具本次交易符合重组条件和信息披露要求的审核意见,或者作出终止审核的决定,证券交易所审核和中国证监会注册的时间总计不超过3个月。 申请发行股份购买资产构成重组上市的,证券交易所自受理申请文件之日起,在规定时间内出具本次交易符合重组条件和信息披露要求的审核意见,或者作出终止审核的决定,证券交易所审核和中国证监会注册的时间总计不超过3个月。 ⅵ.中止审核、向有关委员会咨询、就必要事项向相关主管部门征求意见、实施现场检查或者现场督导、落实并购重组委员会意见、暂缓审议、处理会后事项、要求进行专项核查,并要求上市公司补充或者修改申请文件等情形的时间,不计入上述时间限制内。

续表

(3)证券交易所简化审核流程 ⅰ.证券交易所重组审核机构对符合条件①的发行股份购买资产申请，可以减少问询轮次和问题数量，优化审核内容，提高审核效率。 ⅱ.上市公司发行股份购买资产，符合特定情形之一②的，申请文件受理后，在证券交易所重组审核机构经审核，不再进行审核问询，直接出具审核报告，并提交并购重组委员会审议。 (4)证券交易所向中国证监会报送材料 证券交易所审核意见为交易符合重组条件和信息披露要求的，向中国证监会报送审核意见、相关审核资料及上市公司申请文件。 中国证监会在注册程序中，发现存在影响重组条件的新增事项并要求本所进一步问询的，证券交易所向上市公司、交易对方、独立财务顾问、证券服务机构提出问询问题。本所结合问询回复，就新增事项形成审核意见并报送中国证监会。 中国证监会认为证券交易所对新增事项的审核意见依据明显不充分，退回证券交易所补充审核的，证券交易所对补充审核事项重新审核，并根据情况重新报送材料或作出终止审核决定。 (5)中国证监会注册程序 ⅰ.中国证监会收到证券交易所报送的审核意见等相关文件后，依照法定条件和程序，在15个工作日内对上市公司的注册申请作出予以注册或者不予注册的决定，按规定应当扣除的时间不计算在本款规定的时限内。 ⅱ.中国证监会基于证券交易所的审核意见依法履行注册程序，发现存在影响重组条件的新增事项，可以要求证券交易所问询并就新增事项形成审核意见。 ⅲ.上市公司收到中国证监会就其申请作出的予以注册或者不予注册的决定后，应当在次一工作日予以公告。中国证监会予以注册的，上市公司应当在公告注册决定的同时，按照相关信息披露准则的规定补充披露相关文件

(3)关注关于并购标的的其他监管要求

上市公司实施并购重组时，除了关注自身需履行的信息披露义务和内外部审批程序外，还需要关注与并购标的有关的特别监管要求。受限于本章篇幅，以下仅提示几类典型的特别监管要求：

第一，若拟并购标的属于上市公司，需要按照《上市公司收购管理办法》的相关要求，确认自身是否符合收购上市公司的条件，做好权益披露，履行要约收购或豁免要约的相关流程。

---

①　同时满足如下条件：1. 证券交易所及上市公司所属证监局对上市公司信息披露和规范运作的评价以及中国证券业协会对独立财务顾问执业质量的评价结果均为A类；2. 交易符合国家产业政策；3. 交易类型属于同行业或者上下游并购，不构成重组上市。

②　具体情形包括：1. 最近12个月内累计交易金额不超过5亿元；2. 最近12个月内累计发行的股份不超过本次交易前上市公司股份总数的5%且最近12个月内累计交易金额不超过10亿元。

第二,若拟并购标的属于国有或国有控股企业,需要根据《企业国有资产法》《企业国有资产监督管理暂行条例》《企业国有资产交易监督管理办法》《企业国有资产评估管理暂行办法》《关于企业国有资产交易流转有关事项的通知》等有关法律法规,做好审计评估、国资审批、公开挂牌交易等工作。

第三,若拟并购标的涉及特定行业,则需要关注行业监管政策对该等主体股权变更的条件和限制。例如,金融机构、整车制造、航空航天、军工行业企业,企业股权变更可能涉及前置的审批或沟通。

第四,若实施并购的上市公司股东包含外资,需结合《负面清单》,考虑拟并购标的是否涉及外资禁入的行业。

2. 上市公司资产重组要点提示

上市公司资产重组包括出售资产和购入资产两种形式,而如果重组交易采用资产置换等特殊形式的,在同一个资产重组交易中将同时包括资产出售和资产购入。

随着经济发展、市场环境变化,行业的周期起伏是企业经营过程中不可忽视的影响因素。为了应对行业周期起伏,企业需要实时对自己的业务进行梳理和调整。如同人体内时刻都在发生老细胞死亡、新细胞补充的更新进程,企业也是一个有机体,需要不时摒弃失去活力的业务、补充具有生机的业务。通过资产的出售或收购,精准地对亏损业务、低质低效业务、与未来业务耦合较差的旧业务进行剥离,同时引入前景广阔的新业务,有助于企业缩短转型时间,避免在这些拟剥离业务上过度投入、低效产出。

在实操中,资产出售和资产收购是一项复杂的工作,有选择出售/收购标的、设计交易方案、选定交易对手、确定交易价格、妥善实施交割等一系列事项需要解决。将这些问题逐一深入分析,已经足够单独成书。本章试图删繁就简,提纲挈领,从以下主要方面为上市公司实施资产重组提供一条思维脉络:

(1)选择拟出售资产

企业需要首先结合当前市场条件、企业经营战略、企业资金需求,圈定可予出售业务的范围。其次,企业需要自行或聘请中介机构对前述被圈定业务进行摸底,掌握拟剥离业务相关资产的可交易性,包括但不限于是否存在权利限制、是否需征得其他股东(财产共有人)同意、是否涉及短时间难以处理的关联往来、是否涉及已过期或临近过期的资质有待重新申请备案、是否需征得政府部门认可、是否需要特别审批、是否有针对投资人的准入限制、是否需进场交易等。

就规模较大、资产较为分散的上市公司来说，被圈定的可出售标的数量可能较多。在掌握上述情况的基础上，可以按照交易难度对资产进行分类，排除难以交易的资产，优先处置其他资产。就规模较小、资产较为集中的上市公司来说，被圈定的可出售标的可能集中于一家子公司或一项资产，该项资产存在交易障碍的，则需进一步研究这些障碍能否通过在经济上、时间上具有可行性的方式解决，并最终确定是否继续推进资产处置。

(2)选择拟收购资产

与选择出售资产相类似，选择拟收购资产需要以上市公司目前已有的业务为出发点予以考虑。若上市公司现有业务具备通过收购资产整合发展的潜力，则可从产业链的横向并购、纵向并购等方向考虑可行的收购目标。如果上市公司现有业务与市场方向不符，发展潜力有限，不受资本市场欢迎，不具备进一步投入的价值，则可以考虑直接为上市公司并入一块有潜力、值得培育的新业务，推动上市公司业务转型。新业务的来源既可以是实际控制人持有的上市公司体外的业务，也可以是外部主体持有的业务。但如果拟以增发新股方式收购的外部主体持有业务且体量较大的，可能会对上市公司控制权构成影响。

从法律上看，选择拟收购资产需要特别关注该等资产是否“干净”，即从交易和证券监管方面看，该部分资产能否以及是否适合被装入上市公司体内。A股各板块关于上市公司拟重组资产的具体要求可参考上文“重大资产重组主要规则”，以下指出几点需要特别关注的事项：

一是标的资产所从事业务是否符合上市公司所在板块的定位。

二是标的资产权属是否清晰，是否存在特殊权利限制或代持等可能导致无法交易或发生纠纷的情况。如果标的资产是企业股权，还需要关注企业自身持有的房屋、土地、设备、知识产权等是否存在产权方面的瑕疵。

三是标的资产从事业务是否合规，在经营资质、环保、税务、土地房屋、消防、劳动用工、进出口、外汇、不正当竞争、招投标等方面是否存在违法违规情况。

四是标的资产是否附带重大的或有负债，包括但不限于为外部主体提供担保、涉及大量诉讼等。

五是上述瑕疵的程度以及能否妥善解决。存在少量瑕疵的不一定代表该标的资产不适宜被装入上市公司，若经过上市公司和中介机构研究，标的资产虽然存在瑕疵但不会导致其不符合置入条件或瑕疵能够用合理方式解决，则仍可以推进相关交易而不至于错过优质的并购标的。

(3)拟定交易方案

交易方案可以分别从“卖”和“买”两个角度审视。

就上市公司处置资产而言，其可以进一步拆为两个主要方面。一是转让相关业务主体股权还是转让相关业务对应的具体资产（此处指土地、房屋、设备、存货、知识产权等具象化的资产）；二是招揽收购方的方式，常见的招揽方式主要包括向不特定对象公开招标、对特定对象进行招揽或直接与已有意向的收购方进行接洽。“卖给谁”一定程度上会影响“怎么卖”，如果上市公司能够通过自身的资源锁定（一家或几家）潜在交易对象，则可以不通过公开或非公开招揽的方式寻找意向收购方[①]；若上市公司自身难以寻觅投资者，可能需借助财务顾问和其他中介机构的市场资源推介收购项目并寻找合适的收购方。确定拟交易对象后，可结合交易对象的需求和拟处置标的情况，商定通过股权转让或资产转让的方式实现业务剥离。

就上市公司收购资产而言，交易方案的核心要素为支付手段，即上市公司计划以现金进行收购还是通过增发新股的方式进行收购，两种收购方式又与“从谁手中买”相关联。现金收购更便捷，速度快且无须经过复杂的审批流程，时间上可控。但不论是以自有资金还是通过并购贷款，现金收购都可能对上市公司资金状况造成一定不利影响。增发新股收购无须付出现金，以上市公司具有流动性的股份这一较有吸引力的资产作为支付方式，可以最大限度发挥上市公司优势，以尽量小的资金代价获得优质业务。但此方式审核周期较长，如果标的资产并不来自实际控制人，则还将稀释实际控制人的控制权，不适合股权本就较为分散、实际控制人控股比例较低的上市公司（除非本身以“卖壳”为目标）。

① 法律法规规定的需要公开进场交易的企业国有资产必须通过公开挂牌的方式进行转让。尽管如此，在实操中国有或国有控股企业仍可与明确的意向收购方商讨资产处置计划和方案，由该等收购方通过公开挂牌程序摘得相关资产。在此情况下，国资方与意向收购方签署的意向性协议中需要明确收购方未能按计划成功竞标的后续处理方案。

(4)确定交易条件

交易的核心条件是对价,根据不同拟剥离资产/拟收购资产的业务情况、交易方式、资产类型,对价的确定方式也不相同,需上市公司与交易对方结合实际情况商讨确定定价依据,无论如何,交易对价的公允性应得到合理说明。

交易对价不是孤立的,包括但不限于对价支付方式、支付进度、陈述与保证范围、违约责任、赔偿限额、披露免责范围、过渡期损益安排等其他交易条件都可能对交易对价造成一定影响。从原则上看,交易条款中卖方履行义务要求越高、卖方责任越重、卖方风险越高的,交易对价也应越高;相反地,若买方能够接受适度减轻卖方在交易前后的相关义务和责任,则其可以要求适度调低交易对价。

谈判地位对交易条件的影响不可忽视。对于上市公司进行资产出售而言,假如拟剥离业务的吸引力不足,仅少量甚至仅一名意向收购方进入实质洽谈阶段且购买意愿不是特别强烈,而上市公司又较为迫切地希望达成交易的,这一场景对上市公司而言十分棘手,谈判过程会非常艰难,往往难以获得理想的交易条件,甚至在最终签署的交易文件中接受高额赔偿责任、严苛的索赔要求、过于广泛的陈述与保证、漫长复杂的付款安排等高风险约定。对于上市公司进行资产收购而言,从近期审核趋势来看,需特别关注业绩补偿条款的问题。对于重大资产重组而言,监管机构一般要求在交易条件中加入卖方对上市公司的业绩承诺。

(5)认真对待交割

交易文件签署是交易的重要里程碑,但后续交割工作同样需要予以高度重视。特别是对于上市公司,已经披露的交易若最终未能实现交割,会对上市公司造成负面市场影响。在交割前,上市公司应时刻掌握交割先决条件的达成情况,积极解决达成条件的阻碍(如有)。在交割过程中,上市公司应比照交易文件约定逐项确认交割需交付/完成的事项是否已经完成。在标的资产交割完成后,转让方也不应“撒手不管”,只要还未收到全部对价或在交易文件项下的责任尚未履行完毕,其就仍需注意跟进交易执行进展并确保交易文件能被双方正确履行。

(6)做好内部审议和信息披露工作

除需关注上述与重组交易本身相关的要点事项外,上市公司在进行资产重组业务时,还应务必确保审批程序符合法律法规和公司章程要求,并根据交易所相关信披指引做好交易的信息披露工作。

3. 重组盘活上市公司典型案例

一汽集团是我国汽车工业的“长子”，旗下自主品牌与合资品牌的产品覆盖各型乘用车、商用车、特种车辆，是我国第一梯队的汽车制造企业。但在市场竞争格局不断变幻、产品迭代更新速度加快的汽车市场中，一汽集团也曾面临旗下上市公司经营业绩不佳的境况。最终一汽集团通过重大资产置换的方式，让旗下上市公司摆脱了低效业务，获得了优质业务，为其长期发展注入了新的活力。

2019 年 4 月 12 日，一汽集团旗下上市公司一汽轿车（000800. SZ，现名为一汽解放）公告了《重大资产置换及发行股份和可转换债券、支付现金购买资产并募集配套资金暨关联交易预案》，一汽轿车以拥有的除一汽财务有限公司、鑫安汽车保险股份有限公司之股权及部分保留资产以外的全部资产和负债作为置出资产，与中国第一汽车股份有限公司（以下简称一汽股份）持有的实施部分资产调整后的一汽解放汽车有限公司（以下简称解放有限）100% 股权中的等值部分进行置换。2019 年 8 月 30 日，一汽轿车发布公告披露了具体的交易方案，其中，解放有限 100% 股权作价 270.09 亿元，置出资产作价 50.88 亿元，两者差额为 219.21 亿元，其中 199.21 亿元对价一汽轿车通过以 6.68 元/股的价格向一汽股份发行股份的形式支付，其余对价以现金支付。该次交易置入上市公司的资产价值远高于置出资产，但是交易前后上市公司的控制权并未发生变更，也不构成借壳上市，缩短了审核所需的时间。

在该项交易前，一汽轿车的主要产品为一汽马自达品牌乘用车和奔腾品牌乘用车。在乘用车市场激烈的竞争下，一汽轿车产品力未获市场认可，业务处于不温不火的状态。2017 年度，一汽轿车归母净利润仅 3.18 亿元，每股收益仅为 0.17 元；2018 年度，其归母净利润进一步下滑至 2.27 亿元，每股收益仅为 0.10 元。如此业绩表现难以支撑上市公司长期健康发展，也一定程度浪费了上市公司平台对一汽优质业务的资源配置作用。在此不利的局面下，一汽集团决定直接让一汽轿车切换赛道，产品业务由乘用车转向商用车。为了让交易后的一汽轿车专注于商用车业务，交易后一汽轿车将不再持有轿车生产业务，主要业务及资产全部转向商用车。为此，一汽轿车采用了资产置换的交易模式，而由于一汽轿车资产估值较低，单纯资产置换无法满足置入资产的对价，该次交易同时还采用了发行股份购买资产和现金支付的对价支付方式。

2020 年 3 月 12 日，一汽轿车收到中国证监会核发的《关于核准一汽轿车股份有限公司重大资产重组及向中国第一汽车股份有限公司发行股份购买资产的批复》(证监许可〔2020〕352 号),同意该次交易。2020 年 4 月 8 日,一汽轿车刊发公告,该次交易资产置入完成交割;2020 年 5 月 20 日,一汽轿车再次公告,正式更名为一汽解放。

该次重组交易完成后,一汽解放迎来了全新的篇章。其业绩展现了良好的成长性和持续性,解放品牌在国内重卡领域领头羊的地位得到加强,上市公司市值则由交易宣布前的不足 50 亿元上涨至一度超 500 亿元,在 2022 年 A 股股指整体下行的趋势下,2022 年 12 月 31 日市值仍超 350 亿元。该次交易实现了上市公司、控股股东和中小股东各方利益的共赢。

(三)分拆上市现行主要规则①及关注要点

在 2019 年之前,由于缺少明确的规则指引,且政策上并不鼓励,A 股上市公司分拆子公司在境内资本市场上市的案例非常罕见。随着我国资本市场的不断成熟,2019 年至 2020 年,A 股上市公司分拆规则以科创板为起点扩展至全市场,正式为“A 拆 A”指明了条件和路径。2022 年 1 月,《上市公司分拆规则(试行)》正式颁布生效,取代原来分别独立的境内分拆上市规则和境外分拆上市规则,对分拆上市的条件进行了更为统一的规定,明确并一定程度简化了分拆上市的程序。根据目前的市场数据表现可以预见,未来分拆上市企业的数量还将显著上升。

对于上市公司而言,分拆上市主要目的是明晰主业结构,使特定业务板块得到更充分的发展。大型集团化上市公司企业资产庞大、业务多元,具备将独立业务单元拆分后上市的条件。把与主业相对独立、具备独立经营能力的业务板块分拆上市,有利于加强专业管理,提高估值,引入社会资金为被分拆单元的壮大提供支持,为企业发展带来活力。在市场波动、许多上市公司期望抓住机会进行转型升级的背景下,分拆上市不失为上市公司促进自身发展的一套新的实用工具。

1. A 股市场关于分拆上市的主要规则

(1)上市公司业绩要求

上市公司分拆,应当同时符合以下条件:①上市公司股票境内上市已满 3 年;

---

① 全面注册制征求意见稿中尚不涉及对分析上市规则的调整。

②上市公司最近 3 个会计年度连续盈利；③上市公司最近 3 个会计年度扣除按权益享有的拟分拆所属子公司的净利润后，归属于上市公司股东的净利润累计不低于人民币 6 亿元（本规则所涉净利润计算，以扣除非经常性损益前后孰低值为依据）；④上市公司最近一个会计年度合并报表中按权益享有的拟分拆所属子公司的净利润不得超过归属于上市公司股东的净利润的 50%；上市公司最近一个会计年度合并报表中按权益享有的拟分拆所属子公司的净资产不得超过归属于上市公司股东的净资产的 30%。

（2）上市公司不得分拆的情形

上市公司存在以下情形之一的，不得分拆：①资金、资产被控股股东、实际控制人及其关联方占用或者上市公司权益被控股股东、实际控制人及其关联方严重损害；②上市公司或其控股股东、实际控制人最近 36 个月内受到过中国证监会的行政处罚；③上市公司或其控股股东、实际控制人最近 12 个月内受到过证券交易所的公开谴责；④上市公司最近一年或一期财务会计报告被注册会计师出具保留意见、否定意见或者无法表示意见的审计报告；⑤上市公司董事、高级管理人员及其关联方持有拟分拆所属子公司股份，合计超过所属子公司分拆上市前总股本的 10%，但董事、高级管理人员及其关联方通过该上市公司间接持有的除外。

（3）对被分拆主体的限制

上市公司所属子公司存在以下情形之一的，上市公司不得分拆：①主要业务或资产是上市公司最近 3 个会计年度内发行股份及募集资金投向的，但子公司最近 3 个会计年度使用募集资金合计不超过子公司净资产 10% 的除外；②主要业务或资产是上市公司最近 3 个会计年度内通过重大资产重组购买的；③主要业务或资产是上市公司首次公开发行股票并上市时的主要业务或资产；④主要从事金融业务的；⑤子公司董事、高级管理人员及其关联方持有拟分拆所属子公司股份，合计超过该子公司分拆上市前总股本的 30%，但董事、高级管理人员及其关联方通过该上市公司间接持有的除外。

2. A 股上市公司分拆子公司上市要点提示

（1）关联交易与独立性

在普通的 A 股 IPO 项目中，发行人的独立性一直是监管机构关注的要点之一。分拆上市规则中也明确规定，分拆是否有助于提升上市公司独立性、上市公司与拟分拆子公司在独立性方面是否存在严重缺陷是决定分拆上市成败的重要

因素。具体而言,分拆上市中监管机构关注的独立性问题主要包括以下维度:

第一,拟分拆主体与上市公司之间在业务、资产、管理机构、人员、财务方面相互独立。一是拟分拆主体与上市公司之间的业务能够独立于彼此开展,不存在相互依赖的关系;二是拟分拆主体与上市公司在分拆后各自的资产均能够满足业务开展的需要,需注意此处除了房屋、设备、原材料、存货等有形资产外,商标、专利、著作权等无形资产能否相互独立也十分关键;三是拟分拆主体的管理流程、管理架构不存在相互交叉的情况,高级管理人员、核心技术人员以及其他关键岗位人员不存在重合;四是拟分拆主体的财务系统和财务审批流程完全独立于上市公司,财务人员相互独立不存在重合。

第二,在判断关联交易对分拆上市是否构成实质影响时,监管机构关注的要点包括关联交易金额和占收入利润的比重以及变化趋势,关联交易价格是否公允,是否具有商业合理性,拟分拆主体与上市公司是否有产业链上下游关系以及是否就关联交易形成依赖,双方的核心技术、产品或服务是否来源于或依赖关联交易才得以开展等。关联交易问题是分拆上市的一大难点,毕竟拟分拆主体曾经属于上市公司体系,即使有能够作为独立板块上市的业务,也很难避免较为密切的日常业务往来。这要求上市公司进行分拆前,就需要对拟分拆主体与上市公司其他主体之间的关联交易进行清理,同时适当进行内部重组,完善拟分拆主体的业务条线,尽量确保即使不与上市公司发生关联交易,拟分拆主体也能具备正常经营运作的能力。

(2)同业竞争

同业竞争也是分拆上市中较为突出、监管机构特别关注的问题。主要维度包括但不限于:上市公司与拟分拆主体的历史沿革、业务由来、行业分类;产品用途、供应商、客户、销售渠道;从事业务所需的资质证照。

上市公司与拟分拆主体作为曾经同一体系内的主体,很可能在历史沿革、主营业务、资产、核心人员方面存在较为复杂的关系,二者的产品、服务在功能和客户群体方面很可能具有一定的相似性。在就上述维度作出解释时,不能仅局限于以经营范围判断是否存在竞争关系。针对疑似具有相似性、替代性的业务,更需要深入业务实质判断其是否涉及同业竞争。

目前,创业板和科创板对于发行人和关联方之间的同业竞争问题已经不再采取“一律封杀”的审核尺度,而是要求发行人说明同业竞争是否会导致“重大不利影响”。因此,针对确实存在同业竞争且短期内难以消除的情形,如分拆至创业板或科创板 IPO 的,可进一步考察该等同业竞争是否会对上市公司和拟分拆主体造成重大不利影响。根据创业板和科创板的审核问答可知,其审核关注要点包括:①结合竞争方与发行人的经营地域、产品或服务的定位,说明同业竞争是否会导致发行人与竞争方之间的非公平竞争,是否会导致发行人与竞争方之间存在利益输送、是否会导致发行人与竞争方之间相互或者单方让渡商业机会的情形。②竞争方的同类收入或毛利占发行人主营业务收入或毛利的比例达 30% 以上的,如无充分相反证据,原则上应认定为构成重大不利影响。

为避免同业竞争问题对上市公司分拆子公司在境内上市造成障碍,建议上市公司提前对业务进行整合梳理,整理业务线,并充分咨询中介机构的意见。

3. 分拆上市典型案例

物产中大(600704. SH)是浙江省国有资产监督管理委员会下属的特大型国有控股上市公司,自 2011 年起连续 12 年入围世界 500 强,于 2022 年世界 500 强排名中位列 120 位,产业覆盖金属、能源、化工、汽车供应链服务,金融服务以及高端制造业务。浙江物产环保能源股份有限公司(以下简称物产环能)系物产中大下属子公司,主要从事能源环保综合利用服务业务,所处行业包括煤炭流通行业、热电联产、资源综合利用等,其中煤炭流通是公司最主要的业务,收入贡献超过 90%。为了更好地抓住能源市场机遇、适应能源转型发展需要,物产中大抓住 A 股上市公司分拆子公司在境内上市政策放开的契机,成功推动物产环能分拆并在上交所主板上市,为国有控股大型上市集团通过分拆上市加强公司治理、理顺业务体系、提升融资能力、获得合理估值提供了可以参考的样板。

2020 年 6 月 30 日,物产中大在上交所网站刊发了《关于分拆所属子公司浙江物产环保能源股份有限公司至上海证券交易所主板上市的预案》。根据该公告可知,通过该次分拆,物产中大将进一步实现业务聚焦,将物产环能打造成为公司下属能源环保综合利用服务业务(煤炭流通、热电联产、污泥处置、生物质综合利用、压缩空气等)的独立上市平台,借助资本市场强化在能源环保综合利用服务业务领域的竞争地位以及竞争优势,通过上市融资增强资金实力进一步加大对能源环保综合利用服务业务的资本投入,提升资源综合利用水平和能源清洁高效利用能力,成为绿色高效的能源综合服务商。

2020 年 12 月 11 日,中国证监会受理了物产环能在上交所主板上市的申请材料。在申报材料和后续历次反馈问询中，中国证监会重点关注的法律问题包括发行人是否符合分拆上市条件，发行人是否符合上市公司独立性要求，发行人与实际控制人和控股股东之间的同业竞争、关联交易是否会对发行上市造成实质不利影响，发行人职工持股会相关情况，发行人业务合规和行政处罚情况以及安全生产情况等。

历经近一年的审核，2021 年 11 月 19 日，中国证监会下发《关于核准浙江物产环保能源股份有限公司首次公开发行股票的批复》（证监许可〔2021〕3689 号），同意物产环能首次公开发行股票的申请。2021 年 12 月 16 日，物产环能股票在上交所主板上市。完成上市后，物产环能获得了直接进行资本运作的平台，后续物产环能将如何通过上市公司平台助推其能源业务转型发展，值得我们持续关注和期待。

三、关于上市公司资本运作的其他要点提示

（一）摸清上市公司整体情况

在制订资本运作方案前，首先需要对上市公司的整体情况进行全面摸排。为了便于后续在专业顾问的指导下制订和实施交易方案，建议上市公司聘请律师、审计师等专业顾问进行全面尽职调查，尽可能完整地掌握上市公司内部各种有利和不利因素。在此过程中，专业顾问将在上市公司内部业务、财务、法务、合规等部门的配合下，全面排查上市公司存在的法律、财务和业务风险，向经营团队提出初步应对建议；梳理后续执行应对措施可能涉及的障碍，并与上市公司讨论确定解决措施。根据我们以往的经验，对上市公司法律风险的梳理主要包括如下重点事项。

1. 资产负债情况

全面梳理上市公司资产负债情况是核心和根本。其中在法律尽职调查方面，由律师对上市公司的资产和负债情况进行法律尽职调查。在资产端，系统地对主要资产的权属状态、权利负担、取得和持有资产的合法合规性等情况进行梳理；在负债端，逐项核查主要负债及或有负债的相关合同，汇总上市公司在该等合同下需履行的义务，排查是否存在违约情况以及是否存在因个别违约而使其他债务加速到期的风险。通过对资产和负债的排查，较为全面和系统地掌握上市公司面临的风险敞口、能够动用的风险应对资源以及需要重点控制或解决的法律风险。

2. 企业股权结构和业务分布

针对集团型上市公司，由律师全面梳理母公司和主要子公司之间的股权结构和业务板块在地理上的分布，形成股权和业务结构图，为后续实施诸如在子公司层面引入投资人、出售相关业务板块、处置重要资产等资本运作项目进一步提供路径设计和可行性分析的基础。

3. 实际控制人的义务和重大法律风险

在上市公司经营过程中，实际控制人经常需要为上市公司融资、引入投资者等事项承担个人的义务，包括但不限于提供连带责任保证、承诺回购投资人股权等，这一情况在融资能力有限的民营企业、成长期企业中更为突出。另外，部分上市公司在融资过程中可能还涉嫌违法违规行为，有的可能还涉及刑事责任。因此，在对上市公司进行尽职调查的同时，梳理和分析实际控制人法律义务和重大法律风险也十分有必要，以便后续在沟通准备交易方案时，综合考虑交易前后上市公司实际控制人法律责任和法律风险的防控措施。

4. 法律障碍

全面梳理上市公司进行资产重组可能遇到的法律障碍，包括但不限于：(1)借款担保合同项下对处置资产、转让股权的限制；(2)资产被抵押、质押、查封、冻结或存在其他权利负担的情况；(3)股权融资合同中投资人对企业处置资产、举借债务等事项是否享有否决权；(4)法律法规对资产转让的限制，例如，股权转让行为可能涉嫌变相转让土地使用权，资产处置可能导致相关资产失去经营资质，资产处置需要经过政府部门事前审批，国资监管规定对资产转让的特别要求等。

(二)规范合规是上市公司进行资本运作的前提

上市公司作为资本市场的重要组成部分，其合规运作是资本市场健康发展的重要保障。近年来，在加强市场因素对资本市场配置资源作用的同时，为更好保障投资者权益、维护资本市场秩序，国家从立法到执法层面，对上市公司及相关人员违法违规行为的打击力度明显提升，处罚后果明显加重。

在常态化退市制度中，专设了规范类强制退市，当上市公司发生重大违法违规行为时，将直接实施退市风险警示，之后未能按期完成整改的，上市公司将被强制退市。在常态化退市制度下，上市公司的上市地位和其规范运作已直接关联，而后续配套的民事、行政、刑事法律责任也会对上市公司和有关责任人形成进一步震慑。因规范类问题触发强制退市的上市公司很难具备进一步资本运作的条件。

在本章重点关注的资本运作工具中,不论是股权融资、并购重组,还是分拆上市,上市公司实施这些项目的必备条件中都包括自身经营合规,既包括资本市场监管规则层面的合规,也包括业务经营层面的合规。如果上市公司不注意规范自身日常的经营行为,经常受到来自各类监管机构或大或小的行政处罚,该公司进行资本运作时将面临非常窘迫的局面,甚至最终导致审核机构认为其不具备进行资本运作的基本条件。

鉴于此,建议上市公司将守法合规作为一项重要的基础性日常工作,配置专门的人员、聘请专业的机构帮助上市公司在各个重大方面均合规运作,形成与监管机构良性的沟通关系,建立规范合规的企业形象。基于此,当上市公司需要进行资本运作时,方可确保不因合规问题造成阻碍。

结　语

世界政治经济形势、国内外市场环境仍在持续变化,尽管上市公司代表了一批中国最优质的企业,但在当前的环境下,企业经营可谓如履薄冰。全面注册制新规的落地实施,为上市公司进行资本运作提供了更明确、可操作性更强的规则框架,能否利用好资本市场获得和调配资源的能力,在关键时刻将成为企业经营成功或失败的胜负手。

第四章　跨境投资:监管政策及实务操作

近年来,跨境投资已形成多渠道、多层次的开放格局。境外直接投资(Overseas Direct Investment,ODI)层面,不断简化境外直接投资的发展改革部门、商务部门审批程序要求及外汇管理程序要求,减少前置程序,优化繁琐程序,整体体现鼓励企业"走出去"的政策导向。境内直接投资(Foreign Direct Investment,FDI)层面,落实准入前国民待遇加负面清单管理,外商投资的商务部门监管由审批制过渡为备案制并进一步调整为报告制,外汇登记、外汇账户等若干外汇管理程序要求也趋向便捷化。针对境外直接投资和境内直接投资,我们在本章中梳理了现行有效的监管政策和相应的实务操作,以期为更多企业"走出去"及"走进来"提供参考。

一、境外直接投资和境内直接投资现状

(一)境外直接投资现状

根据商务部对外投资和经济合作司发布的信息,[①]据商务部、国家外汇局统计,2022 年,我国对外全行业直接投资 9853.7 亿元人民币,较 2021 年增长 5.2%(折合 1465 亿美元,增长 0.9%)。其中,我国境内投资者共对全球 160 个国家和地区的 6430 家境外企业进行了非金融类直接投资,累计投资7859.4亿元人民币,增长 7.2%(折合 1168.5 亿美元,增长 2.8%)。

---

① 参见商务部对外投资和经济合作司:《2022 年我国对外全行业直接投资简明统计》,载中华人民共和国商务部网 2023 年 1 月 9 日,http://hzs. mofcom. gov. cn/article/date/202302/20230203384450. shtml。

（二）境内直接投资现状

根据商务部的统计数据，①2022年，全国实际使用外资金额12,326.8亿元人民币，按可比口径同比增长6.3%（折合1891.3亿美元，增长8%），保持稳定增长。引资结构持续优化。制造业实际使用外资3237亿元人民币，同比增长46.1%，占全部的26.3%，较2021年提升7.8个百分点。高技术产业实际使用外资增长28.3%，占全部的36.1%，较2021年提升7.1个百分点，其中电子及通讯设备制造、科技成果转化服务、信息服务分别增长56.8%、35%和21.3%。

二、境外直接投资和境内直接投资监管政策

（一）境外直接投资监管政策

目前，境内企业境外直接投资的主要监管程序为发展改革部门、商务部门及外汇部门的备案、核准或登记程序。境内主要的监管规定见表1－4－1。

表1－4－1　境内主要的监管规定

监管部门	监管规定
发展改革部门	1.《企业境外投资管理办法》（国家发改委令第11号）（以下简称国家发改委11号文） 2.《境外投资核准备案常见问题解答》（2021年）（以下简称《问题解答》） 3.国家发改委《关于发布企业境外投资管理办法配套格式文本（2018年版）的通知》（发改外资〔2018〕252号）（以下简称《境外投资项目备案表格式文本》）
商务部门	1.《境外投资管理办法》（商务部令2014年第3号）（以下简称商务部3号文） 2.《关于印发〈对外投资备案（核准）报告暂行办法〉的通知》（商合发〔2018〕24号）
外汇部门	1.国家外汇局《关于发布〈境内机构境外直接投资外汇管理规定〉的通知》（汇发〔2009〕30号）（以下简称外汇局30号文） 2.国家外汇局《关于进一步简化和改进直接投资外汇管理政策的通知》（汇发〔2015〕13号）（以下简称外汇局13号文）及其附件《直接投资外汇业务操作指引》（以下简称《操作指引》）

① 参见商务部：《2022年全国实际使用外资稳定增长》，载中华人民共和国商务部网，http://www.mofcom.gov.cn/article/xwfb/xwsjfzr/202301/20230103379768.shtml。

（二）境内直接投资监管政策

《外商投资法》颁布后，境内直接投资需要完成国家外汇局规定的外汇登记手续和商务部规定的外商投资信息报告，涉及的主要监管规定见表1－4－2。

表1－4－2　主要监管规定

序号	监管规定
1	国家外汇局《关于进一步改进和调整直接投资外汇管理政策的通知》（汇发〔2012〕59号）（以下简称国家外汇局59号文，于2015年5月4日被汇发〔2015〕20号国家外汇局《关于废止和修改涉及注册资本登记制度改革相关规范性文件的通知》修正）
2	国家外汇局《关于印发〈外国投资者境内直接投资外汇管理规定〉及配套文件的通知》（汇发〔2013〕21号）
3	国家外汇局《关于境内居民通过特殊目的公司境外投融资及返程投资外汇管理有关问题的通知》（汇发〔2014〕37号）
4	国家外汇局《关于改革外商投资企业外汇资本金结汇管理方式的通知》（汇发〔2015〕19号）
5	外汇局13号文及其附件《操作指引》
6	《外商投资法》
7	《外商投资法实施条例》
8	《外商投资信息报告办法》

三、境外直接投资之实务操作

境外直接投资需在境内履行发展改革部门（发改委）、商务部门及外汇部门的备案、核准或登记程序，具体实务操作如下所述。

（一）发展改革部门程序

根据国家发改委11号文、《问题解答》和《境外投资项目备案表格式文本》，投资主体拟进行境外投资的，应当在发改委履行境外投资项目核准或备案等手续，具体操作如下。

1. 需履行发改委程序的事项

境外投资是境内企业直接或通过其控制的境外企业，以投入资产、权益或提供融资、担保等方式，获得境外所有权、控制权、经营管理权及其他相关权益的投资活动。相关投资活动包括但不限于：(1)获得境外土地所有权、使用权等权益；(2)获得境外自然资源勘探、开发特许权等权益；(3)获得境外基础设施所有权、经营管理权等权益；(4)获得境外企业或资产所有权、经营管理权等权益；(5)新建或改扩建境外固定资产；(6)新建境外企业或向既有境外企业增加投资；(7)新设或参股境外股权投资基金；(8)通过协议、信托等方式控制境外企业或资产。

2. 实行核准/备案管理的范围

实行核准管理的范围是投资主体直接或通过其控制的境外企业开展的敏感类项目。敏感类项目包括涉及敏感国家和地区的项目和涉及敏感行业的项目，具体包括：

(1)敏感国家和地区：与我国未建交的国家和地区；发生战争、内乱的国家和地区；根据我国缔结或参加的国际条约、协定等，需要限制企业对其投资的国家和地区；其他敏感国家和地区。

(2)敏感行业：武器装备的研制生产维修；跨境水资源开发利用；新闻传媒；根据我国法律法规和有关调控政策，需要限制企业境外投资的行业[根据国务院办公厅转发国家发改委、商务部、人民银行、外交部《关于进一步引导和规范境外投资方向指导意见的通知》(国办发〔2017〕74号)，需要限制企业境外投资的行业为：①房地产；②酒店；③影城；④娱乐业；⑤体育俱乐部；⑥在境外设立无具体实业项目的股权投资基金或投资平台]。

实行备案管理的范围是投资主体直接开展的非敏感类项目，即涉及投资主体直接投入资产、权益或提供融资、担保的非敏感类项目。

3. 核准/备案机关

实行核准管理的机关是国家发改委。实行备案管理的项目中，投资主体是中央管理企业(含中央管理金融企业、国务院或国务院所属机构直接管理的企业)的，备案机关是国家发改委；投资主体是地方企业，且中方投资额3亿美元及以上的，备案机关是国家发改委；投资主体是地方企业，且中方投资额3亿美元以下的，备案机关是投资主体注册地的省级政府发展改革部门。

4. 申请主体

实行核准和备案管理的项目，投资主体均应当通过网络系统提交项目核准/备案表并附上有关文件。投资主体是中央管理企业的，由其集团公司或总公司向核准/备案机关提交;投资主体是地方企业的,由其直接向核准/备案机关提交。

5. 申请时间

投资主体应当在项目实施前取得项目核准文件或备案通知书。项目实施前是指投资主体或其控制的境外企业为项目投入资产、权益(已按照国家发改委11号文第17条办理核准、备案的项目前期费用除外)或提供融资、担保之前。

6. 申请材料

提交项目核准/备案表,并附如下所述的项目报告:

(1)投资主体情况,包括注册登记证明文件、追溯至实际控制人的投资主体股权架构图、最新经审计财务报告、投资主体投资决策文件。

(2)项目情况,包括项目名称、投资目的地、主要内容和规模、中方投资额、项目尽职调查报告、对外投资协议及相关文件、目标公司章程和注册证书、投资资金来源真实合规的支持性文件等。

(3)项目对我国国家利益和国家安全的影响分析。

(4)投资主体关于项目真实性的声明。

在准备申请材料时,应注意以下事项:

(1)投资主体需追溯至最终实际控制人。投资主体是境内企业的,应当披露投资主体的直接股东或合伙人(包括普通合伙人和有限合伙人)的基本信息(包括名称、国籍或注册地、持股或出资比例等,下同)。若投资主体为公司制企业,则披露持股比例前五大的股东和持股比例10%及以上的股东;若投资主体为合伙企业,则披露所有普通合伙人和出资比例前五大的有限合伙人。在追溯过程中,没有控股股东的,应向第一大股东追溯,并向上逐层追溯至其最终实际控制人。控股股东、第一大股东或普通合伙人的一致行动人应一并追溯。如果是通过协议(包括管理协议等)、信托或其他方式实现控制的,应标明控制方和控制方式,其中控制方也应向上逐层追溯,直至其最终实际控制人。最终实际控制人是自然人的,应标明其国籍。最终实际控制人是国有控股实体的,应标明履行相应出资人职责的政府部门。

(2)需追溯至投资最终目的地。应当披露在境外新建或并购的最终层级企业所在地,一般是投资最终用于项目建设或企业经营的所在地。在并购项目中,最终目的地一般指被收购企业的注册地;如果被收购企业主要资产所在地或主要业务运营地与其注册地不一致的,应予以说明。

7. 后续监管

(1)持续报告

事中报告:境外投资过程中发生外派人员重大伤亡、境外资产重大损失、损害我国与有关国家外交关系等重大不利情况的,投资主体应当在有关情况发生之日起5个工作日内通过网络系统提交重大不利情况报告表。

事后报告:属于核准、备案管理范围的项目,投资主体应当在项目完成之日起20个工作日内通过网络系统提交项目完成情况报告表。项目完成,是指项目所属的建设工程竣工、投资标的股权或资产交割、中方投资额支出完毕等情形。

(2)变更申请

已核准、备案的境外投资项目,发生下列情形之一的,投资主体应当在有关情形发生前向出具该项目核准文件或备案通知书的机关提出变更申请:①投资主体增加或减少;②投资地点发生重大变化;③主要内容和规模发生重大变化;④中方投资额变化幅度达到或超过原核准、备案金额的20%,或中方投资额变化1亿美元及以上;⑤需要对项目核准文件或备案通知书有关内容进行重大调整的其他情形。

(3)再投资

告知发展改革部门:投资主体通过其控制的境外企业开展大额非敏感类项目(中方投资额3亿美元及以上的非敏感类项目)的,投资主体应当在项目实施前通过网络系统提交大额非敏感类项目情况报告表,将有关信息告知国家发改委。

无须履行程序:境内企业通过其控制的境外企业开展中方投资额不超过3亿美元的非敏感类项目,如果境内企业不投入资产、权益,也不提供融资、担保,则境内企业既不需要备案也不需要提交大额非敏感类项目情况报告表。

如为以上未涵盖的再投资行为,应重新履行发展改革部门的核准/备案程序。

(二)商务部门程序

根据商务部3号文和《对外投资备案(核准)报告暂行办法》,境内企业在进行境外投资活动之前,除要经过发改委审批外,还需要经过商务部门备案或核准,原则上发改委与商务部门审批无先后顺序,具体程序如下。

1. 境外投资禁止行为

企业境外投资不得:危害中华人民共和国国家主权、安全和社会公共利益,或违反中华人民共和国法律法规;损害中华人民共和国与有关国家(地区)关系;违反中华人民共和国缔结或者参加的国际条约、协定;出口中华人民共和国禁止出口的产品和技术。

2. 实行核准/备案管理的范围

企业境外投资涉及敏感国家和地区、敏感行业的,实行核准管理。实行核准管理的国家是指与中华人民共和国未建交的国家、受联合国制裁的国家。必要时,商务部可另行公布其他实行核准管理的国家和地区的名单。实行核准管理的行业是指涉及出口中华人民共和国限制出口的产品和技术的行业、影响一国(地区)以上利益的行业。

企业其他情形的境外投资,实行备案管理。

3. 申请主体和核准/备案机关

对属于核准情形的境外投资,中央企业向商务部提出申请,地方企业通过所在地省级商务主管部门向商务部提出申请。

对属于备案情形的境外投资,中央企业报商务部备案;地方企业报所在地省级商务主管部门备案。

两个以上企业共同开展境外投资的,应当由相对大股东在征求其他投资方书面同意后办理备案或申请核准。如果各方持股比例相等,应当协商后由一方办理备案或申请核准。如投资方不属同一行政区域,负责办理备案或核准的商务部或省级商务主管部门应当将备案或核准结果告知其他投资方所在地商务主管部门。

4. 申请时间

境内投资主体在境外设立(包括兼并、收购及其他方式)企业前按规定向有关主管部门提交相关信息和材料。

5. 申请材料

(1)核准申请材料

企业申请境外投资核准需提交以下材料:申请书,主要包括投资主体情况、境外企业名称、股权结构、投资金额、经营范围、经营期限、投资资金来源、投资具体内容等;《境外投资申请表》,企业应当通过“境外投资管理系统”按要求填写打印,并加盖印章;境外投资相关合同或协议;有关部门对境外投资所涉的属于中华人民共和国限制出口的产品或技术准予出口的材料;企业营业执照复印件。

（2）备案申请材料

中央企业和地方企业通过“境外投资管理系统”按要求填写并打印《境外投资备案表》，加盖印章后，连同企业营业执照复印件分别报商务部或省级商务主管部门备案。

6. 注意事项

（1）核准/备案的有效期

《企业境外投资证书》自领取之日起2年内，企业未在境外开展投资的，《企业境外投资证书》自动失效。如需再开展境外投资，应当重新办理备案或申请核准。

（2）重点督查

相关主管部门应对所负责的对外投资进行监督管理，对以下对外投资情形进行重点督查：①中方投资额等值3亿美元（含3亿美元）以上的对外投资；②敏感国别（地区）、敏感行业的对外投资；③出现重大经营亏损的对外投资；④出现重大安全事故及群体性事件的对外投资；⑤存在严重违规行为的对外投资；⑥其他情形的重大对外投资。

7. 后续监管

（1）持续报告

定期报告：境内投资主体应按照“凡备案（核准）必报”的原则，向为其办理备案（核准）的相关主管部门定期报送对外投资关键环节信息，包括但不限于根据《对外直接投资统计制度》规定应填报的月度、年度信息；对外投资并购前期事项；对外投资在建项目进展情况、对外投资存在主要问题以及遵守当地法律法规、保护资源环境、保障员工合法权益、履行社会责任、安全保护制度落实情况等。

一事一报：境外投资主体出现重大不利事件或突发安全事件时，按“一事一报”原则及时向相关主管部门报送，相关主管部门将情况通报商务部。

（2）变更申请

企业境外投资经备案或核准后，原《企业境外投资证书》载明的境外投资事项发生变更的，企业应当向原备案或核准的机关办理变更手续。

（3）再投资

企业投资的境外企业开展境外再投资，在完成境外法律手续后，企业应当向商务主管部门报告。涉及中央企业的，中央企业通过“境外投资管理系统”填报相关信息，打印《境外中资企业再投资报告表》并加盖印章后报商务部；涉及地方企业的，地方企业通过“境外投资管理系统”填报相关信息，打印《境外中资企业再投资报告表》并加盖印章后报省级商务主管部门。

如境外再投资造成《企业境外投资证书》载明的境外投资事项发生变更，则需履行上述的变更申请程序。

（4）终止境外投资

企业终止已备案或核准的境外投资，应当在依投资目的地法律办理注销等手续后，向原备案或核准的商务部或省级商务主管部门报告。原备案或核准的商务部或省级商务主管部门根据报告出具注销确认函。

终止是指原经备案或核准的境外企业不再存续或企业不再拥有原经备案或核准的境外企业的股权等任何权益。

（三）外汇部门程序

根据外汇局30号文、外汇局13号文和《操作指引》，境内机构境外直接投资获得境外直接投资主管部门核准或备案后，即在投资主体取得了发展改革部门核准文件/备案通知书和商务部门《企业境外投资证书》后，需办理境外直接投资外汇登记，具体程序如下。

1. 管理范围

国家外汇局及其分支机构对境内机构境外直接投资的外汇收支、外汇登记实施监督管理。

2. 管理主体

银行直接审核办理境外直接投资项下外汇登记，国家外汇局及其分支机构通过银行对直接投资外汇登记实施间接监管。

3. 办理时间

境内机构在以境内外合法资产或权益（包括但不限于货币、有价证券、知识产权或技术、股权、债权等）向境外出资前，应到注册地银行申请办理境外直接投资外汇登记。

4. 前期费用登记

境内机构在境外投资设立项目或企业前，需要向境外支付与境外直接投资有关的费用的，支付相关费用前需要申请办理前期费用登记。前述前期费用包括但不限于：①收购境外企业股权或境外资产权益，按项目所在地法律规定或出让方要求需缴纳的保证金;②在境外项目招投标过程中,需支付的投标保证金;③进行境外直接投资前,进行市场调查、租用办公场地和设备、聘用人员,以及聘请境外中介机构提供服务所需的费用。

(1)前期费用登记额度

境内机构向境外汇出的前期费用,累计汇出额原则上不超过300万美元且不超过中方投资总额的15%。境内机构汇出境外的前期费用,可列入其境外直接投资总额。

如确有客观原因,前期费用累计汇出额超过300万美元或超过中方投资总额15%的,境内投资者需提交说明函至注册地外汇局申请(相应外汇局按个案业务集体审议制度处理)办理。

(2)前期费用登记时间

境内投资者在汇出前期费用之日起6个月内仍未设立境外投资项目或购买境外房产的,应向注册地外汇局报告其前期费用使用情况并将剩余资金退回。如确有客观原因,开户主体可提交说明函向原登记银行申请延期,经银行同意,6个月期限可适当延长,但最长不得超过12个月。

5. 申请材料

境内机构进行境外直接投资外汇登记的,需要提交以下材料:《境外直接投资外汇登记业务申请表》;营业执照或注册登记证明及组织机构代码证(多个境内机构共同实施一项境外直接投资的,应提交各境内机构的营业执照或注册登记证明及组织机构代码证);非金融企业境外投资提供商务主管部门颁发的《企业境外投资证书》,金融机构境外投资提供相关金融主管部门对该项投资的批准文件或无异议函;外国投资者以境外股权并购境内公司导致境内公司或其股东持有境外公司股权的,另需提供加注的外商投资企业批准证书和加注的外商投资企业营业执照。

6. 注意事项

(1)出资来源于境外资金的办理原则

境内机构以境外资金或其他境外资产或权益出资的境外直接投资,应向注册地银行申请办理境外直接投资外汇登记。银行应审核其境外资金留存或境外收益获取的合规性,涉嫌以其非法留存境外的资产或权益转做境外投资的,不得为其办理境外直接投资外汇登记。外汇局资本项目管理部门应加强境内机构以境外资金或其他境外资产或权益出资的境外投资登记业务的事后核查，对涉嫌违规的移交外汇检查部门处理。

(2)多个境内机构共同实施一项境外直接投资

多个境内机构共同实施一项境外直接投资的，由约定的一个投资主体向其注册地银行申请办理变更登记。银行通过外汇局资本项目信息系统完成境外直接投资外汇登记后，其他境内机构可分别向注册地银行领取业务登记凭证。

(3)境外设立分公司

境内机构设立境外分公司，参照境内机构境外直接投资管理。境内机构应到注册地银行办理境外直接投资外汇登记。在外汇局资本项目信息系统中，开办费用应纳入投资总额登记。境内机构设立境外分公司每年应按规定办理境外直接投资存量权益登记。

7. 后续监管

(1)存量权益登记

境外投资企业的境内投资主体应于每年1月1日至6月30日(含)，自行或委托会计师事务所、银行通过外汇局资本项目信息系统企业端、事务所端或银行端向外汇局报送上年度境外企业资产、负债和所有者权益相关数据信息。

境外投资企业的境内投资主体注册地外汇局(资产所在地企业注册地外汇局或个人户籍所在地外汇局)负责事后对相关境外直接投资存量权益登记信息内容进行抽查，对于隐瞒真实情况、弄虚作假的境内投资主体，外汇局按相关程序通过资本项目信息系统业务管控功能暂停该境外投资企业的境内投资主体相关业务，并依法进行处理。

特别说明，境内居民个人在境外设立的特殊目的公司亦要遵守前述规定，办理存量权益登记。

(2)变更登记

已登记境外企业发生名称、经营期限、合资合作伙伴及合资合作方式等基本信息变更，或发生增资、减资、股权转让或置换、合并或分立等情况，境内机构应就上述变更情况办理境外直接投资外汇登记变更手续。

多个境内机构共同实施一项境外直接投资的，由约定的一个投资主体向其注册地外汇局辖内银行申请办理变更登记，其他境内机构无须重复申请。

其他涉及变更登记的事项见表1-4-3。

表 1-4-3　其他涉及变更登记的事项

类别	办理原则
境内机构因转股、减资等原因不再持有境外企业股权的	在银行办理变更登记
境外企业因减资、转股等需要汇回资金的	在注册地银行办理变更登记后，直接到银行办理后续境外资产变现账户开立、汇回资金入账等手续
境外放款转为对境外公司股权的	应同时向注册地外汇局申请办理境外放款变更或注销登记
境内投资者收购其他境内投资者境外企业股权的	由股权出让方按照操作指引办理变更登记
外国投资者以境外股权并购境内公司导致境内公司或其股东持有境外公司股权的	自工商行政管理部门颁发加注的营业执照之日起6个月内完成股权变更，如果境内外公司没有完成其股权变更手续，则境外投资外汇登记自动失效，应在资本项目信息系统中注销其登记
境内机构设立境外分公司需追加开办费用的	参照适用，开办费用的金额按照实需原则确定，并在外汇局资本项目信息系统中纳入投资总额登记

(3)再投资

境内投资主体设立或控制的境外企业在境外再投资设立或控制新的境外企业无须办理外汇备案手续。

如再投资的资金来源于境内企业，则境内企业的原境外直接投资的外汇登记金额会发生变化，如前所述，需办理外汇变更登记。

(4)终止境外投资

境内机构持有的境外企业股权因转股、破产、解散、清算、经营期满等原因注销的，境内机构应在取得境外直接投资主管部门相关证明材料之日起60天内，凭相关材料到相关外汇银行办理注销境外直接投资外汇登记手续。

如前所述，境内机构因转股、减资等原因不再持有境外企业股权的，需办理外汇变更登记。

多个境内机构共同实施一项境外直接投资的，由约定的其中一家境内机构向其注册地银行申请办理清算或变更登记。

四、境内直接投资之实务操作

根据《外商投资法》，外商投资指外国的自然人、企业或者其他组织(以下简称外国投资者）直接或者间接在中国境内进行的投资活动。《外商投资法》颁布后，境内直接投资需要完成程序主要为商务部门外商投资信息报告和境内直接投资外汇登记。

（一）外商投资信息报告程序

根据《外商投资法》，外商投资企业设立和变更都不再需向商务部门办理审批或备案手续，商务部门也不再出具《外商投资企业批准证书》或《外商投资企业设立/变更备案回执》。

根据《外商投资法》第 34 条第 1 款的规定，国家建立外商投资信息报告制度。外国投资者或者外商投资企业应当通过企业登记系统以及国家企业信用信息公示系统向商务主管部门报送投资信息。外商投资企业可在所在地的市场监管部门网填写信息报告。

此外，外商投资企业应于每年 1 月 1 日至 6 月 30 日通过国家企业信用信息公示系统提交上一年度的年度报告，报送企业基本信息、投资者及其实际控制人信息、企业经营和资产负债等信息，涉及外商投资准入特别管理措施的，还应当报送获得相关行业许可信息。

外商投资企业因未履行年度报告义务，将被市场监管部门列入异常经营名录，同时承担外商投资信息报告相关法律责任。此外，也视作企业未参加外汇部门境内直接投资存量权益登记，影响企业在银行办理利润汇出等手续。

值得注意的是，外商投资举办的投资性公司、创业投资企业和以投资为主要业务的合伙企业，在境内再投资设立的企业要同时报送共享信息和外资加挂信息；其他外商投资企业再投资设立的企业则无须单独填写外资加挂信息。

我国港澳台地区投资者在企业登记系统中请务必选择“香港”“澳门”或“台湾”，否则该投资者认缴出资额不计入企业合同外资，将影响后续实际使用外资数据的录入和核查。

（二）外汇登记程序

1. 管理范围及时间要求

根据《外商投资法》，外商投资企业应在领取营业执照后到注册地银行办理基本信息登记，取得业务登记凭证。

2.设立前的前期费用登记

外国投资者在境内直接投资需办理设立前的前期费用登记，相关事项如下：

（1）时间要求

外国投资者开立前期费用账户并汇入前期费用前，应先到后续设立外商投资企业注册地银行办理前期费用基本信息登记。

（2）使用限制

经登记的前期费用，可作为外国投资者对后续设立外商投资企业的出资。

（3）登记额度

前期费用登记金额每一投资项目原则上不得超过等值30万美元，如遇特殊情况或确有实际需要超过30万美元的，外国投资者需至后续设立的外商投资企业注册地外汇局申请（外汇局按个案业务集体审议制度处理）办理。

（4）有效期

前期费用外汇账户有效期为6个月（自开户之日起）。如确有客观原因，开户主体可提交说明函向银行申请延期，但最长不得超过12个月。

3.开立资本金账户，办理出资入账登记

外商投资资本金账户实行专户管理，可在不同银行开设多个资本金账户。如需新设外商投资企业，账户应以外商投资企业的名义开立，资金入账要提供涉外收入申报单或境内汇款申请书。如需通过转股并购进行外商投资的，股权转让协议生效后，股权出让方需要开立资产变现账户，收取股权对价款。

资金到账后，外商投资企业应到银行办理出资入账登记后，方可使用资金。

4.外商投资企业境内再投资

（1）再投资

如前所述，《外商投资法》规定的“投资”包括外国投资者间接在中国境内进行的投资活动。同时，根据《外商投资法实施条例》第47条的规定，外商投资企业在中国境内投资，亦适用《外商投资法》和该条例的有关规定。

（2）利润再投资

外国投资者在境内合法取得的利润可以汇出境外，也可用于境内再投资或转增资本。用于境内再投资或转增资本的，出资方式登记为利润再投资；被投资企业接收外方股东境内利润再投资要到银行办理境内直接投资变更登记，出资方式登记为利润再投资。

以其在境内股权转让所得、减资所得、先行回收所得、清算所得等用于境内再投资和以所投资企业的盈余公积、资本公积和已登记外债本金及利息转增资本的，出资方式登记为非利润再投资。

(3)资本金境内再投资需要办理的手续

①境内机构接收境内主体再投资外汇资金或以外汇支付的股权转让对价的，应在所属外汇分局(外汇管理部)辖内银行申请办理接收境内再投资基本信息登记后，再开立外汇资本金账户。

②境内机构接收投资性外商投资企业(包括外商投资性公司、外商投资创业投资企业和外商投资股权投资企业)的人民币形式(指直接结汇所得或结汇待支付账户内的人民币资金)的再投资资金或股权转让对价，无须办理接收境内再投资基本信息登记或开立外汇资本金账户，相关投资款项可直接划入被投资主体或接收股权转让对价的境内主体的人民币基本户或一般户。

③境内机构接收非投资性公司(经营范围可不含“投资”)的人民币形式(直接结汇所得或结汇待支付账户内的人民币资金)的再投资资金或股权转让对价的，应在所在地银行申请办理接收境内再投资基本信息登记并开立结汇待支付账户后，再由开展投资的企业按实际投资规模将结汇所得人民币资金划往，被投资主体或接收股权转让对价的境内主体开立的结汇待支付账户。

④境内个人接收股权转让对价款的，无须办理接收境内再投资登记，也无须开立资本金账户或结汇待支付账户，投资主体可将外汇资本金结汇或以结汇待支付账户内资金直接支付股权价款。

(4)接收境内再投资基本信息登记所需材料

①申请书，附《境内直接投资基本信息登记业务申请表》(二)。

②被投资企业加盖公章的营业执照复印件，按规定无须提供的除外。

③境内投资主体出具的符合现行外资准入管理规定、依法合规办理相关业务、自行承担相关法律责任并加盖公章的承诺函。

(5)无须办理接收再投资登记的情况

①境内机构接收投资性外商投资企业(包括外商投资性公司、外商投资创业投资企业和外商投资股权投资企业)的人民币形式再投资资金或股权转让对价。

②境内个人接收股权转让对价款的。

③以跨境人民币方式汇入的资本金。

结　语

境外直接投资和境内直接投资都是全球化经济发展中比较常见的现象。我们期待更多的本国企业“走出去”，拥抱世界去获得更多的市场机会；也期待更多的外国投资者“走进来”，为繁荣我国经济、支持高水平开放做出贡献。

第五章　守门人职责：从 2022 年律师事务所证券业务新规浅谈注册制下的守门人职责

股票发行注册制改革是我国资本市场基础性制度改革的重大举措。2019 年，注册制在上交所科创板启动试点，取得良好市场效果。在此之后，2020 年，注册制推广至深交所创业板；2021 年，以原新三板精选层为基础组建的北交所设立，同样采用注册制发行；2022 年年末，沪深交易所分别发布了上市审核委员会和并购重组审核委员会管理办法；紧接着在 2023 年 2 月 17 日，中国证监会会同上交所、深交所共同发布施行了全面注册制新规，境内证券市场正式进入全面注册制时代。

注册制系以信息披露为中心的证券发行制度，对证券中介服务机构的执业质量提出了更高的要求。自注册制实施以来，保荐机构、会计师事务所等其他中介机构的相关指引性规则均在逐渐完善，各中介机构绷紧审慎履职之弦，筑牢责任之堤，切实担起"守门人"重任已是题中应有之义。

2022 年是注册制在我国落地的第四年，也是注册制全面覆盖我国资本市场的前夕，两项律师事务所证券业务新规出台，正是监管机构持续加强中介机构执业质量以适配注册制需求的具体举措。其中，2022 年 2 月 27 日，中国证监会、司法部、全国律协共同发布的《监管规则适用指引——法律类第 2 号：律师事务所从事首次公开发行股票并上市法律业务执业细则》（以下简称**《执业细则》**）正式生效，旨在明确首发业务中律师的职责，规范律师事务所和执业律师首发业务的执业行为，提高项目执行过程中律师的工作质量；2022 年 12 月 9 日，中国证监会、司法部就《律师事务所从事证券法律业务管理办法（征求意见稿）》（以下简称**《管理办法（征求意见稿）》**）公开征求意见，该征求意见稿亮点颇多，从执业范围、执业监管、执业责任等方面强化对律师事务所证券业务的管理，提升执业质量。

本章将结合注册制下压实中介机构责任的整体趋势，尝试对《执业细则》和《管理办法（征求意见稿）》两项新规的要点亮点进行分析和解读，并从新监管环境下律师的执业要求“推己及人”，为资本市场活动的各参与主体提供一些思考。

一、强化中介机构责任是实施注册制的必然要求

注册制股票发行以信息披露为中心。在注册制下，证券监管机构的角色相对后移，不再对发行人的资质进行实质性审核和价值判断，发行人股票的价值主要留给市场来决定，证券中介服务机构出具的公开披露文件的质量，将在较大程度上影响证券市场的整体水平。①

一方面，注册制自 2019 年启动试点以来，建立并完善一套符合中国证券市场情况的、适用于注册制的证券中介机构责任制度，成为我国在资本市场领域的重点工作之一。另一方面，证券监管机构贯彻落实“零容忍”原则，不断加强现场检查和打击证券中介机构违法案件的力度。一系列动作交织下，形成了一条清晰的主线——压实中介机构“守门人”责任、提高信息披露质量。

（一）证券监管机构发声奠定基调

注册制股票发行试点落地后，监管机构即通过各种渠道密集发声，强调证券中介服务机构的责任。2019 年 5 月，科创板尚未鸣锣开市，中国证监会易会满主席即在中国上市公司协会 2019 年年会上强调，保荐承销、审计评估、法律服务等中介机构要归位尽责，切实发挥好资本市场“看门人”作用；②2019 年 9 月，中国证监会召开全面深化资本市场改革工作座谈会，提出了当前及今后一个时期全面深化资本市场改革的 12 个方面重点任务，再次强调狠抓中介机构能力建设、压实中介机构责任。③

---

① 中国证监会于 2023 年 2 月 17 日发布的《关于〈首次公开发行股票注册管理办法〉的立法说明》中进一步强调，贯彻以信息披露为核心的监管理念，建立健全以信息披露为核心的股票发行上市制度，明确以投资者需求为导向的信息披露要求，细化落实发行人、中介机构等市场主体信息披露法定义务。强化信息披露监管，加大对信息披露违规行为的处罚力度，提升违法违规成本，压实发行人主体责任和中介机构“看门人”责任。

② 参见《易会满主席出席中国上市公司协会 2019 年年会并讲话》，载中国证监会官网 2019 年 5 月 11 日，http://www.csrc.gov.cn/csrc/c100028/c1001014/content.shtml。

③ 参见《证监会系统全面深化资本市场改革工作座谈会在京召开》，载中国证监会官网 2019 年 9 月 10 日，http://www.csrc.gov.cn/csrc/c100028/c1000910/content.shtml。

(二)新修订的《证券法》适时颁行,配套法规制度跟进更新添砖加瓦

注册制股票发行试点落地的一年后,新修订的《证券法》(以下简称新《证券法》)于2020年3月1日正式生效。新《证券法》亮点颇多,确立了证券发行注册制度,将信息披露和投资者保护设为专章,大幅提高中介机构责任,体现出我国证券发行向注册制转型的坚定决心。

注册制改革是整个资本市场改革中重要的一环,牵一发而动全身,涉及一系列证券发行相关制度的衔接与匹配,包括发行人信息披露规则以及与之配套的中介机构执业规则。新《证券法》生效后,中国证监会、各证券交易所新发布或修订了一系列关于加强信息披露和指引中介机构履职的法规,科创板、创业板注册制股票发行实践日渐迈向成熟,而中介机构需履行义务的范围和相应责任也日渐清晰。

2023年2月17日,在前期科创板、创业板试点经验的基础上,全面注册制新规正式颁布实施,包括主板在内的沪深交易所全部板块均开始采用注册制发行模式。全面注册制新规下,主板、创业板和科创板的发行和监管规则获得了最大限度的统一。相应地,注册制下不同板块证券发行业务中中介机构的义务和责任也将走向统一。全面注册制下关于加强信息披露和指引中介机构履职的主要法规制度如表1-5-1所示。

表1-5-1 全面注册制下关于加强信息披露和指引中介机构履职的主要法规制度

序号	相关法规制度	适用范围	发布日期
1	《首发企业现场检查规定》	主板、科创板、创业板	2021.01.29
2	《监管规则适用指引——关于申请首发上市企业股东信息披露》		2021.02.09
3	《上市公司信息披露管理办法》(2021年修订)		2021.03.18
4	《关于注册制下督促证券公司从事投行业务归位尽责的指导意见》		2021.07.09
5	《关于注册制下提高招股说明书信息披露质量的指导意见》		2022.01.28
6	《关于加强注册制下中介机构廉洁从业监管的意见》		2022.05.31

续表

序号	相关法规制度	适用范围	发布日期
7	《证券发行上市保荐业务管理办法》(2023 年修订)	主板、科创板、创业板	2023.02.17
8	《证券发行与承销管理办法》(2023 年修订)		
9	《公开发行证券的公司信息披露内容与格式准则第 32 号——发行优先股申请文件》(2023 年修改)		
10	《公开发行证券的公司信息披露内容与格式准则第 33 号——发行优先股预案和发行情况报告书》(2023 年修改)		
11	《公开发行证券的公司信息披露内容与格式准则第 34 号——发行优先股募集说明书》(2023 年修改)		
12	《试点创新企业境内发行股票或存托凭证并上市监管工作实施办法》		
13	《公开发行证券的公司信息披露内容与格式准则第 40 号——试点红筹企业公开发行存托凭证并上市申请文件》		
14	《公开发行证券的公司信息披露内容与格式准则第 26 号——上市公司重大资产重组》(2023 年修改)		
15	《上市公司监管指引第 7 号——上市公司重大资产重组相关股票异常交易监管》(2023 年修改)		
16	《上市公司监管指引第 9 号——上市公司筹划和实施重大资产重组的监管要求》		
17	《首次公开发行股票注册管理办法》		
18	《上市公司证券发行注册管理办法》		
19	《监管规则适用指引——发行类第 4 号》		
20	《监管规则适用指引——发行类第 5 号》		
21	《公开发行证券的公司信息披露内容与格式准则第 57 号——招股说明书》		
22	《公开发行证券的公司信息披露内容与格式准则第 58 号——首次公开发行股票并上市申请文件》		
23	《公开发行证券的公司信息披露内容与格式准则第 59 号——上市公司发行证券申请文件》		
24	《公开发行证券的公司信息披露内容与格式准则第 60 号——上市公司向不特定对象发行证券募集说明书》		
25	《公开发行证券的公司信息披露内容与格式准则第 61 号——上市公司向特定对象发行证券募集说明书和发行情况报告书》		

续表

序号	相关法规制度	适用范围	发布日期
26	《深圳证券交易所股票发行上市审核规则》	深交所主板、创业板	2023.02.17
27	《深圳证券交易所上市公司证券发行上市审核规则》		
28	《深圳证券交易所首次公开发行证券发行与承销业务实施细则》		
29	《上海证券交易所首次公开发行证券发行与承销业务实施细则(征求意见稿)》	上交所主板、科创板	2023.02.17
30	《上海证券交易所上市公司证券发行上市审核规则》		
31	《深圳证券交易所创业板企业发行上市申报及推荐暂行规定》(2022年修订)	创业板	2022.12.30
32	《上海证券交易所科创板企业发行上市申报及推荐暂行规定》(2022年12月修订)	科创板	2022.12.30
33	《科创属性评价指引(试行)》(2022修正)		

(三)证券监管机构频频出手,压实证券市场参与主体责任

注册制改革并非一蹴而就的变革,监管机构、发行人、中介服务机构、投资者等参与主体均需要在新老制度交叉的过渡期内不断调整适应,最终达到理想的参与状态。为了配合注册制改革的推行,自2019年至2023年,证券监管机构频频出手,加大对首发项目的现场检查和对中介机构违法案件的打击力度。

1.加强对首发项目的现场检查

从近年来中国证监会披露的对首发企业现场检查及处理情况可以看出,中国证监会对于首发企业及中介机构的监管呈现出趋严的趋势。特别是自2019年注册制落地起,证券监管机构进一步加强了对证券发行项目的现场检查。

注册制试点的第一年是中国证监会进行现场检查次数的高峰。根据中国证监会于2020年4月24日发布的公告,[①]自2019年6月至公告发布之日,中国证监会已完成对84家企业的现场检查工作。对于已完成现场检查的企业,中国证监

① 参见《证监会根据2019年现场检查情况对部分申请主板、中小板、创业板首发企业进行分类处理》,载中国证监会官网2020年4月24日,http://www.csrc.gov.cn/csrc/c100028/c1000795/content.shtml。

会对其中61家企业采取移送稽查调查处理、出具警示函、审核重点关注、督促整改等措施，对其余23家申请撤回企业予以终止审查处理，84家企业普遍存在内控制度不完善、会计基础工作不规范等问题；而中介机构方面，中国证监会对存在执业质量问题的21家保荐机构、17家会计师事务所、7家律师事务所根据情节轻重启动相关处理措施程序。首发企业信息披露问题的背后，一定程度地透射出压实中介机构职责的必要性。

从上述中国证监会的现场检查处理情况来看，证券中介机构在落实主体责任、全面做好信息披露工作方面仍有提升空间。被现场检查的大多数企业存在各类瑕疵或问题；包括保荐机构、会计师事务所和律师事务所在内的证券中介机构也多次受到不同程度的处罚或监管措施。可见在注册制改革落地实施的第一年，信息披露质量并不能令监管机构满意，其中固然有发行人的自身原因，但亦能看出证券中介机构履行"守门人"职责中存在的不足。

注册制下提升中介机构的执业能力和尽职尽责水平的紧迫性越发凸显，而这也是注册制实施以来监管态势趋严的重要原因。2021年1月29日，中国证监会发布了《首发企业现场检查规定》及立法说明，一方面为更好地常态化地对首发项目实施现场监督和检查提供了指引和依据，另一方面是对证券中介机构积极履行"守门人"职责的提醒。经过第一年的高频次现场检查督导，中国证监会在后续年份的现场检查频次有所降低，根据大象IPO统计数据，2021年、2022年被中国证监会抽中现场检查的IPO企业共计80家。从2021年和2022年现场检查及相关首发企业IPO申报和审核情况来看，信披质量有一定提升，但仍距离注册制的要求有一定距离。从截至2023年1月10日的最新审核状态来看，2021年被抽中现场检查的46家企业中有28家已终止审核，终止率为63.04%；2022年抽中现场检查的34家企业中有12家已终止审核，终止率为35.29%，尽管有所下降，但仍暴露出一些发行人核查和信披质量较低甚至"带病闯关"的情况。①

进入2023年，中国证券业协会已经根据《首发企业现场检查规定》于2023年1月6日完成了对2023年度首批首发企业信息披露质量抽查的抽签工作，共5家企业被抽中为2023年第一批接受现场检查的首发申报企业。目前全面注册制新

---

① 参见《IPO终止率51.25%！80家IPO企业被抽中现场检查，仅10家成功上市》，载微信公众号"大象IPO"2023年1月10日，https://mp.weixin.qq.com/s/hYgWd0MohG7WzfdAghzZ1w。

规已落地实施，未来监管机构对于首发企业现场检查的动向更值得我们持续关注。

2. 加强打击中介机构违法案件

2021 年 7 月 6 日，中共中央办公厅、国务院办公厅共同发布《关于依法从严打击证券违法活动的意见》，明确以“零容忍”为工作方针，强化日常监管，从严打击证券违法活动，进一步体现出国家加强对证券市场参与主体监管、规范证券市场、保护投资者合法权利的坚定态度。

监管机构执法情况方面，根据中国证监会于 2022 年 1 月 14 日发布的公告，2019 年以来，中国证监会查处中介机构违法案件 80 起，涉及 24 家会计师事务所、8 家证券公司、7 家资产评估机构、3 家律师事务所、1 家资信评级机构。2021 年中国证监会依法立案调查的中介机构违法案件多达 39 起，较 2020 年同期增长 1 倍以上。① 这些数据清晰地展现了注册制改革落地以来证券监管机构对于证券中介机构违法违规行为保持持续趋严监管的形势。

自 2022 年 1 月 14 日起至 2023 年 3 月 1 日止，中国证监会未再发布官方公告查处中介机构违法案件的统计情况。从已披露的中国证监会实施处罚或监管措施的原因来看，证券中介机构主要存在的问题包括对招股说明书披露信息核查不充分、未发现或未充分关注首发企业的重大违规问题、重要事项核查不到位、尽职调查工作存在瑕疵、重要核查程序执行不到位、工作底稿不完善等。这些问题的高频出现值得证券中介机构持续保持警惕。在趋严的监管趋势下，各证券中介机构更需要主动形成“守门人”意识，充分履行尽职调查义务，恪守勤勉专业精神并审慎发表专业意见，切实发挥各自的专业把关作用。

二、《执业细则》分析解读

（一）《执业细则》对现有体系的完善作用

在《执业细则》颁布前，律师事务所参与证券发行业务主要应遵守 2007 年《律师事务所从事证券法律业务管理办法》[以下简称《管理办法》(2007 年版)]、《律师事务所证券法律业务执业规则(试行)》(以下简称《执业规则(试行)》)、《公开

① 参见《证监会依法从严查处证券中介机构违法行为》，载中国证监会官网 2022 年 1 月 14 日，http://www.csrc.gov.cn/csrc/c100028/c1767713/content.shtml。

发行证券公司信息披露的编报规则第 12 号——公开发行证券的法律意见书和律师工作报告》（以下简称《编报规则第 12 号》）、《律师从事证券法律业务尽职调查操作指引》（以下简称《尽职调查操作指引》）等相关的法律业务执业规则。《执业细则》的适时颁布，进一步明确了律师事务所在首发法律业务中的具体职责范围，为律师事务所适应注册制改革提供了明确的执业指导。《执业细则》对现有规则体系的补充和完善情况主要如下所述。

1.《执业细则》是对《编报规则第 12 号》的细化

《执业细则》在第 1 条中便明确了其制定依据为《证券法》、《管理办法》（2007 年版）及《编报规则第 12 号》，对比《律师事务所从事首次公开发行股票并上市法律业务执业细则（试行）（征求意见稿）》，《执业细则》扩大了其制定依据的范围。从内容上看，《证券法》及《管理办法》（2007 年版）明确了律师事务所从事证券法律业务的执业准则及法律责任，《编报规则第 12 号》则为律师事务所在从事公开发行证券业务中出具法律意见书及律师工作报告提供了具体的体例和内容指引。

《执业细则》在《编报规则第 12 号》的基础上，总结了中国证监会、证券交易所的监管审核经验，进一步细化了《编报规则第 12 号》中规定的律师事务所应查验事项的具体查验内容。明确了对律师事务所核查各个法律事项的查验要求及执业责任，对今后律师事务所从事首发法律业务、出具法律意见书等文件具有重要的指导意义。

2.《执业细则》与《执业规则（试行）》互为补充

从适用范围上看，《执业规则（试行）》的适用范围是律师事务所从事证券法律业务开展核查和验证、制作和出具法律意见书等执业活动，《执业细则》的适用范围则相对较小，仅适用于律师事务所从事首发法律业务。从内容上看，《执业规则（试行）》更侧重于为律师事务所提供查验方法的指导，以“查验规则”专章规定律师事务所对于不同事项的查验方法；而《执业细则》更侧重于为律师事务所提供查验内容的指导，明确规定了律师事务所对于不同事项应查验的具体内容范围。二者的规定在首发法律业务范围内是互为补充、并行适用的关系。

因此，律师事务所在从事首发法律业务时，应当同时依据《执业规则（试行）》和《执业细则》的有关规定，确定应查验的具体事项范围，以及应有的查验方法和查验程序。

3.《执业细则》是对律师查验工作要求的系统归纳

由于不同市场板块对于律师查验工作的要求存在一定的差异,《执业细则》作为适用于各个市场板块首发法律业务的新规,其亮点在于对各个板块的查验规定在最大限度上作了统筹协调,着重吸收、归纳了科创板和创业板的监管审核规定,充分参考了中国证监会、证券交易所的监管审核经验,便于律师事务所参考执行。

例如,在关于人员、资产、财务、机构及业务等法律事项的核查规定中,《执业细则》充分吸收和借鉴了《尽职调查操作指引》、《公开发行证券的公司信息披露内容与格式准则第1号——招股说明书》(2015年修订)、《公开发行证券的公司信息披露内容与格式准则第41号——科创板公司招股说明书》及《公开发行证券的公司信息披露内容与格式准则第28号——创业板公司招股说明书》(2020年修订)等证券法律业务规则中的相关规定,与其他证券法律业务确立的核查范围基本是一致的。又如,对于《首发业务若干问题解答》、《上海证券交易所科创板上市公司证券发行上市审核问答》及《深圳证券交易所创业板上市公司证券发行上市审核问答》等证券法律业务规则中关注的"发行人部分资产来自于上市公司""募集资金的运用""特别表决权的安排""发行人历史上存在出资或者改制瑕疵"等问题及相关业务解答,《执业细则》充分予以吸收和细化,并以此为基础明确了具体的查验要求和查验范围。

(二)《执业细则》的核心关注要点

规范执业是证券服务中介机构的使命所在,是对证券服务中介机构专业化水平提升的必然要求,同时也是证券服务中介机构的避险要诀。律师事务所在发行人履行信息披露义务的环节中需扮演好"守门人"的角色,按照《执业细则》等证券法律业务执业规则的规定,审慎核验发行人的信息披露的内容。

《执业细则》细化了《编报规制第12号》中的相关规定,吸收借鉴了《首发业务若干问题解答》等证券法律业务规则中的要点,参考了科创板和创业板中监管部门的审核经验,对于律师事务所及律师从事首发法律业务具有较强的实操指导意义。

1.《执业细则》设置了律师的合理信赖制度

《执业细则》第4条规定了律师事务所及律师形成合理信赖应当开展的工作范围,明确了律师的合理信赖制度。律师事务所及律师形成合理信赖的前提是已按照《执业细则》第 4 条的规定对保荐机构、其他证券服务机构的专业意见、资质等进行全面充分的核查，确保保荐机构、其他证券服务机构的基础工作及专业意见不存在重大异常、前后重大矛盾以及重大差异，并且应当就上述核查工作制作工作记录，取得相关证据作为底稿留存。

律师事务所及其他证券服务机构的专业领域不同，对同一事项的关注角度以及注意程度也有所差异，但各证券服务机构出具的专业意见或报告涉及事项往往存在交叉之处，有时候还需要依赖其他方的基础工作或专业意见来出具该证券服务机构的专业意见。律师事务所在引用其他证券服务机构意见时，需本着审慎态度，履行一般注意义务，而合理信赖制度正是判断律师事务所是否充分履行一般注意义务的重要依据。合理信赖制度有利于厘清中介机构的责任边界，使得各中介机构归位尽责，避免重复劳动，对自己应负注意义务的有关事项承担相应程度的法律责任，对于能够证明其符合合理信赖条件的事项，免于承担法律责任。

2.《执业细则》规定了律师的注意义务范围

在注册制下，证券中介服务机构的责任加重，证券中介服务机构之间的职能及责任边界成为各方关注的要点。相较于《管理办法》（2007 年版）、《编报规则第 12 号》，《执业细则》第 4 条进一步明确了律师事务所及律师在首发法律业务中的职责边界：一方面，责任范围的界定更为精准，明确了律师对境内法律事项负有特别注意义务，对财务、会计、评估等非法律事项负有一般注意义务；另一方面，对于注意义务的标准进一步细化，要求律师事务所及律师应当尽到"证券法律专业人士"的特别注意义务，相较于以往规定的应履行"法律专业人士"特别注意义务，突出了证券业务的特性，这也意味着从事首发业务的律师应拥有丰富证券业务经验，能识别常见的证券业务风险及问题。

至于律师事务所及律师应尽特别注意义务的境内法律事项范围以及注意程度，应当以《管理办法》（2007 年版）、《编报规则第 12 号》及《执业细则》等律师证券法律业务执业规则中的规定为限，明确应查验的法律事项范围、查验方式以及具体的查验内容。对于财务、会计、评估等非法律事项，律师事务所及律师应对审计报告等非法律事项相关文件的完整性、真实性履行普通人一般的注意义务，应本着独立、勤勉的态度对非法律事项相关文件履行相应的核验义务。尤其需要注意的是，无论是履行特别注意义务还是一般注意义务，律师事务所均应留存相应的底稿证据，以证明已履行了与问题性质相匹配的核验义务。

3.《执业细则》细化了律师对首发相关法律事项的查验范围

自注册制实施以来，监管机构对中介机构的执业活动一直保持趋严监管态势，旨在督促中介机构积极承担市场“守门人”角色。随着监管机构执法活动的深入开展，若律师事务所执业质量未能达到应有水平，则面临监管措施的风险也将增加。在当前的监管态势下，明确律师查验义务的范围，确定律师关注事项的轻重、主次等级，对律师事务所未来合规开展证券法律业务、把控好证券发行信息披露文件质量有重要意义。

具体规定方面，对于律师事务所应核查的主要法律事项，《执业细则》就各个法律事项明确规定了律师应当查验的具体内容范围，为律师事务所查验发行人相关事项提供明确的指导，明确了律师事务所应负责任的核查工作范围。对于律师事务所在首发法律业务中应当特别关注的发行人主体资格、历史沿革、关联交易、主要业务、同业竞争、主要资产等主要问题，《执业细则》均对具体的查验内容进行了较为详细的说明，主要如下：

“发行上市的批准和授权”：除了《编报规则第 12 号》中已规定的发行人股东大会应依法作出决议以及授权董事会办理有关发行上市事宜外，《执业细则》对其进一步细化，明确了律师事务所还应当确认发行人首发事项是否需要以及是否已经取得有关主管部门的批准或备案。

“发行人的主体资格”：对于《编报规则第 12 号》中规定发行人是否合法有效存续、是否有终止的情形事项，《执业细则》明确了律师事务所具体的核查范围应包括发行人持有的营业执照及其他维持发行人存续所必需的批准文件是否合法有效，是否存在无法延期的重大法律风险或者是否存在法律法规，公司章程等规定的需要解散的情形等。

“发行人的设立”：《执业细则》进一步细化和补充《编报规则第 12 号》中的核查规定，明确规定了律师事务所对发行人由有限责任公司整体变更设立股份有限公司、发行人由国有企业集体企业改制而来或者历史上存在挂靠集体组织经营、发行人持续经营时间是否在 3 年以上等情况的查验内容。

“发起人和股东”：《执业细则》对发行人发起人和股东、实际控制人的查验内容作了较为详细的规定，并且将发行人、董事、实际控制人及发行人的董监高等相关人员作出的有关股份限售安排、股东持股及减持意向等承诺是否真实、合法、有效明确纳入律师事务所的核查范围。

“发行人的股本及演变”:《执业细则》明确规定了律师应当具体查验的内容包括股权变动是否依法履行内部决策程序和经有关部门批准备案,是否签署合法协议,是否依法取得发行人其他股东等相关方同意,是否履行审计、评估、验资程序和变更登记手续,股权变动的原因、背景、股权变动实施过程中是否存在法律瑕疵等十余项。

“发行人的业务”:《执业细则》较为详细地规定了律师对发行人资产交易的核查事项,律师应当查验发行人已经完成或者拟进行的收购或出售资产、资产置换、资产剥离等行为是否符合法律法规的规定,是否需要取得国有资产管理部门、外商投资管理部门、反垄断主管部门等有关部门的批准或者备案等。其中首次明确要求进行反垄断合规核查这一点值得关注。

“关联交易和同业竞争”:《执业细则》明确要求律师事务所应当查验报告期内发行人的主要客户和供应商情况,及其与发行人及发行人的控股股东、关联自然人是否存在关联关系,以及发行人是否通过关联方注销、转让等方式进行关联关系非关联化的情况。就《编报规则第 12 号》规定的“发行人与关联方之间是否存在同业竞争”事项,《执业细则》明确了该项的“关联方”范围为发行人控股股东、实际控制人及其亲属控制的企业。

“发行人的主要财产”:《执业细则》分别对土地使用权、房屋所有权、在建工程、商标、专利、著作权、重大机器设备等财产规定了详细的查验要求,并且特别关注发行人从控股股东、实际控制人租赁、被许可使用资产的情况。

三、《管理办法(征求意见稿)》分析解读

除《执业细则》外,2022 年年底公开征求意见的《管理办法(征求意见稿)》[①]也是在注册制时代增强中介机构作用、强化中介机构责任的又一重要举措。该次《管理办法(征求意见稿)》是该办法颁布以来的首次修订,旨在使该办法适应证券发行注册制下律师事务所从事证券法律业务执业和监管的新要求。该次《管理办法(征求意见稿)》的修订主要有以下所述亮点。

(一)进一步明确律师事务所从事证券业务备案要求

2019 年修订的《证券法》首次明确律师事务所从事证券服务业务,应当报国

① 截至 2023 年 3 月 1 日,《管理办法(征求意见稿)》尚在征求意见中。

务院证券监督管理机构和国务院有关主管部门备案。2020 年出台的《证券服务机构从事证券服务业务备案管理规定》(以下简称《备案规定》)进一步明确了律师事务所为首次公开发行股票等证券活动提供证券服务业务,制作、出具法律意见书,应当向中国证监会和国务院有关主管部门备案。《管理办法(征求意见稿)》则落实了《证券法》和《备案规定》要求,进一步明确律师事务所从事证券法律业务,应当按照规定报中国证监会和司法部备案;并且应当按照中国证监会的要求,定期报送其从事证券法律业务的基本情况。

2023 年 1 月 6 日,中国证监会发布《关于律师事务所从事证券法律业务 2021 年度备案情况的通报》,截至 2021 年 12 月 31 日,共有 551 家律师事务所完成首次备案,其中有 77 家律师事务所未按照《备案规定》要求进行备案,中国证监会提出将在监管工作中对该部分律师事务所予以重点关注,严格审核其出具的法律意见质量,加大现场检查力度,检查其执业规范性。① 中国证监会对律师事务所备案情况的通报体现出对律师事务所执业规范的重视及对律师事务所从事证券服务业务的加强监管趋势。

(二)进一步拓展律师事务所证券业务范围

至 2022 年年末,《管理办法》(2007 年版)颁布已将近 16 年,经过多年的发展,律师事务所从事证券法律服务业务、提供服务的广度和深度不断扩大。《管理办法(征求意见稿)》顺应了资本市场的发展趋势,扩大了律师事务所证券法律业务的服务范围,主要将存托凭证、三板挂牌、三板公司定增、北交所转板上市、债券发行与转让、基金注册及清算、证券投资基金、资产证券化等业务纳入证券法律业务的范围,并将原本限于上市公司收购、重组、股权激励等事项的服务范围,扩展适用到非上市公众公司。

此外,《管理办法(征求意见稿)》鼓励律师事务所参与招股说明书制作也是一大亮点。此前,在《执业细则》发布的同日,中国证监会发布了《关于注册制下提高招股说明书信息披露质量的指导意见》(以下简称《招股书指导意见》),从招股说明书这一特定类型信息披露文件的角度出发,要求各中介机构在招股说明书编

① 参见《关于律师事务所从事证券法律业务 2021 年度备案情况的通报》,载中国证监会官网 2023 年 1 月 13 日,http://www.csrc.gov.cn/csrc/c105943/c6987541/content.shtml。

纂过程中各尽其责、相互配合，提高披露质量，共同对招股说明书内容承担相应主体责任。《管理办法（征求意见稿）》在《招股书指导意见》的基础上进一步提出了律师事务所可以组织制作招股说明书；律师事务所会同保荐机构起草招股说明书的，鼓励律师对招股说明书中对投资者作出投资决策有重大影响的信息进行验证并制作验证笔录。

鼓励律师事务所参与招股说明书制作一方面可以发挥律师的专业优势，进一步提高招股说明书的信息披露质量；另一方面体现了注册制背景下各证券中介机构的紧密联系，不论是对于单个证券项目，还是对整个证券中介服务市场大环境的建设，各证券中介机构都呈现出“一荣俱荣、一损俱损”的状态。而信息披露及背后的相关核查工作逐渐向“精”“细”“深”的方向发展，对证券中介机构及相关从业人员的专业水平和执业能力提出了更高的要求。

（三）新增内部业务规则要求

为了提高律师事务所证券法律服务质量和防范律师事务所执业的法律风险，《管理办法（征求意见稿）》对律师事务所从事证券法律业务提出了更高要求，新增了一系列内部业务规则要求。例如，底稿是律师事务所勤勉尽责的重要依据，《管理办法（征求意见稿）》明确律师事务所应在业务委托结束后60日内完成工作底稿归档工作，并将底稿的保存期限由不少于7年调整为不少于10年，与《证券法》的规定相一致。

健全的内部风控制度是把控律师事务所执业质量的关键，《管理办法（征求意见稿）》明确提出律师事务所应建立健全风险控制制度，相较于《管理办法》（2007年版）中的规定，《管理办法（征求意见稿）》详细阐述了律师从事证券业务的风险控制要求，明确了风险控制应当覆盖证券法律业务的立项、利益冲突审查、内幕信息及未公开信息管理、相关人员证券交易、法律意见书和律师工作报告复核、工作底稿等方面；从事证券法律业务的律师事务所应当建立风控委员会、风控部门或者设置专门的风控岗位，负责证券法律业务的风险控制工作并制作风控工作底稿；律师事务所应当建立健全信息知情人登记管理制度和信息隔离墙制度。《管理办法（征求意见稿）》对律师事务所底稿制作保存及风险控制要求的加强，体现了注册制下监管机构对于证券律师归位尽责、做好资本市场“看门人”的重视和督促。

（四）明确律师执业资格要求

《管理办法（征求意见稿）》首次提出了律师事务所不得指派未取得律师执业资格证书的工作人员单独完成相关的核查和验证工作。而在实践中，由非执业律师单独完成证券法律项目核查验证工作较为常见，例如，网络核查、走访工作等通常由尚未取得律师执业资格证书的低年级律师完成。若未来《管理办法（征求意见稿）》的规定落地，对于律师事务所而言意味着人力成本的大幅增加，证券法律业务中有部分工作由非执业律师完成的，后续也应当由执业律师进行复核或进一步查验，这体现出了注册制下监管机构对于律师事务所执业的趋严要求。

（五）建立执业情况公示制度

《管理办法（征求意见稿）》明确中国证监会及其派出机构、司法行政机关及律师协会应建立律师从事证券法律业务的资料库、诚信档案和信息公示平台，记载律师、律师事务所从事证券法律业务的执业情况和所受处理处罚等情况并依规定予以公开。

该规定是注册制下提高信息披露程度、发挥公众监督作用督促律师事务所归位尽责的有力举措，也是资本市场规则更加成熟的体现。该规定将律师事务所的执业情况暴露在公众的目光下，有利于以信息公开的手段促进律师和律师事务所规范执业，提高律师行业的自律意识和律师事务所从事证券法律业务的执业质量。

四、《执业细则》和《管理办法（征求意见稿）》所体现的监管趋势

《执业细则》的生效细化了已有的证券法律业务规则中的相关规定，吸收借鉴了《首发业务若干问题解答》（已失效）等证券法律业务规则中的要点，参考了科创板和创业板中监管部门的审核经验，并且确立了律师的合理信赖制度、明确了律师的注意义务范围、细化了对律师查验首发相关法律事项的要求，对于律师事务所及律师从事首发法律业务具有较强的实操指导意义。《管理办法（征求意见稿）》是自《管理办法》（2007 年版）发布以来的首次拟修订，进一步明确了律师事务所从事证券业务的备案要求，进一步拓展了律师事务所证券业务的范围，并且新增了内部业务规则要求，明确了对律师的执业资格要求及建立执业情况公示制

度，体现出监管机构对律师事务所执业水平的更高要求和对律师事务所在证券法律业务中“守门人”责任的重视。两个新规的出台凸显出一个趋势，即中国证监会、司法部等监管机构加强对律师事务所及相关从业人员执业的指引已成常态。

除了关于律师事务所及律师执业活动的指引性规则外，近年来保荐机构、会计师事务所等其他中介机构的相关指引性规则也正处于逐渐完善的阶段。

（一）保荐机构履职要求进一步提高

在加强保荐机构执业指导方面，为了配合新《证券法》的实施和落实注册制改革的要求，2020 年 6 月 12 日，中国证监会发布了第 3 次修订的《证券发行上市保荐业务管理办法》，细化了对保荐机构的执业要求，加大了对保荐机构及其他从事保荐业务人员的问责力度。2021 年 2 月 3 日及 2021 年 4 月 29 日，上交所及深交所相继发布了《上海证券交易所科创板发行上市审核规则适用指引第 1 号——保荐业务现场督导》及《深圳证券交易所创业板发行上市审核业务指引第 1 号——保荐业务现场督导》，[①]进一步保障科创板、创业板注册制的高质量运行，规范企业发行上市保荐业务现场督导行为，督促保荐机构、证券服务机构切实履行对科创板、创业板申报项目的核查把关责任。2021 年 7 月 9 日，中国证监会发布了《关于注册制下督促证券公司从事投行业务归位尽责的指导意见》，推动建立了保荐机构执业质量评价机制，全面强化了对保荐机构从事投行业务立体追责的力度，促进保荐机构在保荐承销、财务顾问等投行业务中主动归位尽责。2021 年 10 月 1 日，上交所、深交所又分别发布了关于证券发行与承销业务的一系列指南，为保荐机构从事证券发行与承销业务提供更详细的指引。2022 年 9 月 2 日，中国证券业协会修订并发布了《证券公司保荐业务规则》，该次修订进一步落实以信息披露为中心的注册制改革要求，明确了保荐代表人“全程参与”标准、内部制衡、问责等相关规定，提升“合理信赖”的可操作性，强调保荐机构持续督导责任，细化廉洁从业要求等。

2022 年 12 月 2 日，中国证券业协会发布《证券公司投行业务质量评价办法

---

① 全面注册制新规颁布后，《上海证券交易所科创板发行上市审核规则适用指引第 1 号——保荐业务现场督导》及《深圳证券交易所创业板发行上市审核业务指引第 1 号——保荐业务现场督导》已失效，被《上海证券交易所发行上市审核规则适用指引第 3 号——现场督导》及《深圳证券交易所股票发行上市审核业务指引第 4 号——保荐业务现场督导》取代。

(试行)》(以下简称《评价办法》),《评价办法》以业务项目执行和专业操守执行为评价基础,建立投行业务执业质量评价体系,将资本市场“守门人”的执行责任落实到具体业务,将保障执业质量的三道防线责任明确到人,促进形成保荐承销机构和从业人员执业质量和专业声誉的市场化约束机制。2022 年 12 月 9 日,中国证券业协会公布我国证券公司投行业务首次质量评价结果。证券公司投行业务质量评价结果的公开意味着证券公司执业质量的透明化,市场化的专业声誉约束机制将促使证券公司进一步建立健全与注册制相匹配的理念、组织和能力,形成专业为本、信誉为重、责任至上、质量致胜的执业生态,勤勉尽责把好资本市场的入口关,促进投行业务执业质量的提高。

2023 年 2 月 17 日,为配合全面实行股票发行注册制的要求,中国证监会对《证券发行上市保荐业务管理办法》进行了修订,主要是取消主板和科创板、创业板的差异化安排,同时将北交所保荐业务一并纳入,统一适用注册制要求,并且在总结实践经验的基础上对监管措施等条款进行了调整完善。同日,上交所及深交所相继发布了《上海证券交易所发行上市审核规则适用指引第 3 号——现场督导》(以下简称《上市审核适用指引第 3 号》)及《深圳证券交易所股票发行上市审核业务指引第 4 号——保荐业务现场督导》(以下简称《上市审核业务指引第 4 号》),一方面将现场督导、保荐业务现场督导等相关规则扩大至证券交易所全市场板块;另一方面通过增加督导对象的整改要求等一系列措施,在全面注册制时代进一步强化对券商保荐业务的监督管理。

(二)加强对会计师证券业务的监督

在加强会计机构执业指导方面,为了适应注册制改革的要求,中国注册会计师协会(以下简称中注协)也逐步加强对会计师事务所的监管和指导。2020 年 9 月 18 日,中注协发布了《关于加强从事证券服务业务会计师事务所执业质量自律监管的意见》,提出要加强对会计师事务所执业质量的检查及监管,以适应注册制改革对证券服务业务审计质量提出的更高要求。2021 年 11 月 1 日,中注协发布了《〈会计师事务所质量管理准则第 5101 号——业务质量管理〉应用指南》等 3 项应用指南,对会计师事务所强化内部管理、切实提高审计执业质量具有重要的指导意义。为了帮助从事证券服务业务的会计师事务所及相关执业人员明确其应履行的责任和义务、应承担的业务风险和法律风险,加强对会计师事务所从事证券服务业务的警示和指引，2022 年 1 月，中注协组织有关行业专家编写了《会计师事务所从事证券服务业务辅导读本》，汇总了会计师事务所从事证券服务业务应遵守的相关法律法规以及相关的监管案例，为会计师事务所依法依规执业提供便利。2022 年 9 月 30 日，财政部发布《关于加大审计重点领域关注力度　控制审计风险进一步有效识别财务舞弊的通知》，提出财政部门、注册会计师协会在开展会计师事务所执业质量检查中，要对会计师事务所在重点领域是否贯彻风险导向审计理念、相关审计程序是否实施到位、获取的审计证据是否足以有效支持审计报告意见类型等列入重点关注范围。2023 年 2 月 17 日新发布的《上市审核适用指引第 3 号》《上市审核业务指引第 4 号》均明确增加了对会计师事务所等证券服务机构单独实施现场督导的规定。

我国注册制改革正在有序推行中，各证券中介机构将发挥更大的作用，责任和压力也会越来越重。一方面，中介机构需要加强自身能力建设，完善培训、内控、考核等内部制度；另一方面，监管机构、交易所、行业协会等对中介机构从事证券业务的监督和指导也不可或缺。各证券中介机构都应对监管机构发布的各项执业指引保持关注，落实各自的主体责任，更主动、更尽责地扮演好“守门人”的角色，共同为资本市场的有序发展保驾护航。

结　语

在科创板、创业板注册制成功试点的经验之上，注册制已于 2023 年 2 月 17 日全面落地，2023 年必将成为我国资本市场发展的里程碑之年。全面推行注册制改革对于资本市场的“守门人”证券中介机构而言，既是机遇，又是挑战。注册制对于信息披露的要求显著提高，证券监管机构对证券中介机构执业质量保持趋严监管态势，各证券中介机构及相关执业人员需要为自己的执业行为承担更多责任，这对证券中介机构的执业质量、管理水平均提出了更高的要求。如何更好地将“守门人”工作落实到位，是未来一段时间各证券中介机构需要认真思考并实践的重要命题。

下编　热点行业

过去的几年中，放眼世界，全球化“倒车”、高科技产业壁垒竖起、供应链格局调整、国际冲突加剧、世界动荡程度提升，还有突如其来的新冠疫情给各国带来了严峻考验；回看中国，“中国创造”硕果累累、人均 GDP 首破一万美元、环保减碳成为重要国策、经济转型在阵痛中前行、“一带一路”加速布局、国内国际“双循环”逐步建立。仿佛近几年开始，“新世纪”才真正到来，而“新世纪”的到来，为一批适应新环境、助推新趋势的行业带来了机遇窗口。

本书的热点行业编由四个副编构成，分别覆盖 4 个近年来广受市场追捧的行业。热点行业编占了本书篇幅的约 2/3，足以体现我们对行业的高度关注。各副编分别选取相关行业的热门赛道，从它们的基本情况、主要政策、监管法规、资本市场表现、资本运作核心法律关注要点等方面入手，由面到点地为各位读者建立参与该等行业投融资及资本运作的法律问题分析框架。

副编一为新能源行业编。新能源行业近年来的热度毋庸置疑，降耗减排、推动绿色发展是我国长期坚持的发展目标，“双碳”目标的提出又给新能源行业发展注入新的动力。该副编和读者一起重点关注光伏、电池、储能、新能源汽车 4 个子行业。

副编二为硬科技行业编。近年来，中美科技脱钩的趋势明显，美方采取了一系列动作希望遏制我国在高新技术行业领域的发展，确实也给国内产业界带来了相当的挑战，“卡脖子”成为讨论高新技术行业时经常出现的词汇。现实的窘境也激发了我国科技行业努力突破封锁和国产替代的决心，随着国家支持政策的导入，市场掀起了新的对硬科技行业投资的新热潮。该副编重点关注智能制造、半导体和 SaaS 3 个子行业。

副编三为生物医药行业编。客观来看，生物医药行业是我国与国外存在较大差距的行业之一，特别是在高端医疗器械、创新药方面仍然存在较大追赶空间。正因如此深厚的发展潜力，生物医药行业近年来热度一直不减，也涌现出一批优秀的创新企业给社会贡献了优秀的产品、给投资方提供了良好的回报。该副编重点关注药品、医疗器械、互联网医院、医美 4 个子行业。

副编四为大消费行业编。2020 年以来，社会消费受到新冠疫情的影响呈现出颓势，但随着疫情局势的缓和，市场普遍对消费增长重回正规抱有热切的期望。虽然消费本身并不是新型领域，但作为建立我国“以国内大循环为主体、国内国际双循环相互促进的新发展格局”的重要一环，提振消费、增强经济内生活力未来预期会有更多的政策利好，市场也期待新技术、新发展能够为消费带来新的增长点，因此大消费行业同样得到了投资人们的关注。该副编和读者一起重点关注跨境电商、游戏和教育 3 个子行业。

多年的资本市场法律服务从业经验使我深刻感受到，法律人除了需要掌握时常更新的法律规则，还必须紧跟行业的发展变迁。对于本书选取的热点行业，仅基于个人理解从若干有代表性的方向切入展开叙述。虽受篇幅所限，无法覆盖方方面面，但仍期待能为读者了解相关行业涉及的核心法律问题提供一些参考。

副编一　新能源行业编

第一章　新能源—双碳:值得企业关注的我国减碳制度

党的二十大报告中,积极稳妥推进碳达峰碳中和以单独成段的形式被重点提出。报告指出,实现碳达峰碳中和是一场广泛而深刻的经济社会系统性变革,应立足我国能源资源禀赋,坚持先立后破,有计划分步骤实施碳达峰行动。推动实现碳达峰碳中和目标是一项巨大的系统工程,其离不开一套完善的减碳制度作为支撑。本章聚焦于目前我国减碳制度体系,并选取其中与有关企业经营相关的内容进行梳理介绍,为计划参与相关行业的企业铺垫对减碳制度的整体认知。

一、我国减碳法规体系逐步完善

2016 年以来,为支持绿色经济发展,促进低碳转型,我国相继颁布了一系列法律法规和政策,"减碳"相关政策、法规逐步完善,碳中和碳达峰有序推进的局面正在形成。随着碳中和概念相关行业日益受到市场的关注和追捧,如何确保自身符合"减碳"要求,并使用好相关融资工具为自身转型发展提供支持,值得碳中和赛道内企业持续关注。自 2016 年至 2023 年 3 月 1 日我国发布的关于"减碳"的主要法律、法规和政策请见本书之"附录:行业相关主要法律规定及监管政策"之"一、'减碳'相关法律规定及监管政策"。

在"减碳"相关的主要法律法规和政策文件中,2021 年 9 月发布的《关于完整准确全面贯彻新发展理念做好碳达峰碳中和工作的意见》(以下简称《工作意见》)是我国针对"30 · 60"目标的纲领性政策文件,为我国"减碳"工作划定了较为清晰的路线蓝图。根据《工作意见》,到 2025 年,绿色低碳循环发展的经济体系初步形成，重点行业能源利用效率大幅提升；到2030年，经济社会发展全面绿色转型取得显著成效，重点耗能行业能源利用效率达到国际先进水平；到2060年，绿色低碳循环发展的经济体系和清洁低碳安全高效的能源体系全面建立，能源利用效率达到国际先进水平，非石化能源消费比重达到80%以上，碳中和目标实现。

为落实《工作意见》提出的2030年主要工作目标，《2030年前碳达峰行动方案》（以下简称《行动方案》）于2021年10月发布，成为具体落实执行相关工作的统领性文件。《行动方案》按照2025年、2030年两个时间点，分别指明了具体的碳达峰行动目标：

其一，在"十四五"期间，产业结构和能源结构调整优化取得明显进展，重点行业能源利用效率大幅提升，煤炭消费增长得到严格控制，新型电力系统加快构建，绿色低碳技术研发和推广应用取得新进展，绿色生产生活方式得到普遍推行，有利于绿色低碳循环发展的政策体系进一步完善。到2025年，单位GDP二氧化碳排放比2020年下降18%。

其二，在"十五五"期间，产业结构调整取得重大进展，清洁低碳安全高效的能源体系初步建立，重点领域低碳发展模式基本形成，重点耗能行业能源利用效率达到国际先进水平，非化石能源消费比重进一步提高，煤炭消费逐步减少，绿色低碳技术取得关键突破，绿色生活方式成为公众自觉选择，绿色低碳循环发展政策体系基本健全。到2030年，单位国内生产总值二氧化碳排放比2005年下降65%以上，实现2030年前碳达峰目标。

二、绿色行业融资渠道不断拓宽

落实《工作意见》和《行动方案》提出的碳达峰碳中和目标需要大量资金投入，根据清华大学气候变化与可持续发展研究院编写的《中国长期低碳发展战略与转型路径研究》，为实现碳达峰碳中和目标，需投入约人民币138万亿元。

面对如此巨额的资金需求，从国家层面看，形成一套高效、完善的支持绿色低碳发展的财政金融体系，是在"减碳"领域国际竞争中获得先机的重要条件之一；从企业层面看，尤其是对能源行业、传统高耗能行业企业而言，如何利用好各种融资工具为自身发展和转型筹集资金，是相关企业顺应市场和政策环境，维持竞争力的关键因素之一。

自2016年起，为加强对节能低碳领域的资金支持，我国陆续出台了一系列便利融资的政策:(1)债券融资和信贷融资方面,中国证监会、原银保监会、中国银行间市场交易商协会(以下简称交易商协会)、沪深证券交易所等部门和单位出台了一系列鼓励债券资金、信贷资金支持绿色低碳产业发展的政策;(2)股权融资方面,国家在多份文件中说明,支持节能减排企业上市融资和再融资,目前中国证监会正在进一步研究制订相关方案。

相关政策的陆续出台对有节能减排需求的企业——尤其是能源、基础设施、钢铁、水泥、交通运输等减排压力较大的企业——获得外部资金支持是重大利好。便利融资相关政策的实施或进展情况具体如下。

(一)率先推出碳中和债

碳中和债是绿色债券的子品种。根据中国人民银行、国家发改委、中国证监会《关于印发〈绿色债券支持项目目录(2021 年版)〉的通知》的规定,绿色债券是指将募集资金专门用于支持符合规定条件的绿色产业、绿色项目或绿色经济活动,依照法定程序发行并按约定还本付息的有价证券。

以“21 四川机场 GN001”等 6 只首批碳中和债券发行为标志,我国成为世界首个将“碳中和”贴标绿色债券并且成功发行碳中和债的国家。相较于一般的绿色债券,碳中和债的募资用途更加聚焦“减碳”目标。

根据 2021 年 3 月 18 日交易商协会发布的《关于明确碳中和债相关机制的通知》(以下简称**《碳中和债通知》**),碳中和债是指募集资金专项用于具有**碳减排效益**的绿色项目的债务融资工具,其产品定位是通过专项产品持续引导资金流向绿色低碳循环领域,助力实现碳中和愿景。

继《碳中和债通知》之后,上交所和深交所也于 2021 年 7 月相继发布了经修订的《上海证券交易所公司债券发行上市审核规则适用指引第 2 号——特定品种公司债券》(2021 年修订)[以下简称**《上交所指引》**(2021 年修订)]、《深圳证券交易所公司债券创新品种业务指引第 1 号——绿色公司债券》(2021 年修订)[以下简称**《深交所指引》**(2021 年修订)],在原有绿色债券发行规定的基础上,增加关于在证券交易所发行碳中和债的相关内容。2022 年 6 月及 2022 年 9 月,上交所和深交所又相继对《上交所指引》(2021 年修订)及《深交所指引》(2021 年修订)进行了修订,发布《上海证券交易所公司债券发行上市审核规则适用指引第 2 号——特定品种公司债券》(2022 年修订)[以下简称《上交所指引》(2022 年修订)]和《深圳证券交易所公司债券创新品种业务指引第 1 号——绿色公司债券》(2022 年修订)[以下简称《深交所指引》(2022 年修订)]。

根据《碳中和债通知》《深交所指引》(2022 年修订)和《上交所指引》(2022 年修订)的内容,相较于一般的绿色债券,碳中和债的主要特点见表 2-1-1-1。

表 2-1-1-1 碳中和债的主要特点

特点	《碳中和债通知》规定	《深交所指引》(2022 年修订)和《上交所指引》(2022 年修订)规定
资金用途突出"减碳"	碳中和债募集资金应全部专项用于清洁能源、清洁交通、可持续建筑、工业低碳改造等绿色项目的建设、运营、收购及偿还绿色项目的有息债务,募投项目应符合《绿色债券支持项目目录》或国际绿色产业分类标准,且聚焦于低碳减排领域。碳中和债募投领域包括但不限于清洁能源类项目、清洁交通类项目、可持续建筑类项目、工业低碳改造类项目等	募集资金主要用于碳中和项目建设、运营、收购,补充碳中和项目配套营运资金或者偿还碳中和相关绿色公司债券,发行人在申报、发行阶段可以在债券全称中使用"碳中和绿色公司债券"标识。碳中和项目包括但不限于清洁能源类项目、清洁交通类项目、可持续建筑类项目、工业低碳改造类项目等
更严格的碳减排环境效益信息披露要求	发行人应在发行文件中披露碳中和债募投项目具体信息,确保募集资金用于低碳减排领域。如注册环节暂无具体募投项目的,发行人可在注册文件中披露存量绿色资产情况、在建绿色项目情况、拟投绿色项目类型和领域,以及对应项目类型环境效益的测算方法等内容,并承诺在发行文件中披露定量测算环境效益、测算方法及效果和鼓励披露碳减排计划。 存续期管理机构应按季度排查募集资金使用情况,关注募集资金使用金额、实际用途,闲置资金管理使用情况等。年度和半年度报告中披露募集资金使用情况、绿色低碳项目进展情况以及募投项目实际或预期产生的碳减排效益等相关内容	发行人应加强碳中和项目环境效益相关信息披露,按照"可计算、可核查、可检验"的原则,重点披露环境效益测算方法、参考依据,并对项目能源节约量(以标准煤计)、碳减排等环境效益进行定量测算
鼓励第三方机构参与评估	建议发行人聘请第三方专业机构出具评估认证报告。按照"可计算、可核查、可检验"的原则,对绿色项目能源节约量(以标准煤计)、碳减排等预期环境效益进行专业定量测算,提升碳中和债的公信度	鼓励发行人在披露碳中和绿色公司债券定期报告时,或在项目完成可行性研究、获得建设许可、项目开工等重要节点披露由独立第三方评估认证机构出具的碳中和项目碳减排等环境效益评估认证报告

碳中和债自推出以来获得了良好的市场反应。截至 2022 年年末，我国累计发行 333 只境内碳中和债券，合计发行规模为人民币 4705.55 亿元，①发行主体主要为信用评级较高的国有企业，为其他企业起到了良好的示范作用。

（二）鼓励银行向绿色低碳企业提供信贷支持

原中国银行业监督管理委员会（已撤销，以下简称原银监会）于 2012 年即发布《绿色信贷指引》，要求银行业金融机构董事会或理事会应当树立并推行节约、环保、可持续发展等绿色信贷理念，重视发挥银行业金融机构在促进经济社会全面、协调、可持续发展中的作用，建立与社会共赢的可持续发展模式。后续原银监会和中国人民银行又陆续发布了《绿色信贷实施情况关键评价指标》《银行业金融机构绿色金融评价方案》等文件，进一步引导银行向有助于节能减排的企业和项目发放信贷。

为进一步鼓励企业利用信贷资金投资节能减排项目，部分地方政府还推出了绿色信贷贴息政策。例如，山东省《关于加快节能环保产业高质量发展的实施意见》中提出，鼓励有条件的地方对节能环保绿色信贷进行贴息，建立节能环保绿色贷款损失风险补偿机制；《黑龙江省“十四五”节能减排综合工作实施方案》中提出，鼓励有条件的地区探索建立绿色贷款财政贴息、奖补、风险补偿、信用担保等配套支持政策。

我国绿色信贷起步较早，相关制度较为健全，银行提供的绿色信贷为支撑我国节能减排工作持续向好发展起到了重要作用。根据中国人民银行发布的《2022 年四季度金融机构贷款投向统计报告》②，2022 年年末，本外币绿色贷款余额 22.03万亿元，同比增长 38.5%，比上年年末高 5.5 个百分点，高于各项贷款增速 28.1 个百分点，全年增加 6.01 万亿元。其中，投向具有直接和间接碳减排效益项目的贷款分别为 8.62 万亿元和 6.08 万亿元，合计占绿色贷款的 66.7%。

（三）支持和鼓励节能减排企业上市和再融资

相较于通过债务工具进行融资，企业通过公开市场进行股权融资更有利于降

---

① 参见《中诚信绿金 2022 年国内碳中和债券市场运行年报》，载新浪网，https://finance.sina.com.cn/roll/2023-01-29/doc-imycvats3380930.shtml。

② 参见《2022 年四季度金融机构贷款投向统计报告》，载中央人民政府网，http://www.gov.cn/shuju/2023-02/03/content_5739947.htm。

低资金成本,优化资本负债结构、减轻负债压力、激发经营管理人员的积极性。《工作意见》《行动方案》和国务院《"十四五"节能减排综合工作方案》均提及支持符合条件的节能减排企业上市融资和再融资。充分发挥证券市场汇集和调动资本的作用,为符合要求的节能减排企业上市和再融资创造便利条件,是支持"30·60"目标实现的不可或缺要素。

中国证监会方星海副主席在2021中新(重庆)战略性互联互通示范项目金融峰会上表示,中国证监会正在研究制定资本市场支持碳达峰碳中和目标的政策措施,加大对绿色低碳企业的融资支持力度,研究完善上市公司环境信息披露制度,引导市场主体树立绿色投资理念,积极参与国际证监会组织(IOSCO)可持续金融相关工作。

2022年3月,上交所发布《上海证券交易所"十四五"期间碳达峰碳中和行动方案》并提出:优化股权融资结构,加强与绿色金融改革试验区、绿色产业集中地区、重点绿色企业的对接和服务,支持绿色低碳产业和符合条件的气候友好型企业上市融资;紧跟国家战略安排,在科创板入口端对于双碳领域重点行业和核心技术给予重点支持;严格落实相关产业政策,对于高耗能高排放企业的融资予以适当限制。

三、全国性碳排放权交易体系建立

《联合国气候变化框架公约》京都议定书正式确立了碳排放权的商品属性。2002年,英国建立了世界首个全国统一的碳排放交易体系;2005年1月1日,欧洲碳排放交易体系正式建立,是目前世界上最大、最成熟的碳排放交易体系。

作为落实减排责任、实现可持续发展的重要举措,我国于2013年开始碳排放权交易的试点工作。2021年2月,《碳排放权交易管理办法(试行)》(以下简称《碳排放管理办法》)正式生效,2021年7月全国性碳排放权市场正式开始交易。

碳排放权市场的最重要参与主体是温室气体重点排放单位(以下简称重点排放单位)。根据《碳排放管理办法》,重点排放单位包括属于全国碳排放权交易市场覆盖行业的主体,以及年度温室气体排放量达到2.6万吨二氧化碳当量的主体。重点排放单位应当控制温室气体排放,报告碳排放数据,清缴碳排放配额,公开交易及相关活动信息,并接受生态环境主管部门的监督管理。《碳排放管理办法》规定的碳排放权交易的主要制度如下。

（一）分配和登记

省级生态环境主管部门根据生态环境部制定的碳排放配额总量确定与分配方案，向本行政区域内的重点排放单位分配规定年度的碳排放配额。碳排放配额分配以免费分配为主，可以根据国家有关要求适时引入有偿分配。

（二）排放交易

全国碳排放权交易市场的交易产品为碳排放配额。碳排放权交易应当通过全国碳排放权交易系统进行，可以采取协议转让、单向竞价或者其他符合规定的方式。

（三）排放核查与配额清缴

重点排放单位根据生态环境部制定的有关规范，编制上一年度的温室气体排放报告，载明排放量，于每年3月31日前报生产经营场所所在地的省级生态环境主管部门。省级生态环境主管部门组织开展对重点排放单位温室气体排放报告的核查，核查结果作为重点排放单位碳排放配额清缴依据。

重点排放单位向分配配额的省级生态环境主管部门清缴上年度的碳排放配额。清缴量应当大于等于省级生态环境主管部门核查结果确认的该单位上年度温室气体实际排放量。重点排放单位每年可以使用国家核证自愿减排量抵销碳排放配额的清缴，抵销比例不得超过应清缴碳排放配额的5%。

（四）未完成碳排放配额清缴的处罚

重点排放单位未按时足额清缴碳排放配额的，由其生产经营场所所在地设区的市级以上地方生态环境主管部门责令限期改正，处2万元以上3万元以下的罚款；逾期未改正的，对欠缴部分，由重点排放单位生产经营场所所在地的省级生态环境主管部门等量核减其下一年度碳排放配额。

根据上述规定，我国全国性碳排放权交易市场的交易机制可概括如下：政府向排放企业分配碳排放配额，排放企业需按年度向政府清缴碳排放配额，并确保清缴的碳排放配额量不少于其当年实际排放的温室气体量。如果配额存在不足的，排放企业可以向有盈余配额的其他排放企业购买；如果通过节能减排有多余配额的，则可以向市场上有配额需求的其他排放企业出售。

通过碳排放权交易机制,可以鼓励企业采用新技术、新工艺,控制实际排放的温室气体量,实现降低单位产出能耗的目标。根据上海环境能源交易所发布的交易数据,截至2022年12月22日,全国碳市场正式上线以来,共运行350个交易日,全国碳排放权交易市场累计成交额突破100亿元大关。[①] 至2022年12月31日,全国碳市场累计成交量2.30亿吨,累计成交额104.75亿元。[②] 全国性碳排放权交易市场取得了良好的开局。

我国全国性碳排放权交易市场成立时间较晚,相关配套制度仍在完善中。《碳排放权交易管理暂行条例(草案修改稿)》已于2021年3月30日公布并公开征求意见,该条例和其他配套制度出台后,将为全国性碳排放权交易市场的健康发展提供制度保障,以碳交易价格的市场机制更好地引导企业推进节能减排,助力"30·60"目标的实现。截至2023年3月1日,上述草案修改稿尚未正式出台。

结　语

碳达峰碳中和是一个需要全社会共同参与的浩大进程。2022年3月5日,在第十三届全国人民代表大会第五次会议上,碳达峰碳中和被明确列入2022年度政府工作任务,这也是碳达峰碳中和连续第二年进入政府工作报告。该次政府工作报告明确提出推动能源革命,在保障能源供应的基础上推进能源低碳转型;明确要求坚决遏制高耗能、高排放、低水平项目盲目发展,推进钢铁、有色、石化、化工、建材等行业节能降碳,强化交通和建筑节能;在配套服务体系方面,完善减污降碳激励约束政策、发展绿色金融在该次政府工作报告中被明确提及。2022年10月,党的二十大报告进一步提出要"积极稳妥推进碳达峰碳中和"。对能源行业及与之密切相关的企业而言,"减碳"既是挑战,又是机遇。一方面"减碳"让高耗能行业面临较大转型压力,随着能源结构的变化,传统能源行业企业也将迎来洗牌;另一方面,"减碳"催生了电池、光伏、风电等行业一批新企业的发展壮大,随着碳达峰碳中和目标的推进,这些企业未来可期。我们将同各位一起持续关注"减碳"相关的政策和法规动向,从律师视角为企业应对挑战、抓住机会提供建议。

---

① 参见《全国碳市场成交额破百亿》,载上海环境能源交易所官网,https://www.cneeex.com/c/2022-12-22/493572.shtml。

② 参见《盘点2022|迎难而上创佳绩,踔厉奋发谱新篇——上海产权和要素市场交出2022年度亮眼成绩单》,载上海环境能源交易所官网,https://www.cneeex.com/c/2023-01-09/493648.shtml。

第二章　新能源—光伏:旭日东升、大有可为

——再谈光伏企业的资本运作合规之路

在迈向碳达峰碳中和的过程中,可再生能源的充分利用是重中之重。在所有的可再生能源中,太阳的光和热滋养了地球上的万物,实现对这一能源的高效充分利用,对我们摆脱化石燃料依赖具有非常重要的价值。光伏发电是利用太阳能的一种形式,它最初作为航天技术被发明并应用,20 世纪 90 年代以来,随着技术成熟、材料改进、产能扩大,光伏发电已经成为太阳能应用的主要方式之一。2010 年以来,在政策鼓励和从业人员的不懈努力下,我国光伏产业经历了从追赶者到领先者的蜕变,并赶上了世界各国光伏发电装机量爆发式增长的风口,光伏产业成为新能源领域最受关注的投资赛道之一。本章从光伏行业上下游概览切入,从光伏项目建设和光伏产品制造两个角度展开,对光伏企业资本运作过程中涉及的法律法规和核心法律关注要点进行了较为详细的梳理,力争为读者提供较为完善的光伏行业资本运作合规解析。

一、光伏行业概览

(一)光伏产业链简介

光伏,即光伏发电系统,是指主要利用光伏电池的光生伏特效应,将太阳能转化为电能的一种发电系统。[①] 光伏电池实践中主要以硅为基底制成。[②] 光伏行业

---

① 参见原国家质量监督检验检疫总局、中国国家标准化管理委员会《光伏发电系统接入配电网技术规定》(GB/T 29319 - 2012)。

② 参见百度百科光伏电池词条,https://baike. baidu. com/item/% E5% 85% 89% E4% BC% 8F% E7% 94% B5% E6% B1% A0/5855952? fr = aladdin。

指围绕光伏发电系统的原料供应、制造、组装和应用形成的产业链。光伏行业的产业链图谱见图2－1－2－1。

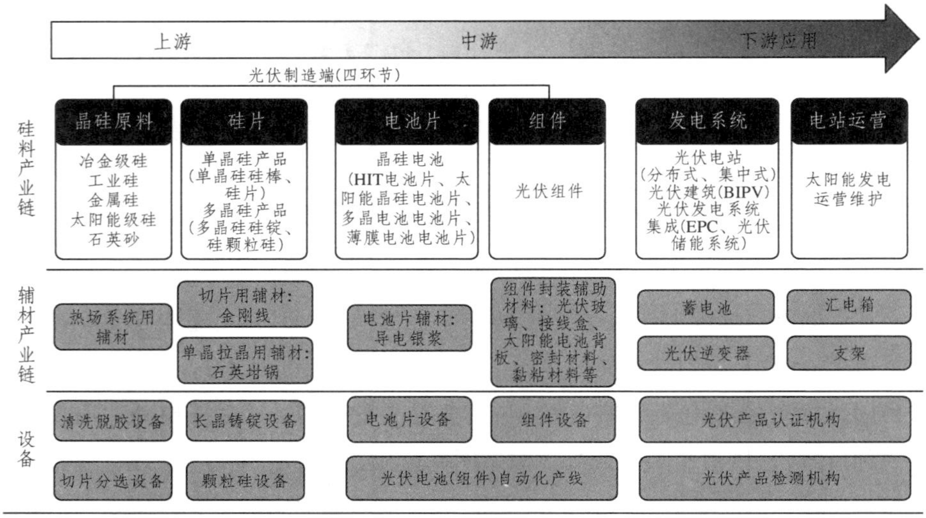

图2－1－2－1　光伏行业的产业链图谱

材料来源:安信证券研究中心整理。

光伏行业的各环节具体内容见表2－1－2－1。

表2－1－2－1　光伏行业的各环节具体内容

环节	主要产品	具体内容	主要参与方
上游	金属硅原料、单晶/多晶硅棒、硅片、硅锭等	金属硅原料冶炼加工为太阳能级单晶硅片和多晶硅硅片,用于进一步加工制成电池片。单晶硅能量转化率更高,已成为市场主流产品	• 金属硅原料供应商 • 硅片供应商 • 硅片生产制造、检验测试设备和技术供应商

续表

环节	主要产品	具体内容	主要参与方
中游	光伏电池片、电池片辅材、封装材料、光伏组件、光伏发电系统配套产品、光伏发电系统、光伏设备	**光伏电池组件**指具有封装及内部连接的、能单独提供直流电输出的、不可分割的最小光伏电池组合装置，由**电池片**和**封装材料**组装形成。电池片以硅片为原料，以银浆、铝浆和化学试剂为辅助材料，主要分为P型电池和N型电池。P型电池中PERC电池占比80%以上，N型电池光电转化效率更高，但技术要求高、目前市场占比低。封装材料主要包括**光伏玻璃**、**EVA胶膜**、**接线盒**、**边框**和**背板**。 光伏电池组件配套**蓄电池**、**汇电箱**、**光伏逆变器**和**支架**等形成**光伏发电系统**，实现能量的转化和利用。 光伏发电系统按照发电类型可以分为**并网发电**与**离网发电**，以并网发电为主。并网发电指通过光伏数组将接收来的太阳辐射能量经过高频直流转换后变成高压直流电，经过逆变器逆变后向电网输出与电网电压同频、同相的正弦交流电流	• 电池片供应商 • 银浆等辅材供应商 • 胶膜、背板、支架、光伏玻璃等部件供应商 • 光伏逆变器、支架等光伏发电系统配套产品供应商 • 光伏电池组件和光伏发电系统生产制造、检验测试设备和技术供应商
下游	**光伏电站**、光伏建筑一体化等光伏发电终端应用	光伏电站，是指一种利用太阳光能、采用特殊材料诸如晶硅板、逆变器等电子元件组成的发电体系，与电网相连并向电网输送电力的光伏发电系统。 光伏电站按照规模和配置大小主要分为**集中式光伏电站**和**分布式光伏电站**。集中式光伏电站指利用荒漠、山区等集中建设，发电直接并入公共电网，接入高压输电系统供给远距离负荷的光伏发电设施，主要分布在宁夏、甘肃、新疆、青海等地。分布式光伏电站是指在用户所在场地或附近建设运行，以用户侧自发自用为主、多余电量上网且在配电网系统平衡调节为特征的光伏发电设施。从用户类型看，分布式光伏可分为业主自建的户用光伏，以及安装于工商业屋顶的工商业分布式光伏。 除光伏电站外，还包括**光伏建筑一体化**（光伏发电系统与建筑结合）、**光伏系统集成**、**光伏储能系统**、**光伏发电产品**等终端应用	• 光伏电站开发建设主体 • 光伏电站运营管理主体 • 光伏建筑一体化、光伏储能系统等解决方案供应商 • 光伏产品认证、检测机构

（二）光伏行业定位

光伏行业符合国家产业政策，属于国家鼓励类产业、国家战略性新兴产业。太阳能光伏发电技术属于国家重点支持的高新技术领域。拟登陆资本市场的主营业务为光伏行业的企业可从以下方面论证其所属行业符合科创板、创业板的板块定位（见表2-1-2-2）。

表 2-1-2-2 光伏行业板块定位

规则名称	主要内容	分析
《上海证券交易所科创板企业发行上市申报及推荐暂行规定》(2022 年 12 月修订)	第 4 条第 1 款:申报科创板发行上市的发行人,应当属于下列行业领域的**高新技术产业和战略性新兴产业**:…… (4)新能源领域,主要包括先进核电、大型风电、**高效光电光热**、高效储能及相关服务等	光伏属于新能源领域中高效光电光热行业的战略性新兴产业,符合科创板的板块定位
《深圳证券交易所创业板企业发行上市申报及推荐暂行规定》(2022 年修订)	第 2 条:创业板定位于深入贯彻创新驱动发展战略,适应发展更多依靠创新、创造、创意的大趋势,主要服务**成长型创新创业企业,并支持传统产业与新技术、新产业、新业态、新模式深度融合**。 第 5 条:属于上市公司行业分类相关规定中下列行业的企业,原则上不支持其申报在创业板发行上市,但与互联网、大数据、云计算、自动化、人工智能、**新能源等新技术、新产业、新业态、新模式**深度融合的创新创业企业除外:(1)农林牧渔业;(2)采矿业;(3)酒、饮料和精制茶制造业;(4)纺织业;(5)黑色金属冶炼和压延加工业;(6)电力、热力、燃气及水生产和供应业;(7)建筑业;(8)交通运输、仓储和邮政业;(9)住宿和餐饮业;(10)金融业;(11)房地产业;(12)居民服务、修理和其他服务业。 禁止产能过剩行业、《产业结构调整指导目录》中的淘汰类行业,以及从事学前教育、学科类培训、类金融业务的企业在创业板发行上市。 第 6 条第 1 款:本规定第 5 条第 1 款所列行业中与互联网、大数据、云计算、自动化、人工智能、**新能源等新技术、新产业、新业态、新模式深度融合的创新创业企业,支持其申报在创业板发行上市**	光伏行业属于新能源,**光伏设备及元器件制造、太阳能发电**属于《新产业新业态新商业模式统计分类》(2018)的范畴,符合创业板的板块定位

二、光伏行业监管机构

我国光伏行业的国家主管部门主要为国家能源局、国家发改委与工信部。光伏行业的行业主管部门、行业自律组织及其职能的主要情况见表 2-1-2-3。

表 2－1－2－3　光伏行业的行业主管部门、行业自律组织及其职能

机构名称	职　　能
行业主管部门	
国家能源局	制定相关法律法规送审稿和规章；拟定并组织实施能源发展战略、规划和政策，推进能源体制改革；制定可再生能源产业政策和相关标准；审批相关固定资产投资项目；制定相关资源、补贴、环保政策等
国家发改委	负责推进实施可持续发展战略，推动生态文明建设和改革，协调能源资源节约和综合利用；拟订和组织实施绿色发展相关战略、规划和政策，推进实施可持续发展战略；协调环保产业和清洁生产并且组织协调新产品、新技术、新设备的推广应用等
工信部	拟订并组织实施工业、通信业行业规划、产业政策和标准，监测工业、通信业日常运行，推动重大技术装备发展和自主创新
行业自律组织	
中国光伏行业协会（CPIA）	及时向会员单位和政府有关部门提供行业情况调查、市场趋势、经济运行预测等信息；参与制定行业、国家或国际标准，推动产品认证、质量检测等体系的建立和完善；维护会员合法权益，加强知识产权保护，反对不正当竞争，促进和组织订立行规行约，推动市场机制的建立和完善；加强与国内外相关组织、企业的联系和交流，开展多种形式的国际交流与合作，维护中国光伏行业利益、形象，积极应对国际纠纷等。截至 2021 年年底，协会会员数量超过 480 家，协会的会员单位代表着中国光伏产业界的骨干力量，具有广泛的代表性

三、光伏行业主要法律法规

光伏发电属于可再生能源，涉及的主要法律法规还包括可再生能源、电力、环境保护、安全生产、产品质量、土地管理等领域的法律、行政法规和部门规章。此外，国家能源局、国家发改委等部门针对光伏行业发布了大量规范性文件，引导和规范光伏行业的发展，光伏行业的主要法律规定请见本书之“附录：行业相关主要法律规定及监管政策”之“二、光伏行业相关法律规定及监管政策”。该行业重点领域的监管规则如下所述。

（一）可再生能源和电力相关规定

我国光伏行业的主要法律法规包括《可再生能源法》和《电力法》及相关的配套规定，其中关于光伏内容主要包括以下内容。

1. 可再生能源(见表2-1-2-4)

表2-1-2-4 可再生能源相关规定

序号	法规	发布机构	发布时间	主要内容
1	《可再生能源法》	全国人大常委会	2009.12.26	● **管理范围**:可再生能源包括太阳能等非化石能源。 ● **鼓励政策**:国家鼓励和支持可再生能源并网发电。 ● **主管部门**:国务院能源主管部门、县级以上地方政府管理能源工作的部门。 ● **目标与规划**:国务院能源主管部门制定全国可再生能源开发利用中长期总量目标,会同各省、自治区、直辖市政府确定各行政区域的中长期目标,并予公布。省、自治区、直辖市能源主管部门依照中长期目标编制可再生能源开发利用规划。 ● **指导目录与技术标准**:国务院能源主管部门、国务院标准化行政主管部门制定可再生能源产业发展指导目录、可再生能源并网技术标准等产品和技术标准。 ● **备案管理**:建设可再生能源并网发电,应当依法取得行政许可或进行备案,多人申请的应当招标确定被许可人。 ● **保障性收购制度**:国务院能源主管部门会同国家电力监管机构和国务院财政部门,按照规划制定电网企业优先调度和全额收购可再生能源发电的具体办法,电网企业应当与取得许可或备案的发电企业签订并网协议,全额收购其符合技术标准的上网电量。 ● **上网电价**:可再生能源发电的上网电价由国务院价格主管部门制定并公布。电网企业收购费用高于常规能源发电的,由全国范围内征收的可再生能源电价附加补偿。电网企业的接网费用等可以计入输电成本,并从销售电价中回收。 ● **可再生能源发展基金**:国家财政设立基金支持可再生能源发展建设,资金来源包括国家财政年度专项资金、依法征收的可再生能源电价附加收入等

续表

序号	法规	发布机构	发布时间	主要内容
2	《可再生能源电价附加补助资金管理办法》	财政部、国家发改委、国家能源局	2020.01.20	● **补贴规模**:财政部确定可再生能源发电项目补贴总额,国家发改委、国家能源局在补贴总额内合理确定新增装机规模,并对可再生能源发电项目实行分类管理。 ● **补贴流程**:电网企业将符合补助条件的可再生能源发电补助项目清单报送财政部、国家发改委和国家能源局。扶贫项目由省级扶贫、能源主管部门申请,国家确认后列入光伏扶贫项目补助目录。财政部根据申请,按照以收定支的原则向电网企业和省级财政部门拨付补助资金,电网企业兑付资金并及时兑付给可再生能源发电企业
3	《可再生能源发电有关管理规定》	国家发改委	2006.01.05	● **主管部门**:国家发改委负责制定可再生能源发电统计管理办法,省级能源主管部门负责统计管理和汇总,并上报国家发改委。国家电力监管委员会负责可再生能源发电企业的运营监管工作,对可再生能源发电、上网和结算进行监管。 ● **电网企业责任**:电网企业投资建设和管理太阳能发电并网发电项目的接入系统,负责对其收购的电量进行计量统计,省级电网企业报送省级能源主管部门、抄报国家发改委。 ● **发电企业责任**:发电企业应当承担发电配额义务,未依法取得行政许可前不得擅自开工建设;应当符合国家和电力行业的有关法律法规、技术标准和规程规范、符合节约用地、环保、安全、生态建设、水土保持等规定;应将年度装机容量、发电量和上网电量上报省级能源主管部门
4	《可再生能源发电价格和费用分摊管理试行办法》	国家发改委	2006.01.04	● **电价与补贴**:可再生能源发电价格实行政府定价和政府指导价两种形式。政府指导价即通过招标确定的中标价格。可再生能源发电价格高于当地脱硫燃煤机组标杆上网电价的差额部分,在全国省级及以上电网销售电量中分摊,即通过向电力用户征收电价附加的方式解决

2. 电力(见表2-1-2-5)

表2-1-2-5 电力相关规定

序号	法规	发布机构	发布时间	主要内容
1	《电力法》	全国人大常委会	2018.12.29	• **鼓励政策**:国家鼓励和支持利用可再生能源和清洁能源发电、农村利用太阳能进行农村电源建设。 • **主管部门**:国务院电力管理部门负责全国电力事业的监督管理,县级以上政府经济综合主管部门是本行政区域内的电力管理部门。 • **规划建设**:国家制定电力发展规划。城市电网的建设与改造应纳入城市总体规划。省级政府应当制定农村电气化发展规划和优惠政策,安排用电指标应当优先保证农村生产用电。电力建设项目应当符合电力发展规划,符合国家电力产业政策。 • **并网运行**:国家鼓励提倡并网运行,并网运行必须符合国家标准或者电力行业标准,并网双方应当签订并网协议。 • **法律责任**:电力建设项目不符合电力发展规划、产业政策的,由电力管理部门责令停止建设
2	《电力监管条例》	国务院	2005.02.15	• **主管部门**:国务院电力监管机构根据履行职责的需要,经国务院批准,设立派出机构。国务院电力监管机构对派出机构实行统一领导和管理。 • **监管机构职责**:电力监管机构依照有关法律和国务院有关规定,颁发和管理电力业务许可证,对并网、电网互联、电力主体公平开放情况、电能质量和供电服务质量标准执行情况实施监管,主管电力安全监督管理工作
3	《电力业务许可证监督管理办法》①	国家能源局	2020.12.25	• **许可管理**:国家能源局、国家能源局派出机构对发电企业、输电企业、供电企业及电力交易机构进行电力业务许可制度管理。未取得电力业务许可证不得从事相应业务。

① 2020年9月30日,国家能源局综合司发布关于公开征求《电力业务许可证监督管理办法(征求意见稿)》意见的公告,目前该征求意见稿尚未正式出台。

续表

序号	法规	发布机构	发布时间	主要内容
				● **取得许可的时限**:除豁免情形外,发电企业应在项目完成启动试运工作后3个月内(风电、光伏发电项目应当在并网后6个月内)取得电力业务许可证,分批投产的发电项目可分批申请。超过规定时限仍未取得电力业务许可证的,有关机组不得继续发电上网
4	《发电企业与电网企业电费结算办法》①	国家能源局	2020.12.30	● **电费结算**:发电企业与电网企业应当按照有关要求签订购售电合同,电费结算原则上以月度为周期(结算周期应当为每个自然月)。电网企业根据结算双方确认的电费结算单(结算依据),及时足额支付电费。 ● **及时足额转付补贴**:电网企业应当及时足额向纳入国家补贴范围的可再生能源发电企业转付中央财政等补贴
5	《电力建设工程施工安全监督管理办法》	国家发改委	2015.08.18	● **主管部门**:国家能源局及派出机构依法实施电力建设工程的监督管理。 ● **管理机制**:电力建设工程施工安全坚持“安全第一、预防为主、综合治理”的方针,建立“企业负责、职工参与、行业自律、政府监管、社会监督”的管理机制。 ● **安全生产**:电力建设单位、勘察设计单位、施工单位、监理单位及其他与电力建设工程施工安全有关的单位,必须遵守安全生产法律法规和标准规范

(二)光伏发电项目相关法律法规

在我国,光伏发电项目主要为光伏电站,主要法规涵盖电力业务许可、太阳能光伏电站规划及规模管理、项目备案管理、光伏电站用地、上网电价及补贴和税收优惠六个方面。

1. 电力业务许可

部分光伏发电项目需依法取得电力业务许可证,相关法律法规总结见表2-1-2-6。

① 2020年10月28日,国家能源局综合司发布关于《国家能源局关于进一步完善电力调度交易与市场秩序厂网联席会议制度的通知(征求意见稿)》《发电企业与电网企业电费结算办法(征求意见稿)》公开征求意见的公告,目前前述两项征求意见稿均未正式出台。

表 2－1－2－6 相关法律法规

类别	主要内容	主要法律依据
适用对象	**项目装机容量 6MW 以上集中式光伏发电**项目的运营主体需要取得电力业务许可证，6MW（不含）以下集中式光伏发电项目及分布式光伏发电项目的运营主体无须取得电力业务许可证	《电力业务许可证管理规定》第 4 条 国家能源局《关于印发〈分布式光伏发电项目管理暂行办法〉的通知》（国能新能〔2013〕433 号）（以下简称**《分布式光伏发电项目管理暂行办法》**）第 11 条 《关于贯彻落实“放管服”改革精神、优化电力业务许可管理有关事项的通知》（国能发资质〔2020〕22 号）（以下简称**《放管服通知》**）
取得时限	并网后 6 个月内	《放管服通知》 国家能源局《关于印发〈光伏电站开发建设管理办法〉的通知》（国能发新能规〔2022〕104 号）（以下简称**《光伏电站建设管理办法》**）
审批机构	国家电力监管委员会	《电力业务许可证管理规定》第 3 条
申请材料	（1）法定代表人签署的许可证申请表； （2）法人营业执照副本及其复印件； （3）企业最近 2 年的年度财务报告；成立不足 2 年的，出具企业成立以来的年度财务报告或者验资报告； （4）由具有合格资质的会计师事务所出具的最近 2 年的财务状况审计报告和对营运资金状况的说明；成立不足 2 年的，出具企业成立以来的财务状况审计报告和对营运资金状况的说明； （5）企业生产运行负责人、技术负责人、安全负责人、财务负责人的简历、专业技术任职资格证书等有关证明材料； （6）发电项目建设经有关主管部门审批或者核准的证明材料； （7）发电项目通过竣工验收的证明材料；尚未组织竣工验收的，提供发电机组通过启动验收的证明材料或者有关主管部门认可的质量监督机构同意整套启动的质量监督检查报告； （8）发电项目符合环境保护有关规定和要求的证明材料	《电力业务许可证管理规定》第 17 条、第 18 条

续表

类别	主要内容	主要法律依据
有效期	20 年	《电力业务许可证管理规定》第 25 条第 3 款
法律责任及后果	**未在规定时限内取得电力业务许可证**：在规定时限（并网后 6 个月）之前，发电企业与电网企业签订《并网调度协议》《购售电合同》可暂不提供电力业务许可证。超过规定时限仍未取得电力业务许可证的，有关机组不得继续发电上网。 **无证从事发电业务**：责令改正、没收违法所得、可并处违法所得 5 倍以下罚款，构成犯罪的追究刑事责任。 **欺骗贿赂等不正当手段获得电力业务许可证**：警告、1 万元以下罚款，构成犯罪的追究刑事责任。 **超出许可范围或期限从事发电业务**：警告、责令改正并可向社会公告，构成犯罪的追究刑事责任。 **未在规定的期限内申请变更**：警告、责令改正并可向社会公告	《放管服通知》 《电力业务许可证管理规定》第 40 条至第 43 条

2. 太阳能光伏电站规划及规模管理

2021 年之前，国家对于光伏电站建设实行规模控制。根据国家能源局《关于印发〈光伏电站项目管理暂行办法〉的通知》（国能新能〔2013〕329 号）（已于 2022 年 11 月 30 日废止）的规定，光伏电站每年装机量不得超过规划确定的指标范围，光伏电站项目必须纳入省级能源主管部门的规模指标管理才能并网和取得补贴。具体而言，根据国家发改委、国家能源局《关于完善光伏发电规模管理和实行竞争方式配置项目的指导意见》（发改能源〔2016〕1163 号），屋顶分布式光伏、地面完全自发自用的分布式光伏不受规模限制，可随时备案；集中式光伏电站和其他地面分布式光伏电站，需要取得规模指标，各省（区、市）通过竞争性方式确定指标分配的具体项目；光伏发电领跑技术基地适用单独的年度建设规模。此外，对于无补贴上网的平价项目，国家同样实行规模管理，2019 年至 2020 年均发布了平价上网项目清单，明确年度总装机规模。

2021 年 5 月 11 日，国家能源局发布《关于 2021 年风电、光伏发电开发建设有关事项的通知》（国能发新能〔2021〕25 号），明确不再下达年度建设规模和指标，而是制定发布各省可再生能源电力消纳责任权重和新能源合理利用率目标，引导各省级能源主管部门根据该目标确定完成年度最低消纳责任权重所必需的年度新增并网和备案规模。对于并网规模，分为“保障性并网”和“市场化并网”两类，其中“保障性并网”指为实现非水电最低消纳责任权重所必须新增的保障性并网装机规模，由各省级能源主管部门制定，2021 年优先保障存量项目，其余通过竞争性配置统一组织。“市场化并网”指保障性并网范围以外仍有意愿并网的项目，可通过自建、合建共享或购买服务等市场化方式落实并网条件后，由电网企业予以并网。

此外，对于集中式光伏电站，国家能源局发布的《光伏电站开发建设管理办法》进一步明确了年度开发建设方案的制定要求及方案主要内容。省级能源主管部门根据本省（区、市）可再生能源发展规划、非水电可再生能源电力消纳责任权重以及电网接入与消纳条件等，制订光伏电站年度开发建设方案，可包括项目清单、开工建设与投产时间、建设要求、保障措施等内容，其中项目清单可视发展需要并结合本地实际分类确定为保障性并网项目和市场化并网项目。保障性并网项目原则上由省级能源主管部门通过竞争性配置方式确定。市场化并网项目按照国家和各省（区、市）有关规定确定，电网企业应配合省级能源主管部门对市场化并网项目通过自建、合建共享或购买服务等市场化方式落实的并网条件予以认定。

3. 项目备案管理

根据《光伏电站开发建设管理办法》《分布式光伏发电项目管理暂行办法》的规定，除个人利用自有住宅及在住宅区域内建设的分布式光伏发电项目之外，光伏电站实行备案管理，在开发建设前需向当地能源主管部门进行备案。此外，光伏电站在开发建设前还需履行一系列审批程序，具体梳理见表 2－1－2－7。

表 2－1－2－7　光伏电站开发建设前需履行的审批程序

程序	集中式光伏电站	分布式光伏电站
项目立项备案	根据《光伏电站开发建设管理办法》第 12 条的规定，各省（区、市）可制定本省（区、市）光伏电站项目备案管理办法，明确备案机关及其权限等，并向社会公布。 实践中，备案权限已下放至项目所在地县（区）发改部门或行政审批部门	根据《分布式光伏发电项目管理暂行办法》第 10 条的规定，省级以下能源主管部门对分布式光伏发电项目实行备案管理。实践中，备案权限已下放至项目所在地县（区）发改部门或行政审批部门。 根据《分布式光伏发电项目管理暂行办法》第 12 条的规定，对个人利用自有住宅及在住宅区域内建设的分布式光伏发电项目，由当地电网企业直接登记并集中向当地能源主管部门备案

续表

<table>
<tr><th>程序</th><th>集中式光伏电站</th><th>分布式光伏电站</th></tr>
<tr><td>电价批复</td><td colspan="2">光伏发电项目应当取得当地省级发改部门或物价局出具的电价批复文件。2017年起，各省陆续取消对光伏发电项目单独批复上网电价的要求，统一执行国家发改委电价政策。实践中各省要求不同，具体以当地政策为准</td></tr>
<tr><td>企业投资项目备案</td><td colspan="2">光伏发电项目不属于国务院《关于发布〈政府核准的投资项目目录(2016年本)〉的通知》目录内的固定资产投资项目，无须经政府核准。根据《企业投资项目核准和备案管理条例》及《企业投资项目核准和备案管理办法》的规定，光伏发电项目如属于企业固定资产投资建设项目(如集中式光伏电站、工商业分布式光伏)，需向当地政府投资主管部门备案</td></tr>
<tr><td>节能审查</td><td colspan="2">光伏发电项目被列入国家发改委发布的《不单独进行节能审查的行业目录》，无须单独进行节能审查，可在项目可行性研究报告或项目申请报告中对项目能源利用情况、节能措施情况和能效水平进行分析</td></tr>
<tr><td>用地预审与选址</td><td>集中式光伏发电项目应当取得建设用地预审意见，或当地土地及规划主管部门的用地预审初审意见或选址意见，确认该等项目选址及用地情况符合当地国土利用总体规划或光伏项目用地政策</td><td rowspan="3">根据《分布式光伏发电项目管理暂行办法》第11条的规定，分布式光伏审批程序相对简化，免除电力业务许可、规划选址、土地预审、水土保持、环境影响评价、节能评估及社会风险评估等支持性文件</td></tr>
<tr><td>环境影响评价</td><td>根据《建设项目环境影响评价分类管理名录》(2021年版)的规定，地面集中式太阳能发电项目需要进行环境影响评价，其中总容量大于6000千瓦，且接入电压登记不小于10千伏的电站建设单位需要编制环境影响评价报告表，并报生态环境部门审批后方可开工建设；其他集中式光伏电站的建设单位只需填写项目环境影响评价登记表并进行备案，无须审批。
实践中各地放管服力度不一，如在深圳市，上述其他集中光伏电站无须登记备案。
根据《环境影响评价法》第24条的规定，环评文件自批准之日起超过5年开工的，应将环评文件报原审批部门重新审核</td></tr>
<tr><td>其他审批</td><td>集中式光伏电站需取得建设用地规划许可证、建设工程规划许可证、建筑工程施工许可证、节能审查意见、水土保持方案的审批意见、排污许可证、接入电网系统审批意见等</td></tr>
</table>

续表

程序	集中式光伏电站	分布式光伏电站
并网验收与竣工验收	根据《光伏电站开发建设管理办法》第22条的规定,项目主体工程和配套电力送出工程完工后,项目单位应及时组织项目竣工验收。项目单位提交并网运行申请书后,电网企业应按国家有关技术标准规范和管理规定,在规定时间内配合开展光伏电站涉网设备和电力送出工程的**并网调试、竣工验收**,并参照《新能源场站并网调度协议示范文本》《购售电合同示范文本》与项目单位签订并网调度协议和购售电合同。对于符合条件且自愿参与市场化交易的光伏电站,项目单位按照相关电力市场规则要求执行	根据《分布式光伏发电项目管理暂行办法》第24条的规定,分布式光伏发电项目本体工程建成后,向电网企业提出并网调试和验收申请。电网企业指导和配合项目单位开展**并网运行调试和验收**。电网企业应根据国家有关标准制定分布式光伏发电电网接入和并网运行验收办法

4. 光伏电站用地

光伏电站可以分为地面电站和屋顶电站,前者主要为集中式光伏电站,后者主要为分布式光伏电站。屋顶电站不涉及用地问题,地面电站用地除应遵循《土地管理法》《土地管理法实施条例》《农村土地承包法》等法律法规中关于土地取得与流转的相关规定外,还应符合光伏项目用地的特殊规定。

(1)按照光伏电站用地类型

根据原国土资源部发布的《光伏发电站工程项目用地控制指标》(已于2021年失效,截至2023年2月1日新规处于公示阶段尚未正式出台),**光伏电站工程项目用地包括光伏方阵、变电站、运行管理中心、集电线路和场内道路用地**。根据《关于支持新产业新业态发展促进大众创业万众创新用地的意见》(国土资规〔2015〕5号),《关于光伏电站建设使用林地有关问题的通知》(林资发〔2015〕153号),原国土资源部、国务院扶贫办、国家能源局《关于支持光伏扶贫和规范光伏发电产业用地的意见》(国土资规〔2017〕8号,已于2021年失效,尚未发布新规)等文件,变电站、运行管理中心、集电线路采用架空线路架设的杆塔基础用地为**永久用地**,按照建设用地管理,需要依法办理建设用地审批手续;如果涉及非建设用地,需要办理征地转建设用地手续。其余部分为**非永久用地**,占用非建设用地的可以按原地类认定,通过租赁、光伏复合项目方式开发,无须改变土地用途。具体规则梳理见表2－1－2－8。

表2－1－2－8　光伏电站用地类型

项目类型	土地性质	用地类型	具体要求
普通光伏项目	永久用地	变电站、运行管理中心、集电线路采用架空线路架设的杆塔基础用地	**全部土地**:依法按建设用地办理手续;如果涉及**非建设用地,需要办理征地转建设用地手续**;如非建设用地包括林地和草地,需根据《森林法》《草原法》等获得省级以上林地或草地主管部门颁发的占用林地或草地审核同意书
	非永久用地	光伏方阵、场内道路用地	**建设用地**:按相关规定管理; **农用地**:所有用地部分均应按建设用地管理; **未利用地**(指农用地、建设用地之外的土地):对不占压土地、不改变地表形态的用地部分,可按原地类认定,**不改变土地用途**,在年度土地变更调查时作出标注,用地允许以租赁等方式取得,双方签订好补偿协议,**用地报当地县级有关部门备案**
光伏复合项目	永久用地	与普通光伏项目相同	与普通光伏项目相同
	非永久用地	光伏方阵、采用直埋电缆方式敷设的集电线路用地(实行与光伏方阵同样管理方式)	**建设用地**:按相关规定管理; **农用地**(不含永久基本农田): ①可不改变原用地性质; ②省级能源主管部门提出建设要求,对于**耕地**从严要求,除桩基用地外,严禁硬化地面、破坏耕作层,严禁抛荒、撂荒。 **林地**: ①对于森林资源调查确定为**宜林地**而第二次全国土地调查确定为未利用地的土地,应采用"林光互补"用地模式,确保宜林地不改变林地性质; ②光伏电站建设必须办理使用**林地审核审批手续**,采用"林光互补"模式的,在施工期按临时占用林地办理手续,运营期双方可以签订补偿协议,通过租赁等方式使用林地
		场内道路用地	可按**农村道路用地**管理

(2)按照土地类型

根据相关法规政策,光伏电站不得占用基本农田,生态保护红线内的草原,不得在河道、湖泊和水库内建设。此外,国家政策限制光伏电站占用国家级公益林地、水土流失重点区域和湿地。对于占用林地、草原,需要临时使用国有土地或农民集体所有土地的,应履行相关审批手续(见表2－1－2－9)。

表2－1－2－9 按照土地类型梳理具体规则

限制类型	土地类型	具体要求	主要依据
禁止	永久基本农田	**禁止以任何方式占用永久基本农田**	原国土资源部、国务院扶贫办、国家能源局《关于支持光伏扶贫和规范光伏发电产业用地的意见》(国土资规〔2017〕8号,已于2021年失效,尚未发布新规)
	河道、湖泊、水库内	**光伏电站不得在河道、湖泊、水库内建设**。在湖泊周边、水库库汊建设光伏、风电项目的,要科学论证,严格管控,不得布设在具有防洪、供水功能和水生态、水环境保护需求的区域,不得妨碍行洪通畅,不得危害水库大坝和堤防等水利工程设施安全,不得影响河势稳定和航运安全。各省(自治区、直辖市)可结合实际依法依规对各类水域岸线利用行为作出具体规定	水利部《关于加强河湖水域岸线空间管控的指导意见》(水河湖〔2022〕216号)
	生态保护红线内的草原	严格执行生态保护红线管理有关规定,**原则上不得占用生态保护红线内的草原**。除国务院批准同意的建设项目,国务院有关部门、省级人民政府及其有关部门批准同意的基础设施、公共事业、民生建设项目和国防、外交建设项目外,不得占用基本草原	《草原征占用审核审批管理规范》(林草规〔2020〕2号)第5条
	部分林地	光伏电站的电池组件阵列禁止使用**有林地、疏林地、未成林造林地、采伐迹地、火烧迹地**,以及年降水量400毫米以下区域覆盖度高于30%的灌木林地和年降水量400毫米以上区域覆盖度高于50%的灌木林地	原国家林业局《关于光伏电站建设使用林地有关问题的通知》(林资发〔2015〕153号)

续表

限制类型	土地类型	具体要求	主要依据
限制	国家级公益林地	严格控制勘查、开采矿藏和工程建设使用国家级公益林地。确需使用的，应办理**使用林地手续和林木采伐手续**。经审核审批同意使用的国家级公益林地，应实行**占补平衡，并报告国家林业局和财政部**	《国家级公益林管理办法》（林资发〔2017〕34号）第9条、第18条、第19条、第23条
	水土流失重点区域	生产建设项目选址、选线应当**避让水土流失重点预防区和重点治理区；在山区、丘陵区、风沙区以及水土保持规划确定的容易发生水土流失的其他区域**开办可能造成水土流失的生产建设项目，**生产建设单位应当编制水土保持方案，报县级以上人民政府水行政主管部门审批**。没有能力编制水土保持方案的，应当委托具备相应技术条件的机构编制	《水土保持法》（2010年修订）第15条、第22条、第24条、第25条
	湿地	**建设项目应当不占或者少占湿地**，经批准确需征收、占用湿地并转为其他用途的，用地单位应当按照“先补后占、占补平衡”的原则，依法办理相关手续。临时占用湿地的，期限不得超过2年；临时占用期限届满，占用单位应当对所占湿地限期进行生态修复	《湿地保护管理规定》（2017年修改）第30条
事前审批	林地	建设项目占用林地的审核权限，按照《森林法实施条例》的有关规定执行。建设项目占用林地，经林业主管部门审核同意后，建设单位和个人应当依照法律法规的规定办理建设用地审批手续。 **建设项目需要使用林地的，用地单位或者个人应当向林地所在地的县级人民政府林业主管部门提出申请；跨县级行政区域的，**分别向林地所在地的县级人民政府相关主管部门提出申请	《建设项目使用林地审核审批管理办法》（2016年修改）第5条、第9条
	草原	矿藏开采和工程建设**确需征收、征用或者使用草原的**，依照下列规定的权限办理：（1）征收、征用或者使用草原超过70公顷的，由国家林业和草原局审核；（2）征收、征用或者使用草原70公顷及其以下的，由省级林业和草原主管部门审核。 工程建设、勘查、旅游等**确需临时占用草原的**，由县级以上地方林业和草原主管部门依据所在省、自治区、直辖市确定的权限分级审批。临时占用草原的期限不得超过2年，并不得在临时占用的草原上修建永久性建筑物、构筑物；占用期满，使用草原的单位或者个人应当恢复草原植被并及时退还	《草原征占用审核审批管理规范》（林草规〔2020〕2号）第6条、第7条

续表

限制类型	土地类型	具体要求	主要依据
事前审批	临时使用国有土地或农民集体所有土地	建设项目施工和地质勘查需要临时使用国有土地或者农民集体所有的土地的，由县级以上人民政府自然资源主管部门批准。其中，在城市规划区内的临时用地，在报批前，应当先经有关城市规划行政主管部门同意。土地使用者应当根据土地权属，与有关自然资源主管部门或者农村集体经济组织、村民委员会签订临时使用土地合同，并按照合同的约定支付临时使用土地补偿费。临时使用土地的使用者应当按照临时使用土地合同约定的用途使用土地，并不得修建永久性建筑物。临时使用土地期限一般不超过2年	《土地管理法》(2019年修正)第57条

5. 上网电价及补贴

我国光伏发电项目的上网电价和补贴政策经历了事前补贴、标杆上网电价、指导价和平价上网4个阶段。2009年，光伏行业仍处于初步发展期，国家为鼓励光伏发电项目的开发建设，对符合条件的项目按投资额进行事前补助。2013年起，国家制定光伏发电标杆上网电价，电网按标杆电价向发电企业全额购电，高于燃煤发电价格的部分由国家可再生能源发展基金补贴并通过电网拨付。随着技术进步和产业发展，光伏发电成本不断降低，补贴标准随之分批次陆续下调。2013年至2020年，集中式光伏发电补贴从每千瓦时0.9元至1元下降为0.4元至0.5元，工商业分布式光伏补贴从每千瓦时0.42元降至0.05元，2021年起取消补贴。户用光伏补贴由2013年的每千瓦时0.42元降至2021年的每千瓦时0.03元，2022年起取消补贴。

2022年以来，我国光伏发电已基本实现平价上网，即光伏发电上网电价与燃煤发电上网电价一致，除特定类型的光伏项目外，①国家不再补贴。北京市、上海

① 根据财政部《关于提前下达2023年可再生能源电价附加补助地方资金预算的通知》(财建〔2022〕384号)、财政部《关于下达2022年可再生能源电价附加补助地方资金预算的通知》的规定，国家对于国家光伏扶贫目录内项目(扶贫容量部分)至2022年年底、50kW以下装机规模的自然人分布式项目至2022年年底、2019年采取竞价方式确定的光伏项目以及2020年采取以收定支原则确定的符合拨款条款的新增项目至2021年年底、对于国家确定的光伏“领跑者”项目，以及国家认可的地方参照中央政策建设的村级光伏扶贫项目，优先保障拨付项目至2021年年底应付补贴资金的50%；其他发电项目，按照各项目并网之日起至2021年年底应付补贴资金，采取等比例方式拨付；对于发电小时数已达到合理利用小时数的项目，补贴资金拨付至合理利用小时数后停止拨付。拨付资金已超过合理利用小时数的项目，应在后续电费结算中予以抵扣，抵扣资金用于其他符合条件项目的补贴资金。

市、广东省、浙江省、安徽省、陕西省、江苏省、山东省、海南省等超过30个省(区、市)仍有补贴政策,主要针对分布式光伏项目、光伏储能项目、光伏建筑一体化项目、海上光伏项目等。关于补贴的各阶段主要国家政策详见本书之“附录:行业相关主要法律规定及监管政策”之“二、光伏行业相关法律规定及监管政策”。

6. 税收优惠

光伏发电项目享受的税收优惠主要包括以下几个方面。

(1)“三免三减半”

根据《企业所得税法实施条例》,太阳能发电项目属于国家重点扶持的公共基础设施项目,列入《公共基础设施项目企业所得税优惠目录》,企业从事电力项目的投资经营所得自项目取得第一笔生产经营收入所属纳税年度起,第一年至第三年免征企业所得税,第四年至第六年减半征收企业所得税。

(2)西部地区企业所得税优惠

根据《关于延续西部大开发企业所得税政策的公告》(财政部、税务总局、国家发改委公告2020年第23号),由于光伏发电属于《西部地区鼓励类产业目录》中的全国和西部地区鼓励类产业,在西部地区①投资开发光伏电站,且光伏发电属于主营业务、其收入占总额60%以上的企业,可以享受15%的企业所得税优惠税率。

(3)2020年以前取得的中央财政补贴无须缴纳增值税

根据国家税务总局《关于中央财政补贴增值税有关问题的公告》(国家税务总局公告2013年第3号,已于2020年1月1日废止)的规定,中央财政补贴收入不属于增值税应税收入,无须缴纳增值税。根据自2020年1月1日起施行的国家税务总局《关于取消增值税扣税凭证认证确认期限等增值税征管问题的公告》(国家税务总局公告2019年第45号),该公告实施前,纳税人取得的中央财政补贴继续按照国家税务总局《关于中央财政补贴增值税有关问题的公告》执行。因此,光伏电站于2020年1月1日前取得的可再生能源发电补贴无须缴纳增值税。

① 根据《关于延续西部大开发企业所得税政策的公告》的内容可知,西部地区包括内蒙古自治区、广西壮族自治区、重庆市、四川省、贵州省、云南省、西藏自治区、陕西省、甘肃省、青海省、宁夏回族自治区、新疆维吾尔自治区和新疆生产建设兵团。湖南省湘西土家族苗族自治州、湖北省恩施土家族苗族自治州、吉林省延边朝鲜族自治州和江西省赣州市可比照西部地区企业所得税政策执行。

（三）光伏制造业相关法律法规

光伏制造行业主要为光伏用多晶硅、硅棒、硅锭、硅片、电池、组件、逆变器等制造行业，其主要法律法规总结如下所述。

1. 安全生产、工业产品生产、危险化学品及非药品类易制毒化学品相关规范

硅材料的生产、加工过程中可能产生《危险化学品目录》（2015 版）列明的危险化学品，如氯气、氢气、三氯氢硅、氯化氢、四氯化硅、氢氟酸、硝酸、氢氧化钠等。根据《安全生产许可证条例》《工业产品生产许可证管理条例》《危险化学品安全管理条例》《危险化学品登记管理办法》的规定，光伏企业如果属于危险化学品的生产经营企业，需相应取得安全生产许可证、工业产品生产许可证、危险化学品登记证、危险化学品经营许可证等资质。

此外，根据《易制毒化学品管理条例》《非药品类易制毒化学品生产、经营许可办法》的规定，如光伏企业生产的产品或副产品属于《非药品类易制毒化学品分类和品种目录》规定的第二类、第三类非药品类易制毒化学品，还需取得非药品类易制毒化学品生产备案证明。

2. 环境保护相关规范

光伏企业在生产经营过程中可能产生污染性排放物，如废水、废气、一般工业固体废物和危险固体废物，需按照《排污许可管理条例》《排污许可管理办法（试行）》《固定污染源排污许可分类管理名录》等相关法规办理排污许可或登记，就其正在生产运营的项目取得环保主管部门的环评批复，并按照环评报告和批复的要求建设污染物处理设施，以满足相应的污染物排放标准。

3. 光伏制造业行业规范

2015 年以来，国家先后出台了《关于促进先进光伏技术产品应用和产业升级的意见》《光伏制造行业规范条件》《关于提高主要光伏产品技术指标并加强监管工作的通知》等行业规范文件，要求自 2018 年 1 月 1 日起，新投产并网运行的光伏发电项目的光伏产品供应商应满足《光伏制造行业规范条件》要求。

2021 年，工信部发布了修订后的《光伏制造行业规范条件》（2021 年本）和《光伏制造行业规范公告管理暂行办法》（2021 年本），作为非强制性的引导性政策文件，在项目设立、工艺技术、能耗、环保和安全生产方面对光伏制造企业提出了较高要求，主要内容见表 2 - 1 - 2 - 10。

表 2－1－2－10　光伏制造行业规范条件主要内容

类别	《光伏制造行业规范条件》(2021 年本)主要内容
生产布局与项目设立	• 在国家法律法规、规章及规划确定或省级以上人民政府批准的自然保护区、饮用水水源保护区、生态功能保护区，已划定的永久基本农田，以及法律、法规规定禁止建设工业企业的区域不得建设光伏制造项目。上述区域内的现有企业应按照法律法规要求拆除关闭，或严格控制规模、逐步迁出
工艺技术	• 每年用于研发及工艺改进的费用不低于总销售额的3%且不少于 1000 万元人民币。申报符合规范名单时上一年实际产量不低于上一年实际产能的50%。 • 多晶硅满足《太阳能级多晶硅》(GB/T 25074)或《流化床法颗粒硅》(GB/T 35307)特级品的要求。 • 多晶硅电池和单晶硅电池(双面电池按正面效率计算)的平均光电转换效率分别不低于 20.5%和 23%。多晶硅组件和单晶硅组件(双面组件按正面效率计算)的平均光电转换效率分别不低于 18.4%和 20%
资源综合利用和能耗	• 光伏制造项目应遵守生产电耗、水耗的量化标准，以及其他生产单耗的国家标准
环境保护	• 光伏制造企业应取得排污许可证，废气和废水排放、固废的储存和处置、噪声排放应遵循相应的国家标准。鼓励企业通过 ISO 14001 环境管理体系认证、ISO 14064 温室气体核证、PAS 2050/ISO/TS 14067 碳足迹认证
质量管理	• 光伏制造企业应建立完善的质量管理体系，配备质量检验机构和专职检验人员。光伏产品质量应符合国家相关标准，通过国家批准相关认证机构的认证。鼓励企业通过 ISO 9001 质量管理体系认证
安全生产和社会责任	• 企业应当遵守《安全生产法》《职业病防治法》等法律法规，严格执行国家及行业保障安全生产、职业健康等方面的规范和标准

四、光伏企业资本市场表现及资本运作核心法律关注要点

(一)光伏企业的资本市场表现

在产业政策引导和清洁能源需求增长的推动下，我国光伏技术快速进步，产业链逐步发展成形，光伏产品制造能力位居世界前列。

目前，碳达峰碳中和已经成为全球共识，光伏行业具有广阔的市场发展空间。大量光伏行业企业正在谋求 IPO。根据同花顺 iFinD 金融终端数据统计，截至 2023 年 3 月 1 日，光伏概念 A 股上市公司共 436 家，其中上交所主板 128 家、深交所主板 168 家、科创板 28 家，创业板 108 家，北交所 4 家。我国香港地区上市的光伏概念公司共计 16

家，美股上市的光伏概念公司共计16家。此外，根据交易所数据，2022年以来，共有15家公司拟A股IPO，1家公司赴港IPO。目前拟冲刺A股IPO的企业包括信义光能（00968.HK）、协鑫科技（03800.HK）、新特能源（01799.HK）、阿特斯（CSIQ.US）、三晶电气（835613.OC）、美科股份（创业板2022年12月12日过会）、润阳股份（创业板2022年11月3日过会）、彩虹新能（创业板2022年8月25日过会）等。赴港IPO的企业为古瑞瓦特，已于2022年11月21日通过香港联交所聆讯。

（二）光伏企业的资本运作核心法律关注要点

1. 光伏电站开发、建设、运营及销售等业务的审核关注事项

光伏电站业务包括光伏电站开发建设、运营管理和转让出售（包括项目公司股权转让或电站资产转让）等。实践中，根据投资方、施工单位等项目参与方的角色不同，光伏电站项目可以分为DBB、BOT、EPC、EMC和PPP等多种模式①。（见表2-1-2-11）

表2-1-2-11　光伏电站项目多种模式

模式简称	英文全称	中文全称	主要特点
DBB	Design – Bid – Build	传统项目管理模式	按照设计、招标、建造的顺序进行，参与方为业主、建设单位和承包商
BOT	Build – Operate – Transfer	建造—运营—转让模式	企业成立项目公司作为电站投资者，负责开发建设，在并网发电后将光伏电站或项目公司股权转让给第三方
EPC	Engineering – Procurement – Construction	工程总承包模式	业主将设计和建造统一交由总承包商负责
EMC	Energy – Management – Contract	合同能源管理模式	以减少的能源费用支付节能项目成本，常见于工商业屋顶分布式光伏，即屋顶业主（用能单位）与分布式光伏开发商签订合同，利用屋顶建造光伏电站，所发电量按低于工商业电价的价格卖给用能单位，以抵免屋顶的租赁和节能的服务费用

① DBB指设计—招标—建设模式；BOT指建设—运营—转让模式；EPC指工程总承包模式；EMC指合同能源管理模式；PPP指政府和社会资本合作模式。

续表

模式简称	英文全称	中文全称	主要特点
PPP	Public – Private – Partnership	政府与私企合营模式	政府与企业合作成立项目公司，投资或运营管理标的光伏项目，常见于光伏扶贫项目

根据天合光能（688599. SH）、清源股份（603628. SH）、海泰新能（835985. BJ）、禾迈股份（688032. SH）的IPO审核问询案例，表2－1－2－12为对光伏电站相关业务的审核要点。

表2－1－2－12　对光伏电站相关业务的审核要点

业务类型	重点关注事项
光伏电站开发、建设与运营	● 是否取得相关业务许可证，是否存在未取得资质证书即开展业务的情况； ● 对于尚在建设暂不符合申请电力业务许可证条件的项目，预计何时可以满足条件，办证是否存在实质障碍； ● 光伏电站项目的建设、转让和运营是否已经取得必需的相关批文、资质、许可等，相对应的项目批文和业主或投资方的情况，是否签署相应的书面协议或合同； ● 相关的并网协议签署和执行情况，是否存在弃电情形； ● 对于EPC项目，发行人是否具备相关资质，是否存在超资质开发，是否具备电站设计和组织施工的团队和能力，后续是否具备持续获取电站项目订单和运营能力，施工过程是否进行分包，分包是否符合法律要求与合同约定； ● 是否需要履行招投标程序，取得业务是否存在商业贿赂、不正当竞争等行为； ● 补贴政策变化（平价上网）是否对发行人持续经营能力产生重大不利影响，发行人及下游发电企业采取的应对措施及效果，发行人是否对补贴构成重大依赖； ● 租赁土地房产是否履行相关审批手续，如涉及占用农用地等不合规情形，未办理手续是否影响发行人光伏项目实施； ● 屋顶式分布光伏项目租用他人屋顶是否已经签订租赁合同，出租方是否具有土地使用权和厂房的所有权，出租屋顶是否存在违反法律法规或协议，是否符合土地规划用途，是否存在划拨土地对应屋顶租赁； ● 屋顶式分布光伏项目涉及自有房产屋顶是否符合土地和房产规划用途； ● 是否存在未在规定期限内开工并完成建设的光伏发电项目，如存在，是否存在被项目核准（备案）机关应清理和废止的风险，该等风险对于发行人的持续经营是否可能产生重大不利影响； ● 是否存在产能过剩

续表

业务类型	重点关注事项
光伏电站销售	●业务合作模式,是否涉及招投标; ●交易履行的内外部决策程序,交易作价的依据以及是否公允; ●相对方是否与发行人存在关联关系,是否涉及其他利益安排; ●取得电站是否有政府补贴,获取电站后出售是否需要政府审批或满足条件; ●是否存在商业贿赂、不正当竞争等行为,取得业务方式是否合法合规

2. 未取得建设指标或超出并网规模

如上文所述,光伏电站存在规模管理,分为规模指标管理阶段和并网规模管理阶段。在规模指标管理阶段,光伏发电企业应注意其项目是否已取得省级能源主管部门的正式规模指标,是否存在仅取得次年备选项目的预备性指标、取得指标为省级以下地方政府未经授权核发的超规模指标等情形。

在并网规模管理阶段,光伏发电企业应注意其备案项目是否存在超出并网规模、面临政府核查和清理的情况。比如,广东省发改委于 2022 年 4 月 1 日印发《关于规范集中式光伏发电项目管理有关事项的通知》(粤发改能源函〔2022〕510 号),指出省内集中式光伏备案规模远超每年实际开工和新增并网规模,要求进行全面核查,责令企业限期撤回或更正备案信息,否则将列入异常名录并纳入省公共信用信息平台。

3. 备案过期失效

根据国家发改委、国家能源局《关于积极推进风电、光伏发电无补贴平价上网有关工作的通知》(发改能源〔2019〕19 号)的规定,对于未在规定期限内开工并完成建设的光伏发电项目,项目备案机关应及时予以清理和废止。根据《光伏电站开发建设管理办法》第 14 条的规定,各省级能源主管部门和备案机关可视需要组织核查备案后 2 年内未开工建设或者未办理任何其他手续的项目,及时废止确实不具备建设条件的项目。天合光能曾于 IPO 首轮问询函中被监管机构问询,是否存在未在规定期限内开工并完成建设的光伏发电项目,如存在,是否存在被项目核准(备案)机关清理和废止的风险,该等风险对于发行人的持续经营是否可能产生重大不利影响。

由上可知,光伏发电企业应注意其项目备案的有效期,如存在未在有效期内开工建设的,应当及时申请延期。

4. 投资主体变更未重新备案

根据《光伏电站开发建设管理办法》《分布式光伏发电项目管理暂行办法》的规定，集中式光伏电站项目单位不得自行变更光伏电站项目备案文件的重要事项，包括项目法人及项目建设地点、规模、内容等。分布式光伏电站项目单位不得自行变更项目备案文件的主要事项，包括投资主体、建设地点、项目规划、运营模式等，确需变更时，应由备案部门按程序办理。

虽然相关规范要求光伏发电项目单位不得随意变更备案文件的重要事项，但实践中仍出现了大量的“光伏路条”倒卖行为，即完成项目备案后转让项目公司股权以牟利。为了治理地方市场乱象，2014 年国家能源局陆续出台了《关于进一步加强光伏电站建设与运行管理工作的通知》（国能新能〔2014〕445 号）（以下简称 445 号文）、《关于开展新建电源项目投资开发秩序专项监管工作的通知》（国能监管〔2014〕450 号）和《关于规范光伏电站投资开发秩序的通知》（国能新能〔2014〕477 号，已于 2022 年 5 月 18 日废止）。445 号文规定，禁止买卖项目备案文件及相关权益，已办理备案手续的光伏电站项目，如果投资主体发生重大变化，应当重新备案。

5. 违规领取补贴

2022 年 3 月 24 日，国家发改委、国家能源局以及财政部联合发布《关于开展可再生能源发电补贴自查工作的通知》，要求在全国范围内开展可再生能源发电补贴核查工作。自查范围为截至 2021 年 12 月 31 日已并网有补贴需求的可再生能源发电项目，并从项目的合规性、规模、电量、电价、补贴资金、环境保护六个方面进行自查。10 月 28 日，信用中国网站发布《关于公示第一批可再生能源发电补贴核查确认的合规项目清单的公告》，公布第一批经核查确认的合规项目共计 7344 个。前述政策详见本书之“附录：行业相关主要法律规定及监管政策”之“二、光伏行业相关法律规定及监管政策”。

2022 年 10 月，太极实业发布公告，称其子公司十一科技下属所涉电站公司收到通知，需要返还总金额 4.13 亿元的光伏电站的可再生能源发电补贴，其尚未收回的应收电费补贴 3.94 亿元也可能无法收回，所涉补贴合计 8.07 亿元。需要缴回的原因系所涉电站存在未纳入建设指标规模且备案过期失效，涉及违规项目批复上网电价和擅自变更投资主体的问题。

可再生能源发电补贴核查工作可能会暴露光伏发电企业历史上存在的合规

问题，并可能造成电价批复被撤销、补贴资格被取消、补贴资金被核减、已收取补贴被要求退还等不利后果，影响公司的财务状况。

6. 核心技术先进性、行业地位与板块定位

对于光伏制造业企业，科创板、创业板和北交所在审核中普遍从是否具有创新性，核心技术是否具有先进性，与同行业竞争对手相比的优劣势等方面进行问询，并要求企业进行具体的量化分析。建议拟进行资本运作的光伏制造业企业结合不同板块的要求，对是否符合板块定位进行研判。具体审核问询案例如奥特维、海优新材、固德威、海泰新能等。

7. 是否存在产能过剩风险

根据近期 IPO 案例，上市监管机构对于光伏电池片和光伏玻璃行业领域均提出了是否存在产能过剩、竞争加剧的风险的问询，具体请参见润阳股份、彩虹新能的审核问询函。

8. 委托加工/外协加工

委托加工指由委托方仅提供原材料和主要材料，受托方按照委托方的要求制造货物并收取加工费和代垫部分辅助材料加工费用。外协加工指委托方仅将部分工序处理外包给受托方，广义上还包括委外采购（直接从供应商采购粗加工产品或低附加值原料）。

如光伏制造企业委托加工或外协加工的加工费占营业成本比例较高，或委外工序涉及企业的核心技术，则可能属于拟进行资本运作的企业对委外厂商存在重大依赖的情形，影响企业的独立性和持续经营能力，属于监管机构的重点关注事项。参考固德威、天合光能、赛伍技术、索拉特（北交所 2022 年 11 月 6 日终止上市审核）公告，监管机构对于委外加工的主要审核问询包括：

（1）发行人向主要委托加工商采购委托加工服务的内容、金额及其占比；

（2）委托加工的必要性和合理性以及是否对委托加工商构成严重依赖；

（3）委托加工费的定价依据，报告期各期委托加工商数量及委托加工费金额并分析变动原因，自产成本与委托加工费的比较情况并分析定价公允性；

（4）是否向外协加工商提供原材料，外协加工的相关会计处理，结合自产成本、第三方采购成本和不同供应商之间的采购价格，分析外协加工费的公允性；

（5）是否涉及将核心生产环节进行外协加工的情形，是否对发行人的独立性和业务完整性构成影响；

(6)主要外协加工商的基本情况、交易金额占外协加工商收入的比例,是否与发行人及其关联方、员工及前员工之间存在关联关系、资金往来或其他利益安排;

(7)是否存在发行人向供应商采购的原材料生产加工后向供应商进行销售或发行人向客户提供原材料加工后予以回购的情形,如存在,上述情形未作为委托加工进行处理的原因及依据;

(8)主要合同条款如何约定与委外厂商的权利义务划分、验收政策、产品质量的责任划分与承担机制和存货在委外仓库存储保管的相关风险承担机制。

9. 境外销售

依据《对外贸易法》《海关报关单位备案管理规定》(海关总署令第 253 号)、《关于报关单位备案全面纳入"多证合一"改革的公告》(海关总署、市场监管总局公告 2021 年第 113 号)的相关规定,涉及境外销售的光伏企业需办理海关进出口货物收发货人备案。

此外,近年海外光伏贸易摩擦事件频发,许多光伏企业面临出口国对中国光伏产品设置的贸易壁垒以及反倾销、反补贴及保障措施调查。结合近期 IPO 案例,如拟进行资本运作的光伏企业存在境外销售的情形,监管机构将重点关注出口国的政治经济环境和国际贸易形势,出口国是否存在贸易摩擦,企业是否存在缴纳双反保证金及税收的情形,是否产生相关争议,贸易摩擦对企业经营的影响以及企业采取的应对措施。晶科能源、固德威、天合光能、海泰新能和润阳股份在申报上市时均被问询此类问题。

10. 环境保护与安全生产

对于环境保护,监管机构主要关注光伏企业作为发行人报告期内的环保投资和相关费用成本支出情况,环保设施实际运行情况,报告期内环保投入及成本费用与生产经营所产生的污染是否匹配;发行人生产经营与募集资金投资项目是否符合国家和地方环保要求;报告期内是否发生过环保事故或受到过行政处罚,具体请参见润阳股份、索拉特的审核问询函。

对于安全生产,监管机构主要关注发行人报告期内是否存在过生产安全隐患或发生过重大安全生产事故,是否受到过行政处罚以及受处罚行为是否构成重大违法行为,是否影响发行人的生产经营,发行人安全生产制度、内控制度是否完善。如晶科能源就曾因其安全生产事故被监管机构问询。

11. 采矿权

光伏组件封装材料之一为光伏玻璃，其主要原材料包括石英砂，主要来源于硅石矿。为降低原材料价格波动对经营业绩的影响，保障生产需要，部分光伏玻璃生产企业同时从事硅石矿开采和加工业务。硅石矿的勘探及开采均须取得相应的探矿权、采矿权。监管机构主要关注企业是否需要取得采矿权及取得进度，是否符合法律法规规定等问题。

结　语

我国光伏行业相关政策法规的制定起步较早，体系较为完善，这些政策法规为我国光伏行业发展壮大、走向世界起到了重要作用。对于已经进入或者计划进入资本市场的光伏企业，在业务经营过程中一方面要遵守相关法律法规做好合规管理，另一方面要充分发掘和利用从中央到地方层面的各类支持性政策助力自身发展。对于对光伏行业有投资意愿的投资者来说，尽管这一赛道的标的众多，但其中鱼龙混杂，可投资价值参差不齐，除了关注业绩、技术、团队等指标外，规范性也可能成为影响标的企业未来在资本市场命运的重要因素。希望本章可以让各位读者对光伏发电项目和光伏产品制造相关企业资本运作中的核心法律关注要点多一些整体性的认知，为经营者和投资者识别和规避行业法律风险提供帮助。

第三章　新能源—电池:新能源汽车的心脏

——电池制造企业的资本运作合规之路

2020年9月,我国在第七十五届联合国大会上正式提出2030年"碳达峰"及2060年"碳中和"的低碳发展目标,在碳中和背景下,我国能源系统亟待深度转型,而发展新能源是能源转型的核心。近年来国务院及各部委连续出台了一系列推广新能源汽车普及、应用、财政补贴的相关政策,刺激了我国新能源汽车产业的高速发展。作为新能源汽车的心脏,我国电池行业尤其是电池制造行业乘新能源汽车快速发展之东风,同时在全球节能减排趋势、国家"碳中和"环保政策等多重利好的带动下,已步入快速发展的轨道。电动轮船、无人机、智能穿戴设备、医疗电子等电动化设备、智能制造设备的发展,也给电池制造企业带来了广阔的提升与发展空间。根据中国汽车动力电池产业创新联盟的相关数据,[①]2022年全年,中国动力电池装车量294.6GWh,累计同比增长90.7%,增长势头十分强劲。

电池产业发展已步入战略机遇期,但电池制造企业在迎来发展机遇的同时,也面临着日益严峻的挑战。一方面,电池制造企业急需通过技术革新及协同上下游产业链的新能源企业在激烈的竞争中保持优势;另一方面,电池制造企业在抓住新一轮变革机会开启资本运作时需重点关注其面临的法律风险及合规问题。基于此,本章对电池制造企业的资本运作合规法律关注问题进行了初步的梳理分析,旨在为电池制造企业及潜在投资者提供一些有益的参考。

一、电池行业产业链简析

电池行业的产业链主要由上游的电池原材料生产供应商、中游的电池生产制

---

① 参见《2022年中国动力电池装车量增逾9成　宁德时代、比亚迪、中创新航位列前三》,载中国证券报网2023年1月12日,https://news.cnstock.com/news,bwkx-202301-5005097.htm。

造行业及下游的终端应用客户组成。经梳理,电池行业产业链的基本情况见图 2-1-3-1。

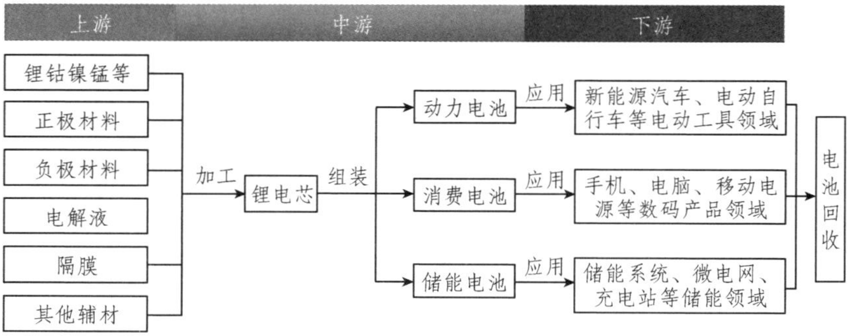

图 2-1-3-1　电池行业产业链的基本情况

电池行业产业链的上游包括锂钴镍锰、正极材料、负极材料、电解液、隔膜、铝塑膜、导电剂等电池原材料的供应商。其中,电池最主要的四大原材料为正极材料、负极材料、电解液和隔膜。正极材料约占锂电池总成本的30%以上,国内正极材料市场竞争激烈且企业间差距不大,主要代表性上市公司包括厦门钨业(600549. SH)、容百科技(688005. SH)、当升科技(300073. SZ)、德方纳米(300769. SZ)等。负极材料是锂电池的核心部分,其市场需求量随着新能源汽车行业的发展显著增长,主要代表性上市公司包括贝特瑞(835185. SZ)、璞泰来(603659. SH)、杉杉股份(600884. SH)等。隔膜产业和电解液产业的技术壁垒较高,在早年长期依赖进口,经历了进口依赖到国产替代的阶段,隔膜材料的主要代表性上市公司包括恩捷股份(002812. SZ)、中材科技(002080. SZ)、星源材质(300568. SZ)等,电解液材料的主要代表性上市公司包括天赐材料(002709. SZ)、新宙邦(300037. SZ)、瑞泰新材(301238. SZ)等。

电池行业产业链的中游即本章聚焦的电池制造行业,也是电池行业产业链中的核心,包括各大电芯、电池模组的生产制造商,主要代表性上市企业包括宁德时代(300750. SZ)、比亚迪(002594. SZ/01211. HK)、中创新航(03931. HK)、欣旺达(300207. SZ)、国轩高科(002074. SZ)、亿纬锂能(300014. SZ)等。电池制造行业是本章聚焦的重点,具体行业情况请见本章之“二、电池制造行业概述”。

电池行业产业链的下游涵盖的范围则十分广阔,包括了动力电池、消费电池、储能电池可应用的动力、消费和储能领域终端客户。目前,最为火热的新能源汽车赛道企业即为电池行业产业链下游的重要终端应用客户，包括特斯拉、一汽大众、小鹏、比亚迪、长城、本田等新兴或传统整车企业。

此外，在“双碳”背景下，动力电池迎来大规模的退役潮，通过电池回收获取原材料日益成为电池企业扩展业务的新选择，电池回收也成为电池行业产业链中不可或缺的重要环节。我国的废旧动力电池回收行业目前尚处于发展初期，专注于该项业务的上市公司数量较少，部分以投资控股的形式进行参与，部分以项目建设的形式进行参与。目前参与电池回收业务的主要代表性上市企业包括赣锋锂业（002460. SZ）、格林美（002340. SZ）、光华科技（002741. SZ）、天奇股份（002009. SZ）、华友钴业（603799. SH）等。

二、电池制造行业概述

电池制造企业作为电池行业产业链的核心，主要业务为利用上游电池原材料供应商供应的正极材料、负极材料、电解液、隔膜及其他辅材，生产出不同的电池电芯产品，最后根据下游终端应用客户的需求将电池电芯组装成不同的电池模组并销售给下游客户。

电池制造企业生产的电池按照应用领域可划分为动力电池、消费电池及储能电池。动力电池主要可应用于新能源汽车、电动自行车等电动工具领域，消费电池主要可应用于智能手机、便携式电脑、移动电源等数码产品领域，储能电池主要可应用于电网、充电站、储能系统等储能领域。

电池制造企业生产的电池还可按照电能转化方式的不同细分为化学电池、物理电池和生物电池。化学电池是将化学能直接转变成直流电能的电池，是目前应用最为广泛的电池种类。化学电池按是否可以循环使用，分为燃料电池和蓄电池。燃料电池是一次电池，特点是在其电量耗尽之后无法再次充电循环使用，蓄电池是二次电池，特点是能够用充电方式循环放电使用。物理电池是利用物理效应，将太阳能、热能或核能直接转换成直流电能的电池。生物电池是指将生物质能直接转化为电能的装置。

不同电池的典型种类及主要应用领域见表2－1－3－1。

表 2-1-3-1　不同电池的典型种类及主要应用领域

电池分类		电池种类	应用领域
化学电池	燃料电池	固体氧化物燃料电池、氢燃料电池、碱性燃料电池等	汽车工业、能源发电、船舶工业、航空航天、家用电源等
	蓄电池	锂离子电池、镍氢电池、镍镉电池、铅酸电池等	数码相机、智能手机、电动自行车、新能源汽车等
物理电池		太阳能电池、飞轮电池、核电池等	光伏电站、灯具电源、太阳能建筑等
生物电池		微生物电池、酶电池等	主要用于航天宇宙飞船供电,民用领域尚未实现

电池制造行业在我国既是传统产业,又是新能源产业的重要组成部分,与可再生能源、新能源汽车、新材料、自动化设备、智能制造装备等多个战略性新兴产业关联紧密。我国的电池制造企业经过多年的积累和发展,技术和产能优势凸显,国产电池在全球的电池制造企业竞争中已占据绝对优势。我国于 2015 年赶超日本成为全球最大的动力电池生产国,并且连续多年在全球动力电池产业中占比份额不断上升。① 根据研究机构 EVTank、伊维经济研究院联合中国电池产业研究院共同发布的《中国锂离子电池行业发展白皮书》(2023 年),2022 年中国锂离子电池出货量达到 660.8GWh,同比增长 97.7%,在全球锂离子电池总体出货量的占比达到 69.0%,该占比的提升主要得益于中国动力电池和储能电池出货量的大幅增长。②

我国的电池制造行业在全球处于领先地位,呈现出高度集中的特点,尤其是动力电池制造业发展迅速,目前已呈现出三大梯队竞争的格局。根据高工产业研究院(GGII)的排名,按照市场占有率的高低,我国动力电池行业可分为三大梯队,第一梯队包括宁德时代和比亚迪这两大行业巨头,其中,宁德时代是全球最大的动力电池企业,占据了国内动力电池市场的半壁江山。第二梯队包括中创新航、国轩高科、蜂巢能源等企业,其中,中创新航、国轩高科的市场占有率在 2021 年、2022 年均超过 5%。第三梯队包括塔菲尔新能源、亿纬锂能、孚能科技、欣旺达等

① 参见《为新能源汽车装上更强"心脏"》,载中青在线,http://m.cyol.com/gb/articles/2022-11/03/content_Yg0y9hm9V.html。

② 参见《2022 年全球锂电池出货 957.7GWh　储能电池增速超动力电池》,载电池网 2023 年 1 月 17 日,https://www.itdcw.com/news/hangyebaogao/011G332922023.html。

企业，它们的市场占有率在2%以下。①

三、行业监管及法律体系

根据国家统计局发布的《国民经济行业分类》（GB/T 4754－2017），电池制造企业一般属于“C38 电气机械和器材制造业”中的“C384 电池制造”，还可根据其生产电池类型的不同细分为“锂离子电池制造”“镍氢电池制造”“铅蓄电池制造”“锌锰电池制造”“其他电池制造”。根据国家统计局发布的《战略性新兴产业分类》（2018年），电池制造企业属于“高储能和关键电子材料制造”“太阳能设备和生产装备制造”“新能源汽车储能装置制造”下的“锂离子电池制造”“镍氢电池制造”或“其他电池制造”。电池行业现行的行业监管体系及法律法规体系如下：

（一）主要监管部门

目前我国对电池制造行业采取政府职能部门产业宏观调控管理和行业协会自律管理相结合的方式。电池制造行业的行政主管部门为工信部及国家发改委，全国性行业自律组织主要有中国电池工业协会和中国化学与物理电源行业协会。前述监管部门的主要职责见表2－1－3－2。

表2－1－3－2　监管部门的主要职责

主要监管部门	主要职责
工信部	提出新型工业化发展战略和政策；制定并组织实施工业的行业规划、计划和产业政策，包括锂离子电池、动力电池行业规范等；监测分析工业运行态势，统计并发布相关信息；拟订并组织实施工业的能源节约和资源综合利用、清洁生产促进政策等
国家发改委	拟订并组织实施国民经济和社会发展战略、中长期规划和年度计划，统筹协调经济社会发展，负责协调解决经济运行中的重大问题，调节经济运行等
中国电池工业协会	对电池工业的政策提出建议，起草电池工业的发展规划和电池产品标准，组织有关科研项目和技术改造项目的鉴定，开展技术咨询、信息统计、信息交流、人才培训，为行业培育市场，组织国际国内电池展览会，协调企业生产、销售和出口工作中的问题

① 参见《白静尧：动力锂电池业竞争加剧，宁德时代装机量下降至47.7%》，载中新经纬网2022年9月9日，http://www.jwview.com/jingwei/html/09－09/503080.shtml。

续表

主要监管部门	主要职责
中国化学与物理电源行业协会	协会下设6个分会:碱性蓄电池与新型化学电源分会、酸性蓄电池分会、太阳能光伏分会、锂电池分会、电源配件分会、干电池工作委员会,协会主要负责开展对行业国内外技术、经济和市场信息的采集、分析和交流工作,依法开展行业的生产经营统计与分析工作,开展行业调查,向政府部门提出制定行业政策和法规等方面的建议;组织订立行规行约并监督执行,协助政府规范市场行为,制定、修订行业的国家标准和行业标准,并推进标准的贯彻实施;协助政府组织编制行业发展规划和产业政策;开展对行业产品的质量检测和评比工作

(二)主要监管法律法规及行业政策

目前,电池制造企业在我国无外资准入限制,许多电池产品是国家多项产业政策支持发展的对象。现行电池制造企业的主要监管法律规定及相关的行业政策请见本书之“附录:行业相关主要法律规定及监管政策”之“三、电池行业相关法律规定及监管政策”。

四、电池制造企业的资本市场表现及资本运作核心法律关注要点

(一)电池制造企业的资本市场表现

在上市层面,根据同花顺 iFinD 金融数据终端统计,截至 2023 年 3 月 1 日,电池行业 A 股上市公司共 120 家,其中上交所主板 19 家、深交所主板 34 家、北交所 7 家、科创板 24 家、创业板 36 家。在 120 家电池行业 A 股上市公司中,有 36 家为电池制造企业,其中上交所主板 7 家、深交所主板 7 家、北交所 4 家、科创板 6 家、创业板 12 家,宁德时代(300750. SZ)已连续多年稳坐电池制造企业“龙头宝座”。我国香港地区上市的电池相关概念公司共计 19 家。2022 年 10 月 6 日,港股市场迎来首家动力电池制造商中创新航(03931. HK)。同时,根据公开途径检索,也有不少电池企业选择向海外探索,比如清能股份控股子公司 Hyzon Motors(HYZN)于 2021 年 7 月在美国纳斯达克成功上市并募资 6 亿美元,首开美股 SPAC 上市先河;国轩高科(002074. SZ)、杉杉股份(600884. SH)、科达制造(600499. SH)、格林美(002340. SZ)等电池上市企业于 2022 年 7 月 28 日(瑞士时间)成功登陆瑞交所,共募集资金约 15. 32 亿美元。

在投融资层面,2021 年、2022 年我国锂电池行业进入投融资热潮。根据 IT 桔子数据,2021 年我国动力锂电池行业共发生投融资事件 35 起,投融资金额 244.10 亿元。[①] 2022 年,电池企业也成为众多投资机构、上市公司等资本眼中的“香饽饽”。2022 年 1 月,蜂巢能源获海亮股份及其他 6 家企业合计 3.22 亿元增资;2022 年 5 月,广汽集团内部孵化的电池企业巨湾技研完成了 A 轮近 10 亿元融资;欣旺达独立拆分的欣旺达 EVB 则在 2022 年连续完成了 Pre－A 轮和 A 轮融资,融资总额达 104.3 亿元,投资方包括小鹏汽车、理想汽车、蔚来汽车等近 50 家企业及机构。

(二)电池制造企业的资本运作主要合规法律关注要点

资本运作的热潮对于电池企业而言,既是机遇又是挑战,电池企业资本运作的合法合规任重而道远。根据现行的法律法规及相关案例,电池制造企业在资本运作中需关注下列主要合规法律要点:

1. 生产相关资质

根据法律法规的规定,电池制造企业视其具体经营情况可能需取得下列生产相关资质:

(1)安全生产许可证。根据《安全生产许可证条例》的规定,国家对矿山企业、建筑施工企业和危险化学品、烟花爆竹、民用爆炸物品生产企业实行安全生产许可制度。企业未取得安全生产许可证的,不得从事生产活动。

(2)安全生产标准化证书。安全生产标准证书由企业自愿申请及复评,不属于生产经营的必要资质条件。根据《企业安全生产标准化建设定级办法》的规定,获得该证书可证明企业具备以下条件:申请定级之日前 1 年内,未发生死亡、总计 3 人及以上重伤或者直接经济损失总计 100 万元及以上的生产安全事故。

(3)安全使用许可证。根据《危险化学品安全管理条例》及《危险化学品安全使用许可证实施办法》的规定,使用危险化学品从事生产并且达到危险化学品使用量的数量标准的化工企业,应当取得危险化学品安全使用许可证。

---

① 参见《启示 2022:中国动力锂电池行业投融资及兼并重组分析》,载微信公众号“科创产业经济”2022 年 11 月 19 日,https://mp.weixin.qq.com/s/ep8CM2nuE0hb6dxQpGBBkw。

(4)危险化学品经营许可证及登记证。国家实行危险化学品登记制度，危险化学品生产企业、进口企业生产或者进口《危险化学品目录》所列危险化学品，应取得危险化学品登记证。经营危险化学品的企业，应当依法取得危险化学品经营许可证。

(5)辐射安全许可证。根据《放射性同位素与射线装置安全许可管理办法》的相关规定，在动力电池系统、储能系统的研发、生产过程中涉及使用发射源的，应办理辐射安全许可证。

(6)排污许可证。根据《排污许可管理条例》的规定，依照法律规定实行排污许可管理的企业事业单位和其他生产经营者，应当依照规定申请取得排污许可证；未取得排污许可证的，不得排放污染物。

(7)危险废物经营许可证。根据《危险废物经营许可证管理办法》的规定，从事危险废物收集、贮存、处置经营活动的单位，应当领取危险废物经营许可证。

根据相关法律法规的规定，电池制造企业需就其具体业务的开展取得相应的资质证书，否则可能因违规生产经营受到相关行政主管机关的处罚，并且可能对其上市构成实质性障碍，资本青睐的一般也是具有完整生产资质和持续经营能力的电池制造企业。

如宁德时代申报上市时，监管机构即重点关注了其生产资质问题，主要关注的问题如下：(1)企业是否具备全部生产必需的资质证书，是否存在不具备必备资质开展生产经营的情形；(2)企业的资质证书是否存在续期的法律障碍，是否存在不能满足行业标准的风险等。对于监管机构的问询，宁德时代说明：公司及其子公司已就其生产经营取得了排放污染物许可证、辐射安全许可证、再生资源回收经营者备案登记证明（该资质于 2019 年 11 月 30 日整合到营业执照上，无须单独办理）、危险废物经营许可证、危险化学品经营许可证、安全生产标准化证书等资质证书，且均在有效期内，未来续期不存在实质性法律障碍。并且宁德时代作为行业内领先企业以及主要行业标准参与制定者，能够及时根据行业标准调整研发方向，不能满足行业标准的风险较小。

在遵守现行法律法规取得必要资质之余电池制造企业应当时刻关注及积极响应行业标准的变化，根据行业标准及时调整研发方向、进行技术改造并实现产品和服务的优化升级，以确保其生产经营及产品能够满足行业标准、其资质证书的取得和续期不存在实质的法律障碍。

2. 环保问题

电池制造企业存在较高的环境保护风险。电池制造企业在生产电池的过程中可能会产生废气、废水、废渣等污染物,如果处理方式不当,可能会对周围环境产生不利影响。同时,随着监管政策的趋严、公司业务规模的扩张,安全与环保压力也在增大,电池制造企业可能会存在因设备故障、人为操作不当、自然灾害等事件导致的安全环保事故风险。一旦发生环保事故,公司将面临被政府有关监管部门处罚、责令整改或停产的可能,进而出现影响公司正常生产经营的情况。

宁德时代、孚能科技、亿纬锂能等电池制造企业在上市审核过程中均被监管机构问及环保问题,可以说环保问题是电池制造企业申报上市时监管机构必关注的问题之一。监管机构主要关注下列环保问题:(1)企业主营业务是否涉及重污染,生产经营中涉及环境污染的具体环节;(2)报告期内企业的环保投入情况、环保制度的执行情况、环保相关成本费用是否与处理公司生产经营所产生的污染相匹配;(3)企业污染物最大处理能力是否与产废量相适应,是否委托有资质的企业处理危废物,第三方固体废物处理单位的资质是否有效、存续;(4)公司生产经营与募集资金投资项目是否符合国家和地方环保要求,是否发生环保事故,是否存在重大违法行为,整改措施及整改后是否符合环保法律法规的有关规定;(5)针对废旧电池,企业是否建立了相应的回收、处理机制;(6)企业已建项目、在建项目、拟建项目是否履行环评手续,投产项目是否执行环境保护"三同时"制度等。

根据《关于对申请上市的企业和申请再融资的上市企业进行环境保护核查的通知》及《企业环境信用评价办法(试行)》的规定,电池制造业不属于重污染行业。但是电池制造企业需确保其环保制度及环保投入与其生产经营相匹配,确保已就生产经营的环保合规取得相应的批复资质,生产经营的各环节均符合国家和地方的环保要求。若企业存在环保违规问题,在上市或进行融资等其他资本运作前均应按照监管部门的要求,缴纳罚款及尽快完成整改,并取得监管部门出具的不属于重大违法行为说明或无环保行政处罚记录说明。

3. 安全生产及产品质量问题

电池制造企业的下游客户包括了新能源汽车生产企业、智能设备生产企业等众多高端企业,下游客户通常对产品质量有较高要求。同时,电池产品通常需符合相应的国际通用标准、行业标准和国内标准,若电池产品不符合一定的质量标准,可能导致火灾、爆炸等危及人员生命的重大安全事故。因此,电池制造企业需重点关注其安全生产及产品质量问题。

宁德时代、孚能科技等电池制造企业在上市审核过程中均被监管机构问及安全生产及产品质量问题。监管机构主要关注以下问题:(1)企业的质量控制和检测体系的运作模式与人员安排;(2)企业对于质量瑕疵产品的处置方式,是否建立了召回机制并配备了相应负责人员,企业质量控制和检测体系与召回机制是否有效;(3)企业产品是否符合相关行业标准,报告期内是否曾因产品质量问题发生退、换货,如有,请披露产品类别、数量、金额、客户等具体情况;是否存在关于产品质量问题的纠纷及潜在纠纷;(4)企业是否建立健全安全生产管理制度,是否有效并得到良好执行;(5)企业报告期内是否发生了安全事故和纠纷,企业安全生产制度的建立及运行情况。

对于安全生产及产品质量问题,电池制造企业应当建立较为完善的质量管控体系保证产品质量,分别从研发、生产、采购等角度保证产品质量符合客户及行业的规定标准,以避免安全事故的发生。此外,企业应当建立完善的产品质量纠纷解决机制,如产品出现质量问题,应能够及时应对,尽量减少诉讼仲裁数量,以避免产品质量纠纷影响企业的正常及持续经营。

4. 电池梯次利用问题

新能源汽车动力电池退役后,一般仍有70%—80%的剩余容量,可降级用于储能、备电等场景,实现余能最大化利用。动力电池梯次利用即是对新能源汽车退役动力电池进行必要的检验检测、分类、拆分、电池修复或重组为梯次产品,使其可应用至其他领域的过程。动力电池的梯次利用是新能源综合利用的新兴领域,许多电池制造企业也开始积极布局梯次利用产业,如宁德时代已经与其旗下公司湖南邦普、广东邦普携手打造了上下游优势互补的电池全产业链循环体系,连接起“电池生产—使用—梯次利用—回收与资源再生”的产业闭环。

2021年8月,工信部、科技部、生态环境部、商务部及市场监管总局印发《新能源汽车动力蓄电池梯次利用管理办法》(以下简称《动力电池管理办法》),对梯次利用企业、梯次产品要求、回收利用要求及相应的监督管理进行了明确的规范。对于梯次利用企业,《动力电池管理办法》明确了梯次利用公司应符合《新能源汽车废旧动力蓄电池综合利用行业规范条件》(2019年本)要求,应按照《车用动力电池回收利用拆解规范》(GB/T 33598 - 2017)进行电池包和模块的拆解,按照《车用动力电池回收利用余能检测》(GB/T 34015)等相关标准进行检测。对于梯次产品,《动力电池管理办法》明确梯次产品的产品设计、试验及性能、产品标识、信息提示、包装运输及产品认证均应符合一定的标准和要求。

根据国家能源局于2021年9月发布的《新型储能项目管理规范(暂行)》第15条,新建动力电池梯次利用储能项目,必须遵循全生命周期理念,建立电池一致性管理和溯源系统,梯次利用电池均要取得相应资质机构出具的安全评估报告。已建和新建的动力电池梯次利用储能项目须建立在线监控平台,实时监测电池性能参数,定期进行维护和安全评估,做好应急预案。

因此,若电池制造企业布局或投资电池梯次利用项目,应符合《动力电池管理办法》《新型储能项目管理规范(暂行)》等法规的规定及相关的行业规范条件,确保梯次利用业务的合法合规性。

5.劳动合规问题

电池制造企业生产经营中有一些环节对劳动者的生产经验及技术要求不高,岗位的可替代性强。部分企业外来务工人员较多,生产人员流动较为频繁,可能出现用工管理困难的问题,因此部分电池制造企业可能选择通过临时工、劳务派遣或劳务外包来缓解用工难题。从相关案例看,监管机构较为关注电池制造企业劳务派遣用工方式的合规性。

例如,比亚迪、孚能科技在申报上市时均被监管机构关注到了劳务派遣问题。比亚迪及其子公司对于一线流动性较大的岗位采用劳务派遣方式用工且数量较大。孚能科技报告期内则存在劳务派遣用工人数超过用工总量的10%的情况。对于劳务派遣问题,监管机构主要关注:报告期内企业劳务派遣用工岗位、工作内容、人员比例、劳务派遣单位资质及劳务派遣人员的社保缴费情况是否合规,是否存在劳务纠纷,既往存在劳务派遣用工总量超过10%的情况是否构成重大违法违规行为,规范整改后是否符合相关规定等。

从比亚迪、孚能科技等电池制造企业的成功上市经验来看,电池制造企业在采取劳务派遣用工方式时,应当注意以下问题:(1)劳务派遣应当具有合理性,劳务派遣员工应从事临时性、辅助性、非核心的岗位;(2)劳务派遣用工应当符合《劳动法》《劳务派遣暂行规定》等法律法规;(3)劳务派遣单位应当具备相应的资质,劳务派遣单位不应与企业、股东及实际控制人存在关联关系;(4)若劳务派遣用工总量超过法定上限10%,应当及时完成整改,并可由相关政府主管部门出具书面文件确认公司不存在因违反劳动相关法律法规而受到行政处罚的情形,公司的实际控制人也应书面承诺公司将依法规范用工情况，并且其本人将全额补偿公司及其子公司可能因此遭受的损失。

劳动用工问题是企业生产经营中的常见问题，也是企业上市时监管机构的重点关注问题，劳动用工的不合规可能导致企业面临行政处罚，也可能对企业上市产生不利影响。除了劳务派遣问题，企业还需关注其他的常见劳动合规问题：是否依法签订劳动合同，是否足额缴纳社保及公积金，是否存在通过个人账户发放工资或补贴，是否存在为申报高新技术企业将制造人员混入研发人员的情况，劳务外包单位是否为企业关联方，外包服务定价机制，是否存在通过外包单位降低成本、分摊费用的情况，是否存在“假外包真派遣”情形，是否在主要工序、核心技术及关键岗位上对外包单位存在重大依赖，是否存在劳动纠纷等。

6. 税收优惠及财政补贴问题

电池属于消费税征税税目，根据财政部、国家税务总局于2015年发布的《关于对电池、涂料征收消费税的通知》，对无汞原电池、金属氢化物镍蓄电池、锂原电池、锂离子蓄电池、太阳能电池、燃料电池和全钒液流电池免征消费税。该项税收优惠政策并未设置税收优惠的明确期限，对于电池制造行业的企业而言，该项税收优惠的稳定性不高，若企业的经营业绩依赖于税收优惠，则其持续经营能力存在不确定性。

电池制造企业享受的政府补贴包括新能源汽车终端补贴和动力电池行业补贴，但由于高额的财政补贴在促进我国新能源产业发展的同时也造成了企业“骗补”、行业结构性产能过剩等问题，因此我国政府补贴在近年采取“逐年退坡机制”，政府补贴政策的变化可能会影响企业未来的持续盈利能力。

若电池制造企业拟进行资本运作，对于税收优惠及财政补贴问题，监管机构可能会重点关注以下问题：(1)企业享受的税收优惠是否合法合规，是否存在被追缴的风险；(2)企业经营业绩是否依赖于税收优惠或政府补助；(3)企业是否存在利用合并范围内相关主体的税收优惠规避税收缴纳义务的情形；(4)报告期内国家对于动力电池企业、下游行业及相关终端消费领域的具体补贴政策及最新变化情况，包括但不限于相关门槛指标、补贴标准等；(5)报告期内企业所获得政府补助的使用途径及其产生的效益；企业获得政府补助逐渐减少的原因及其对生产经营的影响，企业未来发展趋势是否符合行业扶持重点，受到政府补贴是否稳定、持续，政策变化是否可能对企业未来持续盈利构成重大不利影响;(6)政府补助变动对企业经营能力产生的影响程度,企业应对补贴退坡采取的措施等。

孚能科技在上市审核过程中即被上交所问及财政补贴情况。对此,孚能科技主要从以下几个方面说明税收优惠及政府补助不会对企业未来的生产运营及经营业绩产生重大不利影响:(1)企业业务不断扩大,经营业绩对于税收优惠和政府补助的依赖性逐渐减弱,且由于企业所享受的税收优惠及政府补助具有较大的可持续性,税收优惠及政府补助不会对企业未来的生产运营及经营业绩产生重大不利影响;(2)报告期内企业及子公司依法申报纳税,不存在相关税务主管机关处罚的情形;(3)企业政府补助整体变动较小,政府补助的变动具有合理原因,政府补助的波动未对企业生产经营产生重大不利影响,企业已制定了应对补贴退坡相关措施,补贴退坡对企业未来生产经营及持续经营不会产生重大影响。

在原补贴政策逐步取消、监管日趋严格的情况下,企业需增强自己的市场经营能力,确保其生产经营和盈利能力不受税收优惠及政府补助变化的影响,并且应当制定应对税收优惠变化及政府补贴滑坡的相关措施。

7. 知识产权及核心技术问题

电池制造企业属于技术密集型行业,企业的核心竞争力在于新技术、新产品的持续自主创新能力和生产工艺的先进性。对核心技术及相关知识产权的拥有、扩展和应用是电池制造企业实现快速增长的重要保障,如果不能对知识产权及核心技术进行有效保密和持续开发利用,将对公司经营带来不利影响。因此,电池制造企业需重点关注其知识产权的来源、知识产权权属有无瑕疵,企业的核心技术人员是否违反与以往任职单位的竞业禁止协议或保密协议,核心技术人员的稳定性等常见的知识产权及核心技术问题。

如孚能科技在申报上市时被监管机构问及多项关于知识产权、核心技术及人员的相关问题,监管机构主要关注以下问题:(1)企业是否已拥有与生产经营相关的所有专利,专利权属是否存在瑕疵,是否与其他主体共有专利权,是否已经完成专利受让的相关程序,相关对价支付情况及价格公允性,是否缴纳相应税款,上述专利的保护范围是否覆盖公司全部内销和外销产品,企业产品在销售国是否存在专利侵权的可能,是否存在纠纷或潜在纠纷,相关纠纷是否会对企业持续经营产生不利影响;(2)受让专利对企业生产经营的重要程度,专利转让方是否还持有与企业业务相关的知识产权,如有,转让方未将该等知识产权一并转让给企业的原因以及对企业资产完整性、独立性的影响;(3)企业专利权的法律状态与保护期限,是否存在相关诉讼或仲裁、担保或其他权利限制,是否存在到期注销、终止等异常情况;(4)企业核心技术是否存在对他方的重大依赖,是否存在他方许可其使用专利或非专利技术的情形;(5)境外专利在国内是否有相应的保护措施,在贸易冲突背景下,使用境外专利是否可能对公司生产经营产生影响;(6)企业核心技术人员在企业经营管理中所起的作用,报告期内核心技术人员的变动是否对企业经营稳定性及内部控制构成重大不利影响。

再以孚能科技上市审核问询为例,对于上述问题,电池企业可主要通过以下几个方面进行说明:(1)企业的专利不存在权属瑕疵,相关的专利受让程序合法、价格公允;(2)企业不存在关于专利、核心技术的纠纷或潜在纠纷,不会对企业持续经营产生不利影响;(3)企业的核心技术不存在对其他方的重大依赖,其持有的无形资产具有完整性、独立性;(4)企业已与核心技术人员签署了保密协议,确保离职人员履行对企业技术的保密义务,并且企业目前研发团队具备成熟、专业的研发能力,胜任公司业务及技术长期发展规划,离职人员离职未对企业生产经营与技术研发带来重大不利影响。

电池制造企业应当做好知识产权及核心技术的保护和布局,重点发展核心技术并做好核心技术团队建设,以核心技术稳固企业的市场竞争力。企业既要保护知识产权及核心技术不受他人侵犯,也要注意不侵犯他人的知识产权,避免知识产权违规对企业融资和进行资本运作构成重大障碍。

结　语

一方面,碳中和背景下新能源汽车行业迎来发展机遇,下游客户对于电池的需求量也迎来爆发式增长,电池制造行业景气度持续提升。另一方面,在碳中和目标下,电池制造企业面临技术转型、节能减碳的压力,企业既需通过技术创新达到减碳目标,又要确保其生产经营符合环保、产品质量、劳动等法律法规要求。电池制造企业在迎来发展机遇的同时也面临许多新的挑战,我们将持续关注电池行业的相关规则及热点,为电池企业、投资者及从业各方提供一些法律层面的思考及合规建议。

第四章　新能源—储能:新型储能行业

——东风已至　未来可期

新能源行业是近两年最受市场关注的投资热点之一。一方面,大力发展新能源产业,改变以往以化石能源为主的能源结构,是实现碳达峰碳中和必然要求①;另一方面,提升新能源在国家整体能源利用中的占比,也是降低我国对进口油气资源依赖,提升国家能源安全的重要举措②。近年来,在我国一系列政策的支持下,在国有和社会资本的共同助力下,新能源发电装机量快速提升,技术不断进步,为减碳起到了良好的示范效果。伴随新能源发电的蓬勃发展,可再生能源灵活性不足、调节能力不够等特点也为充分消纳新能源电能、保障电网运行安全带来挑战。储能设施作为调节峰谷、保护电网安全、充分利用新能源发电的重要基础设施,其重要性随着新能源发电装机量的增加而不断上升,储能行业的上下游企业也迎来了发展的关键时期。而在各种储能方式中,应用场景多样、布置灵活、受自然条件限制较小的新型储能系统表现出了尤为迅猛的发展势头。本章重在介绍储能产业的基本情况,分类盘点国家及地方给予储能产业的政策支持,落脚于资本市场核心法律关注事项,供相关企业参考。

---

① 党的二十大报告指出,我们要加快发展方式绿色转型,实施全面节约战略,发展绿色低碳产业,倡导绿色消费,推动形成绿色低碳的生产方式和生活方式……积极稳妥推进碳达峰碳中和,立足我国能源资源禀赋,坚持先立后破,有计划分步骤实施碳达峰行动,深入推进能源革命,加强煤炭清洁高效利用,加快规划建设新型能源体系,积极参与应对气候变化全球治理。

② 党的二十大报告指出,增强维护国家安全能力,坚定维护国家政权安全、制度安全、意识形态安全,确保粮食、能源资源、重要产业链供应链安全,维护我国公民、法人在海外合法权益,筑牢国家安全人民防线。

一、储能产业概述

(一)储能的定义和分类

根据国家能源局给出的定义①,储能是指通过介质或设备把能量存储起来,在需要时再释放的过程,通常储能主要指电力储能。按照能量存储方式,储能可分为物理储能、化学储能和电磁储能三类。

物理储能,是指将电能转换为动能或势能存储的方式,主要包括抽水蓄能、压缩空气储能。其中,抽水蓄能是全球应用最广泛的储能方式。物理储能对场地和设备要求较高,具有地域性和前期投资成本大的特点。化学储能,是指将电能转换为化学能,通过电池存储的方式,主要包括锂离子电池、铅酸电池、钠硫电池和液流电池。与物理储能相比,化学储能受环境影响小,可制备小型、便携器件,作为能源驱动多种电力电子设备。电磁储能,是指将电能转换为电磁能的存储方式,主要包括超导储能和超级电容器储能。不同储能方式的适用背景见表2-1-4-1。

表2-1-4-1　不同储能方式的适用背景

储能类型		简介	适用场景
物理储能	抽水蓄能	以水作为介质,通过电能与势能的转化,实现电能的储存和管理。抽水蓄能是目前最成熟、建设规模最大的储能方式,具有低成本、循环水利用等优势	属于大规模、集中式能量储存,技术相当成熟,可用于电网的能量管理和调峰
	飞轮储能	通过电力电子装置控制飞轮机的旋转速度,实现升速储能、降速释放的功能。飞轮储能具有效率高、瞬时功率大、响应速度快、使用寿命长、环境影响小等优点	多用于工业和UPS中,适用于配电系统运行,以进行频率调节,可维持小系统的短时间频率稳定,保证电能质量(供电中断、电压波动等)
	压缩空气储能	通过多余电能将空气进行压缩存储,需要用电时利用高压储气推动膨胀机发电。压缩空气储能的优势在于规模大、寿命长、成本低和储能时间长	有调峰功能,因为风能产生的机械功可以直接驱动压缩机旋转,减少了转换成电的环节,适用于大规模风场

① 国家能源局官网,http://www.nea.gov.cn/2013-05/16/c_132386097.htm。

续表

储能类型		简介	适用场景
化学储能	锂离子电池	锂离子电池具有能量密度大、循环寿命长、工作电压高、无记忆效应、自放电低及环境友好等优势	能量密度和功率密度都较高，近年来大规模生产和多场合应用使其价格急速下降，因而在电力系统中的应用也越来越多
	铅酸电池	铅酸电池具有价格低廉、安全性高的优点，缺点在于循环寿命短、不可深度放电、运营和维护费用高	常用于电力系统的事故电源或备用电源，以往大多数独立型光伏发电系统配备此类电池。目前有逐渐被其他电池（如锂离子电池）替代的趋势
	钠硫电池	钠硫电池的优点在于容量大、循环寿命长、功率特性好、原料成本低，缺点是运行环境要求苛刻、散热要求高	在日、德、美等国已建有约200多处此类储能电站，主要用于负荷调平、移峰、改善电能质量和可再生能源发电，但电池价格较高
	液流电池	液流电池是电池的正负极或某一活性物质为液态流体氧化还原电的一种电池。具有容量高、使用领域广、循环使用寿命长的优点，缺点在于成本高、易发生漏液现象	电池的功率和能量不相关，储存的能量取决于储存罐的大小，可以储存长达数小时至数天的能量，适合应用于电力系统中
电磁储能	超导储能	超导储能利用超导体电阻为零的特性，通过超导线圈将电磁能直接储存起来，需要时再将电磁能返回电网或其他负载。超导储能功率输送时不需要能源形式的转换，具有响应速度快、综合效率高和功率密度高等优点	适合用于提高电能质量，增加系统阻尼，改善系统稳定性能。但是超导储能价格昂贵、维护复杂，在电网中应用很少，大多数是实验性的
	超级电容器储能	超级电容器是通过电极与电解质之间形成的界面双层来存储能量的新型元器件。超级电容器具有充电时间短、循环使用寿命长、大电流放电能力强、能量转换效率高、功率密度高、超低温特性好等特点。缺点是储能密度低于一般的化学电池，且放电时间很短	将电能直接储存在电场中，无能量形式转换，充放电时间快，适合用于改善电能质量。由于能量密度较低，适合与其他储能手段联合适用

（二）储能行业具有广阔前景

1. 绿色产业协同发展

以风能、太阳能为代表的新能源发电受季节、天气、位置等因素影响，具有波动性和随机性的特点，新能源的规模化并网增加了电网调峰、调频的难度。一方面，新能源发电集中于某一区域，例如西北地区阳光充足，是光伏发电的主要区域，由于当地消纳能力不足，外送能力有限，一度出现严重的弃光、弃风、弃水现象。《能源发展战略行动计划（2014—2020 年）》亦提及，要加强电源与电网统筹规划，科学安排调峰、调频、储能配套能力，切实解决弃风、弃水、弃光问题。另一方面，由于“极热无风”“晚峰无光”“极寒无光”，新能源在“极热”“晚峰”等用电需求大的节点无法稳定发电，加剧了用电供需矛盾。

储能技术具有灵活调节的能力，有助于新能源发电以平滑功率输出、改善电能质量、调频调相、削峰填谷，在一定程度上解决了新能源发电存在的问题。鉴于储能技术在新能源发展中的关键性作用，新能源行业巨大的市场规模和发展潜力为储能产业带来市场机遇，“新能源 + 储能”一体化开发模式炙手可热。

除此之外，储能是“互联网 + ”智慧能源、智能电网、电动汽车等新兴产业的关键支撑技术。“互联网 + ”智慧能源，又称能源互联网，即以互联网思维改造传统能源行业，实现横向多源互补，纵向“源—网—荷—储”协调。“互联网 + ”智慧能源的发展以完备的基础设施建设作为支撑，储能技术与“互联网 + ”智慧能源直接相关，是“互联网 + ”智慧能源实现多能协同互补、多源互动的核心基础。智能电网若要实现能量和信息双向互动，也离不开新型储能作为媒介。

2. 电价峰谷套利

利用电价峰谷差套利是储能产业目前最主要和最广泛的商业模式。目前，我国绝大部分省市的工业用户已实施峰谷电价机制，与此同时，峰谷电价机制有向居民用户推广的趋势。以广东省为例，峰谷时段划分为高峰时段、低谷时段和平段，高峰时段为 10 时至 12 时，低谷时段为 14 时至 19 时，其余时段为平段，峰谷电价比高达 4.8∶1，每年的 7 月至 9 月和其他月份高于 35 摄氏度的高温日为尖峰时段，尖峰时段电价在峰值电价的基础上再上浮 25% 。

用户侧可以利用储能装置，在电价低谷时段充电，在高峰时段放电，通过峰谷电价差套利，降低用电成本。在发电侧，新能源发电的波动性和随机性，造成大规模的“三弃”现象，“三弃”时段上网电价几乎为零，发电侧可以利用储能装置，获取套利收益。

电价峰谷套利的收益取决于储能系统的成本和峰谷电价差，有观点认为，峰谷差在 0.7 元/千瓦时时，峰谷套利具有经济性。近年来，国家和地方加强利用分时电价机制驱动建设以新能源为主体的新型电力系统，引导发电侧、电网侧和用户侧削峰填谷，陆续发布新政，扩大峰谷电价差，提升储能峰谷套利的经济性，有利于激发储能产业高速发展。

3. 独立储能市场化

独立储能电站的收益来源主要为容量租赁费用、电力现货市场、电力辅助服务、容量电价补偿等。尽管目前我国独立储能的市场化程度不足，但随着新能源发电比例升高，调峰、调频、备用、黑启动等灵活调节能力的需求日益旺盛，而储能是灵活调节能力的主要提供者。国家和地方出台政策推动电力市场改革，确立储能的市场主体地位，储能可参与电力辅助服务市场、电力现货市场，相关市场规则亦在不断完善。因此，独立储能的市场化在探索中逐渐走向成熟，有望步入加速期。

二、储能行业的产业链简析

储能行业的产业链主要包括上游的储能材料及设备供应商，中游的系统设计、集成、建设、安装厂商，以及下游的应用终端客户等。储能行业的主要产业链[①]如图 2－1－4－1 所示。

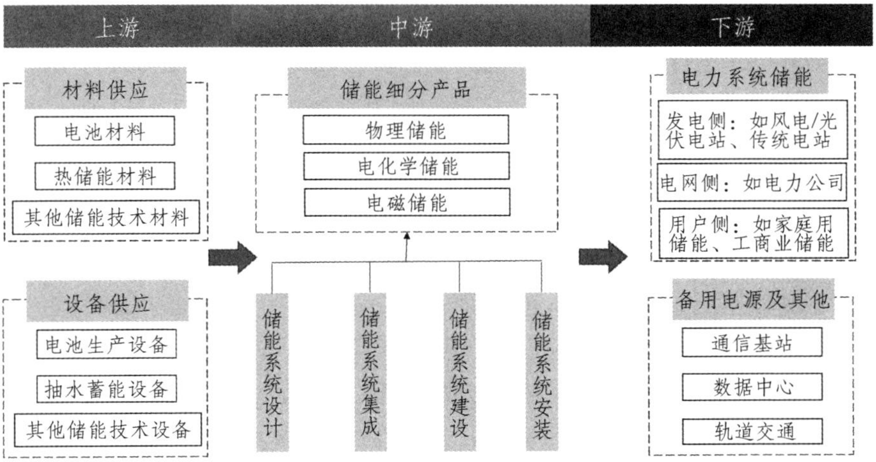

图 2－1－4－1　储能行业的主要产业链

① 参见前瞻产业研究院《2023 年中国储能行业全景图谱》及艾罗能源（预披露）的《招股说明书（申报稿）》等。

储能行业产业链的上游为储能相关的材料及设备供应商，主要包括电池材料、热储能材料及其他储能技术材料等储能材料供应商，以及电池生产设备、抽水储能设备和其他储能技术设备等储能设备供应商。

储能行业产业链的中游主要为储能系统的设计商、集成商、建设商及安装商，储能细分产品则为物理储能、电化学储能及电磁储能等。

储能行业产业链的下游主要为不同的储能应用终端客户，包括电力系统储能客户、备用电源客户及其他客户。根据《关于加快推动新型储能发展的指导意见》（发改能源规〔2021〕1051 号）的相关表述，新型储能的应用端按照建设位置大致可划分为三类，发电侧储能、电网侧储能和用户侧储能，发电侧储能、电网侧储能和用户侧储能对应电能从生产到运输再到使用的过程。不同的储能应用具有以下特征：

（1）发电侧储能。发电侧储能又称电源侧储能、供电侧储能，主要建在各个发电站、发电厂等。对于配套新型储能的发电项目，可在竞争性配置、项目核准、并网时序、系统调度、保障小时利用数等方面给予一定的倾斜；包括火储联合调频和“新能源 + 储能”形式。本章重点介绍后者。新能源配套储能项目可以在需求较低时储存电能，在需求较高时出售电能，从而获得电价套利。发电侧储能还可以将弃风弃光电量进行存储之后在其他合适时段进行释放，从而提高可再生能源的利用效率，减少限电带来的负面影响。此外，发电侧储能项目还可以为电网提供调频、电压支持等辅助电力服务。

（2）电网侧储能。电网侧储能主要接入输电网或配电网，由电力、电网公司统一调度。其能够推动储能合理布局，建立电网侧独立电价机制，提高风/光电站配储比例，还能够提升电网的输送能力，缓解阻塞，充当故障紧急备用电源。

（3）用户侧储能。用户侧储能指在电力用户（包括居民用户、工商业用户、工业园区等）场地建设安装储能系统并接入内部配电网，主要作用包括提高分布式光伏自发自用量、利用峰谷电价差进行套利、降低用电成本、参与市场化需求响应、提升供电可靠性等，主要包括家庭用储能和工商业储能。

实际上，发电侧储能、电网侧储能和用户侧储能均属于电力系统储能。除电力系统外，储能也可应用于通信基站、数据中心和 UPS 等领域作为备用电源。电网公司为维持电网稳定性、延缓电网扩容升级也会投资建设储能项目，或者从第三方储能项目（如发电侧储能项目）购买调频等电力辅助服务。

三、行业监管及法律体系

（一）主要监管部门

目前我国对储能行业采取政府职能部门产业宏观调控管理和行业协会自律管理相结合的方式。储能行业的行政主管部门为国家发改委及国家能源局，全国性行业自律组织主要包括中国光伏行业协会、中国循环经济协会、可再生能源专业委员会及中国化学与物理电源行业协会。前述监管部门的主要职责如下：

（1）国家发改委。主要负责制定并组织实施行业规划、计划和产业政策，起草相关法律法规草案，制定规章。

（2）国家能源局。主要负责起草能源发展和有关监督管理的法律法规送审稿和规章，拟订并组织实施能源发展战略、规划和政策，推进能源体制改革，拟定有关改革方案，协调能源发展和改革中的重大问题等。

（3）中国光伏行业协会。主要职责是研究光伏行业发展，提出光伏行业发展与整体布局建议，推动行业标准、规范的贯彻实施以及对外经济、技术合作和交流等。

（4）中国循环经济协会。为政府制定循环经济发展战略规划并开展试点、强化培训、提供技术支持，为行业、企业和会员单位提供政策、管理、技术、市场等信息咨询服务。

（5）可再生能源专业委员会。致力于推动可再生能源领域的技术进步和先进技术的推广应用，促进国内可再生能源领域与国际间的联系合作与交流，寻求国际机构的支持和各种投资机会，并积极促进中国可再生能源产业的商业化发展。

（6）中国化学与物理电源行业协会。下设中国化学与物理电源行业协会储能应用分会，其是专注储能产业的自律性组织。储能应用分会主要工作内容为服务国家产业政策课题研究，推动国家储能产业政策规划、牵头制定产业标准建设、加强国内外产业技术交流与合作、技术创新与人才培养等工作。

（二）主要行业法律法规及政策

储能政策体系已初步建立，为储能规模化发展奠定了制度基础，且地方政府逐步出台相关政策，持续释放利好。

1. 主要法律法规及总体政策

我国对储能产业的布局最早见于2005年的《可再生能源产业发展指导目

录》。2009 年,储能被写入法律,《可再生能源法》明确提出发展储能技术。2014 年发布的《能源发展战略行动计划(2014—2020 年)》明确储能是九个能源科技重点创新领域之一。2017 年以来,国家越发重视储能的作用和发展储能产业的必要性,连续发布指导政策,明确发展储能产业的目标、主要工作任务等。2021 年 7 月,国家发改委、国家能源局联合发布《关于加快推动新型储能发展的指导意见》,提出 2025 年新型储能装机规模达 3000 万千瓦以上,与发文年份 2021 年相比,增长 10 倍左右。此外,国家还陆续发布各项政策就抽水蓄能、新型储能、分布式储能、储能并网等领域和事项做出专门指导。我国发布的涉及储能行业的主要法律法规及总体政策请见本书之“附录:行业相关主要法律规定及监管政策”之“四、储能行业相关法律规定及监管政策”之“(一)主要法律规定及总体政策”。

2. 配储政策

新能源发电具有波动性和随机性的特点,并网时给电网造成巨大的消纳压力,储能作为灵活调节能力的代表,能够满足新能源发电调峰、调频等需求,“新能源+储能”一体化开发模式成为行业发展的趋势。国家层面越发重视储能的作用,鼓励新能源发电项目同步建设储能装置。国家能源局发布的《关于 2021 年风电、光伏发电开发建设有关事项的通知》提出,对于保障性项目以外仍有意愿并网的项目,并网条件包括配套新增的抽水蓄能、新型储能等灵活调节能力。

在地方层面,据统计,截至 2023 年 3 月 1 日,我国已有 26 个省(区)发布了新能源配储政策①。地方配储政策或强制新能源发电项目配置储能设施,或规定在遴选光伏、风电等新能源发电项目时,给予配置了储能设施的项目加分或优先考虑。各地政策规定的配储比例存在差异。例如,甘肃嘉峪关《“十四五”第一批光伏发电项目竞争性配置公告》规定,光伏项目配置不低于装机容量的 10% 的储能设施,而江苏苏州《关于加快推进全市光伏发电开发利用的工作意见》规定 2 兆瓦以上的光伏项目配置不低于装机容量的 8% 的储能设施。此外,部分地区对储能设施的类型提出要求。例如,福建《关于组织开展 2022 年集中式光伏电站试点申报工作的通知》规定,光伏试点项目应配置电化学储能。

① 参见国信证券:《国家发改委发文鼓励用户直接参与市场,各省新能源配储政策梳理》,载 https://pdf.dfcfw.com/pdf/H3_AP202301161582036564_1.pdf?1673882606000.pdf。

3. 分时电价政策

近年来，国家和地方陆续发布政策，完善分时电价机制，以价格信号引导能源朝向绿色低碳方向转型，利好储能产业发展。2018 年 6 月，国家发改委发布《关于创新和完善促进绿色发展价格机制的意见》，提出运用价格信号引导电力削峰填谷，促进储能产业发展。2021 年 7 月，国家发改委发布《关于进一步完善分时电价机制的通知》，旨在完善分时电价机制，服务以新型能源为主体的新型电力系统建设。该通知对峰谷价差提出要求，规定上年或当年预计最大系统峰谷差率超过 40% 的地方，峰谷电价价差原则上不低于 4∶1，其他地方原则上不低于 3∶1，同时要求各地根据实际情况建立尖峰电价机制。上述措施使峰谷价差套利较以往更具经济性。目前，受分时政策影响的主要为工业用户，仅 14 个省份将分时电价的适用范围扩张至居民用户且峰谷电价差较小，但该通知提出，逐步推广居民分时电价政策，由此可预见，居民用户侧储能具有广阔的发展空间。

各地响应国家号召，出台政策完善分时电价机制。部分地区扩大了峰平谷价差，例如，广东峰平谷比价从 1.65∶1∶0.5 调整为 1.7∶1∶0.38，广西峰平谷比价从 1.21∶1∶0.79 调整为 1.5∶1∶0.5。大部分地区建立尖峰电价机制，尖峰时段根据地方实际用电情况确定，存在差异。例如，四川确定的尖峰时段为夏季 7 月 26 日—8 月 25 日 15:00—17:00 和冬季 12 月 26 日—1 月 25 日 19:00—21:00，而广东确定的尖峰时段为每年的 7—9 月和其他月份高于 35 摄氏度的高温日。尖峰电价通常在峰段电价基础上上浮 20%—25%。

我国国家及地方层面的分时电价政策请见本书之“附录：行业相关主要法律规定及监管政策”之“四、储能行业相关法律规定及监管政策”之“（二）分时电价政策”。

4. 补贴政策

我国新型储能技术处于发展初期，市场化和规模化程度不足，各地政府通过直接补贴的方式，吸引企业、居民参与储能项目建设。目前，政府补贴是储能产业的主要收入来源之一。

各地政策对储能项目的补贴力度不一，部分地区之间存在较大差异。例如，苏州吴川给予光伏储能项目最高 1.1 元/千瓦时的补贴，而青海给予电化学储能项目 0.1 元/千瓦时运营补贴；又如，四川成都按照储能设施规模给予每千瓦每年 230 元补贴，连续补贴 3 年，而广东肇庆高新区给予建设并备案的储能项目 150

元/千瓦补贴。

此外,直接补贴政策通常用于鼓励新兴产业发展,随着市场不断成熟,政府对储能项目的补贴呈退坡趋势,以政府补贴作为收入来源很可能不具有可持续性。例如,浙江对调峰项目采取退坡式补贴政策,连续补贴 3 年,补贴标准按每年 200 元/千瓦、180 元/千瓦、170 元/千瓦逐年递减。

部分地区的补贴政策请见本书之"附录:行业相关主要法律规定及监管政策"之"四、储能行业相关法律规定及监管政策"之"(三)部分地区的补贴政策"。

四、储能行业企业资本市场表现及资本运作核心法律关注要点

(一)储能行业企业的资本市场表现

目前,在"双碳"背景及国家政策的支持下,储能成为新能源汽车、光伏之后最景气的新能源赛道,获得众多资本的青睐。

在上市方面,以 A 股市场为例,根据同花顺 iFinD 金融数据终端统计,截至 2023 年 3 月 1 日,储能行业 A 股上市公司共 297 家,其中上交所主板 75 家、深交所主板 115 家、北交所 2 家、科创板 16 家、创业板 89 家。GICS 能源行业分类的港股上市公司共有 87 家。2022 年储能企业瑞交所上市迎来小高峰,根据各上市公司在证券交易所公开披露的公告,欣旺达(300207. SZ)、国轩高科(002074. SZ)、格林美(002340. SZ)、杉杉股份(600884. SH)等多家中国储能企业相继在瑞交所上市。

在投融资方面,根据普华永道的统计数据,2020 年以来储能产业投融资活跃度持续增加,2021 年储能行业并购交易数量和金额均创历史新高,分别达到 63 笔和 173 亿元人民币①。2022 年,众多储能产业链企业获得融资,涉及新型储能技术、数字储能、电池材料等众多细分领域。如国内压缩空气储能技术核心企业中储国能于 2022 年 5 月完成 3.2 亿元 Pre-A 轮融资;储能系统集成商山东云储新能源于 2022 年 6 月完成超亿元 Pre-A 轮融资;储能材料公司晖阳新能源于 2022 年 7 月完成 2 亿元战略投资等。

---

① 参见普华永道:《新能源投资风向标系列(二):储能产业投资机会》,载 https://mp. weixin. qq. com/s/my8dw5M3TPv34TuaNWMedA。

（二）储能行业企业的资本运作核心法律关注要点

从储能行业的整体布局来看，抽水蓄能是目前我国乃至全球最主要的储能方式。截至2021年年底，全球已投运储能项目累计装机规模209.4GW，同比增长9%。其中，抽水蓄能的累计装机规模最大，约180.7GW，同比增长4.8%，占比86.3%①。从存量和大规模可再生能源并网的大背景来看，在未来相当长一段时间内，抽水蓄能依然是储能的最主要方式。但抽水蓄能是较为传统的储能方式，在一些没有水源、不适宜发展抽水蓄能的地区，新型储能应运而生，新型储能将是我国新能源未来大规模发展的重要助力和必然趋势。2022年1月和5月，国家发改委和国家能源局印发《"十四五"新型储能发展实施方案》《关于进一步推动新型储能参与电力市场和调度运用的通知》，对推动新型储能规模化、产业化、市场化发展作出重要部署。本章将从储能行业的发展趋势出发，主要分析新型储能企业的资本运作法律核心关注要点。电池制造行业作为新型储能的发展重点，其资本运作法律关注要点，我们已在上一章"新能源—电池：新能源汽车的心脏——电池制造企业的资本运作合规之路"中进行了介绍，本章将把焦点聚集在除电池制造企业以外的其他新型储能企业，包括能量管理系统企业、电池管理系统企业、储能变流器企业、储能系统集成及安装企业等。

根据现行的法律法规及相关案例，新型储能企业在资本运作中需关注下列主要法律合规要点。

1.储能项目审批许可问题

近年来，随着国家对储能市场的支持，许多储能相关企业或传统能源企业致力于投资建设储能项目，布局新型储能业务。根据现行法律法规，储能项目作为建设项目的一种，在投资、建设、运营等环节需要遵循一般投资建设项目的基本审批流程，办理各项手续和证照；还需要结合不同项目的情况（如站房式储能、集装箱式储能），完成关于项目规划、项目用地等各项手续及要求。

首先，企业应就投资新型储能项目向地方能源主管部门办理备案手续。根据国家能源局于2021年9月印发的《新型储能项目管理规范（暂行）》，地方能源主

---

① 参见东莞证券：《抽水蓄能正当时，乘势而上千帆竞》，载 https://pdf.dfcfw.com/pdf/H3_AP202204281562174402_1.pdf? 1651167802000.pdf。

管部门依据投资有关法律、法规及配套制度对本地区新型储能项目实行备案管理，新型储能项目备案内容应包括：项目单位基本情况，项目名称、建设地点、建设规模、建设内容（含技术路线、应用场景、主要功能、技术标准、环保安全等）、项目总投资额，项目符合产业政策声明等。

其次，新型储能项目在完成备案后，应根据建设、环保、土地等相关法律法规的规定，履行必要的审批程序。在建设层面，新型储能项目的建设应符合相关管理规定和标准规范要求，承担项目设计、咨询、施工和监理的单位应具有国家规定的相应资质。若新型储能项目中涉及建设工程的，企业还需办理建设工程规划许可证、建筑工程施工许可证，但不同地区的规划主管部门对于项目是否涉及建设工程有不同的监管口径。如有些地区的规划主管部门可能将储能集装箱的施工行为认定为建设工程，要求办理建设工程相应许可，而有些地区的规划主管部门可能认为储能集装箱属于临时建筑，可以直接豁免建设工程规划相关手续的办理，仅需根据《城乡规划法》的相关规定取得临时建设工程规划许可证即可。因此，企业在投资新型储能项目时还需重点关注当地主管部门对于该等项目建设规划与施工许可的合规认定标准，与当地主管部门进行充分沟通，并依当地监管口径取得相应的资质许可。在环保层面，企业应就建设新型储能项目取得环评批复。在土地层面，实践中企业的储能项目用地多为国有土地出让取得，企业取得新型储能项目所需土地的建设用地使用权，应当依法办理建设用地审批程序，并与县级以上政府签署国有土地出让合同，依法缴纳国有土地出让金及相应契税。此外，根据《新型储能项目管理规范（暂行）》规定，“电网企业应公平无歧视为新型储能项目提供电网接入服务”，因此，符合条件的新型储能项目在正式投入运营前还需通过电网公司的并网验收。

华自科技在 2022 年向特定对象发行股票时，监管机构即对其募投项目中的储能项目是否履行必要的审批程序及获得必要的资质许可予以特别关注，监管机构主要关注：企业项目环评及土地使用权证审批预计完成时间及尚需履行的程序，如无法取得，企业有何应对措施或替代性措施；募投项目是否已履行其他全部必要的申报、审批、备案程序，是否需取得正式运营所必需的其他相关许可资质等。

根据目前的监管口径，在企业上市或再融资中，监管机构对于募投项目是否取得所需用地不做硬性要求。企业只要确保募投项目已履行相应的立项、环评等审批或备案程序并披露募投用地的计划、拿地安排及进度即可。因此，若企业投资新型储能项目，最重要的还是确保已履行必要的立项、投资、环评等审批或备案程序，并取得项目经营所需的许可资质。

2. 芯片供应短缺问题

电池管理系统（BMS）是新型储能产业链的重要组成部分，BMS 需由多种类型的芯片组成，且进入 BMS 领域的芯片技术门槛较高，比如 BMS 的 MCU 芯片需要大量专有技术的积累，目前大量成熟的解决方案主要被国外厂商掌握。

2021 年至 2022 年，芯片短缺问题显著。一是受新冠疫情影响，汽车行业的市场需求大量下降，汽车厂商纷纷削减芯片等零部件订单。与此同时，笔记本电脑、数据中心等市场却因疫情而变得异常火爆，因此当汽车市场反弹时，芯片等关键零部件出现了短缺。二是部分 BMS 所需的车规级芯片依赖进口，而近期美国对半导体实施一系列出口管制措施，可能会影响中国 BMS 企业对芯片的采购。三是俄罗斯与乌克兰均为氖气、钯的主要出口国，氖气、钯均为制造半导体芯片的重要原料，自 2022 年 2 月以来，俄乌两国冲突升级并爆发战争，对欧洲乃至全球的芯片生产产生不利影响，若俄乌战争进一步升级，将有可能对欧洲乃至全球的芯片生产造成持续性影响。如均胜电子主营业务是为众多车企提供电池管理系统，公司在其《2021 年年度报告》中即披露了新冠疫情、芯片供应短缺、国际政治局势动荡对其业务的影响。特斯拉在其 2022 年第二季度财报中说明，其储能业务下滑主要在于芯片问题，认为芯片问题对能源业务产生的影响比汽车业务更大。

因此 BMS 企业尤其需要关注芯片短缺问题对其业务持续经营的不利影响。若 BMS 企业拟进行资本运作而其原材料芯片大部分依赖进口，则监管机构可能会关注国际贸易政策、新冠疫情等因素对企业业务的影响，以及是否会影响企业的盈利能力及持续经营能力。通常企业需从产品类型、业务模式、替代措施等方面论证相关的管制措施、原材料短缺问题对其业务不构成重大不利影响，也不影响企业的独立及持续经营。

3. 知识产权及核心技术人员问题

作为储能系统的核心，BMS 和能量管理系统（EMS）均较为复杂，包括了软件和硬件，涉及学科领域广，技术门槛高。BMS 企业和 EMS 企业的核心竞争力均在于其核心技术，即知识产权。BMS 企业和 EMS 企业的核心技术人员不仅需要掌握电池、整车等相关知识，还要对数据采集与监控、电子技术、电工技术、微电子及功率器件技术、散热技术、高压技术、通信技术、抗干扰及可靠性技术等具备专业储备。

因此，储能企业尤其是BMS企业及EMS企业，无论是在日常业务经营中还是在资本运作中，均需特别关注知识产权及核心技术人员问题。在知识产权中，尤其需要注意的是，在国家“产学研”政策的推动下，对于门槛较高的技术研发，部分企业可能会选择与科研机构或高校合作研发，合作研发的成果归属约定也是企业需重视的问题。如国电南瑞、科陆电子等储能系统相关企业均在其年报中披露了知识产权及核心技术人相关风险。

根据目前监管机构的监管口径，对于知识产权及核心技术人员问题，企业需特别关注以下问题：企业的核心技术在同行业中的竞争优势；企业知识产权的来源；是否掌握具有自主知识产权的核心技术；企业与核心技术有关的知识产权权属是否存在纠纷；核心技术人员是否存在职务发明争议；合作研发是否涉及核心技术；企业是否具备独立研发能力，对合作研发单位、委托研发单位等第三方是否存在技术依赖；合作研发是否稳定可持续，是否存在不能续期或被终止的风险，是否对公司持续经营构成不利影响，等等。

若储能企业拟进行资本运作，其一，企业应当随时关注同行业可比公司的技术发展情况，不断优化产品性能、提升自身竞争力，掌握具有自主知识产权的核心技术，企业自身过硬的技术实力才是资本运作成功的最大保障。其二，企业需要提前建立完善的知识产权许可协议管理制度并有效执行，获取技术授权时应尽量避免对方附加不合理的限制条件，在合作研发和委托研发中需对知识产权的归属及使用进行明确的约定，以免未来发生不必要的知识产权纠纷。其三，企业应在核心技术人员入职前就对其做相应的背景调查，了解其在前任职单位的工作内容，以便要求相关人员在后续研发中与前任职单位的技术进行隔离。若核心技术人员已与前任职单位签订保密协议或竞业禁止协议，企业需特别关注并设置相应的内控制度，或者争取获得相关人员前任职单位的书面证明，确认前任职单位与拟进行资本运作的企业及其员工之间不存在任何纠纷。

4. 税收优惠问题

BMS企业、EMS企业等依赖于核心技术的新型储能企业，可能会就其取得的高新技术企业认证或开发的软件产品享受较多的税收优惠政策。如星云股份在其招股说明书中披露其享受的税收优惠政策主要为:(1)高新技术企业减按15%税率缴纳企业所得税的优惠政策;(2)研究开发费用加计扣除的企业所得税优惠政策;(3)公司及其子公司销售自行开发的软件产品,可享受按17%的法定税率征收增值税后对实际税负超过3%的部分实行即征即退的优惠政策,并且取得的即征即退增值税款由企业专项用于软件产品研发和扩大再生产并单独进行核算的,可以作为不征税收入,在计算应纳税所得额时从收入总额中减除。可见具有软件开发业务的储能企业享受的税收优惠政策较多,优惠程度较高。

因此企业若拟进行资本运作,对于税收优惠政策,监管机构可能会关注以下问题:企业享受税收优惠的具体依据、条件与期限,是否符合相关法律法规的规定,是否得到相关税务部门的认可;是否存在无法持续取得税收优惠的风险,是否对税收优惠政策存在依赖等。对于这些问题,一方面,企业应从法律法规出发论证其享受的税收优惠合法合规;另一方面,企业应当从其净利润、盈利等方面说明其对税收优惠政策不存在依赖。

5. 员工职业健康问题

部分新型储能企业生产的材料中含有有毒化学物质,可能会对员工身体健康造成极大侵害。比如UPS不间断电源的主要原材料为铅钙合金极板和变压器,构成原材料的物质包括铅、铜、铝等金属。UPS不间断电源的厂区往往存在大量铅尘,属于铅的重污染区,易发生慢性铅中毒。

如科士达在2009年发生员工铅中毒事件,在其2010年申报上市时,监管机构主要关注下列问题:公司2009年发生员工铅中毒事件经过,中毒员工总数,医治后员工离职情况,卫生和环保等部门是否对该事件进行行政处罚,该事件是否构成重大违法违规行为,该事件未披露是否符合《首次公开发行股票并上市管理办法》[①]第25条、第55条的规定。对此,科士达对员工中毒情况进行了详细说明,申请离职的105名员工中有22名血铅超标,但员工中毒情况与报纸报道不符;由市卫生局出具关于公司职业病防治守法情况的证明,证明公司未发生重大职业中毒事故,未发现职业病防治方面的违法行为;由市环保局出具关于公司环境保护守法情况的证明,证明公司在环境保护方面遵守了国家和地方法律法规的规定,无重大污染事故发生,未发现环境违法行为和受环境行政处罚的情况。

---

① 该法规现已被《首次公开发行股票注册管理办法》废止。

可见，储能企业尤其需要关注对员工职业健康的保障，制定并落实职业病预防制度，定期开展员工职业健康体检，定期检测生产车间的环境，确保员工工作环境符合相关的安全标准，同时根据生产岗位接触危害的情况，为员工配备适用的防护工具，以免因环保问题受到行政处罚或因侵害员工职业健康构成重大违法违规，影响公司的合规经营及资本运作。

结　语

展望未来，在碳中和大背景下，随着政策加持和资本赋能，储能产业“风口”已至，各细分领域龙头逐渐崭露头角，应用端盈利模式的丰富将带动市场的增量，但同时行业整体格局与发展仍然存在变数与机遇，现有领先企业不仅要不断研发、拓展业务以维持领先地位，还要考虑储能政策及相关法律法规的要求，对诸如企业储能项目投资、芯片供应短缺、知识产权与核心技术人员、税收优惠政策、员工职业健康等问题提前规划，确保企业在业务高速发展的同时合规运营。

第五章　新能源—汽车：造车新势力曲线上车之路

——新能源汽车整车收购关注要点

自2009年起，我国一直保持汽车产销世界第一。一方面，汽车产业的蓬勃发展为国家经济、产业和科技发展做出了较为突出的贡献。另一方面，传统燃油车的不断普及也给国家带来了环境和能源安全方面的担忧。基于节能减排、资源禀赋、产业发展等多方面因素，我国大力发展新能源汽车产业。早在2010年，财政部、科学技术部、工信部、国家发改委就颁布了《关于开展私人购买新能源汽车补贴试点的通知》（已失效），开始通过产业补贴的形式大力促进新能源汽车发展。

随着2020年9月习近平主席在第七十五届联合国大会一般性辩论上提出"30·60"目标，促进全社会各领域节能减排，逐步实现碳达峰碳中和目标，成为我国的重要发展战略。（关于我国"减碳"制度安排，可参见本书新能源行业编第一章"新能源—双碳：值得企业关注的我国减碳制度"）

在"30·60"目标的鞭策下，交通出行领域这一碳排放大户的节能减排进程也需进一步提速。国务院印发的《2030年前碳达峰行动方案》明确要求，"积极扩大电力、氢能、天然气、先进生物液体燃料等新能源、清洁能源在交通运输领域应用。大力推广新能源汽车，逐步降低传统燃油汽车在新车产销和汽车保有量中的占比，推动城市公共服务车辆电动化替代，推广电力、氢燃料、液化天然气动力重型货运车辆"。国务院办公厅印发的《新能源汽车产业发展规划（2021—2035年）》也提出，"发展新能源汽车是我国从汽车大国迈向汽车强国的必由之路，是应对气候变化、推动绿色发展的战略举措"，"力争经过15年的持续努力，我国新能源汽车核心技术达到国际先进水平，质量品牌具备较强国际竞争力。纯电动汽车成为新销售车辆的主流，公共领域用车全面电动化，燃料电池汽车实现商业化应用"。

在政策利好、环保理念渗透、相关技术不断完善、产品销量长势良好、标杆企业示范效应等因素共同作用下，新能源汽车及上下游行业已经成为投资热点，新能源汽车赛道不断有新的玩家进入，其中不乏有实力的机构愿意参与新能源汽车整车业务的竞争。在此背景下，如何取得新能源汽车整车制造资质、实现顺利"上车"即成为造车新势力布局之重点。本章将着重介绍"曲线上车"模式之一——新能源汽车整车厂收购模式。

一、跃跃欲试的造车新势力

在政策利好和广阔市场前景的共同驱动下，一方面，传统燃油汽车企业积极布局新能源转型；另一方面，新兴的新能源汽车企业及"跨界造车"的企业等造车新势力纷纷入局新能源汽车赛道。从销量来看，2022 年第一季度国内新能源市场排名前十的厂商以老牌车企为主，其中，比亚迪的表现最为亮眼，在纯电动市场和插电混动市场均牢牢占据冠军宝座。[①] 如雨后春笋般崛起的整车新势力亦不容小觑，以理想、蔚来、小鹏等为代表的新势力车企已经具备一定市场声量。近年来，市场上掀起了一股"跨界造车"的潮流，手机市场的明星企业华为、小米、苹果等，360、百度等互联网企业相继宣布入局，新能源汽车行业的竞争格局俨然一副万花齐放的热闹景象。

随着新能源汽车的推广普及、技术越发成熟、成本下降和个人环保理念的深入，消费者对新能源汽车的接受度逐渐提高，2021 年新能源市场增速远跑赢整体乘用车市场。[②] 2022 年 1—12 月，新能源乘用车国内零售 567.4 万辆，同比增长 90%。[③] 总体而言，我国新能源汽车产业正处于成长期，存在广阔的增长空间，即便竞争日趋激烈，但仍是一个充满可能和想象力的市场。

虽然我国新能源汽车市场潜力巨大，但整车业务的进入门槛较高。在资金和技术方面，与产业经验和资源丰富的传统车企相比，造车新势力们通常需要从零

① 参见乘用车市场信息联席会:《2022 年 3 月新能源汽车行业月报》，载乘用车市场信息联席会官网，http://www.cpcaauto.com/newslist.php? types = bgzl&id = 1081。

② 参见新浪汽车、中国电动汽车百人会、广州威尔森信息科技有限公司:《2021 新能源乘用车市场白皮书》，第 7 页。

③ 参见《2022 年中国市场新能源乘用车零售 567.4 万辆　同比增长 90%》，载中国证券网 2023 年 1 月 10 日，https://news.cnstock.com/news,bwkx - 202301 - 5003800.htm。

开始投入,进行技术、核心团队和一般员工招募、生产设施建设、销售和售后网络搭建等一系列工作,这意味着在产生良性的现金流前,企业需要长期、大量的资源投入;而在审批方面,如需自行量产新能源汽车,造车新势力们还面临"准生证"的难题,即取得国家发改委和工信部对于新能源汽车生产企业的"双资质"。在目前的环境下直接申请"双资质"难度较高,因此不少企业转而选择采取收购已具有"双资质"的整车生产企业的方式,加入新能源汽车整车业务的竞争。

二、存量时代博弈:稀缺的新能源牌照

我国对于新能源汽车整车生产投资项目的专门管理可追溯至 2015 年。

当时国内传统燃油汽车发展已进入稳定期;新能源汽车作为新兴产业进入快速发展期,但同时无序发展、资源浪费、产品良莠不齐的问题也逐渐凸显。为促进和引导新能源汽车行业高质量发展,并在推动产业转型升级、能源转型发展及促进技术创新等大背景下,国家发改委、工信部于 2015 年 6 月联合出台《新建纯电动乘用车企业管理规定》,第一次专门对建设新能源汽车生产项目的投资管理、准入管理予以明确。

根据相关规则,新建新能源汽车生产企业需由国家发改委审查核准,并通过工信部的道路机动车辆生产企业准入审查、进入《道路机动车辆生产企业及产品公告》。这一由发改部门和工信部门共同组成的"双资质"监管体系此后经历数次调整,为新能源汽车整车业务设立了较高的准入门槛。

(一)国家发改委:投资准入

国家发改委及地方各级发改部门为企业投资项目的主管部门。新能源汽车整车业务的"双资质"监管体系下,新建新能源汽车生产企业投资项目只有先履行发改部门备案手续方可被视为合法产能。截至 2023 年 3 月 1 日,我国对新能源汽车生产项目的投资准入管理的主要变迁情况如下(见图 2-1-5-1):

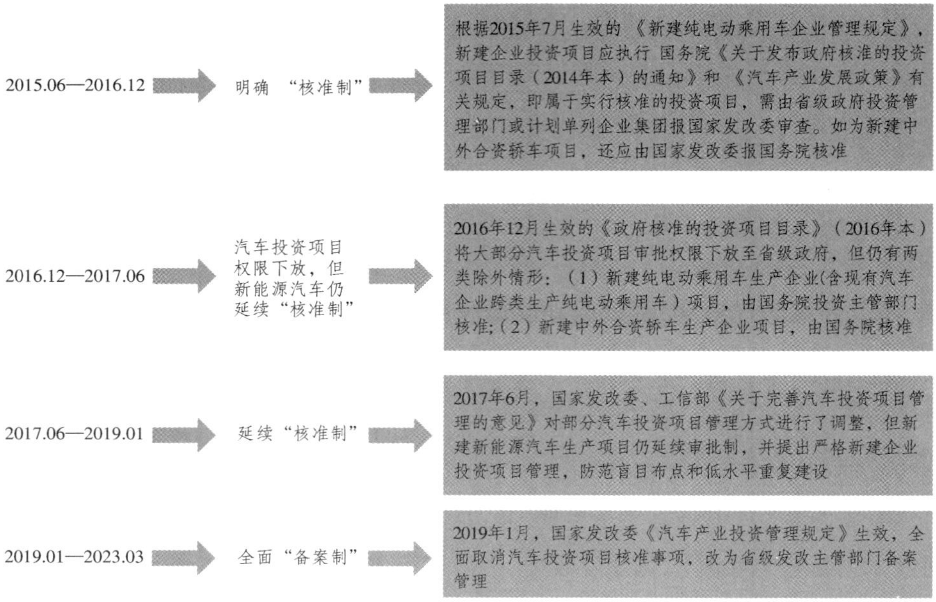

图 2-1-5-1　我国新能源汽车生产项目投资准入管理变迁

尽管监管层面下调了新能源汽车产业投资项目的主管部门，并由“核准制”调整为“备案制”，但根据市场实际情况，实践中新能源汽车的投资项目准入门槛确并未因此放松。

一方面，为了确保进入该行业的企业真正具备造车实力，发挥“鲶鱼效应”推动行业健康发展，后续出台的相关规则不仅对汽车生产企业的研发机构、核心知识产权、售后服务能力等各方面作了规定，也对其股东的资金能力、技术能力、行业地位等方面加以要求，对进入该行业的企业提出了更高的实力要求；另一方面，在最初的 15 张牌照发放后①，由于新能源汽车行业整体进入红海、整车量产技术要求不断提高、市场中产品迭代较快等种种原因，新能源汽车产能过剩及“僵尸车企”的问题开始出现，我国发改委也一度暂停新能源汽车牌照的发放，并将汽车生产企业所在省份的汽车产能利用率情况、已有的同类投资项目建设及量产情况也

① 从 2016 年 3 月 17 日北汽新能源拿到首张新能源汽车生产资质，再到 2017 年 5 月 22 日江淮大众获得生产资质，国家发改委在这一时期共发放 15 张新能源牌照。这 15 家企业分别是：北汽新能源、长江汽车、前途汽车、奇瑞新能源、江苏敏安、万向集团、江铃新能源、重庆金康、国能新能源、云度新能源、知豆、速达、合众、陆地方舟及江淮大众。

纳入了审核条件,新生企业进入该行业的难度进一步提高。

(二)工信部:企业准入

工信部及地方各级工信主管部门是道路机动车辆行业的主管部门,对道路机动车辆生产企业及道路机动车辆产品实施分类准入管理。“双资质”监管体系下,新建新能源汽车生产企业投资项目须通过工信部的技术审查,工信部对符合准入条件的企业予以公告(见表2－1－5－1)。

表2－1－5－1 工信部对于新能源汽车企业准入事项的现行规范主要构成体系

序号	名称	生效时间	发布部门
1	《乘用车生产企业及产品准入管理规则》	2012.01.01	工信部
2	《新建纯电动乘用车企业管理规定》	2015.07.10	国家发改委、工信部
3	《关于完善汽车投资项目管理的意见》	2017.06.04	国家发改委、工信部
4	《道路机动车辆生产企业及产品准入管理办法》	2019.06.01	工信部
5	《道路机动车辆生产企业准入审查要求》	2019.06.01	工信部
6	《新能源汽车生产企业及产品准入管理规定》(2020年修订)	2020.09.01	工信部

注:1.《新能源汽车生产企业及产品准入管理规定》(以下简称《新能源汽车管理规定》)于2017年7月1日首次施行,2020年7月,工信部对《新能源汽车生产企业及产品准入管理规定》进行了修订,修订稿于2020年9月1日生效。

2.除工信部以外,其他部门也出台了一系列新能源汽车相关的法规政策,新能源汽车行业的主要监管法律法规及相关的行业政策请见本书之“附录:行业相关主要法律规定及监管政策”之“五、新能源汽车行业相关法律规定及监管政策”。

2019年6月1日生效的《道路机动车辆生产企业及产品准入管理办法》及作为其配套附件的《道路机动车辆生产企业准入审查要求》和《道路机动车辆产品准入审查要求》为工信部对于车辆生产准入管理的最近一次大规模调整,前述法规规定,对于新能源汽车企业准入管理,相关规章另有规定的,依照其规定执行;2020年9月,修订后的《新能源汽车管理规定》及作为其附件的《新能源汽车生产企业准入审查要求》等规则生效,补足了新能源汽车准入审查的具体标准。

1.明确代工模式合法性

由于整车制造“双资质”的稀缺性,代工模式成为不具备相关牌照的造车新势力实现产品量产的重要方式之一,亦为部分具备相应资质但缺乏生产需求的车企提供了业务机会。在 2019 年 6 月前,该业务模式的合规性一直未得到主管部门的明确认可,《道路机动车辆生产企业及产品准入管理办法》首次明确提出“鼓励道路机动车辆生产企业之间开展研发和产能合作,允许符合规定条件的道路机动车辆生产企业委托加工生产”,为该模式提供了合规性基础。此外,《道路机动车辆生产企业及产品准入管理办法》“允许符合规定条件的研发设计企业借用生产企业的生产能力申请道路机动车辆生产企业及产品准入”,给了造车新势力以自身名义取得企业准入和产品准入资质的机会,为代工模式带来了更高灵活度。

2. 研发制造分离:取消新能源汽车生产企业的设计开发能力要求

修订后的《新能源汽车管理规定》删除了此前对于生产企业“设计开发能力”的要求,调整为对“技术保障能力”的要求,并对申请主体的生产能力、产品生产一致性保证能力、售后服务及产品安全保障能力进行简化。这也意味着,新能源汽车行业的“研发”和“生产”正式分离,新能源汽车行业可以像手机等行业一样,一定程度上将品牌与制造分离。

不难看出,上述规则修订一方面对新能源汽车行业准入的监管流程做了简化、降低了监管层级;另一方面体现了监管对于新能源汽车行业严控新增产能、充分利用现有产能、提高已有产能利用率的调控思路。

3. 简化准入申请

将道路机动车辆生产企业及产品类型简化为六类,工信部按类别实施企业准入管理,并引入道路机动车辆“族系”概念,鼓励道路机动车辆生产企业按照族系提出道路机动车辆产品准入申请。

4. 定向提供豁免

企业因采用新技术、新工艺、新材料等原因,不能满足准入条件的,在申请企业及产品准入时可以提出相关准入条件豁免申请。前述规则为具有创新性但规模和资金实力有限的企业申请准入提供了空间。

5. 鼓励集团化发展

鼓励道路机动车辆生产企业实施企业集团化管理,在同一集团内部,成员企业如申请相同类别的道路机动车辆生产企业准入,工信部可简化其准入审查要求,成员企业亦可委托集团内具有同类别企业准入资质的主体生产其取得准入的产品。前述规定体现了提高汽车产业集中度、推动优质车企优化内部产能配置,提高产能质量的政策导向。

三、“曲线上车”：收购模式核心法律关注要点

（一）收购模式辨析

所谓收购模式，指的是企业通过兼并收购现有整车生产企业，从而直接获得整车生产的投资准入以及企业准入资质。比起独立申请新能源汽车整车资质而言，收购模式的优势十分明显，一方面，目前我国汽车产业整体产能过剩，国家发改委在宏观调控层面严控新增产能增长，收购模式能帮助提高已有产能利用率，减少产能闲置，通过引入有技术实力的企业和团队亦有助于救活“僵尸车企”，促进新能源汽车行业整体高质量发展；另一方面，独立申请新能源汽车整车资质耗时漫长且具备一定不确定性，相较之下，收购模式能够帮助企业在较短时间迅速取得整车制造所需牌照，对于想要抢占赛道先机的造车新势力而言无疑是一个具有吸引力的选择。此外，比起代工模式，收购模式可以更大程度保障企业生产的稳定性、自主性，避免出现被代工方“卡脖子”的情况。

目前，市场上不乏采用收购模式取得企业准入资质的案例（见表2－1－5－2）。

表2－1－5－2 采用收购模式取得企业准入资质案例

序号	收购方	收购模式
1	小鹏汽车	2020年2月，小鹏汽车在肇庆设立子公司肇庆小鹏新能源投资有限公司，将其作为肇庆工厂的运营主体。 2020年3月，小鹏汽车收购广东福迪汽车有限公司（以下简称广东福迪），广东福迪的股东变更为小鹏汽车旗下公司肇庆小鹏新能源投资有限公司，广东福迪的董事、高管亦变更为小鹏汽车高管人员。 同月，肇庆小鹏新能源投资有限公司就并购广东福迪并迁址肇庆基地项目向广东发改委完成备案。 2020年5月，工信部发布《道路机动车辆生产企业及产品（第332批）》，同意广东福迪已列入公告的所有产品，企业名称变更为“肇庆小鹏新能源投资有限公司”，注册地、生产地址及法定代表人信息亦相应变更。自此，肇庆小鹏新能源投资有限公司取得新能源汽车整车生产资质。 2020年6月，肇庆小鹏新能源投资有限公司退出广东福迪

续表

序号	收购方	收购模式
2	理想汽车	2018 年 12 月,北京车和家信息技术有限公司(理想汽车)通过孙公司重庆新帆机械设备有限公司作价约 6.5 亿元收购重庆力帆汽车有限公司 100% 股权。 2019 年 1 月,重庆力帆汽车有限公司更名为重庆理想智造汽车有限公司。 2019 年 3 月,工信部发布《道路机动车辆生产企业及产品(第 317 批)》,同意重庆力帆汽车有限公司已列入公告的所有产品,企业名称变更为“重庆理想智造汽车有限公司”。自此,重庆理想智造汽车有限公司取得重庆力帆汽车有限公司原持有的各类资质证书,包括燃油车和新能源汽车生产资质。 2019 年 12 月,理想汽车下属企业退出重庆理想智造汽车有限公司,该公司后改名为重庆洪佳汽车有限公司
3	零跑汽车	2020 年 12 月,零跑汽车通过子公司零跑汽车有限公司收购福建新福达汽车工业有限公司(以下简称**福建新福达**)100% 股权。当月,福建新福达发生工商变更,原股东三龙集团有限公司退出,股东变更为零跑汽车有限公司。 2020 年 12 月 30 日,零跑汽车有限公司就其收购福建新福达年产 9000 台新能源汽车迁址建设项目向浙江省发改委备案。 2021 年 4 月,工信部发布《道路机动车辆生产企业及产品(第 343 批)》,同意已获得企业准入的福建新福达变更参数,企业名称变更为“零跑汽车有限公司”,注册地址、生产地址、法定代表人亦相应变更,产品商标变更为“零跑”牌。自此,零跑汽车有限公司取得了原福建新福达持有的新能源汽车资质
4	拜腾汽车	2018 年 9 月,拜腾汽车子公司南京知行电动汽车有限公司(以下简称**南京知行**)与一汽夏利(现更名为中国铁物,000927.SZ)签署交易协议,南京知行以名义价格 1 元收购一汽夏利旗下全资子公司天津一汽华利汽车有限公司(以下简称**华利汽车**)100% 股权,根据交易协议,拜腾汽车需对华利汽车 8 亿元债务承担连带责任并同意执行华利汽车职工安置方案。 2018 年 11 月,南京知行就重组华利汽车迁址更名项目向江苏省发改委备案。 2020 年 6 月 11 日,工信部发布《道路机动车辆生产企业及产品(第 333 批)》,同意华利汽车已列入公告的所有产品,企业名称变更为“南京知行电动汽车有限公司”,注册地、生产地址及法定代表人信息亦相应变更,产品商标变更为“拜腾牌”。自此,南京知行取得了原华利汽车持有的新能源汽车资质

由上述案例可见,以收购模式取得新能源整车生产资质通常具有如下特点:

1. 收购方通过股权收购取得整车厂后,通常不会继续沿用被收购方作为持牌主体，而是将其资质转移给其在建生产基地的运营主体，未来在其自身建设的生产基地进行生产。为此，收购方通常需就该兼并重组、迁址事项向生产基地所在省份的发改委办理企业投资项目备案；此后，再向工信部申请变更生产企业准入信息，如企业名称、生产地址等。

2. 由于新能源汽车投资项目的审批管理权限已下放至各省级发改部门，新能源汽车产能的统计调控亦由省级行政单位进行统计管理，如果被收购的整车厂原生产地址与收购方新建生产基地位于不同省份，则对于其迁入省份而言属于新增产能，存在准入难度。因此，收购方在选择交易标的时通常会选择同一省内的新能源汽车生产基地持牌运营主体。

3. 在部分案例中，或出于降低经营风险等考虑，收购方在完成资质转移后会将标的公司股权剥离给原出让方或第三方。

（二）收购模式的合规要点

1. 准入车型不符

根据相关规则，除企业需取得企业准入资质外，新能源汽车产品在进入市场前，亦需通过工信部的产品准入资质审查，生产企业仅能生产、销售通过产品准入审查、通过工信部相关公告予以公示的新能源汽车车型。

因此，对于整车厂的收购方而言，尽管其已取得企业所需的汽车生产“双资质”，由于被收购方曾经取得准入产品型号并非收购方拟生产型号，收购方仍需按照产品准入申请的要求重新提交申请材料，并面临一定审核难度和审核成本；在部分案例中，收购方或选择部分沿用被收购方原有的产品型号，则此时需将相关产品的商标变更为收购方品牌。

2. 是否列入公示制度

《道路机动车辆生产企业及产品准入管理办法》建立了道路机动车辆生产企业的退出机制，根据相关规则，不能维持正常生产经营的道路机动车辆生产企业，由工信部予以特别公示，被列入特别公示名单的企业，在公示期间将不予办理准入变更。《新能源汽车生产企业及产品准入管理规定》亦规定，停止生产新能源汽车产品 24 个月及以上的新能源汽车生产企业，工信部予以特别公示，企业如果要恢复生产，需要重新经过工信部核查。《汽车产业投资管理规定》更是明确禁止对列入特别公示名单的燃油汽车企业进行投资。

由于被收购的整车厂往往经营不善，处于停产或半停产状态，可能已经被列入特别公示名单或者未来存在相关风险。其一旦被列入特别公示名单，可能直接导致作为目标公司的整车厂难以办理股权变更，亦会为收购方在实现收购后重新开始生产产品、办理产品准入带来障碍。因此，在交易过程中，收购方应充分关注标的企业是否已被列入特别公示名单或近期可能被列入，交易方需及时与主管部门沟通移出名单的可能性，在合同中明确该风险的责任划分，并考虑该事项对于交易进程的影响。

3. 员工安置方案

如被收购企业尚有雇佣员工，则在收购安排中还需考虑员工安置问题。在设计员工安置方案时，应注意遵循合法、公平、公开、符合员工利益的原则，根据被收购企业的人员结构、用工需求设计可行的安置方案。员工安置方案需根据《工会法》及被收购企业所在地相关实施规则，由职工大会或职工代表大会审议通过，或听取职工意见后确定。如被收购方为国有企业，则员工安置方案还需符合国有企业员工安置相关规则。

4. 其他

此外，需注意收购模式中可能还存在以下事项：

(1)如前文所述，被收购的整车厂往往已经营不善，可能存在欠缴税费、应付账款、欠付员工薪资等大量经营性负债的问题，收购方在确定交易方案时需考虑是否采用承债式收购方式，如收购方不希望交易标的带有相关债务，则可能需进行前置债务剥离程序。

(2)由于作为收购标的之整车厂身上可能背有开发贷、融资租赁贷款、信托贷款等不同形式的融资，债权人为保证自身权益往往约定，重组、股东变动等可能影响债务偿还能力的重大事宜需取得债权人事前同意或告知债权人，并可能将项目公司股权质押作为债权担保。因此，交易前需及时与债权人进行沟通，取得其书面同意或履行告知程序，对于存在股权质押的，需与债权人协调配合办理解质押手续，避免对股权交割产生影响。

(3)如被收购的整车生产企业历史股权变动较为复杂、存在股权纠纷，或历史沿革中有作为集体企业或国有企业的阶段，在进行投资前需充分了解其历史沿革情况，确认相关问题是否可从根本上清理或解决。否则，若未来拟作为收购方重要制造中心的企业存在股权方面的瑕疵，可能对后续引入投资人、登陆资本市场造成障碍。

(4)由于被收购的标的公司可能涉及生产经营纠纷,对收购方而言一定程度上提高了其收购后的合规运营成本,在交易文本中,双方需明确交割前后经营纠纷的责任方。

(三)进一步收紧的股权转让审批政策

据我们了解,随着新能源汽车产能过剩问题的凸显,国家发改委进一步收紧了对持有新能源汽车整车生产资质企业股权转让的限制。针对目前新能源汽车行业投资过热的情况,国家发改委对整车生产企业股权转让备案的审核标准、审核程序基本参照投资新设新能源汽车整车生产企业的审核标准执行。

就收购新能源汽车整车企业控制权的收购方,国家发改委原则上要求该等主体自身具备整车生产资质,且现有产能利用处于合理区间,产品具有一定技术水平和市场竞争力。收购方是整车生产企业但产能利用率低、技术落后、缺乏市场竞争力的,转让备案很难获得批准。收购方本身不是整车生产企业的,即使处在新能源汽车行业的上下游(如动力电池、电机等),现阶段也很难获批收购新能源汽车整车生产的控股权。

此外,就直接转让和间接转让的问题,国家发改委会从实质上看整车生产企业的控制权是否发生变更。因此,实操中也难以通过间接股权转让的方式间接收购新能源汽车整车生产企业。

在新能源汽车行业仍存在投资过热风险的情况下,预计国家发改委放松对新能源汽车整车生产资质监管的可能性较低。因此,在可预见的一段时间内,完全没有行业经验的投资人通过并购现有整车企业方式进入该行业的难度不容小觑。

结　语

乘用车市场信息联席会数据显示,2021 年新能源乘用车销售 332.6 万辆,而新能源乘用车的专用产能已经有 569.5 万辆,产能利用率是 58.4%①。更大的挑战在于,目前我国新能源汽车的产能还在高速扩张。以目前的设计产能初步测

---

① 参见乘用车市场信息联席会:《2021 年我国乘用车产能问题分析》,载搜狐网 2022 年 1 月 29 日,https://www.sohu.com/a/519845164_253988。

算，预计 2024 年的产能可能达到 1500 万辆，和目前年产能相比增长 1 倍多，但是，未来几年新能源车的消费增长很难同步跟上产能的扩张，这就意味着新能源汽车产能过剩的矛盾将越来越突出。[①] 如将传统车企享有的非新能源乘用车专用产能纳入计算，产能利用率将更低。一方面是火热发展的行业赛道，另一方面是已经过剩的现有产能，并购模式或许是一种能为收购方、被收购方均带来新机会的更优解。

① 参见《为什么这么多新能源车都进了"坟场"?》，载 https://mp.weixin.qq.com/s/J6bOGgODySJt2f7AHjk6iA。

副编二　硬科技行业编

第一章　硬科技—智能制造：制造强国的抓手

——智能制造企业的资本运作合规之路

2015 年 5 月 8 日，国务院印发《中国制造 2025》，该文件提出要"加快推动新一代信息技术与制造技术融合发展，把智能制造作为两化深度融合的主攻方向"①，并且明确了制造强国的四大转变、五大工程和十大领域，智能制造工程作为五大工程之一，成为我国建设制造强国的主要抓手。2021 年 12 月 21 日，工信部、国家发改委等八部门正式印发《"十四五"智能制造发展规划》，该规划提出到 2035 年，70% 的规模以上制造业企业基本实现数字化网络化，建成 500 个以上引领行业发展的智能制造示范工厂，同时要培育 150 家以上专业水平高、服务能力强的智能制造系统解决方案供应商②。

智能制造是建设制造强国的主攻方向，新一代信息通信、生物、新材料、新能源等技术不断突破，并与先进制造技术加速融合，为制造业企业智能化发展提供了历史机遇。智能制造企业在迎来历史发展机遇的同时，也面临合规性的挑战。基于此，本章对智能制造企业的资本运作合规关注问题进行了初步的梳理分析，旨在为智能制造企业及潜在投资者提供一些有益的参考。

---

① 国务院《关于印发〈中国制造 2025〉的通知》（国发〔2015〕28 号），载中华人民共和国中央人民政府网，http://www.gov.cn/zhengce/content/2015-05/19/content_9784.htm。

② 参见《八部门关于印发〈"十四五"智能制造发展规划〉的通知》（工信部联规〔2021〕207 号），载中华人民共和国中央人民政府网，http://www.gov.cn/zhengce/zhengceku/2021-12/28/content_5664996.htm。

一、智能制造的诞生

目前,智能制造在国内外暂无公认的定义。20 世纪 80 年代末,美国纽约大学的怀特教授(P. K. Wright)和卡内基梅隆大学的布恩教授(D. A. Bourne)合著的《智能制造》出版标志着智能制造概念的诞生。同一时期,日本工业界的专家提出了希望能够通过对制造业的智能化改造来提高要素生产率,并将先进制造技术推向世界。美、日是世界上较早发展智能制造的国家。

2022 年,国际电工委员会工业过程测量控制和自动化技术委员会(IEC/TC 65)同时发布 3 项智能制造国际标准。根据其中的 IEC TR 63283 – 1:2022《工业过程测量控制和自动化　智能制造　第 1 部分:术语和定义》,智能制造是通过集成化和智能化使用网络、物理实体和人员各维度的过程和资源来生成和提供产品与服务,以提升制造性能,同时与企业价值链中的其他环节进行协作的制造模式。

智能制造的本质是新一代科技与制造业的融合。在面临劳动力成本提升及用工荒等难题的当下,智能制造是众多制造业企业的发展新风向,智能制造企业通过研发具有信息深度感知和智慧优化决策的智能装备及智能化生产线,实现企业产品、装备、生产、服务及管理等方面的智能化。智能制造的核心价值在于帮助企业实现缩短产品研制周期、降低产品研发成本、减少能耗、提高生产效率、提升产品质量的目标,全面升级企业的生产模式,使得企业从传统的制造工厂升级为智能化的服务提供商。

二、智能制造产业链简析

智能制造的实现是一个逐级推进的复合工程,集软件、电子、控制、机械于一体,涉及设计、生产、物流、销售、服务等产品全生命周期,包括智能装备、智能工厂、智能服务、智能赋能技术和工业网络等企业智能制造系统,需要实现横向、纵向和端到端集成。

从产业链来看,我国智能制造产业链主要可以分为四个层级,分别为感知层、网络层、执行层及应用层。智能制造产业链的基本情况[①]见图 2 – 2 – 1 – 1。

① 参见前瞻产业研究院《2019 年中国智能制造发展现状及趋势分析报告》及辛帕智能(预披露)的《招股说明书(申报稿)》等。

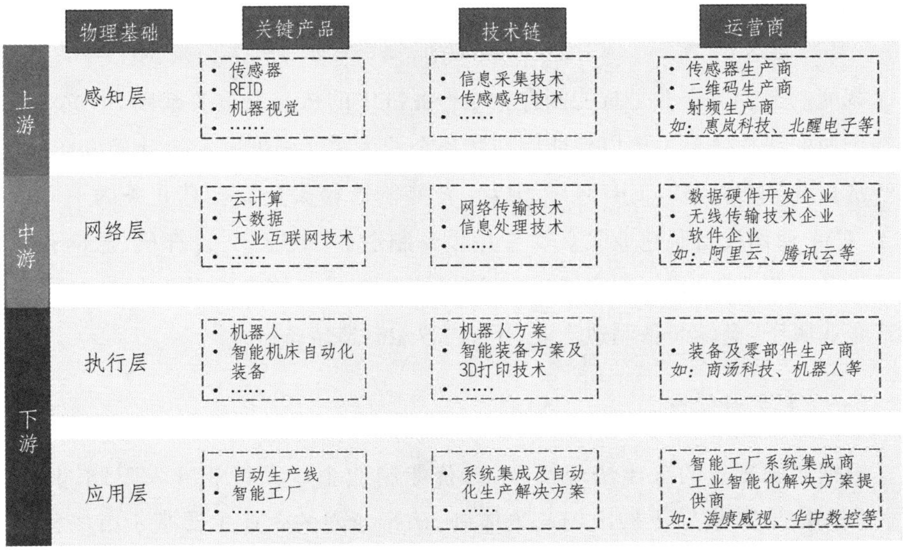

图 2－2－1－1　智能制造产业链基本情况

智能制造产业的上游是制造行业的感知层的相关产品，主要代表性企业为传感器、二维码、射频等生产商。在感知层，智能制造企业需要大量的数据支持，通过利用高效、标准的方法实时进行信息采集、自动识别，并将信息传输到分析决策系统。智能制造产业的中游是网络层的云计算、大数据、SCADA、工业互联网等相关信息技术、管理软件等，主要代表性企业为软件、数据硬件开发、无线传输技术等相关企业，网络层的智能制造企业通过面向产品全生命周期的信息提炼、计算分析、推理预测，形成优化生产制造过程的决策指令。智能制造企业的下游是执行层和应用层，主要为以机器人、3D 打印为产品构成的自动化生产线和智慧工厂，主要代表性企业为智能制造装备及零部件生产商、智能工厂系统集成商等相关企业。其中，下游执行层的智能制造装备是智能制造企业发展的重要基础。

从行业布局来看，智能制造可运用于航空、3C 电子、电力、汽车、交通、农业、能源、军工等多个行业。不同的智能制造企业由于业务的不同，其智能制造的业务模式也有所不同，目前主要存在离散型智能制造、流程型智能制造、网络协同制造、大规模个性化定制、产品全生命周期数字一体化、远程运维服务等智能制造新业务模式。

三、行业监管及法律体系

智能制造装备企业是智能制造企业产业链中的核心及重要基础，本章对智能制造企业的法律分析主要以智能制造装备企业为主。根据国家统计局发布的《国民经济行业分类》（GB/T 4754－2017），智能制造相关企业视其业务的不同可能属于“C34 通用设备制造业”“C35 专用设备制造业”或“C39 计算机、通信和其他电子设备制造业”。根据国家统计局发布的《战略性新兴产业分类（2018）》，智能制造企业属于“高端装备制造产业”下的“智能制造装备产业”。

（一）主要监管部门

根据我国现行的法律法规及政策，智能制造企业无行业准入限制，其管理体制为国家宏观指导下的市场竞争体制，该行业内的企业主要基于市场化的原则自主经营。工信部为智能制造企业的行政主管部门，会同国家发改委、科技部以及商务部在各自的职责范围内发挥宏观调控职能。前述监管部门的主要职责见表2－2－1－1。

表2－2－1－1　监管部门的主要职责

主要监管部门	主要职责
工信部	主要负责推进信息化和工业化融合，拟定实施行业规划、产业政策和标准，监测行业日常运行，推动重大技术装备发展和自主创新，指导行业结构调整、行业体制改革、技术进步和技术改造等工作
国家发改委	主要负责拟定并组织实施国民经济和社会发展战略、中长期规划和年度计划，统筹协调经济社会发展等方式履行宏观调控等
科技部	主要负责拟定科技发展规划和方针、政策、法规等，统筹协调共性技术研究，会同有关部门组织科技重大专项实施中的方案论证、综合平衡、评估验收等
商务部	主要负责推进流通产业结构调整，指导流通企业改革、商贸服务业和社区商业发展，推动流通标准化和连锁经营、商业特许经营、物流配送、电子商务等现代流通方式的发展

智能制造行业的主要自律性管理组织包括中国自动化学会、中国机电一体化技术应用协会、中国电机工程学会、中国软件行业协会、中国机器人协会、中国机械工业联合会等。各自律性管理组织的主要职能为组织市场调研、分析和发布与

行业相关的技术与经济信息;向政府主管部门提出与行业发展规划、产业政策相关的建议;组织制定(订)行业的工业国家和行业标准、技术规范;推进行业科技进步,开展行业科技交流等。

(二)主要监管法律法规及行业政策

智能制造行业涵盖了产品生产制造的全生命周期,主要涉及质量监督、安全生产、环境保护等方面的法律法规。同时,为加速我国工业智能化的进程,国务院、国家发改委、科技部、工信部等部门相继出台了多项支持我国智能制造业发展的产业政策,为行业发展提供了有力的支持和良好的环境。目前智能制造企业的主要监管法律法规及相关的行业政策请见本书之“附录:行业相关主要法律规定及监管政策”之“六、智能制造行业相关法律规定及监管政策”。

四、智能制造企业的资本市场表现及资本运作核心法律关注要点

(一)智能制造企业的资本市场表现

2019 年 7 月,首批科创板企业成功上市,其中被誉为“科创第一股”的华兴源创主要从事的业务即为工业智能制造。科创板的设立及创业板注册地的落地,为智能制造企业开辟了更多通往资本市场的资本运作之路。

在上市公司方面,根据同花顺 iFinD 金融数据终端统计,截至 2023 年 3 月 1 日,智能制造行业 A 股上市公司共 105 家,其中上交所主板 18 家、深交所主板 32 家、北交所 1 家、科创板 15 家、创业板 39 家。2022 年 1 月,创新奇智(02121. HK)在香港联交所上市,成为“AI + 制造”第一股。根据公开信息,也有部分公司选择到海外上市,如嘉楠科技(CAN)于 2022 年 11 月在美国纳斯达克上市,成为中国首家在美股完成 IPO 的自主知识产权人工智能芯片厂商;小 i 机器人于 2022 年 12 月向美国证监会递表,拟在美国纳斯达克上市,预计募集 7100 万美元;先导智能(300450. SZ)发行 GDR 并在瑞交所上市,于 2022 年 12 月获得中国证监会核准。

在非上市企业投融资方面,根据前瞻产业研究院统计的数据,2021 年智能制造行业市场融资继续呈上升趋势,融资数量达 196 件,融资金额高达 467. 69 亿

元[1]。2022 年,智能制造企业也持续受到资本的热捧与青睐。2022 年 8 月,摩方精密完成 3 亿元 C 轮融资;2022 年 10 月,高视科技完成数亿元 C 轮融资;2022 年 11 月,全球领先的移动协作机器人厂家墨影科技获得安达智能数千万战略投资。

(二)智能制造企业的资本运作核心法律关注要点

根据现行的法律法规及相关资本运作案例,智能制造企业在资本运作中主要需关注下列核心法律关注要点。

1. 环保问题

智能制造企业的持续经营依赖生产制造环节,部分产品的生产可能会产生环境污染物,常见如电镀废气、喷涂废气、污水、噪声等。因此智能制造企业需重点关注:企业是否属于重污染行业,现有工程是否已履行环境影响评价手续,是否落实污染物总量削减替代要求,是否按规定取得排污许可证,是否存在未取得排污许可证或者超越排污许可证范围排放污染物等情况,公司的日常排污监测是否达标和环保主管部门现场检查情况,是否存在受到环保领域行政处罚的情况,是否存在重大违法行为等问题。如杭可科技、清溢光电等众多智能制造企业,在上市申报阶段均被监管机构问及环保问题,还有部分重污染行业企业在申报上市时疑因环保问题被否。

以清溢光电为例,作为掩膜版专业产品和服务提供商,其生产排放的废液、固体废物存在多种危险化学品,其中含铬废水为高污染物,其曾于报告期内受到环保主管部门的现场检查并收到《停产整改报告书》。在其申报科创板上市时,监管机构主要关注该公司报告期内环保设施及运行情况、成本费用情况,危险化学品的处置是否交由有资质单位处理,公司环保相关批复、验收手续是否完备,公司污染物排放是否符合环保行业相关规定和标准,是否发生针对企业污染的群体性投诉和纠纷,公司是否符合国家环保法律法规及规范性文件等问题。针对环保问题,清溢光电及时完成整改并提交整改报告公示,并由相关环保主管部门出具文件核实公司无环保行政处罚记录。清溢光电已于 2019 年 11 月成功在科创板上市。

---

① 参见《2022 年中国智能制造行业发展现状分析　蓬勃向荣的初级阶段》,载前瞻经济学人网,https://www.qianzhan.com/analyst/detail/220/220701-fc55b8e6.html。

智能制造企业应建立健全环保内控制度，确保智能生产的每一环节均符合环保法律法规的要求。若企业存在环保违规问题，在上市或进行融资等其他资本运作前企业应按照环保主管部门的要求，缴纳罚款及尽快完成整改，并取得环保主管部门出具的不属于重大违法行为说明或无环保行政处罚记录说明。

2. 客户集中问题

出于业务持续性及稳定性的考虑，智能制造企业可能会与部分主要客户建立长期稳定的合作关系。稳定的客户有利于企业保持收入及盈利的稳定，但客户的集中度较高也使得企业的生产经营在客观上对大客户存在一定的依赖。若个别或部分主要客户由于产业政策、行业洗牌、突发事件等原因导致其出现经营困难等情形，将会对公司生产经营带来不利影响；若公司未来产品不能持续满足相关客户的需求，或者无法在市场竞争、技术变革过程中保持优势，公司经营也将因此受到重大不利影响。

以安达智能为例，安达智能是苹果公司重要的设备供应商，其与苹果公司及其 EMS 厂商（如立讯精密和歌尔股份等）建立了长期稳定的合作关系，报告期各期苹果公司直接采购和苹果公司指定 EMS 厂商采购的金额占安达智能主营业务收入的比例均超过 50%，该公司存在对苹果产业链依赖的风险。安达智能于 2021 年申报科创板上市，监管机构在两轮问询中均关注到该公司对苹果产业链公司的依赖问题，主要包括公司的销售业务模式、公司在苹果产业链供应商中的地位、公司报告期内向苹果公司销售金额下滑原因、公司在苹果产业链之外重要客户及销售情况、公司在苹果产业链之外的客户拓展情况等问题。对于客户集中问题，一方面，安达智能从其产品认证情况、竞争优势、公司与苹果公司的合作流程、合作以来的业务开展情况等方面进行分析，说明其为苹果产业链重要的设备供应商。另一方面，安达智能说明其产品结构和技术储备已具备向非苹果产业链拓展的基础条件，其正在通过加大业务开发力度、研发新产品、优化销售管理制度等措施，不断实现对更多非苹果产业链客户的覆盖，并且已初见成效。安达智能已于 2022 年 4 月成功在科创板上市。

参照有关审核案例，资本运作中，智能制造行业企业需重点关注：企业向大客户的销售情况及合作模式，客户依赖对公司持续经营的风险、公司的风险管理措施、公司的竞争优劣势、公司的订单获取情况等事项的影响，企业与大客户是否存在不正当的关联关系，企业是否存在客户集中风险等问题。

3. 劳动合规问题

目前,国内较多智能制造企业的生产自动化转型升级仍处于过渡期,部分用工数量较大的企业可能选择通过临时工、劳务派遣或劳务外包来缓解用工难题。尤其是在包装、组装、装配、机加工等企业制造工序环节中,临时工、劳务派遣或劳务外包情况的存在更为常见。

例如,宝明科技于 2019 年申报深交所主板上市,其报告期内劳务派遣员工占员工总数接近 20%,远超法定最高上限 10%。对此,监管机构要求公司说明其采用劳务派遣用工的原因及合理性,报告期内劳务派遣用工是否符合劳动法、劳务派遣暂行规定等法律法规,是否存在重大违法行为。针对其劳务派遣不合规的问题,公司说明其是因大量临时用工需求、招工难等原因而在非核心岗位上阶段性地使用了劳务派遣员工;截至 2018 年 12 月 31 日,公司劳务派遣用工人数已低于 10%;相关政府主管部门已出具书面文件确认公司不存在因违反劳动相关法律法规而受到行政处罚的情形;公司的实际控制人也书面承诺公司将依法规范用工情况,并且其本人将全额补偿公司及其子公司可能因此遭受的损失。宝明科技已于 2020 年 8 月成功在深交所主板上市。

劳动用工问题是企业生产经营中的常见问题,也是企业进行资本运作时监管机构的重点关注问题。针对劳动合规,企业需重点关注:企业用工类型的分布和占比,是否依法签订劳动合同,是否按时足额缴存社保及公积金,是否存在通过个人账户发放工资或补贴,是否存在为申报高新技术企业将制造人员混入研发人员,劳务派遣用工比例是否合规,劳务派遣单位的资质,劳务外包单位是否为企业关联方,外包服务定价机制,是否存在通过外包单位降低成本、分摊费用的情况,是否存在“假外包真派遣”情形,是否在主要工序、核心技术及关键岗位上对外包单位存在重大依赖,是否存在劳动纠纷等。

4. 委外加工问题

智能制造企业可能出于产能受限或批量生产效率的考虑,自身只进行部分核心产品的研发,将大部分或全部产品的加工制造工序委托给外部厂商完成。在实践中,许多制造业企业存在委外加工的情况,委外加工在智能制造产业链较为完善的地区更是常见。

比如前文提及的宝明科技,监管机构在对其问询时也关注到了委外加工问题。监管机构主要关注:其报告期外协加工大幅增加的原因,外协加工的内容、合作模式、必要性、主要外协厂商的基本情况，是否将主要生产工序委外加工，外协厂商是否主要为公司提供加工服务，公司对外协厂商是否形成依赖，外协厂商曾经或现在是否为公司控制或与公司及其实际控制人、董事、监事、高级管理人员存在关联关系、亲属关系，是否与公司保持独立等问题。对此，宝明科技说明：其外协加工大幅增加的原因是经营规模扩张，委外加工的生产工序均为辅助性或非核心性的工序，公司及其子公司均未对外协厂商形成依赖，外协厂商与公司保持独立关系。最终，委外加工问题并未对宝明科技上市构成障碍。

委外加工问题虽在行业中较为常见，但实践中也不乏企业申报上市因委外加工占比较高影响其主营业务能力、外协加工定价机制和定价公允性存疑、企业和外协厂商存在关联关系等问题被否的案例，企业需重点关注委外加工是否会影响其自身的独立性及持续经营能力。具体而言，企业需关注以下问题：(1) **企业与外协厂商是否存在利益输送**，外协厂商为企业提供的加工服务是否与其自身的经营能力匹配，采取外协生产加工的原因及合理性，企业与外协厂商是否存在关联关系、加工定价是否公允，外协金额占成本金额或收入金额的比例是否合理等；(2) **企业对外协厂商是否存在重大依赖**，若企业将核心或必要的生产环节外协，自身无法完成独立生产，可能会影响其核心竞争力及持续经营能力，如对外协厂商存在重大依赖，企业需有相应的应对计划或措施；(3) **企业的外协业务管理是否完善**，企业是否对外协加工产品质量进行严格把控及责任划分，外协厂商是否具备相应的生产资质和环保批复，企业对外协业务的采购、定价、产品收发过程管控、财务账务处理等是否规范准确等。

5. 知识产权及核心技术问题

企业的智能化运营需要一系列核心技术的支撑，可以说知识产权尤其是专利权，是智能制造装备企业核心竞争力及技术先进性的集中体现。因此，智能制造企业需重点关注其知识产权的来源、知识产权权属有无瑕疵，企业的核心技术人员是否违反与以往任职单位的竞业限制协议或保密协议，核心技术人员的稳定性等常见的知识产权及核心技术问题。

值得关注的是，实践中还存在部分智能制造企业的核心技术来源于高校研发或者与高校共同研发、与高校共有的情形，对此企业需关注：企业与高校或其他机构的技术合作研发成果权利归属是否清晰、权利使用是否存在限制、企业合作研发取得的共有专利是否涉及公司核心技术、企业对技术合作开发是否具有依赖性、企业是否具有独立技术研发能力等。

例如,我国智能制造行业龙头中控技术在2020年申报科创板上市时,其存在48项与其他方共有的专利,其中46项系与浙江大学共有,2项系与浙江大学、中控集团共有,此外,公司部分董事、高级管理人员为浙江大学在职人员。对此,监管机构在对其问询时主要关注:其共有专利形成的原因,公司与专利共有权人关于专利使用的约定,共有专利在公司生产经营中发挥的具体作用,是否属于核心技术;公司与浙江大学是否存在转让专利及非专利技术、核心设备等情形,是否与浙江大学签署技术合作、业务合作等协议,是否与浙江大学存在科研成果转化的机制安排,公司技术高管及核心技术人员是否主要来自浙江大学,公司核心技术是否存在纠纷或潜在纠纷等。针对该问询,中控技术主要从以下几个方面论证其共有专利权属无争议以及对其独立持续经营无影响:其共有专利基于合作研发共同申请取得或基于部分发明人为浙江大学老师、后续增补浙江大学为共有人而形成;共有专利并不构成中控技术对于该类专利使用的障碍,根据《专利法》,公司和浙江大学均可以单独实施或者以普通许可方式许可他人实施该类专利;公司与专利共有人之间不存在诉讼、仲裁,未产生过相关纠纷;公司的技术高管及核心技术人员非主要来自浙江大学;公司的核心专利不存在纠纷或潜在纠纷。中控技术已于2020年11月成功在科创板上市。

此外,鉴于智能制造企业在研发、技术方面的优势,智能制造企业通常拥有大量的知识产权,对于智能制造企业而言,知识产权投融资对于盘活其无形资产、提高企业竞争力具有十分重要的作用。若智能制造企业接受股东以知识产权出资或者对外以知识产权形式出资,需重点关注:用以出资的知识产权权属是否清晰无争议、是否依法履行评估作价程序、出资的知识产权权属转移手续是否已按时办理完毕等。

6. 境外销售问题

随着中国智能制造业的蓬勃发展,越来越多的中国智能制造企业在海外攻城略地。若相关企业拟进行资本运作,其销售客户主要在境外并非企业进行资本运作的实质性障碍,企业境外销售的真实准确性、合法合规性以及境外销售模式对公司持续经营能力的影响才是监管机构审核的重中之重。

例如,香山股份于2017年申报上市时,其国外销售收入占比高达50%以上。股票发行审核委员会在其会议上,重点关注到了其境外销售问题,主要关注问题包括:公司境外主要经销商情况,经销产品的最终去向,经销商的库存情况,结算方式,是否为买断销售,是否存在退货,与公司是否存在关联关系;境外经销商的回款情况,报告期内公司对境外经销商的信用政策是否发生变化及其原因和合理性,与境外客户的合作是否存在经营风险和应收账款难以收回的风险;外销与内销在价格和销售方式上的差异;公司外销产品收入的真实性等。香山股份于2017年5月在深交所中小板成功上市。值得关注的是,香山股份于2020年收到深交所下发的《年报问询函》。公司2019年境外销售收入占全部收入71.82%,对此,深交所主要关注:公司境内外销售毛利率差异大的主要原因及合理性,应收境外客户账款增长幅度远大于境外销售收入增长的主要原因,应收境外客户账款坏账准备计提是否充分,新冠疫情对公司境外销售的影响等问题。可见,境外销售不仅是上市申报阶段的重点问题,上市后也将受到持续关注。

若智能制造企业存在境外销售产品的情况,需确保其境外销售的真实合规性,以及确保境外销售模式不影响公司的持续经营能力。具体而言,企业需重点关注:企业境外销售的国家地区、产品种类、销量、单价、销售金额及占比,外销收入、海关报关数据、增值税退税金额等相关数据的勾稽关系,境外销售模式及流程,增值税退税流程,是否存在销售至保税区产品转内销情况,贸易摩擦对境外销售收入的影响,若企业无境外专利、其境外销售是否存在侵犯境外第三方知识产权的风险等问题。

结 语

当前,智能制造行业已成为资本运作的重要风口,面临技术、研发、人才等迫切需求,越来越多的中国制造业企业加入转型升级的浪潮中,进军智能制造行业已是大势所趋。新一轮科技革命和产业变革与我国加快转变经济发展方式形成历史性交汇,智能制造是最重要的一个交汇点之一。中国制造企业有望乘此东风进入蓬勃发展期,在资本市场扬帆驰骋。

未来我们也将持续关注智能制造行业等新科技行业的相关规则及热点,为企业合规进行资本运作提供支持。

第二章　硬科技—半导体:“内忧外患”下半导体制造企业资本运作重点关注法律事项

2020 年至 2022 年的 3 年期间,多个主要城市受疫情暴发和防控措施影响较大,一定程度上影响了人们的收入和消费预期,进而导致主要产品应用于 3C 电子等消费行业的半导体制造企业 2022 年度的利润大幅下行。此外,北京时间 2022 年 8 月 9 日晚间,美国总统拜登正式签署《2022 芯片与科学法案》。该法案规定获得美国政府补贴和税收减免的半导体厂商需要承诺,10 年内不在中国开展任何使半导体生产能力发生实质性扩张的重大交易,否则需要全额退还联邦补贴及减免的税收。2022 年 10 月 7 日,美国商务部发布多项对华出口管制措施,旨在限制中国获得先进计算芯片、开发和维护超级计算机以及制造先进半导体的能力。

值此“内忧外患”之境况,本章通过对半导体制造企业的资本运作情况和相关法律规则进行分析,以期为筹备资本运作努力破局的中国境内半导体制造企业决策者提供参考。

一、半导体行业概况

(一)半导体产业链

按照主要生产过程进行划分,半导体产业链整体可被分为上、中、下游三个板块,见图 2－2－2－1。

上游为半导体的支撑产业,包括半导体材料、半导体设备、EDA(Electronics Design Automation,电子设计自动化,主要包括电路设计与仿真工具、PCB 设计软件、IC 设计软件、PLD 设计工具等)、IP 核(Intellectual Property Core,提供已经完成逻辑设计或物理设计的芯片功能模块,通过授权允许客户将其集成在其芯片设计中，通过流片形成最终的芯片产品）。

中游为半导体制造产业链，包含芯片设计、晶圆制造和封装测试三个环节，其生产的产品主要包括集成电路、分立器件、光电子器件和传感器。

下游则为半导体的具体应用领域，主要包括3C电子、移动通信、医疗、新能源、AI（人工智能）、IOT（物联网）和航空航天等领域。

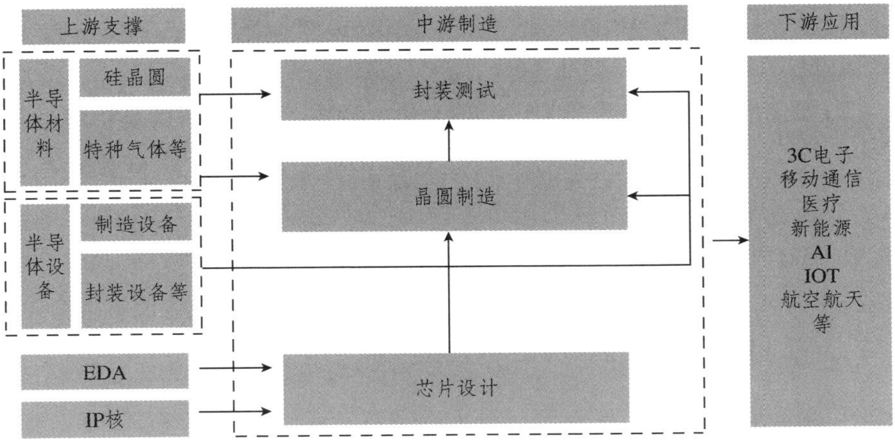

图2-2-2-1　半导体产业链

（二）半导体制造企业的主要经营模式

半导体制造企业的主要经营模式有两种：一种模式是IDM（Integrated Design and Manufacture）模式，如前文所述，半导体的产业链包括芯片设计、晶圆制造、封装测试，IDM模式即由一个厂商独立完成芯片设计、晶圆制造、封装测试在内的环节，属于典型的重资产模式，对企业的研发能力、资金实力和技术水平都有很高的要求。目前采用IDM模式的企业主要为全球集成电路行业巨头，如三星、英特尔、美光、海力士等企业即属于IDM模式，华润微（688396. SH）也属于IDM模式。

另一种模式是垂直分工模式，即将半导体的生产进行明确分工，即Fabless（芯片设计企业）+Foundry（晶圆代工厂）+OSAT（封装测试企业），具体如下：

1. Fabless——芯片设计企业

（1）Fabless即Fabrication（制造）和less（无、没有）的组合，指专注于芯片设计，制造、封装测试等环节由外协厂完成的模式。

（2）如高通、联发科以及国内大多数半导体芯片上市公司［如全志科技

(300458. SZ)、汇顶科技(603160. SH)、唯捷创芯(688153. SH)等]。

2. Foundry——晶圆代工厂

(1)Foundry 仅负责晶圆制造环节,为芯片设计公司提供晶圆代工服务。

(2)如台积电、中芯国际(688981. SH)等。

3. OSAT——封装测试企业

(1)OSAT(Outsourced Semiconductor Assembly and Testing),为一些晶圆代工厂公司做封装和测试。

(2)如日月光、长电科技(600584. SH)、力成科技、华天科技(002185. SZ)等。

在台积电成立以前,半导体制造行业只有 IDM 一种模式。IDM 模式基于其系由一家厂商独立完成半导体的制造过程,因而具有资源内部整合、利润率较高的优势,但这种模式要求公司规模庞大,管理成本和运营费用亦较高,同时半导体制造需要庞大的资本支出,使得行业内只有少数的几家 IDM 企业能够生存,越来越多的企业选择专注于半导体的某一块制造领域。

二、行业监管及法律体系

(一)行业主管部门及监管体制

工信部是半导体制造行业的主管部门,其主要职责包括:提出新型工业化发展战略和政策,协调解决新型工业化进程中的重大问题,推进产业结构战略性调整和优化升级;制定并组织实施工业、通信业的行业规划、计划和产业政策;监测分析工业、通信业运行态势,统计并发布相关信息,进行预测预警和信息引导;指导行业技术创新和技术进步,以先进适用技术改造提升传统产业等。

中国半导体行业协会是半导体制造行业的主要自律组织,主要负责贯彻落实政府有关的政策、法规,向政府业务主管部门提出本行业发展的经济、技术和装备政策的咨询意见和建议;做好信息咨询工作;调查、研究、预测本行业产业与市场,汇集企业要求,反映行业发展呼声;广泛开展经济技术交流和学术交流活动;开展国际交流与合作;制(修)订行业标准、国家标准及推荐标准等任务。

工信部、中国半导体行业协会共同搭建了我国半导体制造行业的管理体系,各半导体制造企业在主管部门的产业宏观调控和行业协会自律规范的约束下,面向市场自主经营,自主承担市场风险。

(二)主要法律法规及产业政策

半导体制造行业是国民经济支柱性行业之一,是信息技术产业的重要组成部分,是支撑经济社会发展和保障国家安全的战略性、基础性和先导性产业,其发展程度是衡量一个国家科技发展水平的核心指标之一,属于国家高度重视和鼓励发展的行业。近年来,国家相关部委出台了一系列支持和引导半导体制造行业发展的政策法规,主要法律法规及产业政策请见本书之“附录:行业相关主要法律规定及监管政策”之“七、半导体制造行业相关法律规定及监管政策”。

除国家层面,各地也有不同的半导体制造产业支持政策落地,半导体制造产业进入集中的政策红利期,比如深圳的《深圳市培育发展半导体与集成电路产业集群行动计划(2022—2025 年)》等。

三、半导体制造企业资本市场表现

从一级市场来看,据统计①,2022 年半导体融资事件超 680 起,规模超 1170 亿元。广州粤芯半导体技术有限公司和先导薄膜材料有限公司均以 45 亿元的融资规模成为年度“吸金王”,半导体材料成为资本聚光灯下的宠儿,巨额资本纷纷涌向 GPU、大硅片、晶圆代工等诸多热门赛道,投融资重心开始转向大市场、大赛道和可预期商业落地的项目,而以往备受追捧的芯片设计环节则意外“遇冷”,大项目扎堆的景象不再。同时,前几年主打消费市场爆火的低端芯片,已不太可能再回到曾经的融资盛况,未来机会更多在于高端芯片、半导体设备和零部件、材料等。

从二级市场来看,半导体制造与生俱来的科创属性使得大量的行业公司奔赴科创板。早年间,半导体巨头涌向港股,如中芯国际(0981. HK)、华虹半导体(1347. HK)、上海复旦(1385. HK)。科创板开板后,前述三家企业均开启回归之路,其中,中芯国际于 2020 年 7 月 16 日登陆科创板,上海复旦于 2021 年 8 月 4 日登陆科创板,华虹半导体申报科创板的材料也于 2022 年 11 月 4 日被受理。根据同花顺 iFinD 金融数据终端统计,截至 2023 年 3 月 1 日,按中信行业分类的半导体企业合计有 133 家完成 A 股上市,其中,主板 32 家、科创板 75 家、创业板 26 家;按恒生行业分类的半导体企业在港股上市有 15 家。经公开途径检索,也有部分

---

① 参见《2022 年半导体投融资及发展趋势分析》,载 https://m.elecfans.com/article/1984316.html。

境内公司选择到海外上市，如豪微科技（OVTI）于2022年7月在美国纳斯达克上市；嘉楠科技（CAN）于2022年11月在美国纳斯达克上市；韦尔股份（603501. SH）于2022年11月收到中国证监会出具的《关于核准上海韦尔半导体股份有限公司首次公开发行全球存托凭证并在瑞士证券交易所上市的批复》（证监许可［2022］2922号），中国证监会核准其发行全球存托凭证（GDR）所对应的新增A股基础股票不超过59,205,870股，完成本次发行后，其可到瑞交所上市。

四、半导体制造企业资本运作的核心法律关注要点

根据半导体制造企业的特性，并就A股监管机构对半导体制造企业最关注的问题进行解析梳理，半导体制造企业资本运作的核心法律关注事项如下。

（一）与技术相关的重点法律事项

1. 职务发明

根据《专利法》和《专利法实施细则》的规定，符合以下条件之一，构成职务发明：(1)员工在本职工作中作出的发明创造；(2)员工履行单位交付的本职工作之外的任务所作出的发明创造；(3)员工从原单位离职（退休、调离原单位或者劳动、人事关系终止）后1年内作出的，与其在原单位承担的本职工作或者分配的任务有关的发明创造；(4)员工主要是利用本单位的物质技术条件所完成的发明创造。

如因职务发明发生争议，将影响专利的所有权，因此，如拟进行资本运作公司的核心技术人员曾在同行业公司或高校任职，监管部门较为关注其任职合法合规性以及在发行人任职期间形成的发明成果是否存在纠纷或潜在纠纷，是否涉及核心技术人员在原单位任职时的职务发明。通常会需要取得原单位不属于职务发明的确认。如普冉股份（688766. SH）在首发上市时拥有的所有发明专利中有9项专利的申请时间距发明人从原单位离职不到1年，且前述9项专利的发明人均曾供职于同一家行业内公司。普冉股份在首次反馈问询和注册环节均被关注到该等事项，交易所和中国证监会均要求就以下内容进行说明并发表明确意见：是否涉及职务发明，发行人和研发人员是否存在技术、专利方面的纠纷或潜在纠纷；相关发明作为被代持股东在发行人任职期间形成职务发明的依据是否充分，是否具有合理性；发行人认为相关专利不存在侵权或者不是相关发明人在前单位的职务发明判断依据是否充分，是否存在被主张权利的法律风险。针对相关问询，普冉

股份除对所涉专利是否存在争议进行核查外，亦走访了相关人员的原工作单位就职务发明情况进行访谈确认。普冉股份已于 2021 年 8 月 23 日在科创板上市。

2. 核心技术人员

核心技术人员是半导体制造企业最重要的支撑力量，根据《上海证券交易所科创板股票发行上市审核问答》的规定，核心技术人员通常包括公司技术负责人、研发负责人、研发部门主要成员、主要知识产权和非专利技术的发明人或设计人、主要技术标准的起草者等。同时，核心技术人员的稳定性是维持企业核心竞争力的关键因素，因此，科创板还额外要求发行人最近 2 年内核心技术人员没有发生重大不利变化。

除上述变更的关注事项外，基于公司业务开展的合法合规性，还需关注核心技术人员是否与原单位签订竞业限制、保密的约定，是否存在违反前述约定的情形，是否与原单位存在纠纷或潜在纠纷的情形。同样是普冉股份，为在反馈问询过程中说明自己不存在竞业问题，中介机构核查了相关人员从前单位离职后两年的银行流水以确认是否收到竞业补偿金，并就相关事项对原工作单位进行了走访。

因此，我们建议筹备资本运作的公司严格选定核心技术人员，并就相关人员与前单位的竞业限制、保密协议的签订及履行情况进行审查，谨慎起见，相关审查可扩大至整个研发团队或可能存在涉及前单位职务发明的研发人员，必要时提前沟通相关人员提供银行流水，并联系有关人员曾任职公司以安排访谈并确认竞业限制情况。

（二）与业务相关的重点法律事项

1. 以经销为主的销售模式

半导体制造企业由于终端客户分散等因素，为覆盖更多的客户，大多数企业采用经销的业务模式，并且简化销售管理的工作、控制成本。因此在 IPO 审核过程中，经销模式收入实现的真实性成为重点关注事项。

如东芯股份（688110. SH）在首发上市时经销收入占比分别为 34. 76%、56. 18%、41. 80%和 45. 05%，在反馈问询中亦是多次被问到相关事项，具体包括：（1）按照直销和经销模式分类下的前五大客户名称、销售金额及占比，变动的原因，主要直销和经销客户的基本情况。（2）公司与经销商之间的合作方式，包括经销商为发行人提供的服务、经销商的获取与拓展、资质评定标准、销售模式和结算模式、销售折扣或返利等条款的约定,经销商是否存在替下游客户垫资的情况。(3)主要直销和经销客户的具体情况、包括但不限于所在区域、成立时间、与发行人的合作历史以及是否与发行人及其关联方存在关联关系,是否专门销售发行人产品,相关交易公允性。(4)与主要客户的合同签订、相关权利义务、物流、资金流、付款方式的具体约定,并结合上述说明经销和直销的具体流程,业务在发行人及其境内外子公司之间的具体组织方式。(5)结合经销商的进入、退出及存续情况分析与经销商之间的合作稳定性;经销商的终端销售及期末存货情况,销售回款情况,是否存在第三方回款,是否存在个人经销商。(6)报告期内新增经销商的基本情况,对新增经销商销售收入金额及占比,结合相关价格和毛利率说明销售价格是否公允,回款是否正常,报告期内经销商是否存在发行人的员工、前员工、前股东及其关联方持股、任职等情况。(7)发行人采用经销商的必要性,经销商在发行人客户开拓过程中的具体作用。(8)经销商采购公司产品的期后销售情况和存货情况等。

针对上述常见问题,半导体制造企业需更加重视经销模式的合规性和收入真实性问题,建立完善的经销商管理制度,加强对经销商的管理,并严格遵守业务真实性原则进行交易。

2. 使用 EDA 软件问题

如前文所述,EDA 软件是芯片设计的必备办公工具。目前,全球 EDA 软件市场和相关知识产权主要被新思科技(Synopsys)、铿腾电子科技(Cadence)及明导国际(Mentor)三大厂商垄断,由于大部分芯片企业在芯片设计环节均需使用 EDA 软件,芯片企业在购买正版 EDA 软件及获得 EDA 软件授权许可使用方面需支付高昂费用。因此,不少芯片设计公司存在使用盗版 EDA 软件的情况。

根据《计算机软件保护条例》(2013 年修订)、《著作权法》等相关法律规定,许可他人行使软件著作权的,应当订立许可使用合同,未经软件著作权人许可,复制或者部分复制著作权人的软件的,应当承担停止侵害、消除影响、赔礼道歉、赔偿损失等民事责任,严重的可能导致行政、刑事责任。

不少芯片设计公司在上市审核中被关注相关事项,根据有关披露文件,芯海科技(688595. SH)、普冉股份(688766. SH)、思瑞浦(688536. SH)等公司的软件供应商取得了有效的授权许可,寒武纪(688256. SH)等公司则是通过代理商取得 EDA 软件的授权。

我们建议拟进行资本运作的公司在筹划资本运作阶段尽快取得软件供应商的有效授权许可或通过代理商取得该软件的授权许可，或制定相关措施应对无法取得授权的风险，积极寻找相应的替代软件。

3. Fabless 模式

如前文所述，半导体行业广泛使用 Fabless 运营模式，即公司仅从事芯片设计而将生产环节委托给专业的制造企业。该模式有利于提高芯片设计水平，降低生产成本。但该模式下公司无自主生产能力，完全依赖晶圆厂商和封测厂商，该种商业模式亦会被上市监管机构关注。如必易微（688045. SH），其在首发上市时采用 Fabless 经营模式，报告期各期的采购额分别为 20,735. 74 万元、29,500. 97 万元和 32,263. 69 万元，主要采购内容为晶圆、MOS 和封装测试，公司亦存在向外部主体采购晶圆并零星销售晶圆或芯片的情形，在上市审核问询过程中，监管机构要求公司说明：（1）报告期各期不同封测类型的采购价格及其变动原因，封装测试采购价格低于同行业可比公司的原因；（2）向外部主体采购晶圆的背景和终止合作的原因，采购晶圆的实际执行过程、最终来源、款项结算和质量管理措施，同时又向其销售芯片或晶圆的原因；（3）报告期各期发行人各类产品的生产入库、销售和库存量与晶圆采购、MOS 采购、封装测试量的匹配关系，分析采购额变动与销售收入是否匹配；（4）供应商注册资本较低，成立当年即成为发行人前五大供应商的原因，发行人对该等供应商提供产品或服务的管理措施；（5）报告期各期应付账款变动额与采购额和付款额是否匹配。

我们建议公司在筹备资本运作过程中进行严格的供应商管理，与行业头部的晶圆代工厂签订较长期的合作框架协议，并维持稳定的合作关系。

4. 境外销售占比高的问题

亦是基于前述芯片设计公司 Fabless 的经营模式，大部分芯片企业的经销商有注册在境外的公司，尤其是我国香港地区，亦会要求芯片设计公司将产品销售至境外，因此，较多的芯片设计公司往往存在境外销售占比高的情况，如东芯股份（688110. SH）在首发上市时披露，其对注册地在内地以外客户的销售收入占当期主营业务收入的比重分别为 93. 14%、91. 58%、92. 81%，占比均在 90% 以上。为此，其在监管审核过程中被要求说明：（1）贸易摩擦对发行人产品出口的具体影响，并视情况针对性作风险提示和重大事项提示；境外销售的具体产品类型及竞争优势，境外业务拓展计划，境外客户的开发方式及相关费用金额、销售模式及流程、定价策略等，境外客户的数量及主要境外客户的基本情况，产品的最终销售实现情况，是否存在第三方回款，如存在，请说明原因、商业合理性以及合法合规性。(2)验收和售后服务如何提供、相关费用的计提依据、计提标准，与境外销售收入增长的匹配性。(3)报告期内出口退税情况与境外销售规模的匹配性，汇兑损益与境外采购、销售的匹配性。(4)发行人与外销业务相关的内部控制制度建设和执行情况，并被要求对境外销售的真实性、收入确认的准确性以及境外业务是否符合国家外汇、海关、税务等相关法律法规的规定发表明确意见。最后，东芯股份对相关事项进行了分析说明，并取得所在地海关、外汇、税务主管部门出具的证明文件。

我们建议公司拟进行资本运作前，提高对境外销售合规性的关注度，并提前做好沟通准备工作，以备在筹备上市申报阶段或其他资本运作时按期取得海关、外汇、税务等有关主管部门的合规证明，避免项目拖延。

5. 国际贸易政策

如上文所述，2022 年美国政府对半导体实施了一系列出口管制措施，为此监管机构加强了对 A 股项目所涉企业相关情况的问询。如星宸科技、芯天下在审核问询期间均被问及相关事项，具体问题包括：(1)说明境外贸易管制政策对发行人销售和采购的影响，并就未来境外贸易管制政策变化对发行人持续经营的影响充分进行风险揭示；(2)结合芯片设计等环节是否使用《芯片与科学法案》中受限的 EDA 软件，说明相关法案颁布对发行人是否构成重大不利影响。

被问及相关事项的企业一般通过其具体的产品类型、业务模式等方面具体论证相关管制措施对发行人的业务不构成重大不利影响。我们建议拟进行资本运作的企业审慎判断相关政策对公司业务的影响，并提前采取应对措施以降低不利影响。

结　语

半导体制造行业是支撑信息时代的重要基础工业，是国家战略扶持的重点领域，毫无疑问该行业将继续得到政策法规层面的大力支持。但“打铁还需自身硬”，在诸多外部支持下，筹备资本运作的半导体制造企业更应练好合规“内功”，对照监管关注的事项提早准备，委托专业的中介机构对其进行境内主体的尽职调查并进行资本运作的前期辅导，少走弯路，尽快通过资本市场助力自身发展以及我国整个行业的进步腾飞。

第三章　硬科技—SaaS：新一轮数字化转型下 SaaS 业务的合规及资本运作核心关注要点

2021 年 12 月，国务院印发《“十四五”数字经济发展规划》，明确了“十四五”时期推动数字经济健康发展的指导思想、基本原则、发展目标等。该规划提出到 2025 年，数字经济核心产业增加值占国内生产总值比重达到 10% 的目标，并多次强调数字化转型①。乘着新一轮数字化转型的东风，SaaS 行业有望迎来新一轮的爆发。SaaS 业务涉及互联网、数据、个人信息等众多领域，其在迎来大发展机遇的同时仍然面临众多挑战，如网络安全、数据安全等问题，以及资本市场高度关注的经营资质、核心技术的归属及使用、运营独立性及行业政策风险等问题。在数字化转型背景下，SaaS 企业是否能乘风而上的关键之一在于其经营及业务上是否合法合规，特别是在行业网络安全问题频发的情况下是否能平稳合规经营。基于此，我们对 SaaS 业务的合规及资本运作核心关注问题进行了梳理和初步分析，旨在为 SaaS 企业、潜在投资者及广大用户提供一些参考，希冀 SaaS 在数字化转型中稳固合规之基石，乘数字化之风而上。

一、SaaS 是什么

SaaS，即 Software - as - a - Service（软件即服务），是指厂商通过其部署在云端的应用程序向客户提供服务，在线上直接交付软件服务，具有低成本、灵活便捷等优势。在 SaaS 模式下，客户可根据实际需求，通过互联网向厂商定购所需的软件服务，按定购的服务范围、时间等向厂商支付费用，并获得厂商提供的软件维

① 国务院《关于印发〈“十四五”数字经济发展规划〉的通知》（国发〔2021〕29 号）。

护、更新等服务,不再需要花费高额费用部署服务器、购买软件本身以及维护、更新软件。

SaaS 模式是在 IaaS(Infrastructure – as – a – Service,基础设施即服务)、PaaS(Platform – as – a – Service,平台即服务)模式下逐渐发展而来的。目前,云计算包括 IaaS、PaaS 及 SaaS 三种业务模式。IaaS 模式下,IaaS 厂商统一部署机房基础设备、服务器、网络等基础设施,用户在 IaaS 云服务下通过网络接入可获取存储、网络等虚拟计算资源,无须自身构建基础设施层;PaaS 模式下,PaaS 厂商为客户提供基础设施层及/或包括操作系统、数据库、运行库在内的平台软件层服务,提供具有开发和部署能力的云平台,开发者可以通过互联网方式在该云平台上进行软件开发;SaaS 模式下,SaaS 企业基于自身及/或第三方的 IaaS 层设施及/或 PaaS 平台,在云上直接部署软件,客户订阅软件服务后直接于线上交付,无须本地安装和部署,数据直接存储在云上,且可以同时向多租户提供服务。由此可以看出,SaaS 业务的开展一般依赖于 IaaS 层和 PaaS 层的技术资源和设施,用户在使用 SaaS 产品过程中,其数据存储、处理及数据安全保障等主要在 IaaS 层、PaaS 层完成。SaaS 整体服务体系中各方的角色及作用以及客户数据信息流关系简图见图 2 – 2 – 3 – 1。

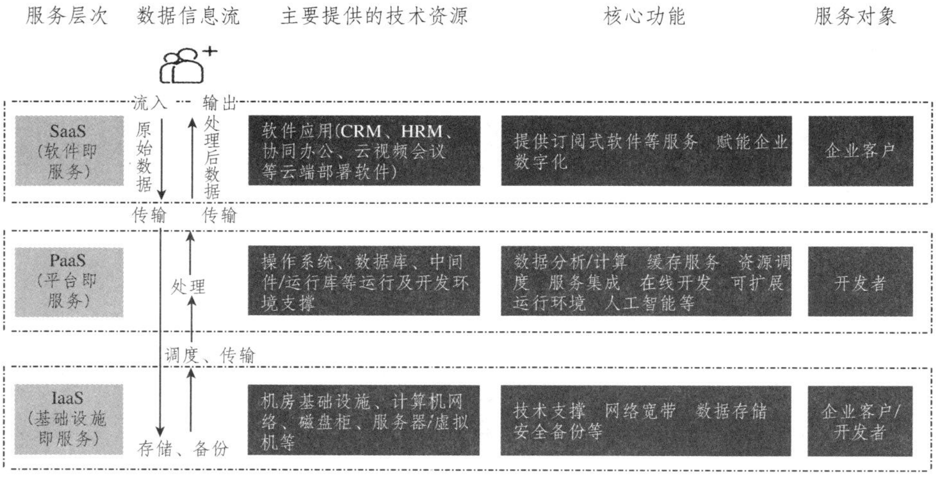

图 2 – 2 – 3 – 1 SaaS 整体服务体系各族系

二、SaaS 业务模式简析

SaaS 企业提供的业务主要可分为以下四类：

1. **软件服务及相关的增值服务**（包含产品培训、运维、产品更新等），其中软件服务分为通用型产品（常见有 CRM、HRM 等）和定制化服务。随着企业自定义需求提高，客户更倾向于与其匹配度高的定制化产品，这推动着产品向 SaaS + PaaS 模块方向发展，SaaS 企业在战略部署亦逐渐向上延伸到 PaaS 层。

2. **提供与产品/业务有关的增值电信业务**[①]**服务**，该类服务在电商 SaaS 产品中较为常见，如提供营销短信、呼叫中心等服务。

3. **增值服务解决方案**，对产品衍生的企业流程问题、运营方案、人员结构等提供独立于产品外的咨询服务，为客户提供整体解决方案。

4. **提供软硬件交付等其他延伸业务**，且部分大型 SaaS 企业部署有 IaaS、PaaS 业务，对外提供的服务包括互联网数据中心、互联网资源协作服务等。

SaaS 企业在云端部署软件时，可根据客户对数据、二次开发等需求为其**提供公有云部署、私有云部署及混合云部署等方式**。公有云具有成本低、运维和迭代连续性较强等多项优势，但企业对数据可控性较低。私有云虽降低了产品弹性及灵活性等，但企业对数据可控性较高。混合云则是二者折中，客户可对保密性高的数据采取私有云部署，其他在公有云部署。**不同云端部署方式的核心区别之一是客户对其自身数据信息的可控性程度不同**，主要原因是在 SaaS 服务中客户数据信息的存储、备份、处理的基础设施及平台根据不同云端部署方式，在技术层次上将由相应的厂商进行管理控制，而客户对数据信息的控制权一般通过协议安排约定，在技术层面上难以控制，因此部分对数据安全需求高的大型企业将会选择私有云部署等方式提高其对数据信息的把控力度。

上述业务中涉及的 IaaS、PaaS 业务以及其他增值电信业务服务等技术资源，中小 SaaS 企业一般是采取租用或合作等模式从第三方技术厂商中获得，并对其进行资源整合。部分大型 SaaS 企业部署有一项或多项该等技术/平台作为自用及/或对外提供业务服务。仅为本章之目的，根据 SaaS 企业提供的相关业务范

---

① 根据《电信条例（2016 年修订）》，增值电信业务是指利用公共网络基础设施提供的电信与信息服务的业务。

围，本章简单将 SaaS 企业分为两类：一类是其仅对外提供软件服务，而其软件服务所依赖的 IaaS 层及 PaaS 层技术资源以及对外提供的其他增值电信业务服务则通过向第三方采购实现（以下简称纯 SaaS 企业）。另一类是除提供软件服务外，其自身部署有 IaaS 及/或 PaaS 业务且对外提供相关服务（包括出租服务器、云存储服务等），及/或自营其他增值电信业务服务，而非通过向第三方采购实现（以下简称综合 SaaS 企业）。至于 SaaS 企业部署 IaaS 层、PaaS 层等技术资源用于自用而不对外经营的，本章暂不将其作讨论及纳入分类。以下为我们梳理的 SaaS 企业业务开展的简要模式图（见图 2－2－3－2）。

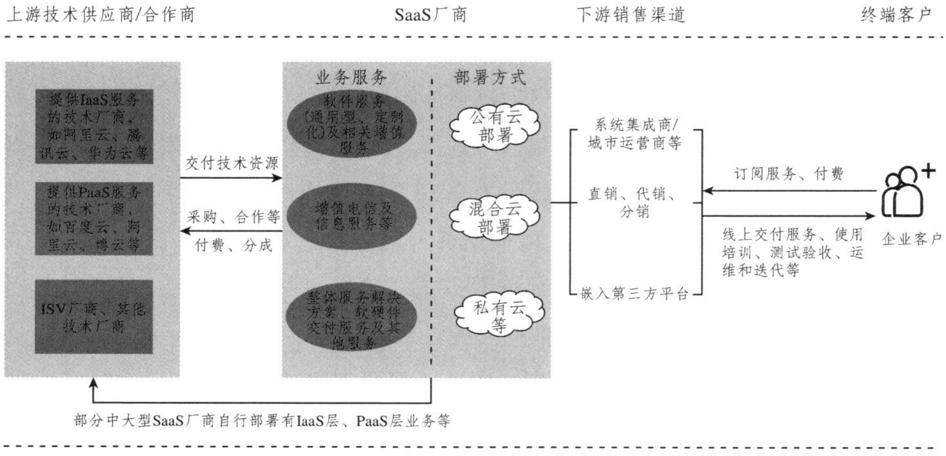

图 2－2－3－2　SaaS 企业业务开展模式

三、行业监管及法律体系

SaaS 企业可能涉及的业务领域有软件服务、电信和互联网业务等，有着软件行业属性及/或互联网特性，一方面应遵守软件行业相关法规政策，另一方面则根据具体业务可能涉及遵守互联网信息服务行业的相关法规政策。

（一）主要监管部门

工信部为互联网信息服务行业和软件行业的行政主管部门，会同网信部门、公安部门、保密部门等相关部门在各自职责范围内实施监管。信息服务业行业协会、互联网行业协会、软件行业协会、计算机行业协会作为自律性管理机构对软件企业和提供互联网信息服务的企业进行一定程度的指导、监管。以下我们梳理了相关主要监管部门及其主要职责内容，见表2－2－3－1。

表2－2－3－1　相关主要监管部门及其主要职责

监管部门	主要职责
工信部	负责拟定实施行业规划，产业政策和标准；指导推进信息化建设，协调维护国家信息安全等；指导软件业发展，拟定并组织实施软件、系统集成及服务的技术规范和标准，推动软件公共服务体系建设；指导、协调信息安全技术开发等
中央网信办	统筹协调涉及经济、政治、文化、社会等领域的网络安全和信息化重大问题，研究制定网络安全和信息化发展战略、宏观规划和重大政策，推动国家网络安全和信息化法治建设等
国家互联网信息办公室	主要负责落实互联网信息传播方针政策和推动互联网信息传播法制建设，指导、协调、督促有关部门加强互联网信息内容管理
通信管理部门	对地区公用电信网、互联网和专用电信网实行统筹规划与行业管理；监管地区公用通信网、互联网、专用通信网互联互通和公平接入；对电信业务经营许可和电信设备进网管理；会同有关部门监督管理地区电信服务资费和质量
公安部门	主管全国计算机信息系统安全保护工作，维护网络安全和秩序
国家保密局	管理和指导保密技术工作，负责办公自动化和计算机信息系统的保密管理，指导保密技术产品的研制和开发应用，对从事涉密信息系统集成的企业资质进行认定
信息服务业行业协会、互联网行业协会、软件行业协会等	软件和信息服务行业的自律性管理机构，负责对各地企业工作进行业务指导、监督和检查，订立行业行规，约束行业行为，提高行业自律性等

（二）法律体系

目前有关SaaS企业的主要监管法律法规及相关的行业政策请见本书之“附录：行业相关主要法律规定及监管政策”之“八、SaaS行业相关法律规定及监管政策”。

四、SaaS企业的资本市场表现及资本运作核心法律关注要点

（一）SaaS企业的资本市场表现

在上市层面，根据同花顺iFinD金融数据终端统计，截至2023年3月1日，属

于 SaaS 概念分类的 A 股及港股上市公司共有 65 家，其中 A 股上市公司共 40 家，港股上市公司共有 25 家。A 股 SaaS 概念上市公司中，于上交所主板上市共 5 家、深交所主板上市共 15 家、科创板上市共 5 家、创业板上市共 15 家。同时，根据公开途径检索，也有不少 SaaS 企业选择向海外探索，比如容联云（RAAS）于 2021 年 2 月成功登陆纽交所挂牌上市，被誉为"中国 SaaS 赴美第一股"；涂鸦智能（TUYA）于 2021 年 3 月登陆纽交所挂牌上市，被誉为"全球 IoT 云平台第一股"。

在投融资层面，根据云推客来公众号数据，2022 年上半年 SaaS 领域相关企业的投融资事件共有 120 起，投融资总金额超过 137.84 亿元。整体来看，2022 年上半年投融资事件数量略高于 2021 年同期的 111 起，投融资金额低于 2021 年同期的 190 亿元。可见即使在产业互联网融资遇冷的情况下，SaaS 领域仍是热度不减。① 其中，神策数据、店匠科技、分贝通、店小秘、智齿科技等企业均完成 1 亿美元及以上大额融资，SaaS 企业仍颇受资本青睐。

（二）SaaS 企业的资本运作核心关注法律要点

SaaS 企业在资本运作中主要有以下核心关注法律要点：

1. 经营资质

从事 SaaS 业务无须取得特殊的经营资质，但 SaaS 企业如果同时从事增值电信服务业务则需要取得相应的资质。对于纯 SaaS 企业，由于其仅为客户提供 SaaS 产品的软件功能而未自主提供增值电信业务服务，一般无须取得特殊资质许可。对于综合 SaaS 企业，由于其在 SaaS 业务之外还自主开展增值电信业务服务，如互联网数据中心相关服务、信息检索查询、自动化短信营销、在线交流、呼叫中心服务等，需要取得相应的增值电信业务经营许可证。

根据我们对法律法规及相关上市企业公开披露信息的梳理，SaaS 企业可能涉及的增值电信业务服务包括信息数据业务中心服务，信息抓取、递送、分发服务，信息检索查询服务，即时通信服务（信息社区平台服务和信息即时交互服务），短信服务等。以下为我们梳理的相关增值电信业务经营许可证类型以及常见应用场景，见表 2-2-3-2。

---

① 参见《2022 上半年 SaaS 投融资：共 120 起，38 起过亿元大单》，载 https://mp.weixin.qq.com/s/hyjdTEzOs_MBDjWvIP6TSw。

表 2－2－3－2　SaaS 企业可能涉及的增值电信业务经营许可证类型及常见应用场景

增值电信业务经营许可证类型	细分类型	含义/常见应用场景
B11 互联网数据中心业务（IDC）	不含互联网资源协作服务业务的 IDC 业务	IDC 业务（不含互联网资源协作服务）主要涉及提供 IaaS 层服务，具体的应用场景有： ● 提供服务器、主机等互联网或其他网络相关设备的托管、代理维护及相关增值服务等 ● 对外出租服务器、机柜机架、存储空间、网络硬盘、虚拟主机等设备 ● 通信线路和出口带宽的代理租用和其他应用服务
	互联网资源协作服务业务	互联网资源协作服务主要涉及提供 PaaS 层服务，具体的应用场景有： ● 提供数据存储服务，如云存储服务 ● 提供互联网应用开发环境，如云服务开发平台、云计算平台 ● 提供互联网应用部署和运行管理服务，如云主机服务
B25 信息服务业务（ICP 证 & SP 证[注]）	信息发布平台和递送服务	指建立信息平台，为其他单位或个人用户发布文本、图片、音视频、应用软件等信息提供平台的服务，具体应用场景有提供在线广告、视频/直播平台等
	信息搜索查询服务	为用户提供网页信息、文本、图片、音视频等信息检索查询服务，具体应用场景为在产品中提供信息检索服务
	信息社区平台服务	指在公用通信网或互联网上建立具有社会化特征的网络活动平台，可供注册或群聚用户同步或异步进行在线文本、图片、音视频交流的信息交互平台，具体应用场景有提供在线交流信息互动平台服务
	信息即时交互服务	利用公用通信网或互联网，并通过运行在计算机、智能终端等的客户端软件、浏览器等，为用户提供即时发送和接收消息、文件等信息的服务。具体应用场景有提供即时收发消息、文件、即时通信等功能的服务
	信息保护和处理服务	利用公用通信网或互联网，通过建设公共服务平台以及运行在计算机、智能终端等的客户端软件，面向用户提供终端病毒查询、删除，终端信息内容保护、加工处理以及垃圾信息拦截、免打扰等服务，如提供病毒查杀、垃圾信息拦截等服务
B23 存储转发类业务	存储转发类业务包括语音信箱、电子邮件、传真存储转发等业务，具体应用场景有消息推送、短信营销、短信/邮件通知服务等	

续表

增值电信业务经营许可证类型	细分类型	含义/常见应用场景
B24 呼叫中心业务	指受企事业等相关单位委托，通过公用通信网向用户提供有关该单位的业务咨询、信息咨询和数据查询等服务，主要是呼叫中心 SaaS 业务涉及该牌照	
B21 在线数据处理与交易处理业务(EDI)	包括交易处理业务（办理费用支付、拍卖商品买卖等）、电子数据交换业务，网络/电子设备数据处理业务。具体应用场景如电商平台等	

注：B25 信息服务业务包括 ICP 业务和 SP（Service Provider）业务，二者提供的信息服务类型相同，区别在于 ICP 业务是通过互联网渠道向用户提供信息服务，而 SP 业务则是通过公用通信网渠道向用户提供信息服务。

SaaS 企业在运营中是否取得了其开展业务所需的全部有效资质许可，是否存在超资质范围开展业务，非合规经营等问题，是 SaaS 企业能否持续快速发展及稳定经营的关键基础，也是企业资本运作时，投资方以及 IPO 监管机构重点关注的问题。企业在日常业务运营中需尤为关注开展的业务是涉及某一类还是多个增值电信业务经营许可证的取得，以免造成未取得资质牌照展业或超资质许可范围展业的不合规情形。

2. 外商投资限制

根据《外商投资准入特别管理措施负面清单》（2021 年版）[以下简称《负面清单》（2021 年版）]以及《外商投资电信企业管理规定》（2022 年修订，以下简称 2022 年《外资电信企业管理规定》）等规定①，增值电信业务可分为无外资限制类（包括电子商务、国内多方通信、存储转发、呼叫中心）、外资限制类（外资股比不超过 50%，如信息检索等）以及禁止外资投资类（如互联网公众发布信息服务等）三种。实践中，SaaS 企业提供的增值电信业务服务部分属于前述无外资限制类以及外资股比不超过 50% 的类别的，对 SaaS 企业运营过程及融资应重点关注以下三项内容：(1) 内外资牌照的区分。企业自身/供应商取得的电信牌照类别（外资/内

---

① 根据《负面清单》（2021 年版），增值电信业务的外资股比最终不超过 50%（电子商务、国内多方通信、存储转发类、呼叫中心除外）；禁止外资投资互联网新闻信息服务、网络出版服务、网络视听节目服务、互联网文化经营（音乐除外）、互联网公众发布信息服务（上述服务中，中国入世承诺中已开放的内容除外）。

资)是否合规,除商务部、工信部 71 号文[①]的特殊规定外,持牌主体穿透后有外资的均应取得外资电信牌照。(2)**外资股比限制**。对于外资限制类电信业务,持牌主体向上穿透最终的外资股比应不超过 50%。(3)**外资变动审批/备案程序**。一方面,如在直接股东层级未发生变化而上穿外资主体发生股权变化时,应及时确认是否需要办理外资电信牌照的变更审批。另一方面,如拟在直接股东层面引入外资股东的,应注意前述外资电信牌照类别及外资股比限制的合规要求,特别是在持牌主体原持有牌照为内资电信牌照时,需及时确认该外资股东能否满足申请外资电信牌照的审查要求,以免导致后续无法申请外资牌照的问题。建议在引入外资股东时,提前与当地通信管理部门沟通并在取得外资牌照批准时引入外资股东。

如 SaaS 企业有赴境外上市计划的,须综合考虑外资股比限制、企业实际需求等因素以选择适合的上市架构及业务模式。以往,在企业较难取得外资电信牌照的情况下,从事增值电信业务的企业(以下简称**增值电信企业**)在赴境外上市时一般选择 VIE 架构,如齐屹科技(01739. HK)等;且如 SaaS 企业选择赴港上市,其 VIE 安排还须符合香港联交所"narrowly tailored"的要求,该类搭建 VIE 架构的企业常常通过取得相关监管部门就外资电信牌照审批流程中"合格外方主要投资者"未有明确审批程序或指引等回复口径作为其符合"narrowly tailored"要求的解释基础。2022 年 5 月 1 日实施的《外资电信企业管理规定》删除了**"经营增值电信业务的外商投资电信企业的外方主要投资者应当具有经营增值电信业务的良好业绩和运营经验"这一限制要求**,进一步放宽了外商投资电信业务的要求。在此背景下,对于无外资限制的增值电信企业,在后续外资电信牌照逐步放宽监管后,其赴境外上市时有望采取非 VIE 架构的上市模式;对于有外资限制的增值电信企业,基于其具体的外资限制比例情况和实践中主管部门对外资电信牌照的持牌要求,除 VIE 架构外,可能还可考虑采取 H 股上市架构。但《外资电信企业管理规定》实施后,实践中是否仍可取得相关通信主管部门就企业无法取得外资牌照的回复确认存在较多不确定性,则企业在未取得外资电信牌照时,是否仍可采取 VIE 架构赴港上市亦存在一定不确定性。

---

① 商务部、工信部 71 号文是指商务部、工信部《关于境外直接上市的境内企业申请经营电信业务适用程序有关问题的通知》(商资函[2009]第 71 号)。

2023 年 2 月 17 日，中国证监会发布了《管理试行办法》及境外上市新规，放宽了 H 股上市的审批程序且同时将红筹上市（含 VIE 架构模式）统一纳入监管，规定 H 股上市以及红筹上市均适用备案制度，关于境外上市最新动态可见本书业务规则编第一章“境外上市：企业境外上市新规解读——从监管规则之变迁谈起”。境外上市新规生效后，H 股上市及 VIE 架构上市在审批流程上趋同，在外资电信牌照逐步放宽监管的背景下，H 股上市也将是该类企业境外上市的可行架构之一。特别应注意的是，对于存在 VIE 架构的企业，中国证监会将征求有关主管部门意见，对满足合规要求的 VIE 架构企业境外上市予以备案。相关企业如何搭建满足合规要求的 VIE 架构，以及能否就架构取得行业主管部门的肯定性意见，将成为该等企业赴境外上市至关重要的一环。

3. 网络安全、信息保护等问题

根据《互联网信息服务管理办法》《网络安全法》《数据安全法》《个人信息保护法》等现行有效的法律规定，进行网络运营、数据处理、信息服务等服务的网络运营者[①]、数据处理者等主体除须取得上文提及的相关资质许可外，还需按照现有法律要求承担有关网络安全保障、数据安全保障（包含用户个人信息[②]安全）等责任，并根据有关规定建立内部整套安全制度、采取互联网安全保护技术措施[③]、进行信息记录及备份以及履行安全管理义务等系列义务。该类主体如未履行上述义务，一方面，将涉及责令改正、罚款、吊销许可证等行政责任；另一方面，因未履行上述义务而导致的数据泄露、系统出错等致使用户遭受损失的，还将涉及向用户补偿、赔偿等问题。前述提及的作为网络运营者、数据处理者等主体承担的相关主要责任及义务见表 2-2-3-3。

---

① 根据《网络安全法》的规定，网络运营者指网络的所有者、管理者和网络服务提供者。

② 根据《电信和互联网用户个人信息保护规定》，用户个人信息，是指电信业务经营者和互联网信息服务提供者在提供服务的过程中收集的用户姓名、出生日期、身份证件号码、住址、电话号码、账号和密码等能够单独或者与其他信息结合识别用户的信息以及用户使用服务的时间、地点等信息。

③ 根据《互联网安全保护技术措施规定》，互联网安全保护技术措施，是指保障互联网网络安全和信息安全、防范违法犯罪的技术设施和技术方法。

表2－2－3－3　各网络安全主体责任义务

<table>
<tr><th>主体</th><th>主要义务</th></tr>
<tr><td>互联网信息服务提供者</td><td>安全保护措施
●须落实互联网安全保护技术措施,并保障互联网安全保护技术措施功能的正常发挥。同时须依法使用互联网安全保护技术措施,不得利用互联网安全保护技术措施侵犯用户的通信自由和通信秘密
信息记录及备份
●应当记录上网用户的上网时间、用户账号、互联网地址或者域名、主叫电话号码等信息
●相关记录备份应当保存60日,并在国家有关机关依法查询时,予以提供
●如从事新闻、出版以及电子公告等服务项目,应当记录提供的信息内容及其发布时间、互联网地址或者域名
安全管理
●发现其网站传输的信息明显违反法律规定的,应当立即停止传输,保存有关记录,并向国家有关机关报告
个人信息收集、使用、保护
●须制定用户个人信息收集、使用规则,并在其经营或者服务场所、网站等予以公布
●对其在提供服务过程中收集、使用的用户个人信息的安全负责。须建立相应的管理制度。未经用户同意不得公开、泄露用户注册信息
●收集、使用用户个人信息的,应当明确告知用户收集、使用信息的目的、方式和范围,查询、更正信息的渠道以及拒绝提供信息的后果等事项,未经用户同意,不得收集、使用用户个人信息。在用户终止使用电信服务或者互联网信息服务后,应当停止对用户个人信息的收集和使用,并为用户提供注销号码或者账号的服务等</td></tr>
<tr><td>网络运营者</td><td>安全制度
●须建立一套完整安全制度,包括内部安全管理制度和操作规程、网络安全事件应急预案,建立健全用户信息保护制度,网络信息安全投诉、举报制度等安全制度
安全保护措施
●运营时须按照国家安全等级保护制度的要求,切实履行安全保护措施,包括保障网络免受干扰、破坏或者未经授权的访问,防止网络数据泄露或者被窃取、篡改,并应当为其网络产品、服务持续提供安全维护
安全管理
●发现网络产品、服务存在安全缺陷、漏洞等风险时,应当立即采取补救措施,按照规定及时告知用户并向有关主管部门报告
●提供电子信息发送服务和应用软件下载服务的,应当履行安全管理义务,知道其用户有设置恶意程序、发布或传输法律禁止的信息的应当停止提供服务,采取消除等处置措施,保存有关记录,并向有关主管部门报告
●提供信息发布、即时通讯等服务,在与用户签订协议或者确认提供服务时,应当要求用户提供真实身份信息;用户不提供真实身份信息的,网络运营者不得为其提供相关服务等
个人信息收集、使用、保护
●网络产品、服务具有收集用户信息功能的,其提供者应当向用户明示并取得同意,涉及用户个人信息的,应当遵守个人信息保护的相关规定</td></tr>
</table>

续表

主体	主要义务
数据处理者	安全制度及安全保护措施 ● 利用互联网等信息网络开展的，除须履行相应的网络安全登记保护制度外，还须建立健全全流程数据安全管理制度，组织开展数据安全教育培训，采取相应的技术措施和其他必要措施，保障数据安全 ● 重要数据的处理者应当明确数据安全负责人和管理机构，落实数据安全保护责任 ● 重要数据的处理者应当按照规定对其数据处理活动定期开展风险评估，并向有关主管部门报送风险评估报告 安全管理 ● 发现数据安全缺陷、漏洞等风险时，应当立即采取补救措施；发生数据安全事件时，应当立即采取处置措施，按照规定及时告知用户并向有关主管部门报告 个人信息收集、使用、保护 ● 涉及个人信息处理的，应当按照法律规定采取安全措施确保个人信息处理活动符合法律法规的规定等
互联网接入服务提供者	信息记录及备份 ● 相关记录备份应当保存60日，并在国家有关机关依法查询时，予以提供等
计算机信息系统的使用单位	安全制度 ● 须建立健全安全管理制度，负责本单位计算机信息系统的安全保护工作 安全保护措施 ● 须根据法律要求按照计算机信息系统的安全等级进行对应的安全等级保护 安全管理 ● 对计算机信息系统中发生的案件，有关使用单位应当在24小时内向当地县级以上人民政府公安机关报告等
电信业务经营者	安全保护措施 ● 应当落实与通信网络单元级别相适应的安全防护措施 安全管理 ● 按照规定进行安全风险评估，及时消除重大网络安全隐患 信息备份 ● 应当对通信网络单元的重要线路、设备、系统和数据等进行备份 个人信息收集、使用、保护 ● 对其在提供服务过程中收集、使用的用户个人信息的安全负责。须制定用户个人信息收集、使用规则，并在其经营或者服务场所、网站等予以公布等 ● 收集、使用用户个人信息的，应当明确告知用户收集、使用信息的目的、方式和范围，查询、更正信息的渠道以及拒绝提供信息的后果等事项，未经用户同意，不得收集、使用用户个人信息。在用户终止使用电信服务或者互联网信息服务后，应当停止对用户个人信息的收集和使用，并为用户提供注销号码或者账号的服务

续表

主体	主要义务
网络产品提供者(软件、硬件)	安全保护措施及信息留存 ● 应当建立健全网络产品安全漏洞信息接收渠道并保持畅通,留存网络产品安全漏洞信息接收日志不少于6个月 安全管理 ● 应当履行网络产品安全漏洞管理义务,包括在发现或获知存在安全漏洞时,立即采取措施,并通知相关产品提供者、向相应监管平台报送漏洞信息,及时进行修补等,以确保其产品安全漏洞得到及时修补和合理发布,并指导支持产品用户采取防范措施

注:上述主体的相关业务范围有所重合,为使概念主体及义务范围与法律规定保持一致,上述对于存在重合业务范围的概念主体亦分开进行列明。

根据上述规定,鉴于用户在使用 SaaS 产品过程中其大量数据将进入 SaaS 系统并在相应 IaaS 层、PaaS 层中进行存储、传输、运行、处理等,在法定义务层面上,实际经营及提供该等数据存储、处理、网络管理等服务的技术供应商(如综合 SaaS 企业或第三方技术供应商)将对应构成上述法律规定的网络运营者、数据处理者等主体,须遵守我国上述关于网络安全、数据安全等规定及履行相关义务。在约定义务层面上,该等数据信息的保管及安全责任一般按双方协议安排由 SaaS 企业(包括纯 SaaS 企业和综合 SaaS 企业)承担。因此,纯 SaaS 企业对外提供的增值电信业务服务是向第三方采购的,**该企业一般仅作为网络产品(软件)提供者遵守及履行相关法定责任及义务,而不属于上述法律规定的其他的数据处理者、网络运营者、互联网接入服务提供者等法定主体**。但除法定义务外,基于纯 SaaS 企业与客户的产品服务协议安排,纯 SaaS 企业对客户在使用其 SaaS 产品过程中出现信息泄露、数据遗失等问题以及产生的损失亦将负有一定义务,因此纯 SaaS 企业在选择技术资源供应商时,应重点关注该等企业的资质能力、规模、网络数据安全措施是否完备、是否采取保密隔离技术以及是否出现过网络安全事故等,并在购买相关技术资源时应就其出现安全问题、系统错误等方面的责任予以明确约定。另外,虽然纯 SaaS 企业在提供服务时涉及的数据存储、处理等行为是在第三方服务器等设施上进行的,但纯 SaaS 企业根据协议可能有权使用、调配该等信息数据,即存在可以控制该等数据信息的情形,如纯 SaaS 企业后续选择境外上市的,不排除存在触发网络/数据安全审查程序的可能。

综合 SaaS 企业根据其具体提供的服务类型将对应落入上述法律规定的信息服务提供者、数据处理者、网络运营者等责任主体范畴,须依法履行相应的网络安全管理及保障义务。同时,需要注意的是,综合 SaaS 企业在提供服务时可能涉及大量的数据存储、处理、网络运营管理,需要关注网络安全和数据安全问题,明确是否已履行相关法定义务,以及从事相关业务是否将受到相关外资投资限制。由于在境外上市时可能涉及网络安全、数据安全、外资投资安全等审查程序,建议综合 SaaS 企业在具体运营时相应关注上述事项,避免产生合规风险。

4. 知识产权与核心技术团队

SaaS 企业能否持续发展及保持市场竞争力的关键在于其核心技术以及独立开发能力,因此除关注企业是否已做好知识产权/核心技术内部管理工作(包括建立相关保护制度及落实等)外,还应重点关注知识产权的完整性(是否已取得开展主营业务所需的所有知识产权及/或其使用权)、知识产权的权利来源、权属关系和权利内容、权属有无瑕疵及法律风险等问题(具体关注问题见表 2-2-3-4)。此外,SaaS 产品常在第三方的 IaaS 及 PaaS 平台上开发部署,存在依赖第三方开源软件等问题,企业对第三方平台的依赖程度及相关法律风险、是否具备独立开发产品能力也值得关注。

表 2-2-3-4 知识产权相关法律问题

关注事项	具体内容	
权利来源	独立开发/自主创作	是否涉及研发人员原单位职务成果
		是否为职务作品/发明
		研发费用计提合规性等
	合作开发/委托开发	权利归属、权益分配约定
		各方是否拥有单独授权第三方使用的权利
		后续开发及衍生成果的权利归属约定
		是否存在权利纠纷等
	受让取得	出让方是否为关联方
		转让费用是否已支付完毕
		是否已按规定签署了书面合同,合同是否真实有效
		转让手续程序是否合法齐备
		转让的知识产权是否已许可、授权他方使用
		是否存在其他权利纠纷等

续表

关注事项	具体内容	
权利来源	授权许可	被许可知识产权的权属、有效性、是否存在许可限制等涉及授权有效性事项
		是否已按规定签署有关许可协议及办理有关手续（如需）
		许可备案登记手续是否已完备
		许可方式为独家许可、排他许可或普通许可
		许可费用、期限以及范围（权利范围、地域范围等）等
		许可使用费的支付情况
		二次开发的知识产权的归属约定等安排
		是否即将到期、续期是否有障碍
		是否存在其他权利纠纷/潜在纠纷等
权利状态	现时法律状态、剩余保护期限、缴费情况，是否存在到期注销、提前终止或其他潜在终止风险	
权利负担	担保或其他权利限制（如处置及许可第三方使用须经他人同意）	
权利纠纷	是否涉及核心技术；对公司的影响程度（包括对公司主要业务开展、收入、利润的影响以及可能存在的损失等）	
其他	公司重要专利是否由企业关联方、高级管理人员、技术人员持有；重要技术是否均已申请知识产权保护	

SaaS 企业作为科创企业，其另一核心关注要点是其核心技术团队以及研发投入等问题。对于核心技术团队，一是关注企业核心技术人员是否存在违反其与以往任职单位的竞业禁止约定、保密协议等情形，是否已与企业签署知识产权归属、不竞争及保密等协议；二是核心技术人员的专业能力，包括其教育背景、学历构成、研发经历、具体岗位职责、具体贡献、取得的专业资质及重要科研成果、获得奖励情况；三是核心技术人员的稳定性，企业核心技术人员的变动情况、薪酬水平、合同期限、股权激励及约束制度等安排。在企业运营及资本运作中，知识产权及核心技术团队属于核心事项，建议 SaaS 企业在日常经营中做好知识产权、核心技术人员的管理，内部建立起相关规章制度，并明确相关部门的管理职责及操作规程等，做好核心技术保护及日常管理。

5. 对第三方技术资源的依赖性

SaaS 产品开发及业务开展在技术上依赖于 IaaS 的基础设施及 PaaS 开发环

境。中小型 SaaS 企业通常向第三方采购 IaaS 层、PaaS 层的技术资源(如服务器、API、信息通道资源等)以及其他增值电信业务服务。中小型 SaaS 企业对大型技术资源提供厂商(如阿里巴巴、华为等)存在较高的依赖性,由大型厂商提供底层技术、导入客户等,其技术资源采购成本及 SaaS 产品的营业收入和其与大型厂商的合作情况息息相关,特别是服务于电商的 SaaS 产品。

该问题一定程度上是由行业特性、产品等客观因素造成的,具有一定的商业合理性,符合商业逻辑。针对该问题,企业需要关注是否存在影响企业独立性及持续经营能力的情形,具体包括:(1)企业与技术厂商的合作模式、定价等是否符合市场惯例、是否公允、是否稳定等。(2)该技术厂商对企业现时是否具有不可替代性,即企业的主营业务开展及收入是否主要依赖于该厂商,且短期内无法改变;如是,须重点关注该高度依赖性是否合理、合作关系是否稳定、是否已有相关的应对计划及/或应对措施等。(3)与技术厂商是否存在关联关系、是否存在给予大量优惠政策、是否存在利益输送等。

除上述核心关注问题外,SaaS 业务涉及网络及数据安全、电信业务资质、个人信息、商业秘密等敏感领域,处于强监管范畴,存在较大的政策变化风险。因此,SaaS 业务能否持续经营及稳定开展的关键因素之一是其政策利好环境的稳定性,SaaS 企业应持续关注相关行业准入、运营监管、资质管理等方面的政策趋势及变化。同时,SaaS 企业作为科创企业,根据其获得的高新技术企业等认证,可申请相关税收优惠及/或政策补贴,其税收优惠及相关政策补贴的合规合法性以及对公司收入和利润的影响亦应予以关注。

结　语

SaaS 业务具有低成本、部署快、免维护等特点,加之近年疫情环境下远程办公、视频会议等 SaaS 服务成为热流,SaaS 逐渐成为众多企业信息化的新选择。SaaS 企业在面临巨大机遇的同时,亦面临许多挑战,我们亦将持续关注 SaaS 行业相关规则及热点,为企业及从业各方提供法律支持。

副编三　生物医药行业编

第一章　生物医药—药品：药品行业准入门槛及企业资本运作法律合规要点

2021 年 12 月，国家发改委正式印发《“十四五”生物经济发展规划》。该规划作为我国首部生物经济五年规划，把生物医药产业作为生物经济战略性产业，并提出未来要全面系统科学地去推动生物医药产业的发展。药品产业作为生物医药产业的重要组成部分，未来将迎来新一轮发展机遇。药品行业具有强监管性、复杂性和专业性等特征，医药企业的蓬勃发展有赖于其自身合规经营，我们就医药企业的生产经营各环节准入要求以及资本运作的法律合规要点进行了梳理，旨在为医药行业相关各方提供法律上的参考。

一、药品行业的基本情况

（一）药品的概念及分类

根据《药品管理法》的规定，药品指用于预防、治疗、诊断人的疾病，有目的地调节人的生理机能并规定有适应证或者功能主治、用法和用量的物质，包括中药、化学药和生物制品等。

当前药品种类繁多，不同类型药品适用的上市标准、监管要求有所差异，对于药品的种类需要有基础的认识。本章主要介绍两种分类标准：一是按药品注册分类标准，药品可分为中药天然药物、化学药品、生物制品，其中化学药品市场上主要包括创新药、改良型新药、原研药品、仿制药；二是按管理要求标准，药品可分为处方药和非处方药。具体分类情况见表 2－3－1－1。

表 2-3-1-1　药品主要分类情况

分类标准	类别	细　分
药品注册管理	中药天然药物	可分为中药创新药、中药改良型新药、古代经典名方中药复方制剂、同名同方药等
	化学药品	可分为创新药、改良型新药、仿制药、境外已上市境内未上市化学药品①；根据创新性及是否上市，还可简单分为创新药、改良型新药、原研药品②、仿制药
	生物制品	可分为生物制品创新药、生物制品改良型新药、已上市生物制品（含生物类似药）等
管理要求	处方药	处方药必须凭执业医师或执业助理医师处方才可调配、购买和使用
	非处方药	非处方药不需要凭执业医师或执业助理医师处方即可自行判断、购买和使用，其中非处方药按照其药品安全性又分为甲、乙两类

注：①该等药品按《化学药品注册分类及申报资料要求》可分为五个类别：一类为境内外均未上市的创新药，指含有新的结构明确的、具有药理作用的化合物，且具有临床价值的药品；二类为境内外均未上市的改良型新药，指在已知活性成分的基础上，对其结构、剂型、处方工艺、给药途径、适应证等进行优化，且具有明显临床优势的药品；三类为境内申请人仿制境外上市但境内未上市原研药品的药品，该类药品应与参比制剂的质量和疗效一致；四类为境内申请人仿制已在境内上市原研药品的药品，该类药品应与参比制剂的质量和疗效一致；五类为境外上市的药品申请在境内上市。

②根据《化学药品注册分类及申报资料要求》，原研药品是指境内外首个获准上市，且具有完整和充分的安全性、有效性数据作为上市依据的药品。

基于药品种类繁多，下文主要就一般药品展开介绍说明，放射性药品、麻醉药品、精神药品等有特别监管要求或特殊管理程序的，本章囿于篇幅，暂不展开分析。

（二）药品境内研发生产流通全环节流程

药品整体可分为研制、注册上市、生产、销售等环节，其中研制可简要分为临床前研究、临床试验阶段。为便于读者了解药品整体研发生产流通环节及要求，药品境内研发上市的简要流程梳理见图 2-3-1-1。

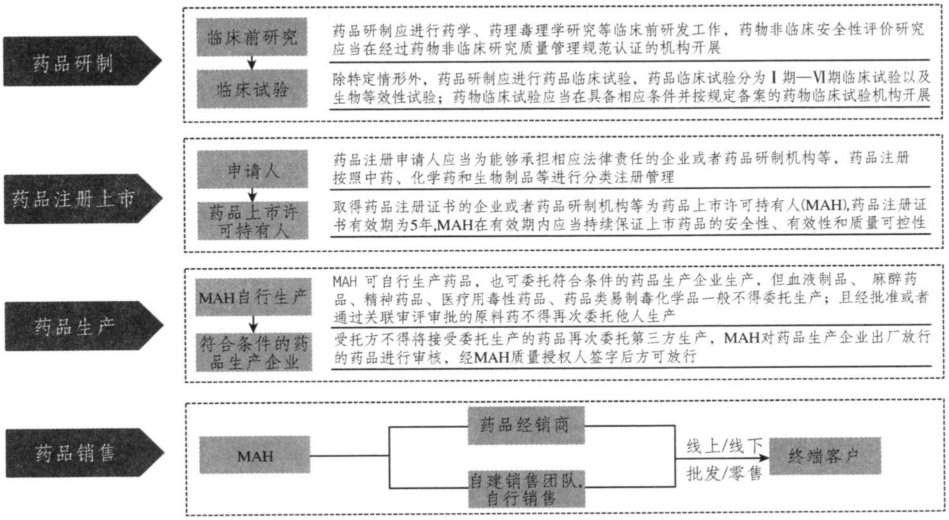

图 2－3－1－1　药品境内研发上市流程

二、行业监管及法律体系

(一)主要监管部门

目前，国务院药监局及地方各级药品监督管理部门(以下统称药监部门)主管境内药品监督管理工作，卫健委、医疗保障监督部门、生态环境监管部门、工商部门等其他有关部门在各自职责范围内负责与药品有关产业规划、支付标准、污染防治、广告宣传等监督管理工作。

(二)主要监管法律法规及行业政策

药品关乎公众生命健康安全，药品行业具备强监管性、复杂性和专业性等特征，当前就药品的研发、生产、经营、使用等方面均有相应的法律法规及行业政策进行规范，药品行业主要监管法律法规及行业政策请见本书之“附录：行业相关主要法律规定及监管政策”之“九、生物医药行业相关法律规定及监管政策”之“(一)药品行业相关法律规定及监管政策”。其中，药品行业实行药品生产、经营注册/备案制度、药品上市许可持有人制度、带量采购制度、两票制、仿制药质量与疗效一致性评价制度等制度，前述制度对于医药企业的生产经营具有重要影响，表 2－3－1－2 为相关的重要制度及其对医药企业的主要潜在影响。

表 2-3-1-2 相关重要制度及其对医药企业的主要潜在影响

序号	制度	内容	对企业的主要潜在影响
1	药品生产、经营注册/备案制度	我国目前对药品生产、经营等环节实行许可管理，在境内申请药品上市、生产药品、经营药品均应取得有关部门的批准	该制度确定了医药企业的准入门槛，从事有关医药业务必须取得相关资质许可
2	药品上市许可持有人制度	我国目前对药品管理实行药品上市许可持有人（Marketing Authorization Holder，MAH）制度，MAH制度指拥有药品技术的药品研发机构、药品生产企业等主体，通过提出药品上市许可申请并获得药品上市许可批件，并对药品质量在其整个生命周期内承担主要责任的制度	MAH制度一方面对研发和生产进行了解绑，另一方面明确MAH对药品全生命周期的责任，MAH可更专注于研发，但须更为注重建立及完善药品质量管理及监督的完整体系
3	基本医疗保险药品管理制度	我国实行基本医疗保险药品管理制度，基本医疗保险药品范围通过制定基本医疗保险药品目录（以下简称《医保药品目录》）进行管理；在满足临床需要的前提下，**医保定点医疗机构须优先配备和使用《医保药品目录》内药品。**《医保药品目录》由医疗保障行政部门根据医保药品保障需求、基本医疗保险基金的收支情况等因素，原则上**每年调整一次**	基于《医保药品目录》的药品范围及支付标准实行动态调整机制，企业经营的药品调入、调出药品目录及定价的调整将对企业经营及业绩产生较大影响
4	药品集中带量采购制度	药品集中带量采购制度（简称**集中带量采购制**）主要指国家组织药品集中带量采购的安排，即根据党中央、国务院决策部署，按照“国家组织、联盟采购、平台操作”的总体思路，采取带量采购、量价挂钩、以量换价的方式，与药品生产企业进行谈判，在严格保证质量的前提下，使药品价格回归合理水平。协议期限一般为1—3年	企业经营带量采购中选药物且中标带量采购项目的，如后续未继续中标或中标价格调整较大，将影响企业的经营和业绩

续表

序号	制度	内容	对企业的主要潜在影响
5	两票制	两票制是指药品生产企业到流通企业开一次发票，流通企业到医疗机构开一次发票；药品生产企业或科工贸一体化的集团型企业设立的仅销售本企业（集团）药品的全资或控股商业公司（全国仅限1家商业公司）、境外药品国内总代理（全国仅限1家国内总代理）可视同生产企业。**目前我国要求公立医疗机构药品采购中逐步推行“两票制”，鼓励其他医疗机构药品采购中推行“两票制”**	两票制的推行使医药企业从传统经销模式逐步转为自建销售团队或采取CSO模式，对医药企业的整体经营方式和业绩存在较大影响
6	药品价格管理制度	药品价格关系民生，其定价存在一定的法定要求，具体为：（1）麻醉药品和第一类精神药品实行政府定价；（2）其他药品实行市场调节价，按支付标准的确定方式，可分为：1）除政府定价药品、集中采购中选药品，纳入基本医疗保险药品目录（简称基本药品目录）的独家药品通过准入谈判方式确定支付标准、非独家药品根据准入竞价等方式确定支付标准；2）集中采购中选药品按集中采购规定定价；3）除前述药品外的其他药品支付标准由经营者与市场主体自主制定	企业经营上述政府定价或存在特定支付标准确定方式的药品的，价格的波动可能会对企业产生较大影响
7	仿制药质量与疗效一致性评价制度	我国自2016年2月开始实行仿制药质量和疗效一致性评价（以下简称**仿制药一致性评价**）制度，仿制药一致性评价是指对以往已经**批准上市但未开展一致性评价审**批的仿制药，按与原研药品质量和疗效一致的原则，分期分批进行质量一致性评价。其中：（1）评**价对象**为化学药品新注册分类实施前已批准上市但未按照一致性评价原则审批的仿制药；（2）**评价时限**为《国家基本药物目录（2012年版）》中2007年10月1日前批准	企业经营产品涉及化学药品新注册分类实施前批准上市的仿制药的，须根据上述时限完成一致性评价，否则可能面临无法继续注册的风险，进而影响企业经营及业绩

续表

序号	制度	内容	对企业的主要潜在影响
		上市的化学药品仿制药口服固体制剂,应在2018年年底前完成一致性评价,其中需开展临床有效性试验和存在特殊情形的品种,应在2021年年底前完成一致性评价;化学药品新注册分类实施前批准上市的其他仿制药,自首家品种通过一致性评价后,其他药品生产企业的相同品种原则上应在3年内完成一致性评价。逾期未完成的,不予再注册	

三、药品行业的准入门槛

药品行业存在较高的准入门槛,药品研发、生产、销售、宣传等环节均涉及取得临床试验审批、药品上市许可、药品生产许可证、药品经营许可证等资质许可,主要的资质许可要求见表2-3-1-3。

表2-3-1-3 药品经营许可资质

阶段	资质许可	备注
研发阶段	• 开展药物研究的药品研究机构①应取得**药品研究机构登记备案证书** • 临床试验应取得主管药监部门药物临床试验批准;其中涉及生物等效性试验的,还应取得**生物等效性试验备案** • 研究涉及实验动物生产/使用的,应当取得**实验动物生产许可证/使用许可证**;涉及重点保护动物的,还应取得国家重点保护野生动物驯养繁殖许可证等资质 • 研究涉及病原微生物或辐射的,应取得辐射安全许可证等	• 研究涉及排污、排放危险废物的还需取得排污许可证、危险废物经营许可证等

① 《药品研究机构登记备案管理办法》第2条规定:凡在我国为申请药品临床试验和生产上市而从事研究的机构,应依照本办法登记备案。第3条规定:本办法所称药品研究机构系指药品临床前研究机构和临床研究机构,包括研究院所、学校、医疗机构、企业和合同研究组织等。

续表

阶段	资质许可	备注
注册上市	• 药品上市须取得药品注册证	—
生产阶段	• MAH、其他企业生产药品均须取得药品生产许可证；MAH 委托他人生产制剂的，即使其自身未生产制剂，也须取得药品生产许可证①；医疗机构生产医疗制剂的，须取得医疗机构生产制剂许可证	• 生产须取得排污许可证；如涉及排放危险废物的，还须取得危险废物经营许可证等
销售阶段	• MAH 可自行销售取得药品注册证书的药品，从事药品零售活动的应取得药品经营许可证，除零售外的其他销售活动无须取得药品经营许可证 • 其他企业销售药品应取得药品经营许可证	• 线上自建网站展示药品产品的，还须取得相应的 ICP 证和互联网药品信息服务资格证书
宣传	• 发布药品广告应获得广告主所在地省、自治区、直辖市人民政府确定的广告审查机关批准；未经批准的，不得发布	—

四、药品企业的资本市场表现及资本运作核心法律关注要点

（一）资本市场表现

根据同花顺 iFinD 金融数据终端统计，截至 2023 年 3 月 1 日，申银万国行业分类（以下简称**申万分类**）为化学制药、中药及生物制品的 A 股及港股上市公司共有 335 家（以下简称**制药上市公司**），该等上市公司的主要业务包括原料药、化学制剂、生物制品、疫苗及/或中药的研发、生产及/或销售等，其中 A 股上市公司共有 281 家，港股上市公司共有 54 家。申万分类为医药商业的 A 股上市公司共有 39 家（以下简称**医药流通上市公司**），该等上市公司涉及的业务有药品及医疗器械等产品的批发零售、配送、技术支持/增值等流通业务，其中 A 股上市公司共有 33 家，港股上市公司共有 6 家。前述 281 家 A 股制药上市公司中，主板上市共 161 家，科创板上市共 46 家，创业板上市共 64 家，北交所上市共 10 家。自 2020 年以来，制药公司在 A 股上市的数量明显迅速上升，科创板尤为受到青睐，2020 年以来科创板制药上市公司新增数量为 44 家。

---

① 根据《药品生产监督管理办法》第 7 条第 2 款的规定，委托他人生产制剂的药品上市许可持有人，应当具备本办法第 6 条第 1 款第 1 项、第 3 项、第 5 项规定的条件，并与符合条件的药品生产企业签订委托协议和质量协议，将相关协议和实际生产场地申请资料合并提交至药品上市许可持有人所在地省、自治区、直辖市药品监督管理部门，按照本办法规定申请办理药品生产许可证。

除选择在 A 股和港股上市外，亦有不少制药企业瞄准海外资本市场，选择在海外上市。根据同花顺 iFinD 金融数据终端统计，截至 2023 年 3 月 1 日，中概股中 GICS 行业分类为制药的美股上市公司共有 13 家，其中主板上市的有 1 家，纳斯达克板块上市的有 12 家。瑞交所作为近年海外上市的新选择，不少医药企业开始奔赴瑞交所融资，如健康元(600380. SH)于 2022 年 9 月 26 日成功发行 GDR 并在瑞交所上市，募集资金总额约为 9204 万美元，成为国内首家赴瑞发行 GDR 的生物医药企业；康希诺(688185. SH)于 2023 年 1 月 10 日发布《关于筹划境外发行全球存托凭证并在瑞士证券交易所上市的提示性公告》，披露其拟筹划境外发行 GDR 并在瑞交所上市。

(二)资本运作核心关注法律要点

药品行业具有投入高、周期长、风险高的显著特点，医药企业发展多需谋求外部融资及支持。外部投资方选择标的医药企业时将对企业的重要法律合规事项予以关注，这些事项是否合法合规是医药企业能否快速获得外部融资的关键因素之一。经梳理，在药品行业的资本运作中各方重点需关注以下核心法律要点：

1. 资质及许可

药品的研发、生产、经营等环节均须取得有关资质许可，医药企业依法取得资质许可是其持续稳定从事医药业务的前提，因此，在资本运作中须结合医药企业的业务类型及经营药品种类整体关注其资质许可的完整性、合法性及有效性。其中对于药品研发企业，应尤其关注其已开展的研发阶段的合规性，包括是否依法取得许可，是否已完成有关安全评价等，这关乎后期药品能否成功注册上市。

医药企业资质许可方面具体应关注以下问题：(1)企业是否已取得开展生产经营等活动所需的全部资质、许可、认证等及其合规性如何；企业取得正在办理过程中的资质、许可、认证是否存在法律障碍；且企业合作方(如 CRO、CMO、CSO 等)是否已具备有关资质许可。(2)资质、许可、认证的有效期是否即将届满，续期是否存在障碍。(3)企业是否存在无资质许可下或超资质许可下违规生产经营的情形；是否曾因此受到行政处罚或其他法律责任。(4)是否存在受到行政处罚的法律风险。

2. 商业贿赂、不正当竞争

医药行业的销售及推广多依赖于经销链条、学术推广活动、第三方渠道推广等方式，该等营销模式下滋生的商业贿赂及不正当竞争问题十分严重。根据《刑法》《反不正当竞争法》《药品管理法》等法律法规的规定，我国目前明确禁止MAH、药品生产企业、药品经营企业和医疗机构在药品购销、使用中以任何名义给予/收受财物或其他不正当利益；存在商业贿赂或不正当竞争行为的，医药企业及/或相关人员可能将承担一定行政责任、民事责任及/或刑事责任。近年来医药企业申请IPO时，证券监管机构均会针对医药企业营销模式及潜在的商业贿赂及不正当竞争等问题进行重点详细的问询，因涉嫌商业贿赂、不正当竞争等问题被否的IPO案例也并不少见。可见，商业贿赂、不正当竞争等问题是医药企业稳健经营及资本运作的重点合规事项之一。

当前医药行业中常见的商业贿赂、不正当竞争形式主要有借助学术会议赞助、科研费、临床观察费、免费学术考察等名义变相给予他方财物或其他不正当利益以及通过第三方进行前述违法违规事项等，如以支付会务费、报销国内外差旅费、提供回扣、捐赠、代理商或第三方公司帮助行贿，前述商业贿赂行为多发生于医药企业、医药代表、医生及医疗机构间的往来之中。因此，在资本运作中，企业应重点关注：(1)医药企业关于反商业贿赂内控制度及其运行有效性，特别是其对销售费用、学术推广费等敏感费用的支出及记账管理制度。(2)医药企业对外营销的形式，如存在采购推广服务的，应重点关注购买服务方式、开票方式及结算方式是否合规。(3)企业销售费用、学术推广费用等费用支出的真实性及合理性(包括是否明显高于同行业平均水平、是否存在异常增幅等)，其中应尤为关注学术推广会议等活动召开的频率、内容、召开真实性、费用支出及用途等情况；学术推广费等费用的具体分项构成，是否涉及为医疗机构、医疗人员、其他客户或其关联方等敏感主体支付相关费用。(4)医药企业、医药代表等销售人员等主体是否曾因商业贿赂行为受到行政、民事及/或刑事立案或责罚。(5)医药企业的董监高、销售人员等人员收入、资金流水是否存在异常，涉嫌商业贿赂等。

3. 重要行业政策影响

(1)两票制及集中带量采购制

两票制、集中带量采购制的推行旨在压缩药品流通环节，降低药价。两票制的推行对医药企业的销售模式产生重大影响，其营销模式逐渐由传统经销模式转为委托外部推广或自建团队销售，同时也产生销售费用虚高、虚开增值税发票冲抵等问题。集中带量采购制则致使部分医药企业经营存在依赖中选药物的情况。

前述两项行业政策的推行对拟进行资本运作医药企业的影响及企业的应对措施一直是近年 IPO 的审核关注要点。

因此，在资本运作中，应重点关注：①企业的营销模式转变情况及实际执行中是否符合两票制要求，如企业目前主要为自建团队销售，还应重点关注医药代表制度合规性及执行的有效性、具体采取的学术推广活动等推广形式的合规性；如主要与 CSO 合作，还应重点关注双方服务协议等文件内容及执行，以及双方财务往来是否合规。②企业销售费用的真实及合理性，是否存在虚开增值税发票等违法违规行为。③经营药品是否属于带量采购中选药物范围，企业是否中标过带量采购药品项目。④集中采购中标药品对企业经营、业绩的重要性，如未继续中标是否将对企业的持续盈利能力造成重大不利影响。

（2）其他行业政策

除两票制、集中带量采购制外，目前我国实行的基本医疗保险药品管理、仿制药一致性评价制等政策对于医药企业的经营亦存在较大影响，如企业经营仿制药、列入重点药品监控目录或《医保药品目录》的药品，应重点关注：①仿制药是否在化学药品新注册分类实施前经批准上市，如是，须关注其是否已通过仿制药一致性评价；如尚未通过，其目前开展一致性评价的进度及是否可在法定时间内完成，否则将面临药品无法继续注册的风险。还应关注前述风险对企业持续经营产生的具体影响及应对措施。②被列入重点药品监控目录的产品情况和风险，是否存在导致医疗事故或医疗纠纷的情况；该等产品对发行人的销售、经营业绩、可持续盈利能力是否存在不利影响。③纳入《医保药品目录》的药品情况，该等药品对企业的重要性程度，该等药品所产生营业收入、利润占比情况，是否存在被调出医保目录的风险，以及政策变化对该等产品价格、竞争者产品销售等带来的风险。

4. 知识产权

药品研发企业的核心竞争力在于其核心技术，在资本运作中须尤为关注其拥有的知识产权完整性、稳定性以及有效性，具体包括知识产权是否完整、权利来源、权利状态、权利负担、潜在争议纠纷等事项。除前述一般关注事项外，基于医药企业在研发过程中授权许可、委托开发、合作开发情形较为常见，该等研发模式下须尤为关注各方的权利义务是否约定明确、清晰，特别是知识产权（含衍生成果）归属、费用承担、利益分配等约定需予以明确。具体关注事项以下详述。

(1)授权许可

将关注许可类型、期限、范围(权利、地域)、费用等;许可手续是否已经完备;是否即将到期、续期是否有障碍(续期安排);许可 IP 的应用领域及情况,是否对主营业务开展存在重要影响;衍生成果权利归属等;是否对第三方存在重大依赖等。

(2)委托开发/合作开发模式

关注各方关于 IP 及其后续衍生成果的权利归属、权利范围、权益分配的约定是否清晰无争议;是否稳定拥有该等 IP 的所有权/使用权;是否涉及第三方职务发明,IP 权属是否存在争议;是否存在对第三方的重大依赖,是否具备独立研发能力。

(3)境外知识产权

关注境外专利保护现状、专利所在国的专利保护政策、专利保护期限是否临近届满等。

另外,医药企业的核心技术人员多来自高校、科研院所、同业企业等,一般涉及竞业禁止、职务发明等问题,须尤为关注该等人员与原任职单位是否签署竞业禁止协议以及入职现单位是否涉及违反竞业禁止等约定,在现单位研发过程中是否存在利用相关原单位的技术资源或便利的情况,是否涉及或可能存在职务发明权属纠纷。

5. 环保合规

药品研发及生产过程中可能涉及大量的污染物排放,存在较高环境风险,该等活动的开展须遵守环境保护的相关规定;如医药企业存在未办理相关环评及验收等手续擅自进行项目开工建设、未按规定采取环保措施或超标/偷排污染物等违法违规行为,可能面临罚款、限制生产、停顿整治、责令停业等行政处罚。随着环保政策收紧及处罚力度不断加大,近年来医药企业因超标、偷排污染物等原因被行政处罚、要求限产或停产整顿等情况频发,环保问题成为医药企业重点合规要点及外部融资的重点关注事项。

在资本运作中,须重点关注药品研制、生产企业以下相关事项:(1)企业研发、生产项目是否已完成环评、验收等环保手续,是否存在未完成环保手续即开展研发、生产活动的情况;是否已取得排污许可证、危险废物经营许可证等环保资质(如涉及)。(2)企业主要污染物名称及排放量,企业采取的环境保护措施及建立的环保内控制度，环保设施的处理能力及实际运行情况；企业是否存在超标、偷排污染物，环保设施质量不符合标准、环保设施废置等情况。(3)企业环保投入和相关费用支出情况、环保投入与处理生产经营所产生的污染相匹配。(4)企业是否因环保违法违规事项受到相关行政处罚或承担其他法律责任，是否属于重大违法行为。

6. 质量安全

根据现行相关法律规定，医药企业应按其从事的业务建立药品生产质量管理体系、药品经营质量管理体系、药品追溯制度、药物警戒制度、年度报告制度或其他有关制度以及配置专门医药人员保证药品质量安全、有效、可追溯等。医药企业未建立并有效执行前述制度的可能将面临相关行政处罚，如监管部门认定MAH不能履行持续考察药品质量、疗效和不良反应责任的，还可能面临药品不予再注册的风险，涉及生产、经营劣药的，将面临承担有关民事、刑事责任的重大风险。因此，在资本运作中，应重点关注：(1)企业是否已建立并有效执行、完善质量保证体系、药品追溯、警戒制度等整套管理制度，是否已按法律规定配置有关专业人员，企业内控制度是否存在重大缺陷。(2)是否发生过医疗事故或重大不良反应，是否因质量而存在争议或纠纷，是否存在相关行政处罚，如存在，应了解事件发生原因、后果及企业采取的整改措施及整改效果；这些问题是否对持续经营能力产生重大影响。

7. 土地与房产

研发及/或生产型药企如拥有生产场地的，其使用的土地与房产应手续齐备，符合有关监管要求且企业拥有相应的合法使用权，否则可能存在被要求拆除违规建筑、收回土地、受到罚款等风险，进而无法继续使用相关土地房产，影响经营。

在资本运作中，需重点关注药品研制、生产企业以下相关事项：(1)使用的土地、自有房产手续是否齐备：自有物业是否均已取得不动产权证书、在建工程的建设进度及是否已相应履行有关审批备案手续、其取得权属证书是否存在障碍；如未取得或履行，应了解相关原因以及瑕疵物业的比例、是否存在被拆除/收回风险、是否构成重大违法行为、对企业经营的影响以及企业应对措施等。(2)租赁物业是否具有稳定性；实际用途与法定用途是否相符；是否为有权出租，是否取得所有权人的授权，如未取得，是否存在搬迁风险及相关补救措施；是否均已办理租赁备案，如未办理，该等租赁的合法合规性、相关租赁合同的有效性，是否存在行政处罚风险;前述瑕疵事项对企业生产经营的影响。

结 语

药品与民众的生命健康安全息息相关,其在研发、生产、经营、销售及使用等环节均有着明确的准入门槛及监管要求,药品行业相关主体在各环节中必须取得相应的资质许可后方可开展有关业务,且在开展过程中应根据现有监管要求建立健全内控体系并严格执行,以避免出现重大合规问题影响企业正常经营及发展。同时,药品行业为具有鲜明的投入高、周期长特征的行业,在发展过程中无疑需要大量的外部资本加入。药品行业是资本市场中的热门赛道,快速获得资本青睐的前提是企业核心竞争力及持续经营能力,相关主体应结合自身实际需求及情况,就资本运作时的重点关注事项予以关注并提前做好对应安排,以借助资本力量迅速发展壮大。

第二章　生物医药—医疗器械：新监管要求下医疗器械企业运营及资本运作合规要点

为贯彻落实“四个最严”①要求等原则，适应产业发展和监管实践需求，《医疗器械监督管理条例》《医疗器械生产监督管理办法》《医疗器械经营监督管理办法》等法律法规（以下统称医疗器械新规）自2021年以来陆续修订，明确建立并全面落实医疗器械注册备案人制度，进一步压实各环节主体责任，完善监管措施，并加大对违法行为的处罚力度，整体上对医疗器械的全生命周期产品质量强化监管力度。医疗器械企业要保持稳健经营及谋求外部融资发展，必须构建强有力的合规基石，满足新监管要求。基于此，我们在结合医疗器械行业新监管要求的基础上，全面梳理了医疗器械企业目前在生产经营等各环节的主要合规要求以及资本运作时法律关注要点，旨在为医疗器械企业、相关投资方及其他有关主体提供少许参考。

一、医疗器械基本情况

（一）医疗器械的概念及类别

1. 医疗器械的概念

医疗器械是指直接或者间接用于人体的仪器、设备、器具、体外诊断试剂及校准物、材料以及其他类似或者相关的物品（包括所需要的计算机软件）。其效用主要通过物理等方式获得，不是通过药理学、免疫学或者代谢的方式获得，或者虽然有这些方式参与但是只起辅助作用。其目的有六：（1）疾病的诊断、预防、监护、治

---

① “四个最严”指最严谨的标准、最严格的监管、最严厉的处罚、最严肃的问责。

疗或者缓解;(2)损伤的诊断、监护、治疗、缓解或者功能补偿;(3)生理结构或者生理过程的检验、替代、调节或者支持;(4)生命的支持或者维持;(5)妊娠控制;(6)通过对来自人体的样本进行检查,为医疗或者诊断目的提供信息。

2. 医疗器械的分类

按照医疗器械的风险程度划分,医疗器械可分为第一类、第二类、第三类医疗器械。其中,第一类是风险程度低,实行常规管理可以保证其安全、有效的医疗器械;第二类是具有中度风险,需要严格控制管理以保证其安全、有效的医疗器械;第三类是具有较高风险,需要采取特别措施严格控制管理以保证其安全、有效的医疗器械。按照产品类别划分,医疗器械主要可分为医用耗材(包括高值耗材和低值耗材)、医疗设备和体外诊断三大类。

(二)医疗器械产业链

医疗器械产业包括上游医疗器械零组件制造(包括原材料、电子元件、软件系统等),中游医疗器械的研发制造、销售以及服务相关行业,下游医疗卫生机构和有关服务行业。医疗器械产业涉及大量商业主体,不同主体均应依法履行市场主体责任及义务。以下为医疗器械的简要产业链图[①](见图2-3-2-1)。

① 产业链中的CRO指医药研发合同外包服务机构(Contract Research Organization),其为主要通过合同形式向医药企业提供医药产品研究服务的专业公司,服务范围包括医药产品研究与开发的各个阶段和领域,主要包括方案设计、临床监查、数据分析和研究报告撰写、上市注册/备案申请等;CMO指医药生产合同外包服务机构(Contract Manufacturing Organization),其为主要通过合同形式为医药企业提供医药产品生产及包装等服务的专业公司,服务范围包括各种医药产品、中间体、原料药、制剂的生产服务等;CDMO指医药定制生产合同外包服务机构(Contract Development Manufacturing Organization),其在CMO基础上增加相关产品的定制加工业务,负责工艺优化和开发服务,可提供定制加工服务;CSO指医药销售合同外包服务机构(Contract Sales Organization),其为主要通过合同形式为客户在产品或服务的销售和市场营销方面提供全面的专业帮助的专业公司,服务范围主要包括市场调研、产品策划、市场推销、产品宣传、渠道设立和终端促销等。

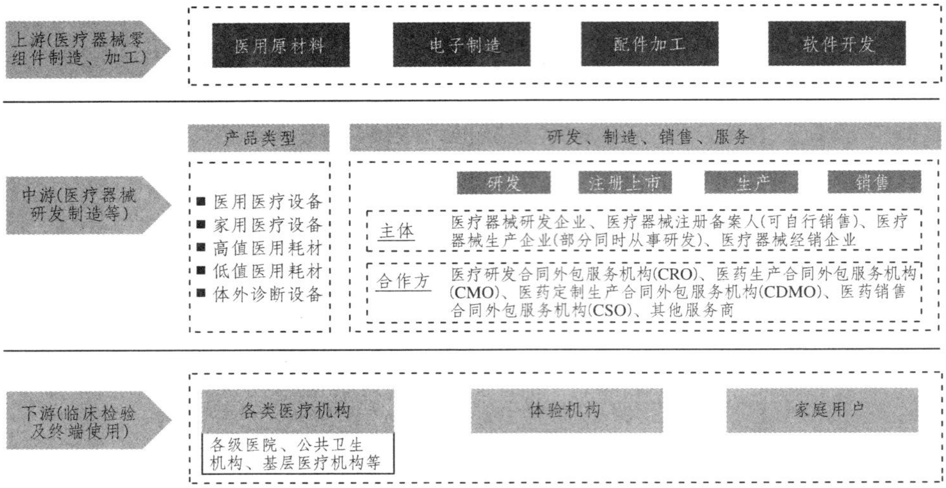

图 2-3-2-1　医疗器械产业链

二、行业监管及法律体系

(一)主要监管部门

目前国内医疗器械行业主管部门为药监部门、国家发改委、卫健委等。相关行业主管部门、行业自律组织及其对应职能的主要情况①如下:

(1)国家发改委。负责组织实施产业政策,研究拟定医疗器械行业发展规划,指导行业结构调整和实施行业管理。

(2)卫健委。负责制定医疗机构和医疗服务全行业管理办法并监督实施。

(3)药监部门。负责对医疗器械企业的研制、生产、流通和使用进行行政监督和技术管理。

(4)国家医疗保障局。负责组织制定城乡统一的医用耗材、医疗服务项目、医疗服务设施等医保目录和支付标准;制定医用耗材的招标采购政策并监督实施等。

(5)中国医疗器械行业协会。负责开展有关行业发展问题的调查研究,向政府有关部门提供政策和立法等方面的意见和建议,组织制定并监督执行行业政策,参与国家标准、行业标准、质量规范的制定、修改、宣传和推广,开展行业资质

① 参见爱美客(300896)、昊海生科(688366)及华熙生物(688363)等企业的上市招股说明书。

管理工作等，在遵守国家政策法规的基础上，维护会员单位的合法权益，促进中国医美器械行业健康发展。

上述监管部门中，药监部门是医疗器械行业监管的核心部门，具体负责医疗器械的生产、经营等多个核心环节的监督管理工作。2022 年 5 月 1 日修订实施的《医疗器械生产监督管理办法》提高了医疗器械生产监管部门的层级，将医疗器械生产监督管理权从原县级部门提高至省、市级药监部门，风险较高的第二类、第三类调整为全归省级药监部门行使，第一类则调整为由设区的市的市级药监部门负责，整体监管力度提高。

（二）主要监管法律法规及行业政策

医疗器械在疾病的预防、诊断、监护、治疗、缓解等方面均有着重要的作用，其质量与患者健康和生命安全息息相关，属于国家强监管的产品。为保证医疗器械的质量安全，当前针对医疗器械全生命周期产业链，国家已出台了相应的法律法规及行业政策进行规范及监管。主要监管法律法规及行业政策请见本书之“附录：行业相关主要法律规定及监管政策”之“九、生物医药行业相关法律规定及监管政策”之“（二）医疗器械行业相关法律规定及监管政策”。

三、医疗器械行业主要资质许可

医疗器械行业存在一定的准入限制，医疗器械的研发、生产、经营过程中均涉及诸多资质许可，我们就医疗器械行业核心环节涉及主要的资质许可进行梳理，企业应关注其是否已取得开展业务所需要的全部资质许可（见表 2－3－2－1）。

表 2－3－2－1　医疗器械行业资质许可

<table>
<tr><th>流程</th><th>第一类</th><th>第二类</th><th>第三类</th><th>备注</th></tr>
<tr><td>产品研发</td><td colspan="4">● 研究涉及实验动物生产/使用的，应当取得实验动物生产许可证/使用许可证
● 涉及重点保护动物的，还应取得国家重点保护野生动物驯养繁殖许可证等资质
● 研究涉及病原微生物或辐射的，应取得辐射安全许可证等
● 研究开展临床试验的，一般应在所在地省级药监局进行临床试验备案，但对人体具有较高风险的第三类医疗器械（具体为纳入临床试验审批的第三类医疗器械目录的器械）应取得国务院药监部门开展临床试验的批准</td></tr>
</table>

续表

流程	第一类	第二类	第三类	备注
产品上市	进行上市备案	取得医疗器械注册证	取得医疗器械注册证	—
产品生产	进行生产备案	取得医疗器械生产许可证	取得医疗器械生产许可证	• 生产涉及排污、排放危险废物的，还需取得排污许可证、危险废物经营许可证等
产品经营	无须取得资质许可	除法定免于经营备案的产品①外，须进行经营备案，但符合经营条件的医疗器械备案人②可在其住所或生产地址经营其已备案医疗器械，无须进行备案	取得医疗器械经营许可证，但符合经营条件的医疗器械注册人可在其住所或生产地址经营其已注册医疗器械，无须取得经营许可证	• 线上自建网站展示医疗器械产品的，还须取得相应的ICP证和互联网药品信息服务资格证书③ • 除其住所或生产地址，医疗器械注册人、备案人在其他场所销售器械的，仍需进行备案、取得经营许可
产品使用	医疗器械使用单位④应当有与在用医疗器械品种、数量相适应的贮存场所和条件；医疗器械使用单位配置大型医用设备⑤的，应经省级以上人民政府卫生主管部门批准，取得大型医用设备配置许可证			
产品宣传	发布医疗器械广告，应取得医疗器械广告批准文号；未经审查，不得发布。但省级以上药监部门责令暂停生产、进口、经营和使用的医疗器械，在暂停期间不得发布涉及该医疗器械的广告			

注：①产品安全性、有效性不受流通过程影响的第二类医疗器械，或从事非营利性的避孕医疗器械贮存、调拨和供应的机构，可免于经营备案。

②医疗器械注册备案人是指取得医疗器械注册证或者办理医疗器械备案的企业或者研制机构。

③医疗器械网络交易服务第三方平台提供者应当依法取得《互联网药品信息服务资格证书》，具备与其规模相适应的办公场所以及数据备份、故障恢复等技术条件，设置专门的医疗器械网络质量安全管理机构或者配备医疗器械质量安全管理人员。

④医疗器械使用单位是指使用医疗器械为他人提供医疗等技术服务的机构，包括医疗机构、计划生育技术服务机构、血站、单采血浆站、康复辅助器具适配机构等。

⑤大型医用设备是指使用技术复杂、资金投入量大、运行成本高、对医疗费用影响大且纳入目录管理的大型医疗器械。

四、医疗器械企业合规要点

2021 年以来，随着医疗器械新规陆续修订实施，医疗器械注册备案人（Marketing Authorization Holder）制度[①]（以下简称 MAH 制度）正式落地，医疗器械行业开始全面实行 MAH 制度。除 MAH 制度外，医疗器械新规对医疗器械研发、生产、经营、使用等环节的监管要求及各方主体责任进一步明确及细化，加强了风险控制和对违法行为的惩戒力度，医疗器械行业相关主体应更加关注自身的合规运营，以免承担违规法律责任。我们就新监管要求下医疗器械各环节中重要监管要求及注意事项作了初步梳理，具体如下。

（一）研发

医疗器械的研发需要投入大量的人力、物力且周期较长，在全面实施 MAH 制度后，医疗器械研发与生产解绑，允许医疗器械研发企业将医疗器械生产环节交由第三方进行，其自身更专注于研发工作，有利于医疗器械的研发创新。

医疗器械的研发主要包括非临床研究、产品检验、临床评价、上市备案/注册等阶段，不同产品适用的研发流程及要求有所不同，具体研发流程及主要要求见图 2－3－2－2。临床评价阶段一般可通过对同品种临床文献资料、临床数据进行分析评价或临床试验开展，目前除列入临床试验审批的第三类医疗器械目录项下的器械强制要求进行临床试验外，其他医疗器械产品可通过对已有临床数据分析评价完成临床评价，但若已有临床数据不足以确认产品安全、有效的，仍应开展临床试验。开展临床试验的，应完成临床试验备案或取得临床试验批准且在已备案管理的适格医疗器械临床试验机构进行。

---

① MAH 制度允许符合条件的医疗器械注册申请人单独申请医疗器械注册证，并委托给符合资格生产企业生产医疗器械，从而实现医疗器械上市许可和生产许可的解绑。

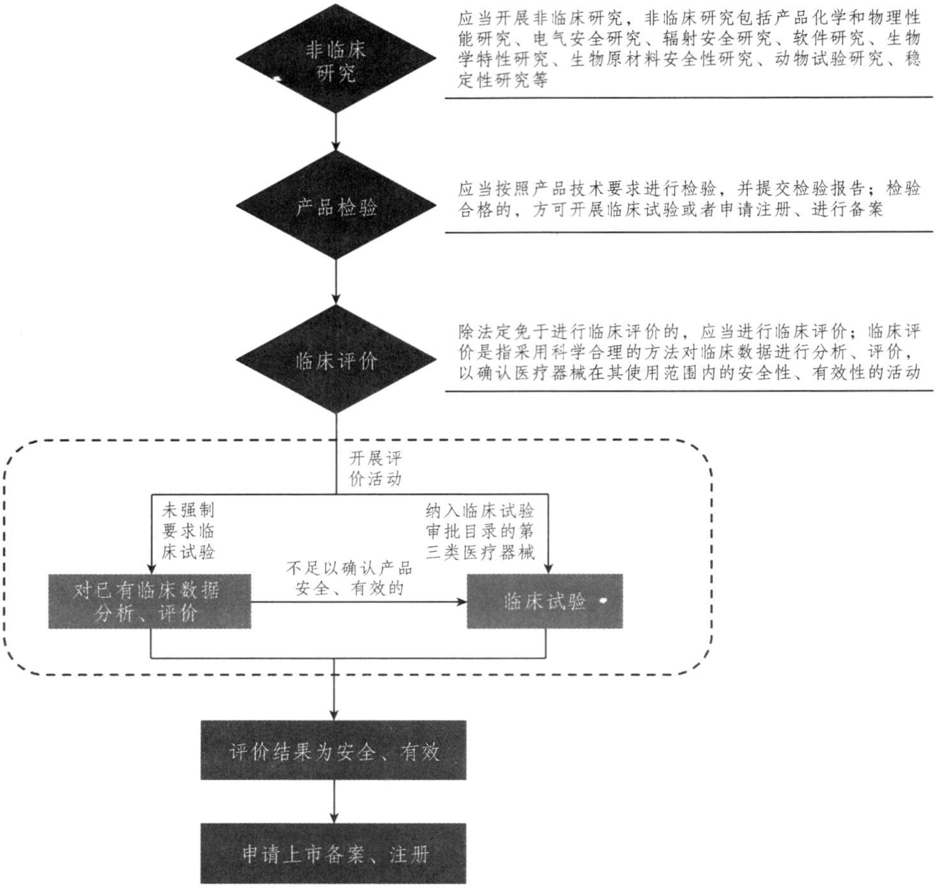

图 2-3-2-2　医疗器械研发流程

注：可免于临床评价的情形包括：(1)工作机理明确、设计定型，生产工艺成熟，已上市的同品种医疗器械临床应用多年且无严重不良事件记录，不改变常规用途的；(2)其他通过非临床评价能够证明该医疗器械安全、有效的。

因此，主要从事研发工作的医疗器械企业须尤为关注整体研发工作的相关法律要求，结合自身研发产品的法律管理类别，依法依规进行研发工作，这是医疗器械后续顺利注册/备案并上市成功的关键，同时也是医疗器械企业进行资本运作时将被重点关注的事项。

（二）生产

MAH 制度实施前，医疗器械的生产企业与医疗器械注册备案人必须为同一主体，医疗器械新规明确规定实行 MAH 制度，且明确了 MAH 制度下委托生产各方的责任义务。MAH 制度下，医疗器械注册备案人可自行生产医疗器械，也可以委托一家或多家符合资格的生产厂商生产医疗器械（具有高风险不得委托生产的植入性医疗器械除外），将上市许可和生产许可进行了解绑。但 MAH 制度下，上市许可持有人的责任并未减轻，无论是自行生产还是委托生产，医疗器械注册备案人仍需就医疗器械全生命周期质量的管理及安全承担责任。

在确立 MAH 制度的同时，医疗器械新规明确强调了医疗器械注册备案人的法定代表人、主要负责人对医疗器械质量安全的责任，要求企业配备管理者代表，并对应加入关于质量责任人与管理人代表的相关规定，进一步强化了生产环节下的质量管理要求。新监管要求下，生产环节中医疗器械注册备案人及其人员、受托生产企业各自的责任和义务具体见表 2－3－2－2。

表 2－3－2－2　医疗器械注册备案人及其人员、受托生产企业各自的责任和义务

	医疗器械注册备案人	受托生产企业
共同责任	1. 均应当配备管理者代表； 2. 均应当建立培训制度并建立健全质量管理体系并保持有效运行； 3. 均应当合理配备、使用设施设备，加强对设施设备的管理； 4. 均应当加强采购管理并建立供应商审核制度； 5. 均应当建立原材料采购验收记录制度； 6. 均应当建立记录管理制度； 7. 均应当落实国家实施医疗器械唯一标识的有关要求； 8. 均应当建立纠正措施程序和预防措施程序； 9. 均应当依法落实不良事件监测责任，开展不良事件监测，并向技术机构报告相关情况	
单独责任	1. 法定代表人、主要负责人对其生产的医疗器械质量安全全面负责； 2. 委托生产的，应对受托方的质量保证能力和风险管理能力进行评估，与其签订质量协议以及委托协议，监督受托方履行有关协议； 3. 负责产品上市放行，对受托生产企业的生产放行文件进行审核； 4. 应当建立并实施产品追溯制度和召回制度； 5. 发现生产的医疗器械不符合要求或存在缺陷的，应立即停止生产并召回已上市的器械产品，采取补救、销毁等措施，并向有关部门报告	1. 对生产行为负责，接受医疗器械注册备案人的监督； 2. 负责产品生产放行； 3. 协助医疗器械注册备案人实施产品追溯及产品召回

(三)经营

医疗器械新规明确规定,医疗器械注册备案人可在住所或生产地址经营其已备案/注册的医疗器械,无须另行取得经营备案/注册证以及委托销售。目前在经营环节,医疗器械注册备案人可自行销售,也可委托符合资格的医疗器械经营企业销售其已注册、备案的医疗器械;委托销售的,应当与其签订委托协议,明确双方权利义务。同时,医疗器械新规新增对委托贮存和运输的相应规则,强化医疗器械运输环节的质量安全监控;除贮存和运输外,医疗器械新规在医疗器械采购、验收、销售售后服务等环节提高了质量管理的要求。经营环节中,从事医疗器械经营活动的机构均应承担以下责任及义务:

(1)质量管理及控制措施。应当按照相关要求,建立覆盖采购、验收、贮存、销售、运输、售后服务等全过程的质量管理制度和质量控制措施,并做好相关记录。

(2)质量管理自查制度。应当建立质量管理自查制度,3 月 31 日前向所在地市、县级负责药品监督管理的部门提交上一年度的自查报告。

(3)产品追溯制度及唯一标识制度。应当建立并实施产品追溯制度并执行唯一标识制度,保证产品可追溯;此外,从事第三类医疗器械经营的企业应当具有符合医疗器械经营质量管理制度要求的计算机信息管理系统。

(4)进货查验记录制度。应当建立进货查验记录制度,购进医疗器械时应当查验供货企业的资质,以及医疗器械注册证和备案信息、合格证明文件。

(5)运输、贮存符合要求。应当采取有效措施,确保医疗器械运输、贮存符合医疗器械说明书或者标签标示要求,并做好相应记录;委托其他单位运输、贮存的,应当对受托方的质量保障能力进行评估,并与其签订委托协议,明确质量责任,确保质量安全。

(6)培训制度。应当加强对销售人员的培训和管理,对销售人员以本企业名义从事的医疗器械购销行为承担法律责任。

(7)销售记录。从事第二类、第三类医疗器械批发业务以及第三类医疗器械零售业务的经营企业,应当建立销售记录制度。其中,销售记录应当保存至器械有效期满后 2 年;无有效期的,不得少于 5 年;植入类器械的销售记录应当永久保存。

(8)不良事件监测制度。应当协助医疗器械注册人、备案人,对所经营的医疗器械开展不良事件监测,按照国家药品监督管理局的规定,向医疗器械不良事件监测技术机构报告。如发现其经营的医疗器械不符合强制性标准或存在其他缺陷的,应当令其立即停止经营,通知医疗器械注册人、备案人等有关单位,并记录停止经营和通知情况。

(9)售后服务。应当提供售后服务,且配备专职或者兼职人员负责售后管理,就被投诉的质量问题必要时及时通知医疗器械注册人、备案人、生产经营企业;约定由供货者或者其他机构提供售后服务的,经营企业应当加强管理,保证医疗器械售后的安全使用。

另外,进口医疗器械的,该等进口医疗器械应是已注册/备案的医疗器械,且附有符合标准的中文说明书、中文标签,中文说明书中应载明医疗器械的原产地以及境外医疗器械注册人、备案人指定的境内企业法人的名称、地址、联系方式;进口医疗器械应经出入境检验检疫机构检验合格后方可进口。出口医疗器械的,应当保证出口的医疗器械符合进口国(地区)的要求。

(四)使用

医疗器械使用单位在使用医疗器械时,应当遵守一定的监管要求,特别是医疗器械使用单位配置大型医用设备的,需经省级以上人民政府卫生主管部门批准,取得大型医用设备配置许可证[①]。医疗器械使用单位在使用医疗器械时应遵守以下规则及要求:

(1)贮存场所和条件。应当有与在用医疗器械品种、数量相适应的贮存场所和条件。

(2)技术培训。应当加强对工作人员的技术培训,按照产品说明书、技术操作规范等要求使用医疗器械。

(3)重复使用要求。①一次性使用的医疗器械不得重复使用,对使用过的应当按照国家有关规定销毁并记录;②对重复使用的医疗器械,应当按照国务院卫

---

① 在实际操作中,受限于各地大型医用设备配置的配额数量,确实存在部分使用单位在未取得大型医用设备配置许可的情况下购买、安装并使用该等设备的情况,而部分地方卫生主管部门为提升区域内医疗服务能力,并未对该等违规行为进行严格查处。建议使用单位在配置大型医用设备前提前就相关事项咨询当地卫生主管部门。

生主管部门制定的消毒和管理的规定进行处理。

(4)定期检查等。对需要定期检查、检验、校准、保养、维护的医疗器械，应当按照产品说明书的要求进行检查、检验、校准、保养、维护并予以记录，及时进行分析、评估，确保医疗器械处于良好状态，保障使用质量；对使用期限长的大型医疗器械，应当逐台建立使用档案，记录其使用、维护、转让、实际使用时间等事项。记录保存期限不得少于医疗器械规定使用期限终止后 5 年。

(5)第三类医疗器械追溯要求。应当妥善保存购入第三类医疗器械的原始资料，并确保信息具有可追溯性。使用大型医疗器械以及植入和介入类医疗器械的，应当将医疗器械的名称、关键性技术参数等信息以及与使用质量安全密切相关的必要信息记载到病历等相关记录中。

(6)应急措施。发现使用的医疗器械存在安全隐患的，医疗器械使用单位应当立即停止使用，并通知医疗器械注册人、备案人或者其他负责产品质量的机构进行检修；经检修仍不能达到使用安全标准的医疗器械，不得继续使用。

五、医疗器械企业的资本市场表现及资本运作核心法律关注要点

(一)资本市场表现

根据同花顺 iFinD 金融数据终端统计，截至 2023 年 3 月 1 日，申万分类为医疗器械的 A 股及港股上市公司共有 131 家(以下简称**医疗器械上市公司**)，该等上市公司的主要业务包括医疗设备、医疗耗材及/或体外诊断技术的研发、生产及/或销售等，其中 A 股上市公司共有 119 家，港股上市公司共有 12 家。A 股医疗器械上市公司主要集中在创业板和科创板，具体而言，119 家 A 股上市的公司中，主板上市公司仅 23 家，创业板上市达 45 家，而科创板自 2019 年开板以来就已吸引 47 家选择在该板块上市，此外还有 4 家在北交所上市。除选择 A 股及港股市场上市外，亦有部分医疗器械企业选择到海外上市，如美华国际(MUHA. O)于 2022 年 2 月 16 日成功在美国纳斯达克上市，募资总额为 3600 万美元，成为中国医疗耗材美股上市第一股；主营业务包括心血管相关医疗器械的乐普医疗(300003. SZ)于 2022 年 9 月 21 日成功发行 GDR 并在瑞交所上市，募集资金总额约为 2. 24 亿美元，成为医疗行业公司瑞交所 GDR 第一单。

（二）资本运作核心关注法律要点

近年来医疗器械行业蓬勃发展，A股IPO市场数量和募资规模呈双升趋势，医疗器械作为高投入产业，其融资需求旺盛。为获得优质融资资源，医疗器械企业须尤为关注资本运作过程中的合规要点事项，并在日常生产运营中进行整改或加以优化，降低经营风险，争取持续稳定发展，更好地吸引外部投资者。投资方亦应着重关注拟投医疗器械的关键事项是否合规合法，判断标的企业是否具有核心竞争力以及持续稳健经营能力。

医疗器械与药品同属于生物医药产业，具有强监管性、复杂性及专业性等特征，与药品行业在监管上存在较多共性，在资本运作中一样应重点关注企业资质许可、知识产权的完备性、稳定性及有效性；商业贿赂及不正当竞争、医疗行业政策遵守情况；不良产品、医疗事故等产品质量安全问题；研发生产企业的土地房产、环保合规问题等共性问题，具体关注要点可参见本书“生物医药—药品：药品行业准入门槛及企业资本运作法律合规要点”一章。除前述共性问题外，医疗器械行业同时有着基于其自身行业特点的特定法律关注事项，具体分析如下。

1. 两票制及集中带量采购政策

两票制、带量采购政策一开始主要应用于药品领域，后续在以医用耗材为主的部分医疗器械领域进行了一定程度的推广。2016年6月，原国家卫计委等部门联合印发了《2016年纠正医药购销和医疗服务中不正之风专项治理工作要点》，规定“在综合医改试点省和城市公立医院综合改革试点地区的药品、耗材采购中实行‘两票制’”，首次提出在耗材领域实行“两票制”。2018年以来，相关监管部门亦陆续出台了《2018年纠正医药购销领域和医疗服务中不正之风专项治理工作要点》《关于巩固破除以药补医成果持续深化公立医院综合改革的通知》《治理高值医用耗材改革方案》等政策，规定“按照带量采购、量价挂钩、促进市场竞争等原则探索高值医用耗材分类集中采购”“鼓励各地结合实际通过‘两票制’等方式减少高值医用耗材流通环节”等。当前，部分省市已根据实际情况出台相关医用耗材“两票制”“带量采购”政策文件，其中多数政策均先落实在高值医用耗材上。

由上可以看出，医疗器械行业两票制、带量采购目前尚未在全国范围内整体推行，主要根据各地出台的政策在部分地区医用耗材领域实施，并集中落实在高值医用耗材上；其他医疗器械领域后续随着政策的进一步推行也有可能实施两票制、带量采购。因此,在资本运作中,需重点关注医疗器械产品销售所在地是否推行两票制、带量采购政策,经营的医疗器械产品是否属于两票制推行范围、是否在带量采购产品目录里。如属于,则医疗器械企业应遵守当地的有关政策要求,并应关注本书"生物医药—药品:药品行业准入门槛及企业资本运作法律合规要点"一章中提及的两票制、带量采购常见法律问题,避免出现违规经营的情形。同时,应密切关注其他医疗器械产品的相关政策动态,以预测"两票制""带量采购"所适用的医疗器械产品范围,及其可能对企业经营、业绩造成的影响,并提前做好战略规划及相关安排来应对。

2. 医疗器械投放

医疗器械行业中进行设备投放①较为常见,一般分为医疗器械企业直接向终端客户投放设备以及医疗器械企业向经销商投放设备两类,前述设备投放模式的合规性在实践中存在一定争议。根据《反不正当竞争法》、市场监管总局《关于进一步加强反不正当竞争执法工作的意见》、《2017 年纠正医药购销和医疗服务中不正之风专项治理工作要点》②等相关规定,以租赁、捐赠、投放设备等形式捆绑耗材和配套设备销售的,可能涉嫌商业贿赂、不正当竞争行为。设备投放并不必然构成违法违规行为,需要根据设备投放模式、相关条款和条件等具体安排判断其合规性,该模式的合规性也是相关医疗器械企业申请上市时监管机构关注的核心问题之一。

因此,如医疗器械企业涉及设备投放的,在资本运作中,应重点关注以下两个方面:(1)设备投放的模式,即直接投放、通过经销商投放或是通过其他第三方主体投放。如采用直接投放模式的,其与客户签署的投放合同及其他有关文件中的

---

① 设备投放销售模式多指医疗器械生产厂商提供某一医疗器械给医疗机构等使用,由于设备的非普遍适配性,直接或间接促使医疗机构等使用该厂商所生产的配套耗材的销售模式。

② 《反不正当竞争法》第 7 条规定,经营者不得采用财物或者其他手段贿赂下列单位或者个人,以谋取交易机会或者竞争优势:(1)交易相对方的工作人员;(2)受交易相对方委托办理相关事务的单位或者个人;(3)利用职权或者影响力影响交易的单位或者个人。经营者在交易活动中,可以以明示方式向交易相对方支付折扣,或者向中间人支付佣金。经营者向交易相对方支付折扣、向中间人支付佣金的,应当如实入账。接受折扣、佣金的经营者也应当如实入账。市场监管总局《关于进一步加强反不正当竞争执法工作的意见》规定,重点查处医院、学校等具有公共管理和服务职能的主体违法收受财物或其他利益的行为。**如经营者假借租赁、捐赠、投放设备等形式,贿赂利用职权或者影响力影响交易的医疗机构,捆绑耗材和配套设备销售等损害竞争秩序的行为。**《关于印发 2017 年纠正医药购销和医疗服务中不正之风专项治理工作要点的通知》规定,加强对医疗机构耗材及配套使用设备采购行为的监督检查,**严肃查处假借租赁、捐赠、投放设备等形式,捆绑耗材和配套设备销售等涉嫌商业贿赂不正当竞争行为。**

签署主体是单位本身还是个人，合同内容是否涉及捆绑销售（如设置最低采购额）条款，是否附有排他竞争条款及其他不合理条件，是否存在违背购买者意愿、谋取不当利益的问题，投放设备、相关费用支出是否已按财务会计规范入账等。如通过经销商投放的，还应关注其与经销商就预估试剂采购量的约定是否合理、公正以及是否存在附加不合理条件的情况。（2）企业关于设备投放的管理制度是否可行有效、内控制度是否有效运行。建议存在相关模式并计划进行资本运作的企业，提前在中介机构的建议下就有关设备投放模式、协议内容、投放政策等事项进行系统梳理，如存在最低采购额／采购量要求或承诺、不得选择其他器械生产企业的产品等排他性条款安排等涉嫌商业贿赂、不正当竞争的条款，应尽早进行规范。

3. ODM／OEM 模式

医疗器械行业中 ODM／OEM① 经营模式并不少见，特别是面向境外市场的医用耗材类企业，常以 ODM／OEM 作为其重要经营模式。如采纳股份（301122. SZ），其主要从事注射穿刺器械及实验室耗材的研发、生产及销售，采用以 ODM 为主，OEM 和自有品牌为辅的经营模式。一般而言，ODM 企业提供研发设计及生产加工服务，OEM 企业仅提供生产加工服务，生产产品的核心技术来源于委托方，委托企业和生产企业合作过程中将涉及知识产权、收益费用分配、产品质量责任等各方面的权利义务分配安排。如未对相应的权利义务做好安排，可能将存在较大的知识产权纠纷、产品质量索赔问题、合作费用争议等各方面或有风险，对企业的经营及业绩将造成不利影响。

因此，除知识产权、产品质量等常见关注事项外，采用 ODM／OEM 经营模式的企业在资本运作中，还应重点关注以下四个方面：（1）ODM、OEM 模式下涉及的产品类型及对企业的重要性，生产的产品是否委托方及受托方均可对外销售，是否构成重大依赖，是否影响企业的核心技术、业务等方面的独立性；（2）是否就合作中涉及的双方现有技术以及合作形成的专利和非专利技术的归属及相关权利安排作出明确约定，是否存在侵犯对方知识产权的情形（特别是当受托生产方销售与委托方同类的产品时），是否存在争议或潜在纠纷；（3）是否就产品质量责

---

① Original Equipment Manufacturer（OEM），即“原始设备制造商”，指一家厂家根据另一家厂商的要求，为其生产产品和产品配件，亦称为定牌生产或授权贴牌生产（俗称：代工）；Original Design Manufacturer（ODM），即“原始设计制造商”，指一家厂商根据另一家厂商的规格和要求，设计和生产产品。受委托方拥有设计能力和技术水平，基于授权合同生产产品（俗称：贴牌）。

任进行明确划分，是否存在产品生产者责任纠纷等；(4)作为生产企业的，委托方是否对其相关自主品牌销售进行限制。

结　语

新出台的医疗器械新规响应社会对医疗安全的关注，细化及完善了医疗器械的全生命周期监督管理体系、各方主体责任等方面规定，进一步加强了对医疗器械企业的信用管理并强化监管力度，较原规定深化、细化对医疗器械行业的监管。医疗器械上市许可持有人以及医疗器械生产、经营企业等相关主体在新监管要求下需要注意医疗器械业务各环节的合规要求，建立健全完善的内控体系，在合规稳定经营下谋求发展，并建议在结合企业未来资本运作计划下，就资本运作有关法律关注事项予以关注并提前做好对应安排，以顺利通过资本运作，加快发展。

第三章　生物医药—互联网医院："互联网 + 医疗健康"时代下互联网医院合规及资本运作法律关注要点

"互联网 + 医疗健康"是互联网在医疗行业的新应用，国家有关部门近年来相继出台了《互联网诊疗管理办法（试行）》《互联网医院管理办法（试行）》《关于深入推进"互联网 + 医疗健康""五个一"服务行动的通知》等规范性文件鼓励及规范行业发展。新冠疫情暴发以来，迅猛催化了互联网医疗的发展，迎来了"互联网 + 医疗健康"新时代。2022 年 2 月，国家卫健委办公厅、国家中医药局办公室印发《互联网诊疗监管细则（试行）》，对互联网诊疗活动的具体操作及各环节的监管要求进一步落实，加强监管。

互联网医院作为互联网医疗的主要业务类型之一，近年来尤为受到资本青睐。由于互联网医院允许非医疗机构参与，并且可依托实体医疗机构独立设置互联网医院提供互联网诊疗服务，吸引了大量第三方资本进入该赛道，在加速互联网医疗发展的同时，也促进了行业良性竞争和服务质量的提高。然而，互联网医院仍处于初步发展阶段，且其涉及医疗及互联网两个强监管行业，在当前实践中仍存在较多因不合规经营行为导致被罚、停顿整改的情形。本章结合相关法律法规以及实务情况，就互联网医院合规及发展的主要法律要求及资本运作关注事项予以梳理分析，供企业及资本市场相关主体参考。

一、互联网医院概述

（一）基本含义及分类

1. 含义及分类

根据《互联网医院管理办法（试行）》，互联网医院包括作为实体医疗机构第二名称的互联网医院（以下简称第二名称互联网医院），以及依托实体医疗机构独立设置的互联网医院（以下简称独立互联网医院）。其中，第二名称互联网医院包括实体医疗机构独立设置的互联网医院（如上海市中医医院互联网医院），以及实体医疗机构与第三方机构合作设置的互联网医院［如上海市徐汇区中心医院（复旦大学附属中山医院徐汇医院）贯众互联网医院］，该类主要以实体医院为主导，可理解为"医院＋互联网"模式。独立互联网医院具体指非医疗机构市场主体（多为互联网公司，本章为表述方便，下文以互联网公司进行表述）借助实体医疗机构独立设置的互联网医院（如银川京东互联网医院），该类主要以互联网公司为主导，可理解为"互联网＋医院"模式。

2. 相关概念辨析

当前互联网医疗行业主要业务类型有"互联网健康咨询""远程医疗""互联网诊疗""互联网医院""医药电商"等。对于该等业务，市场主体通常采取自营模式或通过交叉引流等方式与相关主体合作。其中，互联网健康咨询业务和医药电商均为非诊疗性活动，在较早时期即开始发展，现在已经比较成熟，准入门槛较低；远程医疗、互联网诊疗、互联网医院近年来开始快速发展，需要由实体医疗机构进行或依托实体医疗机构资源开展。

前述远程医疗、互联网诊疗和互联网医院在开展主体、服务范围等方面存在不同的要求，并非同一概念，但基于表述的近似性，实践中常容易发生混淆而导致违规操作。根据《互联网诊疗管理办法（试行）》《互联网医院管理办法（试行）》《远程医疗服务管理规范（试行）》等互联网医疗法律法规、规章及规范性文件[①]（以下统称互联网医疗法规），本章对该等概念进行简要的梳理，见表2－3－3－1：

① 根据《互联网诊疗管理办法（试行）》《远程医疗服务管理规范（试行）》，实体医疗机构自行或者与第三方机构合作搭建信息平台，使用在本机构和其他医疗机构注册的医师开展互联网诊疗活动的，应当申请将互联网医院作为第二名称。实体医疗机构仅使用在本机构注册的医师开展互联网诊疗活动的，可以申请将互联网医院作为第二名称。互联网诊疗指医疗机构利用在本机构注册的医师，通过互联网等信息技术开展部分常见病、慢性病复诊和"互联网＋"家庭医生签约服务。远程医疗服务主要指某医疗机构（邀请方）直接邀请其他医疗机构（受邀方）或通过远程医疗服务平台确定受邀方，受邀方运用通讯、计算机及网络技术等信息化技术，为邀请方患者诊疗提供技术支持的医疗活动。

表 2－3－3－1　远程医疗、互联网诊疗、互联网医院概念梳理

事项	远程医疗	互联网诊疗	互联网医院
开展主体	● 实体医院	● 实体医院、互联网医院	● 互联网医院
开展场所	● 线下实体医院	● 线上平台	● 线上平台
开展人员	● 利用注册在本医疗机构及其他医疗机构的医师	● 以实体医院开展的，仅可利用注册在本医疗机构的医师 ● 以互联网医院开展的，可利用注册在本医疗机构及其他医疗机构的医师	● 利用注册在本医疗机构及其他医疗机构的医师
服务范围	● 本医疗机构人员按实体医院审批诊疗科目提供医疗服务 ● 受邀医疗机构人员远程提供技术支持，不可提供在线医疗服务	仅可进行部分常见病、慢性病复诊以及家庭医生签约服务	家庭医生签约服务；未在实体医院就诊时仅可提供部分常见病、慢性病复诊①
开展方式	● 患者在实体医疗机构就诊时，受该实体医疗机构邀请的医疗机构线上接入提供技术支持	● 医疗人员与患者通过信息化技术在线上进行医疗诊断等医疗活动	● 医疗人员与患者通过信息化技术在互联网医院下的线上平台进行医疗诊断等医疗活动

由上可以看出，具备相应资质的实体医院和互联网医院均可开展互联网诊疗活动，二者主要区别为医疗服务人员的范围，实体医院仅可利用在本机构注册的医师开展，互联网医院则无此限制。远程医疗受邀方仅可在实体医疗活动中提供技术支持，如邀请方通过信息平台直接邀请受邀方医疗人员提供在线医疗服务，亦必须申请设置互联网医院通过远程诊疗进行。因此，实体医疗机构在特定范围下可不以互联网医院形式直接进行远程医疗、在取得有关审批下进行互联网诊疗，如超出范围则须通过互联网医院进行，三者既有联系又有区别，互联网医院现主要的服务范围即为互联网诊疗。

① 患者在实体医疗机构就诊，由接诊的医师通过互联网医院邀请其他医师进行会诊时，会诊医师可以出具诊断意见并开具处方。

（二）生态圈

互联网医疗行业在近年来不断发展下，其整体生态圈已较为完善，可分为医疗资源提供方、基础设施提供方、互联网医疗运营方等三大板块。医疗资源提供方主要指传统医院/诊所、医生集团、实体医药企业、医疗器械制造商；基础设施提供方包括为线上医疗活动提供云平台、数据分析、在线支付等技术支撑的主体，以及提供线下物流链的主体；互联网医疗运营方包括互联网医院、医疗数字化解决方案商、医药电商、医疗保险等主体（见图2-3-3-1）。

互联网医院作为互联网医疗运营方的一方主体，其上游主要为医疗资源提供方（医疗大数据、医药及医药器械等）以及基础设施提供方，通过采购第三方云平台服务、硬件、系统等技术设施及技术支撑或与第三方基础设施提供方合作搭建线上医疗系统，并整合线下医疗资源于线上开展医疗活动。中游同时布局医护工具（医学咨询、患者管理）、医药电商、消费医疗服务（医美、心理健康等）、医疗保险等业务，或就该等业务通过与第三方合作进行引流及/或业务分成。下游包括C端的个人消费者、B端企业主体等。

二、行业监管及法律体系

（一）主要监管部门

根据互联网医疗法规的规定，卫生健康行政部门和中医药主管部门为互联网医院的主管部门，监管体系总体上遵循属地化、线上线下一体化等原则。

国务院卫生健康行政部门和中医药主管部门负责全国互联网医院/互联网诊疗活动的监督管理，地方各级卫生健康行政部门（含中医药主管部门，下同）负责辖区内互联网医院/互联网诊疗活动的监督管理；省级卫生健康行政部门与互联网医院登记机关，通过省级互联网医疗服务监管平台，对互联网医院共同实施监管，重点监管互联网医院的人员、处方、诊疗行为、患者隐私保护和信息安全等内容。将互联网医院纳入当地医疗质量控制体系，相关服务纳入行政部门对实体医疗机构的绩效考核和医疗机构评审，开展线上线下一体化监管，确保医疗质量和医疗安全。

图2-3-3-1　互联网医疗行业生态图

注：图片源自易观分析。

(二)主要监管法律法规及行业政策

互联网医院在开展业务活动过程中涉及医疗服务以及互联网服务,应遵守医疗及互联网行业中有关的法律法规以及行业政策。除一般监管要求外,针对互联网医院的相关业务亦有特定的法律法规及行业政策进行规制,主要监管法律法规及行业政策请见本书之“附录:行业相关主要法律规定及监管政策”之“九、生物医药行业相关法律规定及监管政策”之“(三)互联网医院相关法律规定及监管政策”。

三、互联网医院主要运营要求

(一)资质许可

互联网医院从事互联网医疗服务、自行开展或通过第三方开展互联网信息活动、药品及医疗器械交易均需取得有关资质许可。该等业务涉及的主要资质如下。

1. 医疗活动

实体医疗机构将互联网医院作为第二名称,应向医疗机构执业许可证发证机关(以下简称发证机关)提出申请并取得审批。第二名称互联网医院应取得发证机关出具的服务方式载明有“互联网诊疗”的医疗机构执业许可证;独立互联网医院应取得发证机关就设置互联网医院颁发的特定医疗机构执业许可证。

2. 互联网活动

互联网医院经营过程中涉及的在线提供医生信息发布、搜索、预约挂号等增值电信业务服务,提供方应取得对应的 ICP 证(B25 信息服务业务);在线数据处理与交易处理业务应取得 EDI 证(B21 在线数据处理与交易处理业务);在线发布用药指导和疾病诊疗方法、分享相关视频、进行直播活动等则应对应取得广播电视节目制作经营许可证、网络文化经营许可证等资质许可。

3. 药品、医疗器械交易活动

互联网医院业务开展过程中常与医药电商合作,常见模式是与集团内部自营医药电商或与第三方医药电商进行合作,患者在线上就诊后可便捷选择平台内的入驻医药电商或可转入医药电商平台购买药品、医疗器械产品。前述提供药品/医疗器械信息的信息平台经营方须取得**互联网药品信息服务资格证、医疗器械网络交易服务第三方平台备案、药品网络交易第三方平台备案**等资质;销售药品、医疗器械的电商应取得药品经营许可/备案证、医疗器械经营许可/备案证。

（二）名称要求

实体医疗机构自行或者与第三方机构合作搭建信息平台，使用在**本机构和其他医疗机构**注册的医师开展互联网诊疗活动的，应当申请将互联网医院作为第二名称。实体医疗机构仅使用在本机构注册的医师开展互联网诊疗活动的，可以申请将互联网医院作为第二名称。

同时，互联网医院的命名应当符合有关规定，并满足以下三个要求：(1) 实体医疗机构独立申请互联网医院作为第二名称的，应当包括“本机构名称 + 互联网医院”；(2) 实体医疗机构与第三方机构合作申请互联网医院作为第二名称的，应当包括“本机构名称 + 合作方识别名称 + 互联网医院”；(3) 独立设置的互联网医院，名称应当包括“申请设置方识别名称 + 互联网医院”。

当前除仅使用在本医疗机构注册的医生开展互联网诊疗活动不强制要求将互联网医院体现在名称内，其他提供互联网诊疗活动的应当将互联网医院体现在名称内，且整体名称应符合当前规定。

（三）人员配备

提供互联网诊疗服务的医师应当是已依法取得相关执业资质，具有 3 年以上独立临床工作经验，并经其执业注册的医疗机构同意的医师。如医师属于多点执业[①]，除特定情形外，应当根据该互联网医院所在地多机构执业相关要求进行执业注册或备案[②]。

除医师外，互联网医院应确保业务时间至少有 1 名药师在岗审核处方。设置

---

① 根据《推进和规范医师多点执业的若干意见》的规定，医师多点执业是指医师于有效注册期内在两个或两个以上医疗机构定期从事执业活动的行为。允许临床、口腔和中医类别医师多点执业。多点执业的医师应当具有中级及以上专业技术职务任职资格，从事同一专业工作满 5 年；身体健康，能够胜任医师多点执业工作；最近连续两个周期的医师定期考核无不合格记录。

② 根据《推进和规范医师多点执业的若干意见》的规定，医师多点执业实行注册管理，相应简化注册程序，同时探索实行备案管理的可行性。条件成熟的地方可以探索实行区域注册，以促进区域医疗卫生人才充分有序流动，具体办法由各省（区、市）卫生计生行政部门制定。医师在参加城乡医院对口支援、支援基层，或在签订医疗机构帮扶或托管协议、建立医疗集团或医疗联合体的医疗机构间多点执业时，不需办理多点执业相关手续。其中在公立医院担任院级领导职务的，除前述情形外一般不能从事其他形式的多点执业。

临床科室的,其对应的实体医疗机构临床科室至少有 1 名正高级、1 名副高级职称的执业医师注册在本机构(可多点执业)。此外,应有专人负责互联网医院的医疗质量、医疗安全、电子病历的管理,提供互联网医院信息系统维护等技术服务,确保互联网医院系统稳定运行。

(四)诊疗范围

当前互联网医院开展的互联网诊疗服务范围一般仅限于部分常见病、慢性病复诊及"互联网+"家庭医生签约服务①,不可对首诊患者进行互联网诊疗。在复诊过程中,患者病情出现变化、本次就诊经医师判断为首诊或存在其他不适宜在线诊疗服务的,医师应当引导患者到实体医疗机构就诊。另外,不得在互联网上开具麻醉药品、精神类药品处方以及其他用药风险较高、有其他特殊管理规定的药品处方。

(五)诊疗科目及科室

互联网医院根据开展业务内容确定诊疗科目,不得超出所依托的实体医疗机构诊疗科目范围。互联网医院根据开展业务内容设置相应临床科室,并与所依托的实体医疗机构临床科室保持一致;且必须设置医疗质量管理部门、信息技术服务与管理部门、药学服务部门。

(六)开具处方

互联网医院中的医师在线开具处方须遵守《处方管理办法》及互联网医疗法规,具体包括以下四个方面。(1)适用范围。医师在线开具处方前,应当掌握患者病历资料,确定患者在实体医疗机构明确诊断为某种或某几种常见病、慢性病后,才可以针对相同诊断的疾病在线开具处方;但不得在互联网上开具麻醉药品、精神类药品处方以及其他用药风险较高、有其他特殊管理规定的药品处方。医师为低龄儿童(6 岁以下)开具互联网儿童用药处方时,应当确定患儿有监护人和相关专业医师陪伴。(2)开具主体。处方应由接诊医师本人开具且必须有医师电子签名,严禁使

① 家庭医生签约服务一般指由家庭医生代表服务团队与签约居民签订服务协议,明确双方权利、义务和责任,建立长期、稳定、信任的契约服务关系,向签约居民提供综合、连续、协同的基本医疗卫生服务和健康管理服务。

用人工智能等自动生成处方。(3)生效条件。处方经药师审核合格后方可生效。(4)其他要求。严禁以商业目的进行统方。医疗机构自行或委托第三方开展药品配送的,相关协议、处方流转信息应当可追溯,并向省级监管平台开放数据接口。

(七)规章制度

互联网医院应建立健全有关规章制度,至少应当包括互联网医疗服务管理制度、互联网医院信息系统使用管理制度、互联网医疗质量控制和评价制度、在线处方管理制度、患者知情同意与登记制度、在线医疗文书管理制度、在线复诊患者风险评估与突发状况预防处置制度、人员培训考核制度,以及停电、断网、设备故障、网络信息安全等突发事件的应急预案。

(八)信息保护

互联网医院应当严格执行**信息安全和医疗数据保密**的有关法律法规,实施**第三级信息安全等级保护**;用于互联网医院运行的服务器不少于2套,数据库服务器与应用系统服务器需划分,存放服务器的机房应当具备双路供电或紧急发电设施;**存储医疗数据的服务器不得存放在境外**。

此外,互联网医院应妥善保管患者信息,不得非法买卖、泄露患者信息。发生患者信息和医疗数据泄露时,医疗机构应当及时向主管的卫生健康行政部门报告,并立即采取有效应对措施。

(九)法律责任

根据互联网医院相关法律法规的规定,取得医疗机构执业许可证的互联网医院独立作为法律责任主体;实体医疗机构以互联网医院作为第二名称时,实体医疗机构为法律责任主体。互联网医院合作各方按照合作协议书承担相应法律责任。实体医疗机构或者与实体医疗机构共同申请互联网医院的第三方,应当为医师购买医疗责任保险。

对于多点执业,根据《关于印发〈推进和规范医师多点执业的若干意见〉的通知》,医师多点执业过程中发生医疗损害或纠纷的,应当由发生医疗损害或纠纷的**当事医疗机构和医师按照有关法律法规处理,其他非当事医疗机构均不承担相关的医疗损害或纠纷处理责任。**

四、互联网医院的资本市场表现及资本运作核心法律关注要点

（一）资本市场表现

根据同花顺 iFinD 金融数据终端统计，截至 2023 年 3 月 1 日，属于互联网医疗概念分类的 A 股及港股上市公司共有 106 家，其中 A 股上市公司共 96 家，港股上市公司共有 10 家。A 股互联网医疗概念上市公司中，于上交所主板上市共 25 家、深交所主板上市共 32 家、科创板上市共 3 家、创业板上市共 36 家。从相关业务来看，当前互联网医疗概念 A 股上市公司主要属于医疗资源提供方、基础设施提供方及互联网医疗运营方中的医药电商、医疗数字化解决方案商等主体，互联网医疗服务业务的企业较少；互联网医疗概念港股上市公司则主要为医药电商、医疗保险、互联网医疗服务业务企业等，如医药电商巨头阿里健康（00241. HK）、京东健康（06618. HK）、平安好医生（01833. HK）均已成功登陆港股上市。除 A 股和港股上市外，亦有相关企业选择海外市场，2018 年 9 月 13 日，1 家药网有限公司（YI. O）正式在美上市，成为中国互联网医药健康第一股。

2019 年以来，在疫情催化下互联网医疗健康行业明显迎来上市热潮，特别是医药电商、医疗数字解决方案板块。继阿里健康、平安好医生登陆香港联交所上市以来，医药电商企业京东健康及叮当健康（09886. HK），医疗数字解决方案/数字医疗营销服务企业医渡科技（02158. HK）、麦迪卫康（02159. HK）、医脉通（02192. HK）、智云健康（09955. HK）等陆续成功登陆香港联交所上市。此外，还有多家互联网医疗企业在积极筹备港股上市，科亚方舟、互联网医院巨头微医、推想医疗、圆心科技、数坤科技等企业自 2021 年来陆续向香港联交所递表，拟于香港联交所挂牌上市。互联网医院作为互联网医疗服务的重要分支，当前处于探索发展期，互联网医院有着其独特的优势，属于资本布局热门赛道，布局有互联网医院提供互联网诊疗服务的平安好医生、智云健康已登陆香港联交所上市，互联网医院巨头微医亦正积极筹划以成功登陆香港联交所上市。

（二）资本运作核心法律关注要点

医药行业与互联网行业均为国家强监管的行业，现已出台多项法律法规、规章及规范性文件等对其规制。互联网医院作为结合两个行业属性的新业务模式，监管要求将更为严格，其不仅须遵守针对互联网医疗出台的有关规定，还需遵守

医药行业、互联网行业的有关规定。基于此，我们结合当前有关法律法规及两行业常见法律问题，就互联网医院资本运作过程中的主要关注事项予以梳理，具体如下。

1. 资质许可及服务范围

如前文所述，基于医疗安全考虑，目前国内对开展互联网诊疗活动的主体资格、服务范围等均有明确的要求。实践中，部分互联网医院在开展互联网诊疗活动中由于内控不完善或对相关规定不熟悉等因素存在超资质或超服务范围等违规事项，常见的违规事项有提供超出核准诊疗科目、诊疗范围的诊疗服务，使用非执业医生或未经多点执业注册/备案医师，执业医师超出执业范围从事诊疗活动等。如在银卫医罚(2019)31 号行政处罚文书中，某院因在未取得开展精神科服务核准前在线上提供精神科诊疗服务，以及使用未经多点执业备案医师而被罚；在银卫医罚(2021)19 号行政处罚文书中，某互联网医院医师执业范围为内科，但却为患者出具外科处方，该医院被认定为使用卫生技术人员从事本专业以外的诊疗活动而被罚。

由上可以看出，当前对于互联网诊疗活动的监管十分严格，一旦互联网医院长期存在不合规经营事项或存在多次被处罚记录，一方面，该医院的资信及公信力将会受到严重的不利影响；另一方面，后续融资、上市也会受到不同程度的潜在不利影响。因此，互联网医院应就机构及从业医师的资质许可要求、服务范围等事项进行严格的管理，定时检查，建立健全完善的相应内控体系并严格执行。

2. 商业贿赂

互联网医院作为新兴的一种医疗服务形式，其与传统医疗行业一样，是商业贿赂问题的潜在高发地。互联网医院与医药电商合作是常见的业务模式，互联网医院在经营过程中将患者引流至医药电商中，患者在医药电商处购买相关药品。其中存在的常见违法违规方式为将医师的报酬或奖励与其开具的处方金额、处方中对应药品、医学检查金额挂钩，直接基于回扣或通过其他名义支付该等不正当利益，如 2021 年好大夫在线风波①。对于医药行业的商业贿赂、不正当竞争问题，

① 2021 年好大夫在线官方微博发布了一则声明，指出一名自称“昭阳医生平台工作人员”的周某向其平台下的医生发出“邀请”，向该名医生介绍昭阳医生平台的回扣政策。昭阳医生表示该工作人员为尚未完成培训的试用期员工，对公司运营状况不甚了解，导致其在对外沟通的过程中造成误解，并澄清公司不存在回扣政策。

相关法律法规及监管部门出台的政策文件已多次强调禁止且将严厉打击,2022 年 2 月发布的《互联网诊疗监管细则(试行)》亦明确规定,“处方应由接诊医师本人开具,严禁使用人工智能等自动生成处方……严禁以商业目的进行统方……医务人员的个人收入不得与药品收入相挂钩”,以避免医药厂商与医生通过统方实行贿赂行为。

医药行业中的商业贿赂问题涉及行政责任乃至刑事责任,从近年来出台的政策及实践监管力度看,医药行业打击“商业贿赂”、医疗反腐未来长期仍将保持高压态势。互联网医院作为医药行业中的一部分,在经营中应持续保持警惕且应建立健全内部反腐、反不正当竞争的内控体系并加强执行力度,与合作的医疗人员应在合同中就收入及其他报酬予以明确约定,严禁直接或间接通过其他名义输送不正当利益;对合作医师、医药电商加强管理,且建议与该等合作方签订有关反腐承诺文件,就反商业贿赂、反不正当竞争作出保证;加强对处方开具、保存、流通等环节的监管,避免出现补方、统方的问题。

3. 医疗责任保险

2022 年 3 月实施的《医师法》规定,医疗机构应当参加医疗责任保险或者建立、参加医疗风险基金。《互联网医院管理办法(试行)》规定,实体医疗机构或者与实体医疗机构共同申请互联网医院(以下简称合作方)的第三方,应当为医师购买医疗责任保险,则当前第二名称互联网医院下的实体医疗机构或独立互联网医院在经营过程中自身应购买医疗责任保险或参加医疗风险基金,且实体医疗机构或其合作方应当为自有医师以及在平台提供诊疗活动的外部医师购买医疗责任保险。

互联网医院开展诊疗活动时不可避免地存在医疗行业固有的医疗事故或纠纷的潜在风险,一旦发生,第二名称互联网医院下的实体医疗机构及独立互联网医院作为独立的法律责任主体,将承担高额的医疗责任索赔风险。提前就医疗责任保险做好相关安排不但是当前监管要求,同时也是分散医疗风险的重要机制措施,否则可能对责任主体业务、财务及业绩等造成重大不利影响。当前开展互联网诊疗活动的机构一般与保险机构进行合作,就医疗责任保险做好安排,如平安好医生在其港股全球发售文件中披露其与平安产险合作,为自有和外部医生投保了专业责任保险。

因此,互联网医院应当就医疗责任保险的投保、续保等事项做好内控管理,结合医疗风险为自身及其医师投保相应的责任保险，投保金额尽量可覆盖医疗事故的索赔风险，并就保险覆盖范围及责任承担等事项与合作的保险机构予以明确约定，隔离风险。

4. 互联网医疗下医保支付

国家医疗保障局于2019年8月发布《关于完善"互联网+"医疗服务价格和医保支付政策的指导意见》，明确互联网医疗服务纳入医保支付的整体性原则及框架；2020年10月发布《关于积极推进"互联网+"医疗服务医保支付工作的指导意见》，确定了"互联网+"医保服务医保支付（以下简称"互联网+"医保支付）的相应规则，就"互联网+"医保支付的资格、条件、范围等作出明确规定，且强调将严厉打击"互联网+"医疗服务中的欺诈骗保行为。互联网医疗纳入医保支付体系无疑可提高患者就诊的积极性，促进互联网医疗行业快速发展，但同时需注意的是，当前实践中，相关监管部门对医保资金违规使用、欺诈骗保行为的监管力度持续加强，近期因超限定治疗、重复收费、超支付项目范围等违规使用医保基金而被处罚、约谈的医疗机构并不少见。

因此，互联网医院在开展业务时可积极申请纳入医保支付范围内以提高患者就诊积极性、促进发展。目前互联网医院在符合法定条件[①]下可通过其依托的实体医疗机构，向所在统筹地区医保经办机构申请签订"互联网+"医疗服务医保补充协议以纳入医保统筹范围，实体医疗机构为非定点医疗机构的，则可在申请签订医保定点协议的同时，一并申请"互联网+"医疗服务补充协议。同时，也应加强医保支付结算的合规管理，对于医保支付的病种范围、医疗服务项目范围、支付范围、费用标准、结算流程等严格按照法律要求执行。

5. 网络及数据安全

互联网医疗除具有医疗属性外，其还具有数据信息属性，网络和数据安全以

---

① 根据《关于积极推进"互联网+"医疗服务医保支付工作的指导意见》的规定，申请"互联网+"医疗服务医保补充协议的医疗机构应具备以下基本条件：(1)具备与国家统一医保信息业务编码对接的条件，以及药品、医用耗材、诊疗项目、医疗服务设施、疾病病种等基础信息数据库。(2)具备与医保信息系统数据交换的条件，结合全国统一医保信息平台建设，实现医保移动支付，能够为患者提供电子票据、电子发票或及时邮寄纸质票据。(3)依托医保电子凭证进行实名认证，确保就诊参保人使用真实身份。(4)能够完整保留参保人诊疗过程中的电子病历、电子处方、购药记录等信息，实现诊疗、处方、配药等全程可追溯。(5)能够核验患者为复诊患者，掌握必要的就诊信息。(6)医院信息系统应能区分常规线下医疗服务业务和"互联网+"医疗服务业务。

及数据信息保护是互联网医疗行业的另一重要关注点。互联网医疗过程中，存在不断采集、存储、传输、处理和/或应用患者的数据及信息的情况，且该等数据信息属于涉及人口健康信息及/或遗传资源等的重要数据①，其保护力度要求更高，除需加密脱敏外，还要求存放在独立的数据库服务器中且该服务器不得存放在境外。互联网医院的相关经营主体根据不同的运营模式在这当中可能充当网络服务提供者等责任主体角色，如本书“硬科技—SaaS：新一轮数字化转型下 SaaS 业务的合规及资本运作核心关注要点”一章中有关网络安全、信息保护等内容所述，特定网络运营主体需对网络安全、数据信息安全及/或保护等事项承担有关法定责任及义务，如互联网医院相关经营主体属于前述特定网络运营主体的，则应相应履行有关网络及数据安全、保护义务。平安好医生在其港股全球发售文件中明确披露其业务中生成及处理大量数据存在的潜在固有风险，如因系统故障或安全违规或失效均将会损害其声誉及品牌、业务，更有甚者会使其面临潜在的法律责任。

实际操作中，部分医疗机构等互联网医疗运营者因对网络安全、数据信息保护合规问题不甚熟悉进而不太重视或忽略了部分环节，导致出现违规运营的情况，常见的情况有隐私政策内容不合规、未经用户同意隐私政策、未说明收集使用个人信息规则、患者信息未加密安全处理、数据未独立存储在境内服务器、未严格履行网络安全登记保护制度等事项。前述违规运营可能导致互联网医院及其经营者面临行政监管措施/行政处罚、民事责任，造成重大危害后果的，其还可能面临刑事责任②。

---

① 在互联网医疗服务场景下，因受到物理环境隔离、业务准入、诊疗项目限制等影响，所涉及的患者个人信息体量相对少，但参照《个人信息和重要数据出境安全评估办法（征求意见稿）》《信息安全技术数据出境安全评估指南（征求意见稿）》中有关“重要数据概念和范围”的规定，其所涉及的患者个人信息（如电子病历、健康档案等各类诊疗、健康数据信息，人类遗传资源信息等）亦具有重要数据的属性。

② 《刑法》第 253 条之一规定了向他人出售或者提供公民个人信息的侵犯公民个人信息罪的加重情节及法律责任；第 286 条之一规定了拒不履行信息网络安全管理义务罪的犯罪情节及法律责任；第 334 条之一规定了非法采集人类遗传资源、走私人类遗传资源材料罪的犯罪情节及加重情形。最高人民法院、最高人民检察院、公安部也出台了一系列有关个人信息犯罪的规定及司法解释。例如 2018 年 11 月 9 日，最高人民检察院发布《检察机关办理侵犯公民个人信息案件指引》，其中提到如果行为人系将在履行职责或者提供服务过程中获得的公民个人信息出售或者提供给他人的，涉案信息数量、违法所得数额只要达到一般主体的一半，即可认为属于情节严重的情形；2021 年 6 月 17 日，最高人民法院、最高人民检察院、公安部联合发布《关于办理电信网络诈骗等刑事案件适用法律若干问题的意见（二）》，其中规定“非法获取、出售、提供……个人生物识别信息”的行为，将以侵犯公民个人信息罪追究刑事责任。

基于此，互联网医院在经营中，除关注医疗属性的问题外，还应重点关注互联网属性合规问题，自身或督促相关主体就网络安全及数据信息安全和保护依法严格履行有关义务，建立健全相应的内控体系并定期检查完善，在业务开展过程中对信息数据收集、传输、处理、存储等方面严格把控，一方面，可保证主体运营合法合规以长期持续健康发展；另一方面，基于互联网医疗行业涉及大量信息数据，如该类企业拟与境外合作，涉及数据出境或进行境外上市的，一般均需履行网络安全审查程序，此时主体的相关网络及信息数据安全和保护内控体系及措施应经得起考验，避免成为企业境外发展的阻碍。

6.外商投资限制

根据《中外合资、合作医疗机构管理暂行办法》、《负面清单》（2021 年版）等相关规定[①]，除我国香港特别行政区、澳门特别行政区、台湾地区服务提供者在符合有关规定时可在内地（大陆）设立独资医院[②]外，中外合资医疗机构中的合资中方的股权比例或权益不得低于 30%，即合资医疗机构的外资股比应≤70%，实践中个别地区对前述外资股比有所放宽（如四川省允许外资股比≤90%）。同时，根据《负面清单》（2021 年版）、《外商投资电信企业管理规定》（2022 年修订）（以下简称 2022 年《外资电信企业管理规定》）的规定，增值电信业务的外资股比不超过 50%（电子商务、国内多方通信、存储转发类、呼叫中心除外）。

互联网医院作为医疗机构类型之一，应遵守国家对医疗机构外商投资的相关要求，初步理解当前原则上允许外商投资互联网医院，但除前述提及的可独资设立的情形外，互联网医院外资股比一般应不超过 70%。同时，如前文所述，互联网医疗服务涉及 ICP 业务和 EDI 业务，当前就法律规定层面上，ICP 业务的外资股比应不超过 50%，EDI 业务外资股比可达 100%。但需要注意的是，虽然 2022 年

---

① 根据《负面清单》（2021 年版），医疗机构限于合资。根据《中外合资、合作医疗机构管理暂行办法》，设立的中外合资、合作医疗机构应当符合合资、合作中方在中外合资、合作医疗机构中所占的股权比例或权益不得低于 30% 的条件。

② 根据《〈中外合资、合作医疗机构管理暂行办法〉的补充规定二》及《香港和澳门服务提供者在内地设立独资医院管理暂行办法》（卫医政发〔2010〕109 号）的规定，香港特别行政区和澳门特别行政区服务提供者在内地指定区域设立港澳独资医院，可自主选择经营性质为营利性或非营利性。而根据《台湾服务提供者在大陆设立独资医院管理暂行办法》（卫医政发〔2010〕110 号）规定，台湾地区服务提供者也可以在上海市、江苏省等地设立独资医院。此后，根据卫计委、国家中医药管理局于 2013 年 12 月 30 日联合发布的《关于加快发展社会办医的若干意见》（国卫体改发〔2013〕54 号），港澳台服务提供者在内地（大陆）设立独资医院的地域范围统一扩大到全国地级以上城市。

《外资电信企业管理规定》删除了“经营增值电信业务的外商投资电信企业的外方主要投资者应当具有经营增值电信业务的良好业绩和运营经验”这一限制要求，进一步放宽了外商投资电信业务的要求，但实际操作中是否可申请取得对应的外资增值电信业务经营许可证，仍存在较大不确定性。

基于此，互联网医院如拟引入外资的，应结合当前增值电信业务开展模式、未来融资上市计划等事项整体设计股权架构、业务开展模式等环节，避免违规经营及影响未来融资上市安排。

结　语

随着“互联网＋”的不断发展、历经新冠疫情以及民众的思想观念转变，医疗行业的传统业务模式在新背景下已难以满足民众及社会的健康需求，“互联网＋医疗健康”模式应运而生并迅速发展壮大。互联网医院作为该新业态下的重要布局赛道之一，其结合社会资本及实体医疗机构的资源为患者提供更为便捷有效的线上诊疗渠道，无疑是重点鼓励的发展行业及资本热门赛道，但互联网医院同时具有互联网及医疗属性，应重点关注其经营及发展中涉及的该两行业重点合规问题，且亦需结合两行业密切关注可能出现的新型合规问题。相信在奠定合规基石下，互联网医院将乘时代的东风，迎来新一轮发展期。我们将持续关注互联网医疗行业的法律政策动态，并结合实践情况与大家继续共同探讨有关法律问题。

第四章　生物医药—医美：与美丽同行

——医美企业合规事项与资本运作核心关注法律要点

近年来，医美市场规模不断扩大、产业布局加速及融资需求旺盛。在国家对医美行业实行强监管的政策背景下，相关企业希望在资本市场实现突围，对此，需从行业本身出发，重点关注其合规问题。

本章将系统梳理医美产业链各环节的最新监管规则，结合最新的资本市场案例及行政执法监管动态，针对不同类型的医美企业，基于行业特性总结其在资本运作过程中需要重点关注的法律事项，为我国医美企业开展资本运作提供有价值的借鉴和参考。

一、医美行业概况

（一）医美行业的概念及分类

根据《医疗美容服务管理办法》第2条的规定，医疗美容是指运用手术、药物、医疗器械以及其他具有创伤性或者侵入性的医学技术方法对人的容貌和人体各部位形态进行的修复与再塑，区别于非创伤性或侵入性的皮肤清洁、护理、保养、修饰等美容服务[①]。

按照介入手段，医美项目可分为手术类和非手术类，前者指身体各部位的整形手术，包括美容外科项目和美容皮肤科中的手术项目；后者即所谓的"轻医美"，

---

① 根据卫生部、商务部《关于印发〈住宿业卫生规范〉等规范的通知》（卫监督发〔2007〕221号）附件3《美容美发场所卫生规范》，美容场所，是指根据宾客的脸型、皮肤特点和要求，运用手法技术、器械设备并借助化妆、美容护肤等产品，为其提供非创伤性和非侵入性的皮肤清洁、护理、保养、修饰等服务的场所，包括等候、洗净、美容等区域和专间。

主要包括注射类和光电类项目。图 2－3－4－1 为常见医美项目及相关的器材和产品。

手术类（重整类）

类型	材料	产品展示
假体填充物	隆鼻	 膨体聚四氟乙烯 固体硅胶
	面部填充	 固体硅胶
	隆胸	 硅凝胶
医疗手术器具	手术器具	 整形外科手术器具

非手术类（轻医美）

类型	器材	产品展示
光电类器械	激光	 二氧化碳激光  翠绿宝石激光
	脉冲光	 光子嫩肤
	射频	 射频治疗
	超声刀	 超声刀治疗
注射类	玻尿酸	 玻尿酸
	其他	
检测类	检测设备	 智能皮肤检测

图 2－3－4－1　常见医美项目及产品示意图

注：图片源自亿渡数据《2021 年医美器械行业白皮书》。

（二）医美行业产业链

在我国，医美产业链上游主要为医美用原材料、医用耗材和设备器件的供应商；中游为医美诊疗服务中使用的医疗器械、药品及其他产品供应商，其产品主要可分为注射类针剂（包括玻尿酸、肉毒素等）、美容仪器（强脉冲光、激光类、射频类和超声类）、整形用品（包括外科手术器具和假体填充物）以及医美护肤品等；下游为医美机构（包括公立医院、民营医美机构）。除前述企业外，医美产业链还包括其线上及线下引流渠道（如互联网医美平台、线下广告机构等），以及连接供应商和终端医美机构的经销商及代理商。医美产业链图谱及各环节见图 2－3－4－2。

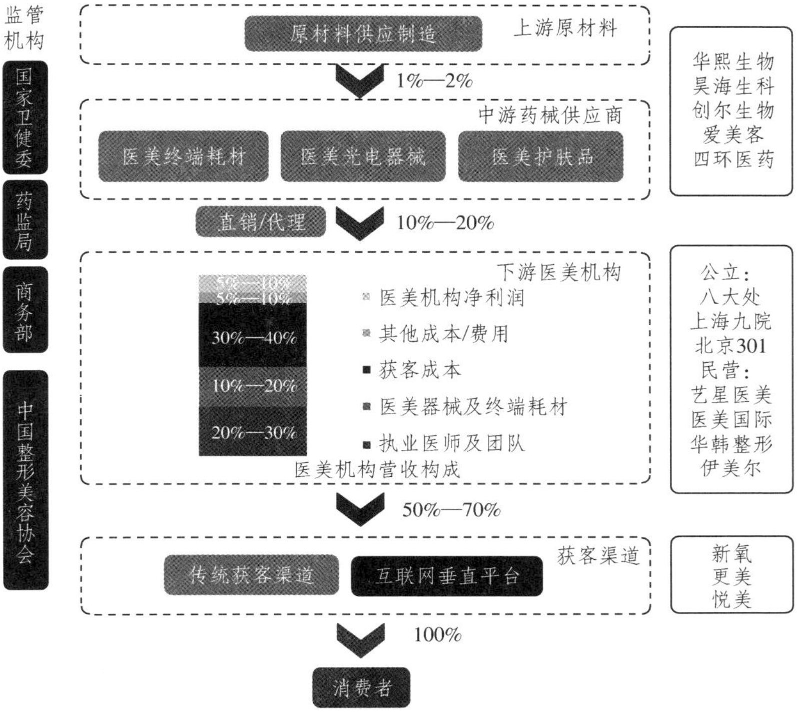

图2－3－4－2　医美产业链图谱

注：图片源自兴业证券《医美行业深度：举重若“轻”，求美有方》。

1. 上游及中游

医美行业上游及中游企业，主要为医美产品及其原材料或器件的供应商，按照终端产品类别主要可分为原材料（如透明质酸原料产品）、医疗器械（如注射类针剂、光电美容仪器、填充材料、外科手术器具）和药品（如A型肉毒毒素）供应商。上游企业为中游企业提供产品材料或器件，中游企业为下游的医美机构、电商平台和个人用户提供相关医美产品。部分中游企业还涉及功能性护肤品的生产，按照化妆品类管理。

医美项目使用的产品，尤其是药品和器械的研发、注册检验、临床试验、审批认证及最终上市需要巨大的时间和资金投入。中游企业作为医美产品的主要供应商，享有较高的行业壁垒和较强的核心竞争力，产业集中度较高，竞争格局相对优良，具体企业如原材料类生产商爱美客、华熙生物等；医美器械类生产商昊海生科、复锐医疗等。

2. 下游

处于医美行业下游的医美服务企业主要分为公立医院和民营机构两大类，其中民营机构作为目前提供医美服务的主要主体，又分为大型连锁医院、中型医院和小型诊所。具体企业包括以北京八大处、上海九院整形外科室等为代表的公立医院，以及以医美国际、华韩整形、艺星医美等为代表的民营机构。

我国明确规定从事医美服务的美容机构属于医疗机构，应当取得医疗机构执业许可证，其执业人员应当取得医师和护士的执业资格证书。因此，医美服务企业执业许可资质是进入该行业的准入门槛，优质医生资源则是其核心竞争力之一。但根据艾瑞咨询发布的《2020 年中国医疗美容行业洞察白皮书》①及中国整形美容协会的相关统计数据，我国合法合规开展医美项目的机构在 2019 年仅占行业 12%，而医美非法从业者在十万人以上，合法医师则仅占行业 28%，因而医美服务机构近年来也成为卫健委、国家市场监督管理总局（以下简称**市场监管总局**）等有关政府监管部门和行业监督机构重点稽查和规范整改的对象，面临自身合规经营和政策监管的法律风险。

服务于医美机构的线上获客平台主要包括垂直型电商和综合性电商两大类参与者，具体如以新氧、悦美等为代表的垂直电商渠道，以及以京东健康、大众点评及阿里健康等为代表的综合性电商渠道。其中，垂直电商平台聚焦于医美产业，而综合性电商则依靠其大众用户流量和综合资源优势来吸引医美机构入驻和用户消费。该等线上获客平台企业的广告宣传、数据合规和个人信息保护往往成为相关监管部门关注的重点。

二、行业监管及法律体系

（一）主要监管部门

医美行业涉及药品、医疗器械、化妆品及其他产品的生产、经营和使用，以及医美机构的设立、执业和监督管理，主要监管机构包括：

（1）国家发改委。负责组织实施产业政策，研究拟定医疗器械、药品与化妆品行业发展规划，指导行业结构调整和实施行业管理。

（2）卫健委。负责制定医疗机构和医疗服务全行业管理办法并监督实施，负

---

① 艾瑞咨询于 2020 年 5 月 25 日发布《2020 年中国医疗美容行业洞察白皮书》。

责完善国家基本药物制度,组织拟定国家药物政策和基本药物目录,开展药品使用监测、临床综合评价和短缺药品预警,提出药品价格政策和国家基本药物目录内药品生产鼓励扶持政策的建议。

(3)国家药监局。负责全国药品、医疗器械和化妆品的监督管理,负责药品、医疗器械和化妆品的安全监督管理、标准管理、注册管理、质量管理、上市后风险管理,组织指导监督检查以及监督管理领域对外交流与合作。

(4)国家中医药管理局。负责拟定中医医疗机构及医务人员、医疗技术应用、医疗质量、医疗安全、医疗服务以及行风建设、中医药服务等行业管理政策规范、标准并监督实施。

(5)国家医疗保障局。负责组织制定城乡统一的医用耗材、医疗服务项目、医疗服务设施等医保目录和支付标准,负责制定医用耗材的招标采购政策并监督实施等。

(6)市场监管总局。负责市场综合监督管理、市场主体统一登记,负责组织和指导市场监管综合指导工作。

(7)中国医疗器械行业协会。负责开展有关行业发展问题的调查研究,向政府有关部门提供政策和立法等方面的意见和建议,组织制定并监督执行行业政策,参与国家标准、行业标准、质量规范的制定、修改、宣传和推广,开展行业资质管理工作等,在遵守国家政策法规的基础上,维护会员单位的合法权益,促进中国医美器械行业健康发展。

(8)中国医药商业协会。参与政府决策和政策法规调研,开展行业自律管理和诚信建设,组织国内外交流、考察、培训活动,介绍企业改革、管理经验,在行业内推动医药供应链管理,开展行业基础信息调查研究,进行医药市场发展趋势分析预测等。

(9)中国医药企业管理协会。为医药企业及医药企业家提供服务,并协调企业与政府、企业与企业、企业与社会、经营者与劳动者的关系,开展医药行业调查研究,沟通企业与政府间的关系,向会员单位提供咨询、培训、信息服务等。

(10)中国香料香精化妆品工业协会。负责配合相关部门对化妆品行业生产进行监督,参与行业标准制定、修订及监督实施工作,承担行业引导和服务职能,开展产业与市场研究,对会员企业进行公共服务,行业自律管理以及代表会员企业向政府提出产业发展建议和意见。

（二）主要监管法律法规

当前，医美行业除基于其特定医疗服务属性所应遵循的相应法律法规外，因部分医美产品性质属于药品、医疗器械，其相关生产经营还应当遵守药品、医疗器械行业的法律法规及行业政策，该类业务的具体监管规定请参见本书“生物医药—药品：药品行业准入门槛及企业资本运作法律合规要点”以及“生物医药—医疗器械：新监管要求下医疗器械企业运营及资本运作合规要点”的相关内容。除前述药品、医疗器械相关业务外，医美企业主要涉及的业务还有化妆品生产经营、医美医疗服务等，该等业务亦应遵守相关的法律法规，具体请参见本书之“附录：行业相关主要法律规定及监管政策”之“九、生物医药行业相关法律规定及监管政策”之“（四）医美行业相关法律规定及监管政策”。

三、医美行业发展及企业资本运作现状

2021 年，中国医美市场规模达到 1891 亿元，近 5 年复合增速为 17.5%，高于全球增速，且仍拥有广阔的成长空间①。根据同花顺 iFinD 金融数据终端统计，截至 2023 年 3 月 1 日，医美概念 A 股上市公司共 63 家，港股上市公司共 14 家。而 A 股上市公司中，包括沪市主板 15 家，深市主板（含原中小板）29 家，科创板 3 家，以及创业板 16 家。此外，还有部分医美行业企业选择赴海外上市，例如在美国纳斯达克上市的新氧（SY. O）、医美国际（鹏爱医美，AIH. O）。

四、医美企业资本运作核心法律关注要点

（一）医美制造及流通企业

医美制造作为高科技行业，主要产品涉及药品、医疗器械和化妆品三大类，具有药品、医疗器械行业的属性。医美企业在药品、医疗器械的制造及流通过程中应遵守有关监管要求，在资本运作中亦应相应关注知识产权，商业贿赂与反不正当竞争，两票制、带量采购等政策影响，以及产品质量等行业常见法律关注事项，药品及医疗器械具体监管要求及常见法律关注事项可参见本书“生物医药—药品：药品行业准入门槛及企业资本运作法律合规要点”“生物医药—医疗器械：新

① 参见中航证券：《医美行业专题报告：全功效轻医美产品投资图鉴》，2022 年 11 月 8 日。

监管要求下医疗器械企业运营及资本运作合规要点”的相关内容。

除药品、医疗器械常见的监管要求及资本运作关注事项外，卫健委等部门于2021年发布《打击非法医疗美容服务专项整治工作方案》，强调将严格规范医疗美容服务相关药品和医疗器械生产、流通和使用监管，严厉打击生产、经营和使用不符合国家规定的药品、器械等行为。基于医美企业经营的产品类别众多，实践中常因医美产品性质混淆而出现无资质经营或超范围使用等医美乱象，特别是医美制造企业、流通企业的资质问题以及相关产品的合规问题较为突出。我们就医美项目及其他美容服务项目中使用的主要产品及其对应的管理类型总结见表2－3－4－1[1]。

表2－3－4－1　医美常见项目一览表

项目类型	常见项目	主要产品	管理类型
注射类	玻尿酸填充	玻尿酸(透明质酸)	第三类医疗器械[1]
	水光针	玻尿酸(透明质酸)+重组胶原蛋白	第三类医疗器械
	童颜针	PLLA－PEG(左旋乳酸－乙二醇共聚物微球)+玻尿酸	第三类医疗器械[2]
	少女针	PLLA(聚己内酯微球)+CMC(羧甲基纤维素)	第三类医疗器械[3]
	胶原蛋白填充	重组胶原蛋白	第三类医疗器械[4]
	肉毒杆菌注射	A型肉毒毒素	处方药、医疗用毒性药品[5]
	局部麻醉	盐酸利多卡因注射液/利多卡因乳膏、盐酸罗哌卡因注射液等	处方药，不属于国家特别管制的麻醉药品[6]
光电类	光子嫩肤	强脉冲光光子嫩肤仪	第二类医疗器械
	点阵激光	激光美容仪器	第三类医疗器械
	皮秒激光		
	热玛吉	射频美容仪器	
	热拉提		
	超声刀、超声炮	超声美容仪器	
	激光脱毛	半导体激光脱毛机	

① 参见中航证券:《医美行业专题报告:全功效轻医美产品投资图鉴》,2022年11月8日。

续表

项目类型	常见项目	主要产品	管理类型
整形类（手术类）	整形手术	硅凝胶、膨体聚四氟乙烯（植入材料）	第三类医疗器械
		手术刀、剪、钳等手术器械	第一类或第二类医疗器械
		呼吸设备	第二类或第三类医疗器械
		内窥镜	第三类医疗器械
	全身麻醉	咪达唑仑注射液、舒芬太尼注射液	处方药、国家特殊管制的麻醉药品[7]
	抽脂	吸脂针	第二类医疗器械[8]
		医用吸脂机	第三类医疗器械
非医美项目	术后修复	重组人表皮生长因子	处方药
		玻尿酸	作为医用敷料:第二类医疗器械
		胶原蛋白	作为医用敷料,如为动物源胶原蛋白,属于第三类医疗器械;重组胶原蛋白属于第二类医疗器械
	日常皮肤护理	玻尿酸	化妆品
		胶原蛋白	

注:①详见国家药监局《医疗器械分类目录》《关于医用透明质酸钠产品管理类别的公告》。

②根据国家药监局官网,医疗器械注册人爱美客技术发展股份有限公司,证号国械注准20213130460。

③根据国家药监局官网,国内首例取得医疗器械注册证的少女针型号规格为 Ellansé – S,注册人为艾克蒂思医疗有限公司,证号国械注进20213130100。

④详见国家药监局《医疗器械分类目录》《关于发布重组胶原蛋白类医疗产品分类界定原则的通告》。

⑤详见《医疗用毒性药品管理办法》,原国家食品药品监督管理局、原卫生部《关于将 A 型肉毒毒素列入毒性药品管理的通知》,食药总局办公厅《关于加强注射用 A 型肉毒毒素管理的通知》。

⑥详见食药总局、公安部、原国家卫计委《关于公布麻醉药品和精神药品品种目录的通知》,利多卡因和罗哌多因不属于麻醉药品。

⑦详见食药总局、公安部、原国家卫计委《关于公布麻醉药品和精神药品品种目录的通知》。

⑧根据浙江省药监局官网,注册人为杭州迪诺医疗器械有限公司,注册证号为浙械注准20222140210。

1. 药品、医疗器械

受到国家强监管的药品和医疗器械是医美项目及其他美容服务项目中经常涉及和使用的产品，且常见医美项目涉及的医疗器械多为监管要求较高的第二类、第三类医疗器械，药品多为处方药、特殊管制麻醉药品等，该等药品、医疗器械的研发、生产、经营、流通等方面除需关注常见的资质许可等问题外，还应特别注意部分医美产品注册证上对终端使用主体资质及使用方式作出的硬性要求（如玻尿酸产品要求仅限于在国家正式批准的医疗机构中，由具有相关专业医师资格的人员经培训后方能按照产品使用说明书的要求进行使用）。对于该类医疗器械和药品，应更为注重严格建立完善的产品追溯及监督内控制度，通过严格实施产品追溯及唯一标识制度以及加强经销商管理、与经销商就终端销售范围及产品使用培训等进行明确约定等方式，保证产品可追溯，防范产品被销往无资质机构的风险。

2. 化妆品

除药品、医疗器械的业务需取得有关资质许可外，目前我国化妆品的上市、生产亦需取得相应资质许可。化妆品一般可分为特殊化妆品和普通化妆品，其中前者指用于染发、烫发、祛斑美白、防晒、防脱发的化妆品以及宣称具有新功效的化妆品，后者系特殊化妆品以外的化妆品。在产品生产方面，我国对化妆品生产企业施行生产许可制度，生产化妆品的企业应取得化妆品生产许可证；在产品上市方面，特殊化妆品应经注册并取得特殊化妆品注册证后方可上市流通，普通化妆品一般向有关药监部门备案即可上市流通；在产品流通及使用方面，目前对于经营及使用化妆品未有特殊资质要求，但经营企业应注意对生产厂商的资质以及产品是否已取得有效注册证或备案进行核查，避免出现经营无资质或过期无效化妆品等问题。基于上述要求，在资本运作中，如医美企业涉及化妆品的研发、生产的，应关注相关业务是否已取得有关资质许可，产品是否已按照相关要求完成注册/备案，并持续就资质许可的有效性进行监督管理。如华熙生物（688363. SH）在 IPO 审核过程中，交易所重点关注了其 Cytocare 系列化妆品的注册备案情况及产品销售过程中的合法合规性等。

（二）医美机构

自 2021 年卫健委、中央网信办等八部门联合印发《打击非法医疗美容服务专项整治工作方案》以来，我国对医美行业的监管趋严，2021 年以来各地医美机构受到行政处罚高达7000余例。除因医疗机构、药品、医疗器械行业常见的违法违规事项(如违规开具处方,使用过期、无资质的药品/医疗器械,未执行药品/医疗器械的流通监管要求等)外,在医美机构自身特有监管要求下,医美机构因其特定资质许可缺失或不符合要求、医美广告与价格违法行为、医疗纠纷等受到监管处罚的情况亦十分常见。以下我们就基于医美机构特别监管要求对相关法律关注事项予以梳理及分析。

1. 资质许可

(1)医美机构

医美机构一般是医美产品的终端主体,根据《医疗机构管理条例》等规定,其作为医疗机构通常应在取得医疗机构执业许可证后方可执业。医美诊所作为医疗机构的一类,虽根据《医疗机构管理条例》①及卫健委办公厅《关于印发医疗领域"证照分离"改革措施的通知》②等文件,设立诊所仅需向所在地县级主管部门备案,但当前实践中医美诊所仍普遍实行许可管理,尚未放开适用备案制③。此外,医美机构中的三级医院、中外合资合作医疗机构、港澳台独资医疗机构还需取得所在地县级以上卫生健康行政部门核发的设置医疗机构批准书④。

除上述许可外,如医美机构开展涉及放射性辐射的诊疗项目并配置相关设备的,还需取得辐射安全许可证;开展整形外科手术需进行全身麻醉的,应当经所在地设区的市级政府卫生主管部门批准,取得麻醉药品、第一类精神药品购用印鉴卡,并凭卡向定点批发或生产企业购买。

(2)医美执业人员

医美执业人员需按照《医师法》《护士条例》规定的条件取得相应的执业证

① 参见《医疗机构管理条例》第14条。

② 卫健委办公厅《关于印发医疗领域"证照分离"改革措施的通知》规定,开办诊所不再向卫生健康行政部门申请办理设置审批,直接办理诊所执业备案。(《全国版清单》第38项)取消对诊所执业的许可准入管理,改为备案管理。(《全国版清单》第75项)

③ 如广东省卫生健康委《关于进一步加强医疗美容管理的通知》明确将医美诊所纳入实行许可管理的医疗机构的范围,杭州市卫生健康委员会《关于做好杭州市诊所备案试点工作的通知》明确诊所备案制不适用于医美诊所。国家层面尚无法规规定医美诊所适用许可还是备案,但卫健委、国家中医药管理局2022年1月21日公布的《关于公开征求〈诊所备案管理暂行办法(征求意见稿)〉及〈诊所基本标准(2022年修订版,征求意见稿)〉意见的公告》首次明确医美诊所实行备案管理,目前尚未正式出台。

④ 根据国务院《关于取消和下放一批行政许可事项的决定》(国发〔2020〕13号)、国家卫健委办公厅《关于取消部分医疗机构〈设置医疗机构批准书〉核发加强事中事后监管工作的通知》(国卫办医函〔2020〕902号),除三级医院、三级妇幼保健院、急救中心、急救站、临床检验中心、中外合资合作医疗机构、港澳台独资医疗机构外,举办其他医疗机构的,卫生健康行政部门不再核发设置医疗机构批准书。

书,并符合《医疗美容服务管理办法》(以下简称《医美管理办法》)中的条件,否则不得从事医美诊疗服务。此外,医美机构还应对其医疗美容主诊医师(实施医美项目的执业医师)进行核定。(见表2－3－4－2)

表2－3－4－2　医美执业人员资质要求

人员类别	资质要求	其他要求
主诊医师	需取得医生执业证书,并向其执业机构的登记备案机关申请注册;如为多点执业医师的,应确定一个机构为主要执业机构并据此申请注册,且就其他机构向其登记备案机关分别申请备案	①具有执业医师资格,经执业医师注册机关注册; ②具有从事相关临床学科工作经历。其中,负责实施美容外科项目的,应具有6年以上从事美容外科或整形外科等相关专业临床工作经历;负责实施美容牙科项目的,应具有5年以上从事美容牙科或口腔科专业临床工作经历;负责实施美容中医科和美容皮肤科项目的,应分别具有3年以上从事中医专业和皮肤病专业临床工作经历; ③经过医疗美容专业培训或进修并合格,或已从事医疗美容临床工作1年以上; ④省级人民政府卫生行政部门规定的其他条件; ⑤不具备规定的主诊医师条件的执业医师,可在主诊医师的指导下从事医疗美容临床技术服务工作①
护理人员	需取得护士执业证书,并向其执业机构的登记备案机关申请注册	①具有护士资格,并经护士注册机关注册; ②具有两年以上护理工作经历; ③经过医疗美容护理专业培训或进修并合格,或已从事医疗美容临床护理工作6个月以上②
麻醉师	需取得医生执业证书	①执业医师经培训、考核合格后,取得麻醉药品、第一类精神药品处方资格; ②有处方资格的执业医师应当使用专用处方开具麻醉药品和精神药品,但不得为自己开具; ③处方应进行专册管理,至少保留3年
外国医师(短期来华行医)	需取得外国合法行医资质;且需经过注册,取得外国医师短期行医许可证	①由中国医疗机构作为邀请或聘用单位,并与聘用单位签署书面协议; ②来华行医不超过1年
港澳台医师(短期行医)	具有我国香港特别行政区、澳门特别行政区或台湾地区合法行医资格;且需经过注册,取得港澳医师短期行医执业证书或台湾医师短期行医执业证书	①由内地(大陆)具有独立法人资格的医疗机构聘请并作为聘用单位; ②在内地(大陆)从事不超过3年临床诊疗活动

注:①详见《医美管理办法》第11条、第12条。
②详见《医美管理办法》第13条。

医师和护士经注册后，应按照注册的执业地点、执业类别、执业范围执业，从事相应的医疗卫生服务，禁止在注册的执业地点、类别及范围之外行医。

（3）医美项目

医美机构应当严格遵循我国对医美项目的分类和分级准入管理规定，不得超出规定的范围提供医美诊疗服务。具体而言，根据原卫生部办公厅《关于印发〈医疗美容项目分级管理目录〉的通知》（以下简称《**医美分级管理目录**》），医美项目分为美容外科项目、美容牙科项目、美容皮肤科项目和美容中医科项目。其中，美容外科项目按照操作过程复杂性、技术难度和风险从低至高分为一级、二级、三级和四级，仅有符合条件的机构可以开展相应级别的项目。美容牙科、美容皮肤科和美容中医科项目暂未分级，但也需取得医疗机构执业许可资质方能实施。具体要求见表2－3－4－3。

表2－3－4－3　医美项目分级及资质许可要求

项目类型	项目分级	主要项目内容	可开展机构
美容外科	一级项目	• 头面部：重唇修复术、下睑袋矫正术、隆鼻术等 • 其他：脂肪吸抽术（吸脂量 < 1000ml）、毛发移植术、自体脂肪注射移植术、A型肉毒毒素美容注射等	• 设有医疗美容科或整形外科的一级综合医院和门诊部 • 设有医疗美容科的诊所（仅可从事一级项目）
	二级项目	• 头面部：鹰钩鼻矫正术、面部除皱术 • 其他：隆乳术、脂肪抽吸术（1000ml≤吸脂量 < 2000ml）	• 设有医疗美容科或整形外科的二级综合医院 • 设有麻醉科及医疗美容科或整形外科的门诊部（可从事一级、二级项目）
	三级项目	• 全颜面皮肤磨削术、不良文饰修复术、脂肪抽吸术（2000ml≤吸脂量 < 5000ml）等	• 美容医院（可从事一级、二级、三级项目）
	四级项目	• 颧骨降低术、上下颌骨成形术、巨乳缩小术等	• 三级整形外科医院 • 设有医疗美容科或整形外科的三级综合医院（可从事一级、二级、三级和四级项目）

续表

项目类型	项目分级	主要项目内容	可开展机构
美容牙科		• 牙齿美容修复技术、牙周美容技术操作、牙牙合畸美容矫治	
美容皮肤科	暂不分级	• 无创治疗项目：内服、外用美容治疗，光疗等、药物导入等 • 微创治疗项目：物理治疗（冷冻、电外科、微针等）、抽吸注射填充（肉毒素注射、填充物注射、吸脂与脂肪移植）、化学剥脱、激光和其他光治疗 • 手术项目：美容目的的皮肤肿物切除、拔甲、腋臭手术、自体表皮移植等	美容医院、设有医疗美容科的综合医院和门诊部均可开展
美容中医科		• 中药内服和外治、针灸、穴位刮痧和埋线等	

另外，根据《医美管理办法》第10条的规定，医美机构开展医美项目应当由登记机关指定的专业学会核准，并向登记机关备案。因此，医美机构除不得超出医疗机构执业许可证范围执业之外，还应注意严格在备案范围内实行医美项目，否则可能被当地卫生行政主管部门通知停止开展该项目并受到相应处罚。

2. 外商投资准入限制

医美机构属于医疗机构范畴，当前我国对医疗机构的外资持股比例存在一定限制。根据《中外合资、合作医疗机构管理暂行办法》等的规定，除我国香港特别行政区、澳门特别行政区、台湾地区服务提供者在符合有关规定时可在内地（大陆）设立独资医美医疗机构外①，医美机构的外资股权比例通常直接和间接合计持股比例不高于70%（部分省份有所放宽）②，并遵守该办法中对于主体资格、投资总额（最低2000万元）和经营期限（最长20年）等要求。根据原国家卫生计生委

① 根据我国香港特别行政区、澳门特别行政区、台湾地区的企业根据《内地与香港关于建立更紧密经贸关系的安排》及其补充协议、《内地与澳门关于建立更紧密经贸关系的安排》及其补充协议、《香港和澳门服务提供者在内地设立独资医院管理暂行办法》、《台湾服务提供者在大陆设立独资医院管理暂行办法》、《关于加快发展社会办医的若干意见》等的规定，可于内地（大陆）设立独资美容医院，但需要符合特定条件，并取得省级卫生计生部门审批。

② 参见《四川省中外合资、合作医疗机构管理办法》《关于调整中外合资合作医疗机构审批权限的通知》，具体请见瑞尔集团（06639.HK）招股书。

《关于深化“放管服”改革激发医疗领域投资活力的通知》,其对医美诊所的外资持股比例进一步放宽,规定外资持股比例可高于70%。

实践中,由于上述外商投资准入限制,赴港上市的医美企业存在采用VIE架构绕开外资准入限制的情况,如瑞丽医美,但也有部分企业因仅在内地无外资股比限制的地区经审批开设医美机构,不受上述限制的影响,如医思医疗(02138.HK)。如企业后续有引入外资的计划,应关注引入过程的合法合规性,并结合公司未来资本运作计划就股权架构等予以提前安排。

3.医美广告与价格违法行为

根据《医疗美容广告执法指南》,医美广告属于医疗广告,医美服务机构作为广告主发布医美广告的,必须持有医疗机构执业许可证并在发布前向所在地省级卫生行政主管部门申请医疗广告审查,广告内容应符合有关法律法规要求且应尤为注意避免存在《医疗美容广告执法指南》所列明的重点打击违法广告情形[1],并最终取得《医疗广告审查证明》。且如医美机构宣传的广告含有药品、医疗器械相关内容的,属于药品、医疗器械广告,则还应经主管部门批准取得相应的广告批准文号。医美机构应注意不得对属于医疗用毒性药品的注射用A型肉毒毒素、其他处方药(如重组人表皮生长因子)进行广告宣传[2]。同时,企业实际发布的广告内容应与报审的医疗广告成品样件一致,否则将可能被认定为“未经审查而发布”的情形,面临被行政处罚的风险。

在发布平台方面,医美机构应注意微信朋友圈、公众号及小程序,以及抖音、快手、微博等平台均属于受到监管的广告发布平台,医美机构及其从业人员不得通过上述渠道违规发布医美广告,否则可能面临警告、责令改正和罚款等行政处罚。医美机构还应保证宣传的真实性,不得虚假宣传相关资质荣誉和经营数据,不得通过委托他人在大众点评、美团等互联网平台刷单、发布虚假好评,在社交软

---

① 《医疗美容广告执法指南》所列明的重点打击情形包括:(1)将容貌与其他社会评价因素进行不当关联,如宣传“女人不美不完整”“颜值即正义”等;(2)违反药品、医疗器械、广告法律规定,对未经审批或备案的药品或医疗器械作广告;(3)宣传未经卫生健康行政部门审批、备案的诊疗科目和服务项目,如宣传可注射玻尿酸、水光针、肉毒素,但产品或机构未取得相应资质;(4)宣传诊疗效果或对诊疗的安全性、功效作保证性承诺,对食品、化妆品等宣传与疾病治疗或医疗美容有关的功能;(5)利用行业协会或其他组织名义和形象作证明,使用患者名义或形象进行诊疗前后效果对比或作证明,利用广告代言人进行推荐或证明。

② 详见《广告法》第15条。

件中虚构收藏、点赞和关注数量等方式引流，否则可能构成虚假宣传，违反《反不正当竞争法》，从而面临警告、罚款等行政处罚。

除广告外，医美机构应避免涉嫌价格欺诈的行为，如利用虚构原价、虚构打折等方式诱导消费者购买医美服务或商品。医美机构在服务过程中，应当明码标价，不收取额外费用，否则可能因违反《价格法》的相关规定被处警告、没收违法所得、罚款等行政处罚。

4. 医疗纠纷

医美服务企业涉及为终端消费者提供具体的医美服务，发生医疗纠纷的风险较高，并对服务机构未来的日常经营造成实质不利影响。如瑞丽医美在其公布的上市聆讯资料中就明确将往期存在任何重大医疗纠纷或医疗事故的医美机构排除在战略收购的标的之外。从实务判例中，医美相关的医疗纠纷主要争议焦点为医院是否充分告知、经营管理是否规范、手术操作是否得当三个方面①。因此，该类企业在资本运作过程中，需重点关注该事项的以下两个方面：（1）企业是否存在尚未了解的医疗纠纷，相关纠纷是否会对企业后续的日常生产经营活动造成重大不利影响；（2）企业的内控情况，关注企业提供服务前是否已履行充分告知义务，服务中相应的管理是否完善齐备，相关的病例材料是否缺失，是否对医疗事故制定了相应的处理和保障措施等。

（三）互联网医美平台

1. 资质许可

互联网医美平台根据实际业务类型应对应取得增值电信业务许可证或进行非经营性互联网信息服务备案；如平台涉及药品、医疗器械商品信息展示和交易的，还应取得互联网药品信息服务资格证、医疗器械网络交易服务第三方平台备案以及药品网络交易第三方平台备案。以美国纳斯达克上市的新氧为例，北京新氧科技有限公司作为新氧境内的运营实体，就其从事的经营性互联网信息服务取得了互联网信息服务增值电信业务经营许可证，并就涉及的非经营性互联网信息服务进行备案；其自建的“新氧 App”平台进行线上药品、医疗器械的信息展示和

---

① 参见韩翼驰：《医美机构法律风险管理解析》，载 https://mp.weixin.qq.com/s/xK8PSKUQZB_oD5zLzJZbig，2020－07－09。

撮合交易,除了常规需办理的药品经营许可证、医疗器械经营许可证外,还取得了互联网药品信息服务资格证书并完成相关的备案工作。

此外,互联网医美平台如涉及提供视频类直播服务,应取得相应资质。如“新氧 App”具有网络直播功能,北京新氧科技有限公司就该业务取得了信息网络传播视听节目许可证、网络文化经营许可证、广播电视节目制作经营许可证等业务资质。

2. 网络安全与数据合规

由于医美下游企业的电商平台在实际经营管理过程中会涉及大量的数据及个人信息,其中包括《国家健康医疗大数据标准、安全和服务管理办法(试行)》规定的健康医疗数据。因此该类企业在其日常运营过程中需根据《网络安全法》《数据安全法》《国家健康医疗大数据标准、安全和服务管理办法(试行)》等相关法律法规的规定,开展“网络安全”及“数据合规”工作,具体包括:(1)“网络安全审查”,即企业是否依照国家法律法规及国家强制性标准要求在网络安全登记保护的基础上采取相应的技术保护措施和其他必要措施,设置专门安全管理机构,定期进行网络安全监测和风险评估等;(2)“数据源合规”,即企业收集、获取相关数据信息的方式是否合法合规,包括数据源的具体获取渠道及其合规性评价;(3)“数据安全”,即企业是否建立健全相关数据合规制度管理建设,是否就数据的使用和存储等相关环节落实了具体的技术保障措施;(4)“个人信息保护”,企业是否就相关信息的收集、存储、使用、加工、传输、提供、公开和删除等环节依法采取了相应的合规措施,是否建立了个人信息相关权益(如公民知情权、使用权及个人隐私权等)保障机制,以保护用户的合法权益。

3. 侵权责任纠纷

互联网医美服务平台是医美下游行业的重要组成部分,其在具体平台的内容宣传和推广中可能会涉及公众人物的肖像及相关个人信息,涉嫌平台内容不规范、素材使用不合法、虚假陈述等情况,引发企业与公众人物之间关于肖像权、名誉权等事项的纠纷。如新氧实际经营实体——北京新氧科技有限公司,其作为互联网医美服务平台,存在多起与数名公众人物之间的名誉权纠纷及肖像权纠纷案件。

针对该等风险,在具体企业资本运作过程中,需关注和核查以下两个方面:(1)企业是否曾存在或正在发生该类纠纷,其具体的处理方式和处理结果,以及该类纠纷对企业未来发展经营是否构成重大不利影响;(2)该类企业的平台运营管理制度和其他内控制度情况是否健全有效,是否符合我国现行的法律法规、规章及规范性文件的规定,能否有效防止相关类似侵权责任纠纷的发生。

结　语

道阻且长,行则将至。拥有广阔市场空间的医美行业处于高速发展的同时,也吸引着众多行业内外的资本纷纷入局参赛。一方面,由于医美行业自身存在的诸多"医"的特性,企业受到医药、医疗器械、医疗机构等方面规则的监管;另一方面,医美行业目前乱象丛生,相关机构和人员违规开展业务的问题较为突出。因此,医美企业进行资本运作的过程中需特别重视业务合规问题。行而不辍,未来可期。医美行业未来前景广阔,我们坚信,在国家不断出台相关政策和监管规则来加强整顿医美行业乱象的背景下,业务扎实、合规情况良好的优质医美企业能够脱颖而出,获得投资人和资本市场的认可。

副编四　大消费行业编

第一章　大消费—跨境电商:中国跨境电商企业如何走向资本市场

近十年来中国跨境电商企业高速发展,"跨境电商"对于资本市场而言,早已不是新鲜名词。在新冠疫情促使全球消费趋势从线下进一步转向线上的背景下,中国跨境电商企业在国际舞台上也持续释放着能量。根据网经社《2022 年度中国电商投融资数据报告》①,2022 年中国跨境电商发生 43 起融资,总融资金额 62.06 亿元,从融资轮次上看,跨境电商整体仍处于发展阶段,A 轮、天使轮和 Pre 轮融资需求较大。随着行业的日趋成熟壮大,登陆资本市场成为更多跨境电商企业的发展目标。

本章将回顾中国跨境电商企业的资本市场之路,并聚焦需重点关注的若干合规事项,以期为中国跨境电商企业走向资本市场提供一定的参考。

一、跨境电商的基本概念

(一)什么是跨境电商

2019 年生效实施的《电子商务法》首次明确界定了"电子商务"和"电子商务经营者"。前者是指"通过互联网等信息网络销售商品或者提供服务的经营活动",后者是指"通过互联网等信息网络从事销售商品或者提供服务的经营活动的自然人、法人和非法人组织";同时,《电子商务法》规定"电子商务经营者从事跨境电子商务,应当遵守进出口监督管理的法律、行政法规和国家有关规定"。我们

---

① https://www.100ec.cn/zt/2022kjdstrzbg/。

理解,“跨境电商”即跨境电子商务,“跨境电商企业”即从事跨境电子商务的电子商务经营者。

根据《电子商务法》的规定,电子商务经营者包括电子商务平台经营者、平台内经营者以及通过自建网站、其他网络服务销售商品或者提供服务的电子商务经营者。与《电子商务法》同时实施的《关于跨境电子商务零售进出口商品有关监管事宜的公告》(海关总署公告2018年第194号,以下简称海关总署194号文)进一步界定了跨境电商活动中承担境内法律责任的参与主体,即跨境电子商务企业、跨境电子商务企业境内代理人、跨境电子商务平台企业、支付企业、物流企业及境内(外)消费者。以一次跨境电商出口销售活动为例,各主体的参与情况见图2-4-1-1。

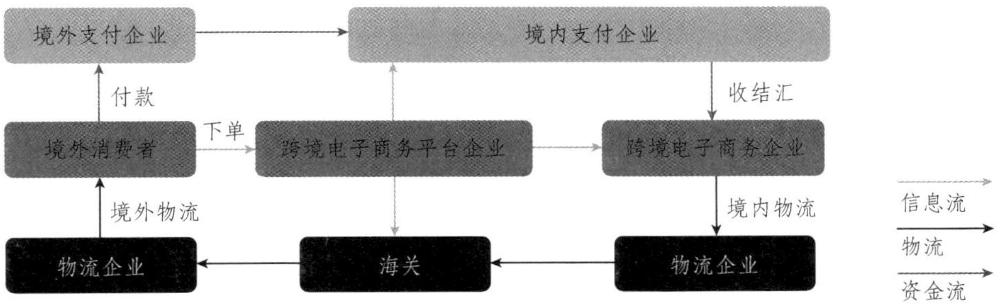

图2-4-1-1 跨境电子商务主体分布

根据海关总署194号文,跨境电商活动中相关境内主体的具体含义如下。

1. 跨境电子商务企业

境内向境外消费者销售跨境电子商务零售出口商品的企业,为商品的货权所有人。

2. 跨境电子商务企业境内代理人

开展跨境电子商务零售进口业务的境外注册企业所委托的境内代理企业,由其在海关办理注册登记,承担如实申报责任,依法接受相关部门监管,并承担民事责任。

3. 跨境电子商务平台企业

在境内办理工商登记,为交易双方(消费者和跨境电子商务企业)提供网页空间、虚拟经营场所、交易规则、信息发布等服务,设立供交易双方独立开展交易活动的信息网络系统的经营者。

4. 支付企业

在境内办理工商登记,接受跨境电子商务平台企业或跨境电子商务企业境内代理人委托为其提供跨境电子商务零售进口支付服务的银行、非银行支付机构以及银联等。

5. 物流企业

在境内办理工商登记,接受跨境电子商务平台企业、跨境电子商务企业或其代理人委托为其提供跨境电子商务零售进出口物流服务的企业。

(二)跨境电商的业务模式

以跨境电商出口销售活动为例,根据交易步骤和货物、资金的流转方向,其业务模式大致见图2-4-1-2。

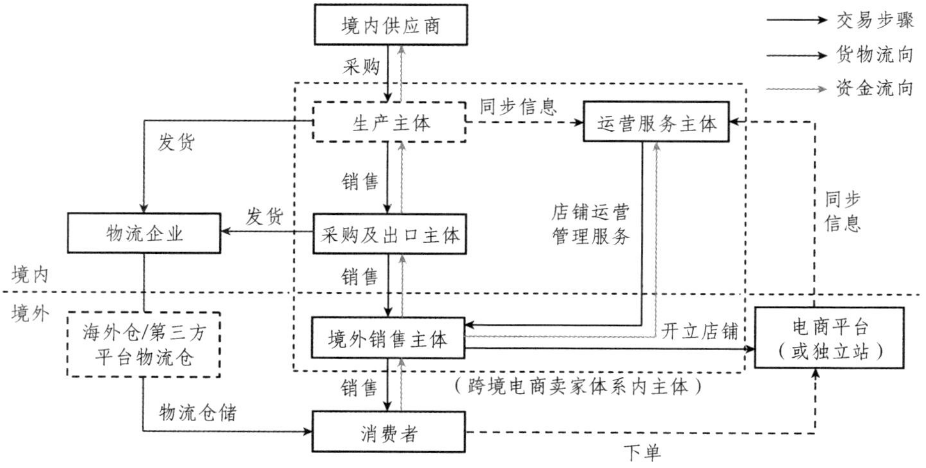

图2-4-1-2 跨境电子商务模式

注:该图对跨境电商业务模式进行了简化处理。在实际业务开展中,跨境电商卖家体系内主体的配置、具体交易步骤和货物/资金的流转可能产生变化。例如:① 对于同时从事物流业务的跨境电商卖家,物流企业亦为其体系内主体;② 对于不具备生产能力的跨境电商,其体系内则无生产主体;③ 对于开设独立站进行销售的跨境电商,独立站亦为其体系内主体;④对于在电商平台入驻店铺进行销售的跨境电商,实际开立店铺的主体可能为多家境内外子公司。

实践中,根据跨境电商货物运输方式的不同,可将其业务模式划分为直邮模式、海外仓模式和第三方平台物流仓模式;根据跨境电商销售方式的不同,可将其业务模式划分为独立站销售模式和第三方电商平台销售模式。

二、行业监管及法律体系

（一）行业境内主管部门和监管体制

跨境电商的境内主管部门主要是商务部、工信部和海关总署，前述监管部门的主要职责如下。

1. 商务部

主要负责拟定国内外贸易和国际经济合作的发展战略、政策，起草国内外贸易和对外经济合作的法律法规草案及制定部门规章，其中商务部电子商务和信息化司主要负责制定我国电子商务发展规划，推动电子商务服务体系建设，建立电子商务统计和评价体系，拟定电子商务相关标准、规则，拟定国内外贸易和国际经济合作领域信息化建设规划，组织商务领域电子政务建设等内容。

2. 工信部

主要负责电子商务行业管理、促进网络资源共建共享、拟定互联网数据安全管理相关政策并组织实施、指导跨境电商行业自律和相关行业组织发展并且对本行业发展进行宏观调控。

3. 海关总署

主要负责监督跨境贸易电子商务的进出口业务活动、监管进出境货物和物品的通关和征税等管理工作，承担口岸管理、海关稽查、保税监管、知识产权、海关保护等主要职责。

境内行业自律组织为中国电子商务协会。该协会负责推动执行国家有关电子商务行业发展方针政策，提供行业管理和服务，促进国内外电子商务贸易及进出口跨境电子商务的健康发展。

（二）行业主要境内法律法规及政策

跨境电商属于新兴的贸易方式，我国传统的海关监管模式对跨境电商没有特别的规定。自 2013 年起，境内监管部门出台了一系列扶持政策，并从税务、外汇等多方面对跨境电商进行监管。有关跨境电商企业的主要境内监管法律法规及相关的行业政策请参见本书之“附录：行业相关主要法律规定及监管政策”之“十、跨境电商行业相关境内法律规定及监管政策”。

三、中国跨境电商企业的资本市场之路

（一）中国跨境电商企业的类型

海关总署194号文首次从法规层面对跨境电商活动中各主体的概念作出了界定。实践中，基于其核心业务类型，跨境电商企业通常分为跨境电商卖家、跨境电商平台及相关服务提供商。

（1）**跨境电商卖家**，即海关总署194号文界定的**跨境电子商务企业**，是跨境电商活动中货物的出售者。

（2）**跨境电商平台**，即海关总署194号文界定的**跨境电子商务平台企业**，为跨境电商卖家提供商品展示、销售的第三方网络平台。

（3）**相关服务提供商**，包括海关总署194号文界定的**支付企业、物流企业、跨境电子商务企业境内代理人**，如**物流服务商、跨境收款平台、仓储服务商**等。

根据销售活动的商品流向、销售平台及客户类别，跨境电商卖家还可进一步划分为以下类别：

1. 商品流向：跨境进口电商&跨境出口电商

（1）**跨境进口电商**，主要为境内消费者提供进口商品服务，如天猫国际、洋码头等均为知名跨境进口电商。

（2）**跨境出口电商**，主要向境外消费者销售境内生产、采购的商品，系目前活跃在资本市场的跨境电商主力军。

2. 销售平台：第三方平台销售&自营平台销售

（1）**第三方平台销售**，跨境电商卖家通过在第三方跨境电商平台上开立店铺进行销售，是目前跨境电商卖家的主流销售模式。

（2）**自营平台销售**，又称为**独立站销售**，即建立第三方跨境电商平台之外的独立网站，并通过这个网站推进自己的跨境电商业务，相较而言前期成本更高、引流难度较大。

3. 客户类别：B2B销售&B2C销售

（1）**B2B销售**，是指主要面对企业批发销售商品的跨境电商商业模式。

（2）**B2C销售**，是指直接面对个人消费者零售商品的跨境电商商业模式。

实践中，跨境电商企业的身份并非单一的，一家企业可能同时涉及多种业务类型、业务模式，如跨境电商卖家同时搭建网站为其他卖家提供商品销售平台，则

其同时兼具跨境电商卖家和跨境电商平台的身份;部分跨境电商企业亦可能同时从事商品进出口服务,为境内外消费者提供商品销售服务。

（二）中国跨境电商企业的资本运作之路

中国跨境电商的高速发展以及对资金的需求,使得大量中国跨境电商企业在资本市场的道路上愈加活跃,中国跨境电商企业在资本市场的尝试大致经历过以下几个阶段(见图2－4－1－3):

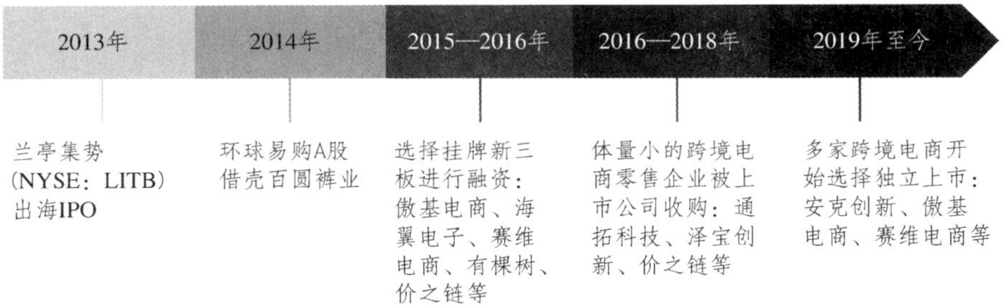

图2－4－1－3 中国跨境电商企业发展阶段

2013年年中,兰亭集势(NYSE:LITB)登陆纽交所上市,被业界称为跨境电商第一股。2014年,环球易购A股借壳百圆裤业,为跨境电商企业资本运作带来了新方向。2015—2018年,跨境电商行业备受资本市场青睐,众多跨境电商企业选择于新三板挂牌,如傲基电商、海翼电子、赛维电商、有棵树、价之链等,或通过重大资产重组方式被A股上市公司收购,形成一波"上市潮",且以境内上市为主流选择。

此后一段时间内,跨境电商企业"上市潮"有所消退,直至2020年,安克创新(300866.SZ)登陆深交所,成为跨境电商企业境内IPO上市第一股,再次将该行业拉入资本视野。2020年至2023年2月1日,多家跨境电商企业递交上市申报材料或启动上市计划,寻求境内外上市。其中,赛维时代、致欧科技分别于2022年6月、7月通过创业板上市委会议,子不语(02420.HK)于2022年11月成功登陆香港联交所上市。较之以往,更多跨境电商企业选择了IPO上市方式,境内或我国香港特别行政区成为首选上市地。

四、中国跨境电商企业资本市场之路的核心法律关注要点

目前,为中国跨境电商资本市场注入活力的新面孔主要是跨境出口电商及物流服务商等相关服务提供商。就该类企业登陆资本市场,建议重点关注以下核心法律关注要点。

(一)全球业务带来的多法域合规挑战

如前文所述,在跨境电商业务链条中,生产主体、采购及出口主体、物流企业、仓储服务商、第三方电商平台及消费者等参与主体可能位于多个国家、地区,各业务环节也将面临不同法域的监管。

全球化的业务特征直接为跨境电商企业带来了多法域下的合规挑战,相较于主要经营活动发生在境内的企业,跨境电商企业必须面对更复杂、多元的监管体系。也正是基于这一特点,跨境电商企业在申请上市或进行资本运作过程中,为说明其境外子公司和跨境业务的合规性,通常需要聘请所涉各法域的律所进行相应核查并发表意见。尤其对于后文将分析的税务合规、海关监管、外汇收支合规及转移定价安排等问题,可能同时涉及境内外多法域的规则及监管,需予以特别关注。

(二)复合业务的多资质要求

对于跨境电商行业而言,其境内外生产经营活动均需根据当地规定相应取得资质、许可及认证,较常涉及的业务资质包括:

1. 从事产品进出口活动所需的资质许可

(1)中华人民共和国海关报关单位注册登记证书

根据《海关法》《海关报关单位备案管理规定》,我国实施**海关报关单位备案管理制度**,直接从事货物进出口活动的企业可以自行办理报关手续,也可以委托报关企业办理报关手续。进出口货物收发货人办理报关手续,应当依法向海关备案,取得《海关进出口货物收发货人备案回执》。企业未经备案从事报关活动的,按规定可能被处以罚款。

(2)对外贸易经营者备案登记表

根据《对外贸易经营者备案登记办法》,从事货物进出口或者技术进出口的对

外贸易经营者,应当向商务主管部门办理备案登记,取得主管部门加盖备案登记印章的《对外贸易经营者备案登记表》。根据2022年12月30日修订的《对外贸易法》,自该日起,从事进出口业务的企业,不再办理对外贸易经营者备案登记手续。

2. 境内外物流活动所需的资质许可

如跨境电商企业存在自营物流,则其还应持有从事物流活动相关的资质许可。根据其运输方式及运输业务特点,可能包括快递业务经营许可证、道路运输经营许可证、公共航空运输企业经营许可证等;如跨境电商企业系委托第三方物流企业完成货物运输,则受托的物流企业亦应具备相应资质。此外,在国际物流活动中,因涉及事项繁杂、环节多,部分发货人还可能委托货运代理企业对具体运输事务进行安排,则作为受托方的货运代理企业应当系根据《国际货运代理企业备案(暂行)办法》在商务主管部门完成备案的国际货物运输代理企业。

3. 境内外生产销售活动涉及的资质、许可及认证

对于产品的生产、销售活动,视其具体适用情况,跨境电商企业应按相关法规取得所需的资质、许可及认证。需要强调的是,由于跨境电商企业产品出口至世界各国家或地区,不同地区对于同一产品适用的强制性产品认证标准、产品注册证书可能不同,市场准入要求和行业规范可能存在差异,跨境电商企业应格外注意出口产品在当地的合规性,避免因不符合当地的相关标准或规范而被当地政府机关或行业协会处罚或提起诉讼。

4. 从事线上交易活动涉及的资质许可

跨境电商企业通过互联网从事交易活动、向消费者提供商品,视其具体业务情况,可能涉及电子商务行业中常见的增值电信业务经营许可证、支付业务许可证等资质。

(1)增值电信业务经营许可证

根据《互联网信息服务管理办法》的相关规定,从事经营性互联网信息服务,应当取得互联网信息服务增值电信业务经营许可证(以下简称ICP牌照)。

①运营第三方平台。对于跨境电商平台而言,其为卖家企业提供平台服务,则通常需取得ICP牌照。但如平台运营主体为境外主体,且服务器搭建在境外,则不属于《互联网信息服务管理办法》规定的在我国境内从事互联网信息服务活动情形,而不涉及ICP牌照问题,但应符合运营主体及服务器所在国家、地区的法

律规定并取得相关规定所要求的资质(如有)。

②通过自建独立站进行销售。如跨境电商卖家自建独立站,通过自有网络平台销售自有商品,则其线上销售行为属于线下销售的延伸,不涉及互联网信息服务,无须取得 ICP 牌照。但应注意的是,如独立站为其他卖家提供了平台服务,该独立站已具有了第三方平台性质,则应按前文“运营第三方平台”处理。

③通过第三方平台进行销售。如跨境电商卖家并未自建独立站,而是通过入驻第三方平台开设店铺进行商品销售,其亦无须取得 ICP 牌照。

(2)支付业务许可证

根据《非金融机构支付服务管理办法》的规定[①],非金融机构提供支付服务,应当依法取得支付业务许可证(以下简称**第三方支付牌照**),成为支付机构。

①运营第三方平台。对于跨境电商平台,如其平台仅存在银行及第三方支付机构的交易结算方式,则通常不涉及跨境电商企业自身的第三方支付牌照问题;如其为平台的卖家、消费者提供了第三方支付服务,则其通常应当取得该牌照,除非提供该服务的主体位于境外(但亦应符合相关境外法律规定)。

②通过自建独立站进行销售。对于自建独立站的跨境电商卖家,如其为消费者提供储值服务,即消费者在独立站上储值后,以储值卡内余额采购独立站内的自营商品,该等储值服务不属于第三方支付服务,企业无须取得第三方支付牌照。但企业应当根据《单用途商业预付卡管理办法(试行)》(2016 年修正)等相关规定在商务主管部门办理备案登记,取得单用途商业服务卡发卡企业备案登记证。应注意的是,在独立站为其他卖家提供平台服务,即兼具第三方平台性质的情形下,如储值卡可购买站内的其他卖家商品的,则将被视为第三方支付服务,应按上文“运营第三方平台”的相关分析处理。

(三)跨境贸易特色的专项问题及风险

1. 税务合规事宜

跨境电商交易涉及的主要税项包括:①因境内企业确认收入产生的境内企业所得税;②境内企业因销售货物需缴纳的增值税(及于商品出口时办理增值税

---

① 《非金融机构支付服务管理办法》第 3 条规定:“非金融机构提供支付服务,应当依据本办法规定取得《支付业务许可证》,成为支付机构。支付机构依法接受中国人民银行的监督管理。未经中国人民银行批准,任何非金融机构和个人不得从事或变相从事支付业务。”

“免、退”手续）；③因境外子公司发生销售收入产生的所得税；④跨境电商企业在境外销售货物给当地消费者，根据销售地要求需缴纳的间接税，如美国的销售税、日本的消费税、欧盟地区的增值税等。

因跨境电商企业的涉税行为多样、税务问题复杂，在申请上市或进行资本运作过程中，税务合规证明、律所法律意见书通常为必备文件，在特定情形下，可能还需由中介机构实地走访当地税务机关，并可能需就部分事宜出具专项备忘录。以境外间接税为例，各国家、地区对于间接税的规定差别较大，且受电子商务行业快速发展等因素影响，近年许多国家、地区对其间接税规则进行了修改，可能导致跨境电商企业需就其间接税纳税情况进行调整。在该情况下，跨境电商企业应当及时与当地主管税务机关沟通并按要求调整，同时也建议取得律师或税务师的专业意见以确认合规情况。

2. 海关监管合规事宜

跨境贸易的另一合规要点是商品进出口涉及的海关监管要求。跨境销售的商品装船出境前需按我国海关管理制度办理报关手续，到达目的港入境时亦需按当地制度办理清关手续。

就出境报关端而言，鉴于跨境电商货物出境具有多品类、高频次、小批量等特点，《关于开展跨境电子商务企业对企业出口监管试点的公告》《关于增列海关监管方式代码的公告》等规定为跨境电商企业提供了比一般贸易模式（0110 代码）更为便捷的出口报关模式，即“9610 跨境贸易电子商务”“9710 跨境电商 B2B 直接出口”“9810 跨境电商出口海外仓”“1210 特殊区域出口”模式。跨境电商企业可根据其销售方式、货物流转路径及出口报关主体所在地等实际情况选取报关模式、确定报关主体，并依法向海关提交报关单等通关材料。就入境清关端而言，跨境电商企业需根据目的地国家、地区的相关政策，由当地子公司或委托第三方作为清关主体，按要求办理清关手续并缴纳关税。

3. 贸易摩擦对外销的影响

跨境电商企业的营业收入和利润绝大多数来自境外销售，在国际贸易摩擦不断、中美贸易摩擦长期化的背景下，产品价格、产品销量、销售模式、业务增量所受到或可能受到贸易摩擦的影响亦为上市审核常关注的问题。

以中美贸易摩擦为例，2018 年 6 月，美国发布第一批 500 亿美元商品加征关税清单，此后又于同年 7 月及 2019 年 8 月分别扩大加征关税商品范围到 2000 亿美元清单、3000 亿美元清单，对我国电信设备、3C 产品、农产品、轻工业产品等商品的出口产生了巨大影响。尽管经过多轮谈判，中美贸易摩擦目前已趋于缓和，部分产品关税有所下降，但美国的举措仍对我国相关产品的境外销售产生重要影响。企业在上市审核中需结合主要产品类型、主要出口国的贸易政策、境外收入地区分布情况等，分析说明贸易摩擦是否对企业业务产生较大影响，并视情况在招股说明书中披露贸易摩擦的相关风险。

（四）跨境收付相关的合规要点

1. 外汇合规事宜

跨境电商企业的跨境销售日常业务活动涉及货物贸易及服务贸易结汇事项。如前文业务模式图所示，境内子公司采购货物后将其集中出口销售给境外子公司，该境内子公司作为货物出口主体，需就其从境外收回的出口货款办理货物贸易收汇结汇手续。办理货物贸易结汇的子公司应当先根据《货物贸易外汇管理指引》《货物贸易外汇管理指引实施细则》等相关规定办理货物贸易外汇收支企业名录登记手续，并依法在具有经营外汇业务资质的银行开立外汇账户、办理出口收汇及结算手续。

此外，部分境内子公司为境外子公司提供线上店铺运营管理服务并因此形成服务贸易外汇收入，提供相关服务的境内子公司应根据《经常项目外汇业务指引》（2020 年版）等相关规定依法在具有经营外汇业务资质的银行办理结汇手续。

除通过银行办理货物贸易结汇或服务贸易结汇外，根据国家外汇局《关于印发〈支付机构外汇业务管理办法〉的通知》《经常项目外汇业务指引》（2020 年版）等相关规定，跨境电商企业亦可通过持有支付业务许可证并具有外汇业务资质的第三方支付机构办理收结汇手续。

2. 转移定价安排

转移定价是跨国公司常用的国际资金调度管理方式。就跨境电商行业而言，境内公司通常将其在境内生产、采购的商品集中出售给一家境外子公司，再根据境外各地市场需求，销售给各地中转子公司或直接销售给终端用户，前述销售流转过程中通常存在转移定价情形。

由于转移定价的双方均为跨境电商企业内部子公司，交易定价并非通过市场竞争形成，跨境电商企业是否将转移定价安排作为其逃避税收监管、不合理转移利润的手段，是否因此面临税务处罚风险即成为监管重点关注事项之一。IPO 过程中，需要对跨境电商企业转移定价中的定价政策、利润分配情况、相关主体的职能及风险定位等进行详细核查。转移定价的核心合规问题体现在以下两个方面。

（1）转移定价政策是否符合独立交易原则

根据《企业所得税法》（2018 年修正）第四章、《企业所得税法实施条例》第六章、《税收征收管理法》（2015 年修正）第 36 条的规定，企业与其关联方之间的往来应当符合独立交易原则，即应当按照与非关联企业之间公平成交价格和营业常规确定在关联往来中的交易条件（如定价、利润等）。如企业违反独立交易原则发生往来，因此减少其应税的收入或者所得额的，税务机关有权合理对企业应税所得进行调整。

在跨境电商的销售流转链中，中国境内公司与其境外公司之间的转移定价应当符合上述法规相关规定，其定价政策如果违反独立交易原则，则可能被税收监管机构认定为规避税收、存在构成税收违法违规的风险。对于发生在中国境外主体之间的定价转移，亦应当符合当地关于转移定价的税收政策及实践。

此外，根据我国相关法律规定，跨境电商企业在向税务机关报送年度企业所得税纳税申报表时，应当就其与关联方之间的转移定价如实进行关联申报，按规定将相关资料提交税务主管机关进行审查、备案。

（2）转移定价安排是否具有商业合理性

跨境电商企业转移定价的另一核查要点是该等安排是否具有商业合理性。具体而言，在判断时，需将各主体所参与的交易节点延伸至整个交易链条整体来分析，梳理该过程中各主体执行的功能、承担的经济风险及创造的价值大小，据此明确各主体在交易链条中的价值贡献程度。如各主体享受的利润水平与价值贡献程度具备正相关性，则通常可认为各主体间的转移定价与其价值贡献情况一致，符合商业逻辑，不存在通过定价转移调节收入、规避税收征管的情形。

基于跨境电商的行业特征，转移定价在行业中具备普遍性，通常而言，境内跨境电商企业会确定一家或几家主体承担集中采购职能，再转售给其他境外主体或直接提供给终端消费者，这一做法有利于实现货物、资金在集团内部的集中调拨、规划使用，降低管理成本，具备商业合理性。由于跨境电商企业的价值链分配主要集中在承担了运营、管理、研发设计等多项重要职能的境内企业之上，因此，相关案例中转移定价的利润分配通常亦集中于境内企业，境外子公司多数系作为仓储、客户及运输等辅助功能的功能主体,故在利润分配时也仅获得少部分。该等定价转移安排系基于跨境电商的实际商业安排作出,实践中也更容易获得税务部门、证券监管机构的认同。

(五)线上交易相关的突出问题

1.“刷单”“刷评”合规风险

“刷单”通常是指以虚构的方式提高销量以及商家信誉,但无实际购买的行为,通常包括通过自身或委托第三方在线上销售平台进行寄发空包裹、虚构快递单号、利用真实快递单号等方式虚构交易、提升信誉等行为;“刷评”通常是指电子商务经营者在线上销售商品或服务时编造用户评价的行为。

基于销售平台的推荐算法机制,“刷单”“刷评”能提升店铺产品在浏览界面的位次,增加产品及店铺的“曝光率”,增加好评数量亦能促进消费、提升销量。由于“刷单”“刷评”在电子商务行业中的普遍性,其往往成为监管机构在审核中的重点关注问题。对于跨境电商而言,此类行为带来的主要合规风险如下。

(1)“刷单”“刷评”产生虚假订单,存在被认定为偷税的风险

由于“刷单”“刷评”模拟正常订单流程,并非真实交易,刷单销售金额不会反映在企业的会计账簿上,但是企业自身无法修改网购平台的销售记录,因此在税务检查中,税务机关一旦发现平台销售数量和金额与会计账簿记录不一致,必然会怀疑企业存在隐瞒收入的行为,存在被税务机关认定为偷税,进而被追缴税款、滞纳金,并处50%以上5倍以下罚款的风险;更有甚者,如被认定为《刑法》中的偷税漏税罪,则企业将面临承担刑事责任的风险。

有部分企业为消除刷单被认定为偷税的风险,主动将虚构交易金额作为应税收入并相应申报缴纳增值税和企业所得税,同时此类交易一律不开具增值税发票。根据《税收征收管理法》第64条[①]的规定,该等行为可能被认定为编造虚假计税依据,存在被税务机关责令限期改正,并处罚款的风险。

(2)违反第三方平台制度及销售地法律

跨境电商企业入驻的第三方平台通常会制定卖家行为准则,绝大多数第三方

---

① 《税收征收管理法》第64条规定:“纳税人、扣缴义务人编造虚假计税依据的,由税务机关责令限期改正,并处五万元以下的罚款。纳税人不进行纳税申报,不缴或者少缴应纳税款的,由税务机关追缴其不缴或者少缴的税款、滞纳金,并处不缴或者少缴的税款百分之五十以上五倍以下的罚款。”

平台制度中会明确卖家不得有“操纵评论”“操纵排名”“进行虚假交易”等行为，并规定了违反相关规定的处罚处理，如扣除店铺积分、下架涉事商品甚至关闭店铺。因此，审核中通常亦会关注跨境电商企业是否存在违反第三方平台制度的销售行为，是否因此可能受到平台处理，影响其业务运营。

此外，境内电商企业在境内的“刷单”“刷评”行为存在违反《反不正当竞争法》《消费者权益保护法》而被认定为不正当竞争行为的风险；与之类似，跨境电商企业的“刷单”“刷评”行为亦存在违反销售地不正当竞争、消费者保护相关法律法规而受到处罚的风险，实践中需结合当地法律法规具体进行判断。

鉴于“刷单”“刷评”存在上述合规风险，IPO 问询时通常会要求企业说明是否存在“刷单”“刷评”，其具体运作模式、涉及的资金循环过程、对企业业绩的影响、是否因此受到第三方平台或行政主管部门处罚；是否因此产生诉讼或纠纷。参考相关案例，跨境电商企业就其报告期内“刷单”“刷评”，通常包括以下解决方案。

①加强企业内控，停止“刷单”“刷评”这类不合规的营销行为（如有），制定禁止“刷单”“刷评”的相关内控制度，并确认相关制度得到落实；在日常经营中加强对发货流程的管理。对于报告期内已有刷单行为的，不确认相关订单产生的销售收入，向投资者披露真实业绩及利润情况。

②核查企业报告期内是否存在因“刷单”“刷评”而受到市场监督管理部门、税务主管部门等作出的行政处罚，是否取得关于企业经营合规性的证明文件，说明企业报告期内不存在重大违法违规。

③与主要合作的电商平台进行访谈、书面调查，了解企业报告期内是否存在违反平台制度的行为、是否完成整改，取得电商平台出具的书面确认文件。

实践中，中介机构需要通过 IT 审计、高频客户核查、穿行测试、查阅企业内控制度、访谈主要合作的电商平台、资金流水核查等多种方式对企业销售收入的真实、合理性进行核查，确认是否存在“刷单”“刷评”等不合规线上交易行为。

2. 用户信息及数据安全

2021 年是我国个人信息和数据安全保护规范的新起点，《数据安全法》《个人信息保护法》等数据合规相关法律法规均于当年颁布并实施，就企业收集、储存、使用、加工、传输个人信息等行为提出了规范要求，明确了个人在个人信息处理活动中享有的权利及个人信息处理者的义务。对于跨境电商而言，其在销售过程中通常可获得个人用户的姓名、收货地址、联系电话或电子邮箱等订单信息，企业应当遵循“最小必要”“告知同意”原则，在相关法律法规搭建的合规范围内获取、使用个人信息。

此外，2022 年 2 月 15 日生效的《网络安全审查办法》更是明确建立了网络/数据安全审查制度，网络/数据安全审查包括主动申报审查及被动审查两种情形。掌握超过 100 万用户个人信息的网络平台运营者赴国外上市的，其必须主动向网络安全审查办公室申报网络安全审查。这一规定对电子商务平台经营者的上市活动产生了重要影响。对于跨境电商而言，如其并未设立自己的运营平台，则不属于《网络安全审查办法》规定的必须主动申报审查的网络平台运营者；如其设立自己的运营平台，由于其平台可能系由境外主体在境外搭建，掌握的用户个人信息亦可能主要为境外用户，此时是否属于《网络安全审查办法》规定的主动申报审查范围则有待讨论。尚未生效的《网络数据安全管理条例（征求意见稿）》对网络安全审查制度作出了进一步细化，该征求意见稿第 2 条①明确规范行为包括在我国境内利用网络开展数据处理活动，以及基于向境内提供产品或服务之目的等情形下，在我国境外处理我国境内个人和组织数据的活动。因此，我们倾向于认为此处的“个人信息”应指我国公民的个人信息，如跨境电商掌握超过 100 万我国用户个人信息的，无论其运营平台、运营主体在境内或境外，均属于应当主动申报审查的情形。从《数据安全法》《网络安全审查办法》等网络/数据安全相关法律法规立法目的来看，我们倾向于认为相关规则系为了保护我国国家数据安全及我国公民的个人信息，跨境电商的经营活动是否落入其约束范围，应根据其获取的信息内容从实质角度进行判断。

就其在境外的业务开展而言，许多国家及地区对于数据安全及个人信息保护的立法比我们起步更早，相关规则可能也更为全面和严格，企业亦需遵守当地规则开展活动，避免因此产生处罚或纠纷。

目前，数据安全及个人信息保护整体趋于严格，为保证相关活动合规性，避免因此对企业资本运作产生障碍，建议企业内部设置保障数据安全的职能部门、建

---

① 《网络数据安全管理条例（征求意见稿）》第 2 条规定：“在中华人民共和国境内利用网络开展数据处理活动，以及网络数据安全的监督管理，适用本条例。在中华人民共和国境外处理中华人民共和国境内个人和组织数据的活动，有下列情形之一的，适用本条例：（一）以向境内提供产品或者服务为目的；（二）分析、评估境内个人、组织的行为；（三）涉及境内重要数据处理；（四）法律、行政法规规定的其他情形。自然人因个人或者家庭事务开展数据处理活动，不适用本条例。”

立相关内部管理制度，加强员工数据安全保护意识，并在必要时尽早聘请专业中介机构协助企业完成数据合规建设。

结 语

从 2013 年第一家跨境电商企业上市，到今天跨境电商已为我国带来近两万亿元的进出口规模，这一行业经过十余年的发展，已经成为国内国际双循环的重要桥梁，成为“中国制造”走向世界舞台的重要通道。曾经“粗放式”的经营策略或已不能为企业在这一行业长期发展带来持续动力，重视合规运营、实现精细化运作或许才是企业长远发展的更佳路径。

2023 年是我国加入世界贸易组织 22 周年，如何发展更高层次的开放型经济，推动形成全面开放新格局，是所有人共同面对的时代命题。值此背景，抓住疫情等因素对于零售行业线上化的刺激作用，借助跨境电商政策红利的东风，在保证商业发展的同时在专业中介机构的帮助下推动自身运营规范化、优质化，不仅是跨境电商企业实现资本运作、推动企业发展的选择，也是其作为“中国制造”的一员，对于高层次开放型经济发展这一时代命题的回答。

本章主要分析了中国跨境电商企业在资本市场运作中应重点关注的合规问题，之后我们将持续关注跨境电商行业，以期为跨境电子商务生态的资本运作提供更多参考建议。

第二章　大消费—游戏:网络游戏虚拟货币的法律监管及企业资本运作法律关注要点

电子游戏一方面背负着“电子海洛因”的骂名,是荼毒青少年的罪魁祸首;另一方面被赞为“第九艺术”,是人类想象力与创造力的精妙载体。两种不同的看法体现了电子游戏的矛盾性,对这一行业的监管也一直受到我国主管部门的重视[①]。

客观地看待电子游戏,其是半导体技术发展的必然结果。自 1962 年麻省理工学院的学生们开发了首款电子游戏以来,电子游戏伴随电子产品共同发展了 60 余年。在这 60 余年间,电子游戏既是计算机硬件设备发展的成果,也是助推计算机硬件设备发展的重要力量。可以说电子游戏产业强国基本都是发达的工业国,是电子信息产业在这些国家高速发展的自然结果。同时,电子游戏的文化价值同样重要,美欧日韩利用电子游戏创造了一批影响世界的知名 IP,有力促进了相关国家国际形象的提升。

21 世纪以来,互联网普及千家万户,网络游戏逐渐成为电子游戏的主流,成为在年轻群体特别是“Z 世代”[②]中极有影响力的娱乐方式。我国企业借助在互联网领域的后发优势,在互联网游戏特别是移动互联网游戏行业中占据了重要市场地位,为经济多元化发展和我国文化产品影响力的提升起到了积极作用。与此同时,随虚拟空间新场景而伴生的新问题也经常令用户和企业感到无所适从。网络游戏虚拟货币即是游戏开发运营企业在经营过程中经常容易触及“雷区”的领域。本章拟就我国关于网络游戏虚拟货币监管的相关法律法规、资本运作法律关注要

---

① 作为参考,关于游戏行业的主要法律法规及监管政策,请见本书之“附录:行业相关主要法律规定及监管政策”之“十一、游戏行业相关法律规定及监管政策”。

② “Z 世代”最初用于描述 20 世纪 90 年代后期至 2000 年出生的美国人,后该概念被推广至成长于互联网高速发展时期的青年一代,参见 https://www.pewresearch.org/fact-tank/2019/01/17/where-millennials-end-and-generation-z-begins/。

点、司法案例进行梳理,为网络游戏行业的相关企业研究处理该类法律问题提供参考。

一、网络游戏虚拟货币的起源和发展

(一)网络游戏虚拟货币的起源

网络游戏虚拟货币最早可起源于日本 1990 年发行的一款街机游戏《双截龙 3:罗塞塔石碑》,玩家可以以法定货币购买游戏商店中的游戏币,进而换取游戏中特殊角色和技能。1997 年,美国的网络游戏《Achaea,Dreams of Divine Lands》正式开启了游戏免费、道具付费的模式(Free – to – Play),即玩家通过法定货币购买于游戏内使用的游戏币,并通过游戏币购买特殊角色和技能升级①。

在我国,第一款采用虚拟货币的网络游戏是上海巨人网络科技有限公司自主研发并于 2006 年公测的《征途》。此前国内的网游如《传奇》《梦幻西游》等均采取玩家购买点卡换取游戏时长的收费模式(Pay – to – Play),《征途》率先采用道具收费模式,玩家可使用法定货币购买游戏内的货币并换取相应的游戏装备②。

(二)网络游戏虚拟货币的定义

根据欧洲银行管理局于 2014 年发布的观点文件③,虚拟货币(Virtual currency)是价值的一种数据表现形式,其并非由中央银行或公共权威机构发行,且不一定与某一法定货币挂钩,但被自然人或法人接受用于支付手段,可以进行电子化转移、储藏或交易。

根据《网络游戏管理暂行办法》(已于 2019 年 7 月 10 日废止)④第 2 条⑤的规

---

① 相关信息详见 https://en.m.wikipedia.org/wiki/Microtransaction。

② 相关信息详见 https://baijiahao.baidu.com/s? id = 1684501373669929518&wfr = spider&for = pc、https://baike.baidu.com/item/%E5%BE%81%E9%80%94/2613186? fr = aladdin。

③ 详见欧洲银行管理局(European Banking Authority,EBA)于 2014 年 7 月 4 日发布的《EBA Opinion on 'virtual currencies'》,载 https://www.eba.europa.eu/sites/default/documents/files/documents/10180/657547/81409b94 – 4222 – 45d7 – ba3b – 7deb5863ab57/EBA – Op – 2014 – 08%20Opinion%20on%20Virtual%20Currencies.pdf? retry = 1。

④ 《网络游戏暂行管理办法》现已失效,但暂无新规出台。

⑤ 《网络游戏暂行管理办法(2009)》第 2 条第 4 款规定,网络游戏虚拟货币是指由网络游戏经营单位发行,网络游戏用户使用法定货币按一定比例直接或者间接购买,存在于游戏程序之外,以电磁记录方式存储于服务器内,并以特定数字单位表现的虚拟兑换工具。

定，网络游戏虚拟货币是指由网络游戏经营单位发行，网络游戏用户使用法定货币按一定比例直接或者间接购买，存在于游戏程序之外，以电磁记录方式存储于服务器内，并以特定数字单位表现的虚拟兑换工具。

根据原文化部办公厅《关于印发〈网络游戏虚拟货币监管和执法要点指引〉的通知》（办市发〔2010〕33 号，以下简称原文化部办公厅 33 号文），网络游戏虚拟货币区别于虚拟道具（游戏币），前者指企业发行的以法定货币兑换的，存在于游戏程序之外，可于同企业经营的不同游戏中使用的虚拟货币，如 Q 币、盛大点数、网易点数等；后者指由虚拟货币兑换的，存在于游戏之内且仅可在单一游戏中使用的虚拟道具。网络游戏虚拟货币可用于兑换游戏道具、游戏币或其他增值服务，而游戏币仅能兑换游戏道具，无法兑换虚拟货币。对于直接由用户通过法定货币购买的虚拟道具（游戏币）并具有兑换该游戏运营企业提供的其他游戏道具、游戏币或增值服务功能的，可参照网络游戏虚拟货币管理。

此外，虽然同属虚拟货币，网络游戏虚拟货币区别于基于区块链加密算法产生的去中心化加密货币（Cryptocurrency）①，后者的典型代表为 2009 年诞生的比特币。两者的区别主要表现为以下两个方面。

（1）与法定货币的兑换机制不同。网络游戏虚拟货币虽然可用法定货币购买，但不可用于兑换法定货币，具有单向性；而以比特币为代表的加密货币可在监管允许的情况下与法定货币自由兑换，具有双向性②。

（2）产生原理及载体不同。网络游戏虚拟货币本质上是由游戏公司设计出来的一种程序，通过编程产生，载体为服务器；加密货币基于加密算法产生，载体为区块链。

（三）网络游戏虚拟货币的使用现状

自网络游戏诞生以来，使用虚拟货币已经成常态，《英雄联盟》《王者荣耀》《原神》《和平精英》等知名网游均存在玩家充值点数换取游戏币的机制。2017

---

① 根据维基百科，加密货币是一种使用密码学原理来确保交易安全及控制交易单位创造的交易介质。全世界第一个去中心化的加密货币为诞生于 2009 年的比特币。比特币的出现标志着区块链技术的诞生，后者指一种不依赖第三方、通过自身分布式节点进行网络数据的存储、验证、传递和交流的技术方案，是虚拟货币产出、记录、流通的基础协议和技术应用。

② 详见欧洲中央银行于 2012 年 10 月发布的《Virtual Currency Schemes》，载 https://www.ecb.europa.eu/pub/pdf/other/virtualcurrencyschemes201210en.pdf。

年,区块链游戏出现,游戏中引入加密货币或 NFT 交易机制,其中部分游戏开始采用 Play – to – earn 模式,即玩家可以通过游戏赚取虚拟货币,但目前仍处于初期发展阶段,代表性的区块链游戏包括《The Sandbox》和《Axie Infinity[①]》。

二、网络游戏虚拟货币监管法规

在我国,网络游戏虚拟货币作为一种虚拟财产受到法律的承认和保护。根据我国《民法典》第 127 条[②]、《关于修改〈民事案件案由规定〉的决定》第 58 条[③]、《关于进一步防范和处置虚拟货币交易炒作风险的通知》第 1 条第 1 款[④]的规定,虚拟货币不具有法偿性,不能作为法定货币在市场上流通使用,但属于受到法律保护的数据、网络虚拟财产。由此可知,网络游戏虚拟货币在我国虽然不具有流通性,但国家认可其财产价值并予以保护,且并未禁止所有以网络游戏虚拟货币为标的的交易活动。

在监管法规层面,网络游戏虚拟货币的监管规则主要为 2010 年开始实施的《网络游戏管理暂行办法》。2019 年 7 月 10 日,文化和旅游部发布《关于废止〈网络游戏管理暂行办法〉和〈旅游发展规划管理办法〉的决定》(文化和旅游部令第 2 号),《网络游戏管理暂行办法》正式废止,文化和旅游部不再承担对网络游戏的监管职能,但原文化部、商务部《关于加强网络游戏虚拟货币管理工作的通知》(文市发〔2009〕20 号,以下简称原文化部与商务部 20 号文)依然有效。原文化部与商务部 20 号文效力层级较低,随着文化行政主管部门退出对网络游戏的监管,实践中是否继续执行存在不确定性。然而,由于国家尚未出台新规,现阶段关于网络游戏虚拟货币的监管处于过渡期,原文化部与商务部 20 号文对行业内企业仍具有一定参考和指导价值。截至 2023 年 3 月 1 日网络游戏行业企业需遵守或关注的现行有效的监管规范见表 2 – 4 – 2 – 1。

---

① 详见 https://en.m.wikipedia.org/wiki/Blockchain_game。

② 《民法典》第 127 条规定,法律对数据、网络虚拟财产的保护有规定的,依照其规定。

③ 《关于修改〈民事案件案由规定〉的决定》第 58 条规定,在第三级案由“346. 网络侵权责任纠纷”项下:增加“(1)网络侵害虚拟财产纠纷”。

④ 《关于进一步防范和处置虚拟货币交易炒作风险的通知》第 1 条第 1 款规定,虚拟货币不具有与法定货币等同的法律地位。比特币、以太币、泰达币等虚拟货币具有非货币当局发行、使用加密技术及分布式账户或类似技术、以数字化形式存在等主要特点,不具有法偿性,不应且不能作为货币在市场上流通使用。

表 2-4-2-1　网络游戏行业企业相关规范

序号	发布时间	发布主体	政策名称	主要内容
1	2005.01.12	原新闻出版总署	《关于禁止利用网络游戏从事赌博活动的通知》	禁止网站设赌局让玩家用虚拟货币参与赌博
2	2007.01.25	公安部、原信息产业部、原文化部、原新闻出版总署	《关于规范网络游戏经营秩序查禁利用网络游戏赌博的通知》	要监督网络游戏服务单位依法开展经营活动，要求其不得收取或以“虚拟货币”等方式变相收取与游戏输赢相关的佣金；开设使用游戏积分押输赢、竞猜等游戏的，要设置用户每局、每日游戏积分输赢数量，不得提供游戏积分交易、兑换或以“虚拟货币”等方式变相兑换现金、财物的服务，不得提供用户间赠与、转让等游戏积分转账服务，严格管理，防止为网络赌博活动提供便利条件
3	2009.06.04	原文化部、商务部	《关于加强网络游戏虚拟货币管理工作的通知》	网络游戏虚拟货币，是指由网络游戏运营企业发行，游戏用户使用法定货币按一定比例直接或间接购买，存在于游戏程序之外，以电磁记录方式存储于网络游戏运营企业提供的服务器内，并以特定数字单位表现的一种虚拟兑换工具。网络游戏虚拟货币用于兑换发行企业所提供的指定范围、指定时间内的网络游戏服务，表现为网络游戏的预付充值卡、预付金额或点数等形式，但不包括游戏活动中获得的游戏道具。网络游戏虚拟货币发行企业是指发行并提供虚拟货币使用服务的网络游戏运营企业。网络游戏虚拟货币交易服务企业是指为用户间交易网络游戏虚拟货币提供平台化服务的企业。同一企业不得同时经营以上两项业务。网络游戏运营企业不支持网络游戏虚拟货币交易的，应采取技术措施禁止网络游戏虚拟货币在用户账户之间的转移功能

续表

序号	发布时间	发布主体	政策名称	主要内容
4	2010.08.31	最高人民法院、最高人民检察院、公安部	《关于办理网络赌博犯罪案件适用法律若干问题的意见》	对于将资金直接或间接兑换为虚拟货币、游戏道具等虚拟物品,并用其作为筹码投注的,赌资数额按照购买该虚拟物品所需资金数额或者实际支付资金数额认定
5	2020.10.16	最高人民法院、最高人民检察院、公安部	《办理跨境赌博犯罪案件若干问题的意见》	对于将资金直接或者间接兑换为虚拟货币、游戏道具等虚拟物品,并用其作为筹码投注的,赌资数额按照购买该虚拟物品所需资金数额或者实际支付资金数额认定

三、网络游戏虚拟货币涉及的主要法律问题

(一)资质许可

根据文化和旅游部办公厅《关于调整〈网络文化经营许可证〉审批范围进一步规范审批工作的通知》(办市场发〔2019〕81 号),《网络游戏管理暂行办法》废止后,网络游戏运营企业无须取得网络文化经营许可证,也无须向文化部履行备案手续;已核发的网络文化经营许可证继续有效,经营范围仅含网络游戏的,到期不再换发新证,经营范围含有其他项目的,换证时默认取消网络游戏相关内容。

在取消网络文化经营许可证相关要求后,企业从事网络游戏虚拟货币发行或交易服务的,该服务仍属于《互联网信息服务管理办法》所规定的经营性互联网信息服务,企业需向省、自治区、直辖市电信管理机构或者国务院信息产业主管部门办理 ICP 许可证。如经营增值电信业务覆盖两个以上省、自治区、直辖市的,根据《电信条例》(2016 年修订),须经工信部审批,取得跨地区增值电信业务经营许可证。

(二)不得同时经营虚拟货币发行和交易

根据原文化部与商务部 20 号文,同一企业不得同时经营网络游戏虚拟货币发行和交易两种业务。原文化部办公厅 33 号文进一步规定,发行或交易企业通过关联公司或关联交易,直接或间接控制另一交易或发行企业的经营行为的,可

以认定为同一企业同时从事发行和交易业务。

实践中,对于采用集团化模式的网络游戏运营企业,应注意是否存在同一集团独立子公司或关联公司分别经营网络游戏虚拟货币发行和交易服务的情形,如涉及该等情况,需尽快制订和实施整改方案,避免对游戏主业经营造成不利影响。

(三)限制未成年人充值消费

作为防沉迷制度的一环,国家已出台政策限制未成年人为游戏充值,网络游戏虚拟货币发行或交易企业应严格遵循相关限制。根据国家新闻出版署《关于防止未成年人沉迷网络游戏的通知》(国新出发〔2019〕34 号),游戏企业不得为未满 8 周岁的用户提供游戏付费服务。8 周岁以上未满 16 周岁的用户,在同一游戏企业单次充值不得超过 50 元,每月累计充值不得超过 200 元;16 周岁以上未满 18 周岁的用户,单次和每月充值限额分别为 100 元和 400 元。

(四)涉赌风险

网络游戏运营企业在网络游戏虚拟货币的取得、使用和交易中应注意涉赌风险,完善对赌博的限制和防范制度。

对于虚拟货币的取得,原文化部与商务部 20 号文禁止在用户直接投入现金或虚拟货币的前提下,采取抽签、押宝、随机抽取等偶然方式分配游戏道具或虚拟货币。对于虚拟货币的使用,原文化部与商务部 20 号文将虚拟货币的使用范围限定于兑换企业自身提供的虚拟服务,即只能在游戏中使用,不得用以支付、购买实物产品或兑换其他企业的任何产品和服务。根据《关于规范网络游戏经营秩序查禁利用网络游戏赌博的通知》,如果企业允许消费者变相以虚拟货币兑换现金或财物、以虚拟货币方式变相收取与游戏输赢有关的佣金、提供使用游戏积分或虚拟货币进行输赢竞猜的服务,可能涉嫌为网络赌博提供便利。对于虚拟货币的交易,《关于规范网络游戏经营秩序查禁利用网络游戏赌博的通知》明令禁止企业提供用户间赠与、转让等游戏积分转账服务。

涉嫌赌博或为赌博提供条件的企业,可能因违反《治安管理处罚法》而受到相应的行政处罚[①];如果符合赌博罪、开设赌场罪等犯罪[②]的构成要件,还可能承担刑事责任。司法实践中,不以营利为目的,进行带有少量财物输赢的娱乐活动,如棋牌类网络游戏人民币充值兑换欢乐豆、钻石等虚拟货币作为参与游戏的报名费的,不以赌博论处。[③] 考虑到经营活动涉赌问题的严重性,我们建议有关企业在开发产品时充分咨询专业顾问和主管部门的意见,确保网络游戏产品中各项游戏机制的合法合规性。

(五)游戏停服的合规风险

2022 年,游戏停服的案例屡见不鲜。为保障玩家权益,网络游戏经营企业拟对某款游戏作停服处理前,应注意遵循原文化部与商务部 20 号文中提前 60 天公告的规定,并应当向玩家返还已充值未使用的游戏虚拟货币,否则可能因违约而面临民事纠纷。具体分析请见下文“游戏停服侵害玩家权益的司法案例”部分。

四、关于游戏虚拟货币的司法判例及行政处罚案例

(一)盗窃网络游戏虚拟货币的司法案例

盗窃网络游戏虚拟货币的行为,可以分为盗窃其他玩家的虚拟货币和盗窃公司虚拟货币两种情况,常见情形包括非法获取玩家游戏账号密码信息后登录并转售账户内资产、公司在职或离职员工入侵系统为自己或他人账号非法充值等。

在司法实践中,法院并未对网络游戏虚拟货币和虚拟道具(游戏币)进行区分,统一将其认定为网络游戏虚拟货币。

此外,法院对于盗窃网络游戏虚拟货币构成何种犯罪的观点不一致。根据《刑法》第 264 条的规定,盗窃罪的构成要件为盗窃公私财物,数额较大或者具有

---

① 《治安管理处罚法》(2012 年修正)第 70 条规定,以营利为目的,为赌博提供条件的,或者参与赌博赌资较大的,处 5 日以下拘留或者 500 元以下罚款;情节严重的,处 10 日以上 15 日以下拘留,并处 500 元以上 3000 元以下罚款。

② 《刑法》(2020 年修正)第 303 条规定,以营利为目的,聚众赌博或者以赌博为业的,处 3 年以下有期徒刑、拘役或者管制,并处罚金。开设赌场的,处 5 年以下有期徒刑、拘役或者管制,并处罚金;情节严重的,处 5 年以上 10 年以下有期徒刑,并处罚金。组织中华人民共和国公民参与国(境)外赌博,数额巨大或者有其他严重情节的,依照前款的规定处罚。

③ 最高人民法院、最高人民检察院《关于办理赌博刑事案件具体应用法律若干问题的解释》(法释〔2005〕3 号)第 9 条规定,不以营利为目的,进行带有少量财物输赢的娱乐活动,以及提供棋牌室等娱乐场所只收取正常的场所和服务费用的经营行为等,不以赌博论处。

多次盗窃、入户盗窃等法定情节[①]。根据《刑法》第285条[②]第2款的规定，非法获取计算机信息系统数据罪的构成要件为违反国家规定，侵入国家事务、国防建设、尖端科学技术领域以外的计算机信息系统或者采用其他技术手段，获取该计算机信息系统中存储、处理或者传输的数据，并且情节严重。

实践中，法院对网络游戏虚拟货币属于刑法意义上的财物还是计算机系统中的数据的认识不同。部分法院认为，网络游戏虚拟货币只能用于获取虚拟服务，不能用于交易，不具有财物的交换属性，不属于盗窃罪规定的财物的范畴，属于电子数据，因而盗窃网络游戏虚拟货币的行为应适用非法获取计算机信息系统数据罪的规定[③]。也有部分法院认为，在可以确定被盗网络游戏虚拟货币的人民币价值的情况下，应将相关行为认定为盗窃罪[④]。由于尚无最高人民法院判决案例、指导性案例或公报案例，根据截至2023年3月1日相关司法判例的法院层级、判决时间和数量，理解目前法院主流观点为盗窃网络游戏虚拟货币适用非法获取计算机信息系统数据罪的相关规定。

（二）游戏停服侵害玩家权益的司法案例

网络游戏停服，会涉及游戏公司是否对玩家构成违约，以及玩家持有的网络游戏虚拟货币是否应当由游戏公司进行返还和赔偿的问题。根据原文化部与商

---

① 《刑法》第264条规定，盗窃公私财物，数额较大的，或者多次盗窃、入户盗窃、携带凶器盗窃、扒窃的，处3年以下有期徒刑、拘役或者管制，并处或者单处罚金；数额巨大或者有其他严重情节的，处3年以上10年以下有期徒刑，并处罚金；数额特别巨大或者有其他特别严重情节的，处10年以上有期徒刑或者无期徒刑，并处罚金或者没收财产。

② 《刑法》第285条规定，违反国家规定，侵入国家事务、国防建设、尖端科学技术领域的计算机信息系统的，处3年以下有期徒刑或者拘役。违反国家规定，侵入前款规定以外的计算机信息系统或者采用其他技术手段，获取该计算机信息系统中存储、处理或者传输的数据，或者对该计算机信息系统实施非法控制，情节严重的，处3年以下有期徒刑或者拘役，并处或者单处罚金；情节特别严重的，处3年以上7年以下有期徒刑，并处罚金。提供专门用于侵入、非法控制计算机信息系统的程序、工具，或者明知他人实施侵入、非法控制计算机信息系统的违法犯罪行为而为其提供程序、工具，情节严重的，依照前款的规定处罚。单位犯前三款罪的，对单位判处罚金，并对其直接负责的主管人员和其他直接责任人员，依照该款的规定处罚。

③ 具体参见张某某非法获取计算机信息系统数据、非法控制计算机信息系统罪二审刑事判决书，福建省厦门市中级人民法院，(2019)闽02刑终41号；肖某破坏计算机信息系统罪二审刑事判决书，福建省福州市中级人民法院，(2019)闽01刑终1259号；张某、钱某某非法获取计算机信息系统数据罪一审刑事判决书，浙江省金华市婺城区人民法院，(2019)浙0702刑初696号。

④ 具体参见蒋某某盗窃一审刑事判决书，福建省福州市仓山区人民法院，(2017)闽0104刑初342号；刘某盗窃罪案，上海市徐汇区人民法院，(2013)徐刑初字第979号。

务部 20 号文，网络游戏运营企业计划终止其产品和服务提供的，须提前 60 天予以公告。网络游戏因停止服务接入、技术故障等网络游戏运营企业自身原因连续中断服务 30 天的，视为终止。终止服务时，对于用户已经购买但尚未使用的虚拟货币，网络游戏运营企业必须以法定货币方式或用户接受的其他方式退还用户。

司法实践中，法院普遍支持玩家要求以人民币形式返还尚未使用的人民币充值兑换的虚拟货币的请求，对于玩家已消费的部分虚拟货币一般不予退还①，仅在游戏运营商既无法说明停服时间，也未提供证据证明剩余未使用游戏币的数额的特殊情况下支持按照充值金额全额返还②。对于人民币充值兑换的虚拟货币与非充值方式（如游戏赠与）取得的虚拟货币混同，无法确认比例的情形，存在法院根据公平原则酌定应返还金额的案例③。《网络游戏管理暂行办法》失效后，司法实践中法院仍普遍以原文化部与商务部 20 号文作为判断游戏企业是否在停服的合理期限之前通知玩家、支持向玩家返还未使用虚拟货币的请求的依据。④

此外，法院虽然认可虚拟货币的价值、保护相关民事主体的合法权益，但严格遵循原文化部与商务部 20 号文确立的账号实名注册原则，仅认可账号实名注册人为账号内虚拟货币的所有权人，对于非账号实名注册人提出的索赔请求，以原告与本案无直接利害关系、不符合起诉条件为由裁定驳回起诉。⑤

---

① 具体参见安徽三七网络科技有限公司、赵某某网络服务合同纠纷二审民事判决书，广东省广州市中级人民法院，(2021)粤 01 民终 3985 号。徐某某与江西龙络网络科技有限公司服务合同纠纷一审民事判决书，江西省南昌市西湖区人民法院，(2020)赣 0103 民初 5303 号。王某、广州益游互动网络科技有限公司网络侵权责任纠纷一审民事判决书，广州互联网法院，(2021)粤 0192 民初 22811 号。熊某与北京华清飞扬网络股份有限公司网络服务合同纠纷一审民事判决书，北京市东城区人民法院，(2017)京 0101 民初 12493 号；二审民事判决书，北京市第二中级人民法院，(2017)京 02 民终 11821 号。徐某、广州四九游网络科技有限公司等网络服务合同纠纷二审民事判决书，广东省广州市中级人民法院，(2021)粤 01 民终 16116 号。

② 具体参见刘某某与成都欢娱互动科技有限公司、成都九万网络科技有限公司网络服务合同纠纷一审民事判决书，四川省成都高新技术产业开发区人民法院，(2018)川 0191 民初 4867 号。

③ 具体参见徐某、广州四九游网络科技有限公司等网络服务合同纠纷二审民事判决书，广东省广州市中级人民法院，(2021)粤 01 民终 16116 号。

④ 具体参见徐某、广州四九游网络科技有限公司等网络服务合同纠纷二审民事判决书，广东省广州市中级人民法院，(2021)粤 01 民终 16116 号；安徽三七网络科技有限公司、赵某某网络服务合同纠纷二审民事判决书，广东省广州市中级人民法院，(2021)粤 01 民终 3985 号；徐某、广东天战网络科技有限公司等网络服务合同纠纷二审民事判决书，广东省广州市中级人民法院，(2021)粤 01 民终 17075 号。

⑤ 具体参见张某某、上海聚市网络科技有限公司等物权保护纠纷一审民事裁定书，广州互联网法院，(2021)粤 0192 民初 14405 号之二；钟某某、成都页游科技股份有限公司物权保护纠纷一审民事裁定书，广州互联网法院，(2021)粤 0192 民初 35834 号。

五、游戏企业资本运作中关于游戏虚拟货币的核心法律关注要点

新冠疫情暴发使人们居家时间显著增加，作为居家娱乐的重要方式之一，游戏用户数量和活跃时长增长迅速。以境外上市的头部企业所披露的信息为例。2021年度，网易在线游戏服务净收入同比增长15%增长至628.07亿元；腾讯本土市场游戏收入增长6%增长至1288亿元，国际游戏市场收入增长31%增长至455亿元[①]。2022年度，网易的在线游戏服务净收入保持高速增长的趋势，达689.7亿元[②]。在网络在线游戏的商业模式中，通过现金充值获得游戏虚拟货币，再转换为游戏内的道具，是目前国内众多在线和移动游戏公司主要的获利模式，游戏虚拟货币业务管理的合规性对游戏行业资本运作至关重要。

目前A股市场上市的游戏行业企业数量已经超过30家，在其业务中普遍涉及使用虚拟货币。经梳理公开披露的文件，游戏行业上市公司关于虚拟货币相关业务的披露要点主要包括业务模式和收入确认、业务合规性、行政处罚及整改情况等方面，典型案例披露见表2-4-2-2。

表2-4-2-2　典型案例披露

公司名称	事项类型	披露内容
三七互娱（002555.SZ）	业务模式和收入确认	自主运营：游戏玩家直接在前述渠道注册并进入游戏，通过对游戏充值获得游戏内的虚拟货币，使用虚拟货币进行游戏道具的购买，公司在游戏玩家消耗虚拟货币购买游戏道具并取得游戏道具时，将游戏玩家实际充值并已消费的金额确认为营业收入 第三方合作运营：游戏玩家需要注册成第三方平台的用户，在第三方平台的充值系统中进行充值从而获得虚拟货币后，再在游戏中购买虚拟道具。在第三方联合运营模式下，公司与第三方游戏运营公司或游戏应用平台负责各自渠道的管理，如运营、推广、充值收款以及计费系统等。公司根据与第三方游戏运营公司或游戏应用平台的合作协议，计算的分成金额，在双方结算且核对无误后确认为营业收入

① 参见许心怡、吴可仲：《游戏公司业绩“喜忧参半” 腾讯网易依旧领跑》，载《中国经营报》2022年4月4日，第C04版。

② 游戏日报：《2022年网易在线游戏净收入约689.7亿元》。

续表

公司名称	事项类型	披露内容
吉比特(603444. SH)	业务模式和收入确认	吉比特公司主要通过自有运营平台或联合运营商进行游戏产品推广和发行,并通过向游戏玩家提供虚拟游戏道具的方式来获取游戏运营收入。游戏玩家通过吉比特公司自有平台或者联合运营商的支付渠道对游戏账户进行充值并兑换虚拟货币或虚拟游戏道具。吉比特公司将收取的玩家充值款或与联合运营商的结算金额初始确认为合同负债,后续根据各游戏产品中的虚拟游戏道具类别在相关服务期内摊销确认收入。虚拟游戏道具被分类为消耗性道具以及永久性道具。对于消耗性道具,吉比特公司按道具预计使用周期摊销确认收入;对于永久性道具,按付费玩家的预计寿命摊销确认收入
巨人网络(002558. SZ)	拟收购标的未涉及虚拟货币违规经营行为	巨人网络拟收购 Alpha Frontier Limited 42. 04% 的股权,Alpha 的核心资产是 Playtika Holding Corp. 及其附属公司(Playtika)。在该次交易的公开披露文件中,巨人网络说明:中国软件评测中心是直属于国家工信部的一类科研事业单位,是中国权威的第三方软件独立检测机构。中国软件评测中心曾分别于 2017 年 5 月和 2018 年 11 月对 Playtika 主要运营的游戏进行全面评测,确认:"1. 未发现收取或以'虚拟货币'等方式变相收取与游戏输赢相关的佣金的现象。2. 未发现游戏内有积分系统,不存在开设使用游戏积分压输赢、竞猜等功能。3. 未发现提供游戏积分交易、兑换或以'虚拟货币'等方式兑换现金、财物等服务。4. 未发现提供用户间赠与、转让等游戏积分转让服务。"由此可见,Playtika 的游戏产品有着完善的杜绝赌博机制,为防止游戏涉嫌赌博采取了全面限制措施,不涉及赌博
游族网络(002174. SZ)	行政处罚及整改情况	2017 年 1 月 12 日,上海市文化市场行政执法总队对游族信息出具《行政处罚决定书》(第 2520160404 号),认定游族信息存在网络游戏的推广和宣传中含有……以随机抽取等偶然方式诱导网络游戏用户采取投入网络游戏虚拟货币方式获取网络游戏产品和服务……罚款 20,000 元 针对以随机抽取等偶然方式诱导网络游戏用户采取投入网络游戏虚拟货币方式获取网络游戏产品和服务的问题,游族信息取消商城中"钥匙"道具的购买,改为游戏过程或者活动中获得;设置游戏中"卡片"功能的每日抽取次数,同时用户可以在登录游戏和活动中获得;对于游戏内的所有"道具""宝箱""卡片"等功能进行优化、调整和限制次数,保证玩家在登录游戏和参与活动中均可以获得相应的东西,保证游戏的公平性

结　语

在我国目前的法律体系中，虚拟货币不具有法偿性，但作为数据、网络财产受到《民法典》等法律的保护。在民商事层面，司法机关认可网络游戏虚拟货币的价值，依据充值人民币金额计算其直接兑换的虚拟货币的价值，并支持玩家对其提出的财产性主张。然而，对并非直接充值取得的虚拟货币的价值应如何认定，法院并未提出明确标准。在刑事层面，主流观点认为网络游戏虚拟货币不构成刑法上的财物，属于电子数据，但在个别犯罪如赌博罪中，虚拟货币可用于认定赌资数额。未来随着游戏行业的发展，网络游戏虚拟货币的法律属性及价值认定标准将在司法实践中进一步明确。具体到游戏企业的经营中，目前网络游戏普遍采用游戏免费、道具付费的模式，玩家以法定货币购买游戏虚拟货币以获得游戏中道具。玩家购买游戏虚拟货币所支付的资金是网络游戏运营企业最主要的收入和利润来源，确保该部分业务符合法律法规的相关规定，是网络游戏运营企业合规经营、持续发展、进行资本运作的重要基础，也是投资者考虑投资相关企业时需要重点关注的主要风险事项之一。

第三章 大消费—教育："双减"政策之下，教培机构资本运作之路及法律关注要点

"没有人比我更懂考试"，江山代有才人出的中国学子有资格这样自夸。一方面，改革开放以来，中国社会保持着较高的流动性，"知识改变命运"被亿万人亲身实践；另一方面，随着社会竞争格局不断变幻，如何让孩子赢在人生的滑跑阶段，也让不少新时代的爸爸妈妈们愁到脱发。在这样的背景下，尽管争议不断，各类教育培训机构（以下简称**教培机构**）尤其是以学科类培训为主业的机构受到资本市场看好，得到了众多投资机构的青睐。

然而2021年7月下旬，随着《关于进一步减轻义务教育阶段学生作业负担和校外培训负担的意见》（以下简称**"双减"政策**）发布，有形的手以雷霆万钧之势落下，似乎突然把腾云驾雾的学科类培训机构压在五指山下，力度实属罕见。"双减"政策颁布后，截至2023年3月1日，从中央到地方又颁布了一系列配套政策、法规和规则，全面落实"双减"政策要求，加强监督执法，一度火热的学科类培训行业在短时间内跌落谷底。"双减"政策是否留给教培机构断臂求生的机会？如有机会路又在何方？我们希望通过本章为行业从业者和投资者们提供一些可供参考的观点。

一、"双减"政策及后续配套政策纷纷落地

（一）对学科类培训行业"动手"早有端倪

教育培训行业长期在争议中发展。本番"双减"政策出台前，学科类培训过度发展、义务教育和高中（K12）学生负担过重等问题就已受到中央的重视。2018年8月，国务院办公厅发布《关于规范校外培训机构发展的意见》，开篇即点明"一些

校外培训机构违背教育规律和青少年成长发展规律，开展以‘应试’为导向的培训，造成中小学生课外负担过重，增加了家庭经济负担，破坏了良好的教育生态”，由此可见中央政府层面对以“应试”为导向的学科类培训机构的基本态度。在具体措施方面，该意见提出了包括严格审批登记、强化师资队伍管理、控制培训时间、规范收费管理等指导措施，本次“双减”政策的基本方向在该意见中已可见端倪。

（二）“史上最严”“双减”政策正式出台

2021年7月24日，中共中央办公厅和国务院办公厅联合发布了“双减”政策，就教培机构的设立、管理、运营等事项设置了严格的限制性条件。其中，“双减”政策对K12学科类培训业务和相关机构的限制最为严格，甚至不惜采用一些“溯及既往”式措施，封堵学科类培训业务和相关机构变相扩张的机会。“双减”政策中与教培业务直接相关的主要内容见表2－4－3－1：

表2－4－3－1 “双减”政策中与教培业务相关内容一览

<table>
<tr><th>事项</th><th>学科类培训</th><th>非学科类培训</th></tr>
<tr><td rowspan="2">审批设立管理</td><td>1. 不再审批义务教育阶段学科类校外培训机构；试点城市对现有学科类培训机构重新审核登记；
2. 现有机构统一登记为非营利性机构；
3. 线上学科类培训机构的设立由备案制改为审批制。对已备案机构进行全面排查，按标准重新报批。未通过审批的，取消原有备案登记和ICP许可；
4. 严禁以各种名义面向学龄前儿童开展线下学科类（含外语）培训；
5. 不再审批新的面向普通高中学生的学科类校外培训机构，对面向普通高中学生的学科类培训机构的管理，参照“双减”政策有关规定执行</td><td>各地区分体育、文化艺术、科技等类别，分类制定标准，严格审批</td></tr>
<tr><td colspan="2">1. 严肃查处不具备相应资质条件、未经审批多址开展培训的校外培训机构；
2. 不得开展面向3岁至6岁学龄前儿童的线上培训，不再审批新的面向学龄前儿童的校外培训机构</td></tr>
</table>

续表

<table>
<tr><th>事项</th><th>学科类培训</th><th>非学科类培训</th></tr>
<tr><td rowspan="2">内容和时间限制</td><td>不得占用国家法定节假日、休息日及寒暑假期组织学科类培训</td><td>严禁非学科类培训机构从事学科类培训，严禁提供境外教育课程</td></tr>
<tr><td colspan="2">1. 线上培训每课时不超过 30 分钟，课程间隔不少于 10 分钟，培训结束时间不晚于 21 时；
2. 线上机构不得提供和传播"拍照搜题"等不良学习方法；
3. 严禁超标超前培训。建立培训内容备案与监督制度，制定出台校外培训机构培训材料管理办法；
4. 全面使用《中小学生校外培训服务合同(示范文本)》</td></tr>
<tr><td rowspan="2">师资管理</td><td>从事学科类培训的人员必须具备相应教师资格，并将教师资格信息在培训机构场所及网站显著位置公布</td><td>—</td></tr>
<tr><td colspan="2">1. 不得高薪挖抢学校教师；
2. 聘请在境内的外籍人员要符合国家有关规定，严禁聘请在境外的外籍人员开展培训活动</td></tr>
<tr><td rowspan="2">资本运作限制</td><td>1. 学科类培训机构一律不得上市融资，严禁资本化运作；
2. 上市公司不得通过股票市场融资投资学科类培训机构，不得通过发行股份或支付现金等方式购买学科类培训机构资产；
3. 外资不得通过兼并收购、受托经营、加盟连锁、利用可变利益实体等方式控股或参股学科类培训机构</td><td>—</td></tr>
<tr><td colspan="2">严格控制资本过度涌入培训机构，培训机构融资及收费应主要用于培训业务经营</td></tr>
<tr><td rowspan="2">其他限制措施</td><td>试点城市将义务教育阶段学科类校外培训收费纳入政府指导价管理，明确收费标准，坚决遏制过高收费和过度逐利行为</td><td>—</td></tr>
<tr><td colspan="2">1. 主流媒体、新媒体、公共场所、居民区各类广告牌和网络平台等不刊登、不播发校外培训广告。不得利用其他手段发布或变相发布广告；
2. 对校外培训机构预收费进行风险管控，加强对培训领域贷款的监管</td></tr>
</table>

如表 2-4-3-1 所示，"双减"政策从设立审批、课程内容和时间、师资、投融资等方面对校外教培机构设置了严格的限制性条件。尤其对 K12 学科类培训业务，"双减"政策为其留下的发展空间十分有限。重拳出击之下，表现出的是中央层面对遏制 K12 学科类培训业务按以往模式继续发展的决心。

(三)从国家到地方配套政策法规陆续出台

1. 国家层面配套政策法规

“双减”政策颁布后,教育部办公厅迅速颁布了《关于进一步明确义务教育阶段校外培训学科类和非学科类范围的通知》,就学科类培训及非学科类培训的分类和认定作出规定,为后续执法和教培企业自纠自查调整业务提供指引。

2021 年,国家又陆续出台了针对培训收费、学科类培训机构改制和备案的一系列规定,以配合“双减”政策实施。

(1)2021 年 8 月底,教育部、民政部和市场监管总局联合发布了《关于将面向义务教育阶段学生的学科类校外培训机构统一登记为非营利性机构的通知》,就学科类培训业务经营主体由营利性机构变更登记为非营利性机构(民办非企业单位法人)提供指引。

(2)2021 年 9 月,国家发改委、教育部和市场监管总局联合发布了《关于加强义务教育阶段学科类校外培训收费监管的通知》,规定对校外培训收费实行政府指导价管理,并对政府指导价下收费标准的制定提供计算框架,同时要求各级主管部门做好信息公开、监督执法工作。

除上述文件外,2021 年国家还密集出台了《中小学生校外培训材料管理办法(试行)》《关于坚决查处变相违规开展学科类校外培训问题的通知》《校外培训机构从业人员管理办法(试行)》《关于做好现有线上学科类培训机构由备案改为审批工作的通知》《关于加强校外培训机构预收费监管工作的通知》,以高频次监管动作配套“双减”政策全面落地。

进入 2022 年,国家层面对违规进行校外学科类培训业务的打击力度不减。

(1)2022 年 1 月,教育部、中央编办和司法部联合出台《关于加强教育行政执法深入推进校外培训综合治理的意见》,要求健全校外培训监管行政执法机制,强化教育行政部门校外培训监管行政执法职责,增强校外培训监管行政执法力量,提高校外培训监管行政执法能力,通过加强执法,防止违反“双减”政策的学科类培训业务死灰复燃。

(2)2022 年 11 月 21 日,教育部、中央政法委等 12 部门联合印发了《关于进一步加强学科类隐形变异培训防范治理工作的意见》,要求健全学科类隐形变异培训预防、发现工作机制,依法依规从严查处违法违规培训行为,不断巩固学科类培训治理成果，确保“双减”工作不断取得新的成效。该意见旨在通过5个部分16条内容，实现“到2023年6月，各地学科类隐形变异培训问题预防机制、发现机制、查处机制基本建立，部门和地区协同联动的工作格局得以完善，隐形变异违规培训态势得到较好控制”，以及“到2024年6月，学科类隐形变异培训防范治理的长效机制得到健全，治理工作态势持续向好，隐形变异培训得以全面清除，有力确保‘双减’工作取得显著成效”的目标。

从上述国家层面的政策法规不难看出，自“双减”政策落地以来，国家持续保持对学科类培训业务的高压监管态势，未来一段时间政策上为学科类培训松绑并使之得以重归营利性经营的可能性很低。相关企业应尽早谋变求生方为出路①。

2. 地方层面配套政策法规

在地方层面，自“双减”政策颁布后，各省、区、市地方政府陆续积极响应。

(1)中共北京市委办公厅、北京市人民政府办公厅于2021年8月14日印发《北京市关于进一步减轻义务教育阶段学生作业负担和校外培训负担的措施》；上海市教育委员会于同年8月24日印发《关于进一步减轻义务教育阶段学生作业负担和校外培训负担的实施意见》。京沪两大城市均以“双减”政策为基准，提出落实“双减”政策、加强对教培机构监督管理的各项举措。

(2)广东、广西、海南、陕西、青海等省、自治区也在2021年针对规范校外教培机构下发专门通知，重点落实“双减”政策中规范校外教培机构、压减学科类培训机构的要求。而广东省的通知中，还特别明确不得面向学生家长销售周末、寒暑假、国家法定节假日的学科类培训课程。

(3)浙江省教育厅于2021年8月31日要求各下属教育主管机关对校外教培机构按学科类和非学科类进行分类排查统计，同时成立专家委员会，把关学科类和非学科类的范围；后又于同年9月25日发布《浙江省义务教育阶段校外培训机构学科类和非学科类项目鉴别指引(试行)》，对培训科目是否属于学科类及如何甄别给出了一定标准。

进入2022年，在2022年年初全国地方两会上，“双减”政策成为受到诸多关

① 作为参考，我们将教育行业相关的主要法律法规进行了汇总，具体请见本书之“附录：行业相关主要法律规定及监管政策”之“十二、教育行业相关法律规定及监管政策”。

注的高频议题，多地教育主管部门均表示将继续为“双减”政策出台配套文件。以下列示2022年部分地方发布或实施的主要配套文件（见表2－4－3－2）。

表2－4－3－2　2022年部分地方发布或实施的主要配套文件一览

地区	文件名称	主要内容
北京市	《北京市学科类校外培训指导手册》	为规范学科类培训业务，对培训机构的组织机构、培训安排、培训材料、从业人员、收费与财务管理、宣传与信息公开、安全保障等事项提供指引
	《北京市中小学生学科类校外培训材料管理实施细则》	针对学科类校外培训材料，加强材料编写、审核、选用、备案等全流程管理，明确内容要求和标准，健全管理机制，细化违规处罚规定，强化日常监管，突出全流程把控、检视
	《北京市义务教育阶段学科类校外培训收费管理办法（试行）》	为加强义务教育阶段学科类校外培训收费管理，规范义务教育阶段学科类校外培训收费行为，就收费定价机制、成本构成与核定、收费信息公开、收费行为监管等事项作出规定
	《校外培训行政处罚暂行办法（征求意见稿）》	为加强校外培训监管，规范校外培训行政处罚行为，对校外培训处罚原则、校外培训行政处罚的种类、处罚实施机关、管辖、处罚手段等事项作出规定，并向社会征求意见
广东省	广东省人民政府办公厅《关于成立广东省减轻义务教育阶段学生作业负担和校外培训负担工作领导小组的通知》	为贯彻落实“双减”工作的决策部署，统筹推进全省“双减”工作，协调解决“双减”工作中出现的重大问题，研究制定相关政策措施，督促指导各地、各有关单位落实工作任务，设置由省主要领导牵头的工作领导小组
	《关于公布校外培训机构预收费资金监管协议示范文本（试行）的通知》	就校外培训机构预收费资金监管提供合同样本，为有关机构提供参考
	《关于我省义务教育阶段线上学科类校外培训收费标准相关事项的通知》	明确规定面向义务教育阶段的线下学科类校外培训收费基准标准
	广州市教育局《关于选荐校外培训社会监督员的通知》	为提升校外培训治理水平，整体服务推进“双减”工作，选聘首批市级校外培训社会监督员，负责调查了解校外培训治理的实际情况，及时反映校外培训治理中共性的困难、问题和薄弱环节，并提出建议
	《关于义务教育阶段线下学科类校外培训收费标准的通知》	明确规定面向义务教育阶段的线下学科类校外培训收费基准标准

由上述文件可见,2022年各地抓紧巩固“双减”政策成果,就前期工作中尚需完善的事项进一步落实完善。在地方层面,主管部门对“双减”政策实施效果的跟踪、评估、监管预计将持续,校外培训机构通过打“擦边球”的方式绕过“双减”政策规定开展营利性学科类培训业务的空间很小。

二、教培机构的未来资本运作之路及关注要点

正可谓“字数越少,事情越大”,在“双减”政策的各项内容中,“现有学科类培训机构统一登记为非营利性机构”是对学科类培训机构冲击最大的措施之一。该措施短短20字,没有设置例外情形、没有区分政策颁布前后的时间,“一刀切”地要求全部现有的K12学科类培训企业,选择变更登记为非营利性机构,抑或退出赖以发展的K12学科类培训业务另谋出路。不论何种选择,原本主营K12学科类培训业务的主体都难以避开一番伤筋动骨的调整。

(一)变更为非营利性机构后K12赛道已不具投资价值

“双减”政策中关于义务教育阶段学科类培训机构不得为营利性机构的规定,搭配上严禁上市融资和资本化运作的红线,颇具杀伤力。相对于限制课时、加强师资管理、制定指导价等规范经营行为的政策,非盈利化和非资本化可以说对K12赛道的投资价值起到了釜底抽薪、一举击破的效果,基本从根本上断绝了资本以正规渠道投资、获利和退出的路径。一时间,K12赛道从投资机构的“宠儿”变成了“弃儿”,这一通连招的力道就连前几年的地产行业看到都要直呼内行。

“双减”政策中关于K12学科类培训机构非营利性的要求在《民办教育促进法》中其实已可见端倪。该法第19条规定,民办学校的举办者可以自主选择设立非营利性或者营利性民办学校,但是**不得设立实施义务教育的营利性民办学校**。同时该法第65条说明,该法所称的民办学校**包括依法举办的其他民办教育机构**。

何谓营利性机构和非营利性机构?根据《民法典》的相关规定,以取得利润并分配给股东等出资人为目的成立的法人,为营利法人;为公益目的或者其他非营利目的成立,不向出资人、设立人或者会员分配所取得利润的法人,为非营利法人。《民办教育促进法》规定,非营利性民办学校的举办者不得取得办学收益,学校的办学结余全部用于办学。因此,学科类教育培训企业若按照“双减”政策变更为非营利性机构,其投资人将不能自该机构获得利润分红等经营性收益。

从非营利法人具体的组织形式上看，在我国现行社会组织法人的管理体系下，非国有资产投资的非营利性法人一般应在民政部门登记为民办非企业单位（以下简称民非单位），适用《民办非企业单位登记管理暂行条例》的相关规定。对于习惯了企业经营思维的教培行业从业者，属于非营利法人的民非单位可能是一类有些“别扭”的法人主体。民非单位与企业的主要区别具体见表2－4－3－3：

表2－4－3－3　民非单位与企业的主要区别

事项	民非单位	企业（以有限责任公司为例）
出资人	民非单位的出资人为举办人，其货币或实物出资一般属于捐赠性质，不会对应产生“股权”	公司的出资人为股东，其对公司出资后，按照出资金额享有分红、表决等相应的股东权利
收益分配	扣除必要费用后的盈余收益不得分配，只能用于章程规定的业务活动	利润可以根据法律和公司章程，向股东分配
治理	举办人无法按照出资金额享有表决权，一般通过“理事会”进行决策	股东一般按照出资金额享有相应的表决权，也可通过章程或协议对表决权做出特别安排
对外投资/分支机构	无法设立子公司或分支机构，不能进一步设立其他主体扩展业务	可以设立子公司（但一人有限责任公司不能设立新的一人有限责任公司）或分支机构，以满足业务扩展需要
清算	清算后不得向出资人分配剩余财产，相关剩余财产须继续用于公益目的	根据法律法规支付相关费用、欠款、债务后的剩余财产，向股东分配

鉴于民非单位的上述特点，对于在地理空间上已经覆盖多城市、多区域甚至全国的学科类培训机构，“现有学科类培训机构统一登记为非营利性机构”这一要求，与其说是要求企业转型，不如说是“劝退”。诚然，在过往教育、医疗等行业的非营利性机构开办实践中，存在少数通过“灰色手段”变相自民非单位获得收益的情况。就教培机构的本轮“洗牌”而言，不排除个别经营者探索采用“灰色手段”维系其学科类培训业务的营利性的可能。但是从本次“双减”政策的力度来看，“灰色手段”受到查处的风险较高，建议从业者谨慎评估，避免触碰监管红线。

在实际操作层面，关于营利性的学科类培训企业变更为非营利性的民非单位的具体配套实施细则尚待出台。根据民非单位的现行规定，并参考《民办教育促进法》和《民办教育促进法实施条例》（2021 年修订）关于民办学校设立的相关内容，我们理解有关学科类培训企业在变更为民非单位前，需要进行清产核资，从而确定举办人和可被投入民非单位的资产范围，甚至不排除需要清算、解散原企业后再重新申请组建民非单位的可能。对于已经进行多轮融资甚至已完成 IPO 的学科类培训企业而言，上述动作可能同时涉及投资人沟通、争议纠纷、股权回购、私有化等事项，实际操作过程中面临的难度将非常大。因此，按照“双减”政策相关规定和后续出台的相关政策，将按照市场化运作的营利性的学科类教育培训企业改制为非营利性的教育培训民非单位，其可操作性和实施效果均存在不确定性，大型教培机构尤其需要进行慎重、全面的规划。

（二）转向，但是转向何方

“双减”政策冲击具体反映到市场上，2021 年下半年和 2022 年是学科类培训机构艰难转型、摸索的时期，其艰辛从 K12 学科类培训赛道的头部机构可瞥见一隅。2021 年 7 月“双减”政策落地，新东方发布报告称其在 2021 年 6 月 30 日至 2021 年 12 月 31 日的半年时间内净亏损超过 50 亿元，这是其自 2004 年在纽交所上市以来首次发布亏损的定期报告①。高途教育在“双减”政策落地后停止了 K12 学科类培训业务，2021 年第三季度业绩首次大幅下滑，营业收入为 11.15 亿元，同比减少 43.3%，净亏损为 10.45 亿元，同比增大 12%；而 2021 年全年亏损达到 31.04亿元，较 2020 年度的 13.93 亿元亏损扩大了 122.8%②。

在惨淡的数据下，仍有意在市场拼杀的教培机构开启转型之路，但转型又应转向何方？为帮助思考，我们梳理了可供教培机构业务转型参考的国家教育发展规划部分政策方针（见表 2－4－3－4）。

表 2－4－3－4　图家教育发展规划部分政策方针一览

文件/法规	相关内容
中共中央、国务院《中国教育现代化 2035》	1. 基本理念：更加注重以德为先，更加注重全面发展，更加注重面向人人，更加注重终身学习，更加注重因材施教，更加注重知行合一，更加注重融合发展，更加注重共建共享； 2. 2035 年主要发展目标（节选）：建成服务全民终身学习的现代教育体系……基础教育、职业教育、高等教育和继续教育协调发展，学历教育和非学历教育、职前教育和职后教育、线上学习和线下学习相互融合……形成网络化、数字化、个性化、终身化的教育体系。职业教育服务能力显著提升

① 参见《南方都市报》《新东方半年亏 57 亿，俞敏洪发声》。
② 参见高途教育《2020 年度报告》《2021 年度报告》。

续表

文件/法规	相关内容
中共中央《关于制定国民经济和社会发展第十四个五年规划和二〇三五年远景目标的建议》	建设高质量教育体系。重视青少年身体素质和心理健康教育。支持和规范民办教育发展，规范校外培训机构。发挥在线教育优势，完善终身学习体系，建设学习型社会
国务院《全民科学素质行动规划纲要（2021—2035年）》	激发青少年好奇心和想象力，增强科学兴趣、创新意识和创新能力，培育一大批具备科学家潜质的青少年群体，为加快建设科技强国夯实人才基础
国务院《关于深化北京市新一轮服务业扩大开放综合试点建设国家服务业扩大开放综合示范区工作方案的批复》	鼓励外商投资成人类教育培训机构，支持外商投资举办经营性职业技能培训机构。推进一批职业教育国际合作示范项目
《民办教育促进法实施条例》（2021年修订）	1. 实施职业教育的公办学校可以吸引企业的资本、技术、管理等要素，举办或者参与举办实施职业教育的营利性民办学校； 2. 国家鼓励企业以独资、合资、合作等方式依法举办或者参与举办实施职业教育的民办学校； 3. 国家鼓励民办学校利用互联网技术在线实施教育活动……利用互联网技术在线实施教育活动的民办学校应当取得相应的办学许可
《职业教育法》（2022年修订）	1. 职业教育是与普通教育具有同等重要地位的教育类型，是国民教育体系和人力资源开发的重要组成部分，是培养多样化人才、传承技术技能、促进就业创业的重要途径； 2. 国家大力发展职业教育，推进职业教育改革，提高职业教育质量，增强职业教育适应性
《关于深化现代职业教育体系建设改革的意见》	1. 构建央地互动、区域联动，政府、行业、企业、学校协同的发展机制，鼓励支持省（自治区、直辖市）和重点行业结合自身特点和优势，在现代职业教育体系建设改革上先行先试、率先突破、示范引领； 2. 重点工作包括：提升职业学校关键办学能力；加强"双师型"教师队伍建设；建设开放型区域产教融合实践中心；拓宽学生成长成才通道；创新国际交流与合作机制

根据上述政策/法规的相关内容，教培机构业务转型的主要方向可以如下。

（1）K12素质教育。就K12培训业务，脱离学科教育和应试教育，跟随素质教育主线，满足青少年各方面素质全面发展的需求，开发美育、体育、科学兴趣、思维能力、创新能力等综合素质培养的教育产品。

（2）职业教育、终身学习。在基础教育阶段以外，增强职业教育方面的服务能力，积极参与社会终身学习体系的建设，满足全民终身学习的需求。

(3)网络化、数字化。尽管 K12 线上培训受到“双减”政策限制，继续发展网络技术与教育的结合是提高教育资源利用率、构建学习型社会、完善终身学习体系的必然要求。

在业务转型的具体执行层面，可考虑的执行路径包括但不限于：

(1)夯实自身力量。拟转型教培机构重新在各地招聘相关人才，搭建新的团队和业务部门，自行开发课程产品并拓展市场。

(2)寻找优质收购标的。拟转型教培机构仍拥有较充足资金的，可考虑发挥资金优势，收购各地已经形成一定业务优势和规模的非学科类培训企业，从而尽快完成布局。采用本路径时，收购标的的选择非常关键，在关注业务情况的同时，也需要充分考虑收购标的历史沿革、合规经营情况、债权债务情况等要素，确保收购标的不会对将来进一步融资或走向资本市场造成重大影响。

(3)联合以聚力。拟转型教培机构资金、业务实力一般的，也可考虑与其他企业进行合并，通过双方联合增强实力，为投入大量资源进行业务转型提供支持。若采用本路径的，除需要关注合并方的法律、财务、业务情况外，合并后经营主体的股权安排、管理权安排都需要精心设计，尽可能避免不同管理团队之间出现僵局。

需要承认的是，鉴于非学科类教育培训并非“刚需”，对服务的购买意愿、对费用的接受程度、实际参与度等与学科类教育培训必然存在差距。曾经依托学科类培训存在的庞大校外培训市场骤然萎缩后，教育培训业务的整体体量可能在一段时间内都无法达到“双减”政策出台前的水平。对于曾经主要依赖学科类培训业务的企业而言，即使抓对了国家政策机会，一番动荡或必不可少。

(三)素质教育和职业教育赛道值得关注

如上文所述，根据国家教育行业相关法律法规，在因材施教、全面发展、终身学习提升职业能力的培养目标下，素质教育和职业教育是两条值得期待的转型道路。

1. K12 非学科类培训仍有空间

在“双减”政策下，学科类培训受到了最严厉的管制；而非学科类培训方面，相关条文虽采用了“严格”“严禁”等较为严厉的措辞，但具体内容的用意更偏向于规范和引导行业发展，而不是一味打压、限制。为更直观地展示不同类型教育培训机构需遵守的主要限制性条件，我们将相关规定整理、汇总如下，见表2－4－3－5。

表2－4－3－5　不同类型教育培训机构限制性条件

<table>
<tr><th colspan="2">教培机构的业务/类型</th><th>能否新设</th><th>审批/备案</th><th>能否为营利性机构</th><th>能否进行资本运作</th><th>培训时间限制</th></tr>
<tr><td rowspan="2">学龄前儿童学科类</td><td>线下</td><td colspan="5">严禁开展面向学龄前儿童线下学科类培训</td></tr>
<tr><td>线上</td><td colspan="5">不得开展面向学龄前儿童的线上培训</td></tr>
<tr><td rowspan="2">学龄前儿童非学科类</td><td>线下</td><td>×</td><td>—</td><td>√</td><td>√</td><td>尚无明确限制性规定，原则上应严于义务教育阶段的同类规定</td></tr>
<tr><td>线上</td><td colspan="5">不得开展面向学龄前儿童的线上培训</td></tr>
<tr><td rowspan="2">义务教育和高中①阶段学科类</td><td>线下</td><td>×</td><td>—</td><td>×</td><td>×</td><td rowspan="2">禁止占用法定节假日、休息日、寒暑假；不得晚于20:30（线上培训不晚于21:00）</td></tr>
<tr><td>线上</td><td>×</td><td>已备案的重新审批</td><td>×</td><td>×</td></tr>
<tr><td rowspan="2">义务教育和高中阶段非学科类</td><td>线下</td><td>√</td><td>审批</td><td>√</td><td>√</td><td>不得晚于20:30</td></tr>
<tr><td>线上</td><td>√</td><td>审批</td><td>√</td><td>√</td><td>不得晚于21:00</td></tr>
<tr><td rowspan="2">其他培训业务</td><td>线下</td><td>√</td><td>审批</td><td>√</td><td>√</td><td rowspan="2">尚无明确限制性规定</td></tr>
<tr><td>线上</td><td>√</td><td>审批</td><td>√</td><td>√</td></tr>
</table>

如表2－4－3－5所示，“双减”政策留给学龄前和K12学科类培训业务的发展空间已经非常有限；而非学科类培训业务方面，政策主旨为加强监督措施，并未新增过于严苛的限制性规则。对比“双减”政策对学科类培训和非学科类培训的不同态度，应不难看出，引导教培机构有序、规范地向非学科类培训业务多样化发展才更贴近政策制定者的本意。

在调整业务方向的命题下，首先需要厘清以下问题：什么是学科类培训？什么是非学科类培训？两者的边界在何处？

① 根据“双减”政策，对面向普通高中学生的学科类培训机构的管理参照“双减”政策有关规定执行。故在进一步细则出台前，在“双减”政策语境下暂将义务教育阶段和高中阶段校外培训业务作为同一类进行讨论。

2021 年 7 月 28 日，作为“双减”政策的配套文件，教育部办公厅发布了《关于进一步明确义务教育阶段校外培训学科类和非学科类范围的通知》(以下简称《通知》)，比较明确地给定了学科类和非学科类培训的基本范围。根据《通知》：

(1)道德与法治、语文、历史、地理、数学、外语(英语、日语、俄语)、物理、化学、生物按照学科类进行管理。对涉及以上学科国家课程标准规定的学习内容进行的校外培训，均列入学科类进行管理。

(2)体育(或体育与健康)、艺术(或音乐、美术)学科，以及综合实践活动(含信息技术教育、劳动与技术教育)等按照非学科类进行管理。

《通知》整体上给出了区分学科类培训和非学科类培训的判断框架：相关课程设置方案和课程标准规定的义务教育阶段学校教授和考查的学科，均被纳入学科类进行管理；而学科类以外的课程则被纳入非学科类进行管理。在具体表述方面，对学科类培训，《通知》采用的是穷举式，即列明了全部学科类培训的课程名称；对非学科类培训的课程范围，则列举了体育、艺术、综合实践活动等几类，没有列明全部课程的范围，留下了相对广阔的探索空间。学科类培训和非学科类培训之间的基本关系可用图 2－4－3－1 概括。

图 2－4－3－1　学科类培训和非学科类培训的关系

然而在实际操作中，学科类培训和非学科类培训之间也许并不存在一条清晰的楚河汉界，特定场景下还需具体问题具体分析。例如就外语培训而言，托福、雅思培训是否属于学科类培训？外国文学阅读课程或外国电影赏析课程是否属于英语学科培训？学校教授英语的中学生能否出于兴趣选择接受校外日语培训？又如对于信息技术教育等科学方面的培训课程，有可能会加入物理、数学等培训内容。

学科类教育培训企业若希望转型发展非学科类培训，对课程内容的设置应小心谨慎，避免“踩雷”。必要时需要聘请相关领域专家，根据国家颁行的义务教育课程设置和课纲，结合市场中其他可比公司课程设置方案，划定拟进行的非学科类培训的课程内容，避免误入学科类培训的范畴。

2. 职业教育赛道或大有可为

根据《职业教育法》的规定，职业教育①是指为了培养高素质技术技能人才，使受教育者具备从事某种职业或者实现职业发展所需要的职业道德、科学文化与专业知识、技术技能等职业综合素质和行动能力而实施的教育。职业教育与普通教育具有同等重要地位②。相较于普通教育，职业教育更加注重实践技能和实际工作能力的培养。根据是否颁发学历证书，可以将中国职业教育体系分为**职业学校教育**③（学历教育）和**职业培训**④（非学历教育）。

国务院早在2014年⑤就已确立发展职业教育的国家战略，《国家职业教育改革实施方案》《职业教育法》以法律法规的形式强调职业教育定位，即"职业教育与普通教育具有同等重要地位"，明确了职业教育在整个教育体系中的重要地位，以及建立服务全民终身学习的现代职业教育体系。"双减"政策以来，国家层面对职教做了大量的政策支持，职业教育顶层制度设计及配套政策逐渐完善。2014年国务院《关于加快发展现代职业教育的决定》明确加快发展现代职业教育是党中央、国务院作出的重大战略部署。此后，国务院又相继颁布各项政策文件，陆续

---

① 《职业教育法》第2条第1款规定，本法所称职业教育，是指为了培养高素质技术技能人才，使受教育者具备**从事某种职业**或者**实现职业发展**所需要的职业道德、科学文化与专业知识、技术技能等职业综合素质和行动能力而实施的教育，包括职业学校教育和职业培训。

② 《职业教育法》第3条规定，职业教育是与普通教育具有同等重要地位的教育类型，是国民教育体系和人力资源开发的重要组成部分，是培养多样化人才、传承技术技能、促进就业创业的重要途径。国家大力发展职业教育，推进职业教育改革，提高职业教育质量，增强职业教育适应性，建立健全适应社会主义市场经济和社会发展需要、符合技术技能人才成长规律的职业教育制度体系，为全面建设社会主义现代化国家提供有力人才和技能支撑。

③ 《职业教育法》第15条规定，职业学校教育分为中等职业学校教育、高等职业学校教育。中等职业学校教育由高级中等教育层次的中等职业学校（含技工学校）实施。高等职业学校教育由专科、本科及以上教育层次的高等职业学校和普通高等学校实施。根据高等职业学校设置制度规定，将符合条件的技师学院纳入高等职业学校序列。其他学校、教育机构或者符合条件的企业、行业组织按照教育行政部门的统筹规划，可以实施相应层次的职业学校教育或者提供纳入人才培养方案的学分课程。

④ 《职业教育法》第16条规定，职业培训包括就业前培训、在职培训、再就业培训及其他职业性培训，可以根据实际情况分级分类实施。职业培训可以由相应的职业培训机构、职业学校实施。其他学校或者教育机构以及企业、社会组织可以根据办学能力、社会需求，依法开展面向社会的、多种形式的职业培训。

⑤ 在2014年全国职业教育工作会议召开前夕，中华人民共和国政府网于6月22日发布国务院《关于加快发展现代职业教育的决定》。

在此文的框架体系中逐步推进与实施职业教育。上述文件不仅解除职业教育资本进入风险，鼓励上市公司、行业龙头企业举办职业教育，鼓励各类企业依法参与职业教育，同时还加强了对职业教育的监督管理，促进规范化，谨防资本过度逐利，重点突出职教改革，实施“1 + X”证书制度，鼓励社会力量举办职教和产教融合。

中共中央办公厅、国务院办公厅《关于推动现代职业教育高质量发展的意见》第3条、第5条还首次提出：到2025年，职业本科教育招生规模不低于高等职业教育招生规模的10%；鼓励应用型本科学校开展职业本科教育。此外，各地也陆续推出相关扩招政策，2022年3月以来，海南、河南、江苏①等地均提出，职业本科教育招生规模不低于高等职业教育招生规模的10%。这一需求的提出，给职业教育带来了较大的发展空间。

除了政策和市场机遇外，职业教育相关法律法规对职业教育行业的资本运作持支持态度，为教培机构转型融资提供了突破口。《民办教育促进法实施条例》（2021年修订）积极鼓励社会力量举办民办职业教育；《关于推动现代职业教育高质量发展的意见》首次提出“鼓励上市公司、行业龙头企业举办职业教育”“职业学校要主动吸纳行业龙头企业深度参与职业教育专业规划、课程设置、教材开发、教学设计、教学实施，合作共建新专业、开发新课程、开展订单培养。鼓励行业龙头企业主导建立全国性、行业性职教集团，推进实体化运作”等举措；《职业教育法》强调“国家鼓励发展多种层次和形式的职业教育，推进多元办学，支持社会力量广泛、平等参与职业教育”，支持“运用信息技术和其他现代化教学方式，开发职业教育网络课程等学习资源，创新教学方式和学校管理方式，推动职业教育信息化建设与融合应用”。前述法律及政策一脉相承，为企业参与职业教育，以及职业教育的市场化运作奠定了法律基础。

---

① 3月8日，江苏省《关于推动现代职业教育高质量发展的实施意见》提出，到2025年，职业院校应届毕业生平均起薪稳步提高。职业本科教育招生规模不低于高等职业教育招生规模的10%。3月15日，《海南省“十四五”职业教育发展规划》印发，该规划提出“十四五”期间，实现职业本科招生规模不低于高等职业教育招生规模的10%，并形成职业教育与普通教育协调发展局面。3月15日，河南省召开新闻发布会，提出到2025年，河南省职业本科教育招生规模将达到高职教育招生规模的10%，职业本科在校生将达16万人。

(四)教育主业之外的跨界转型

1. 新东方跨界电商直播

自“双减”政策落地以来,新东方就经常登上热搜,大幅裁员、遣散教师、关停线下网点、退赔课程费用、巨额亏损等,大部分都不是好消息。在被动的局面下,新东方推出了网络直播带货业务“东方甄选”,与众不同的主播们将知识传播引入直播带货,在获得良好的舆论反馈的同时,也收获了大批消费者的支持。根据新东方发布的2023财年H1(2022年6月1日至11月30日)未经审计业绩情况,虽然公司的收入同比下滑29.7%至13.83亿美元,但是经营利润实现扭亏为赢,达7550万美元,相较前一年度同期的7.36亿美元亏损同比增长约110.26%;其中,“东方甄选”贡献颇多:第三方数据显示,2023财年H1,“东方甄选”实现总营收20.8亿元,同比增长262.7%,净利润实现5.85亿元,同比增长207.6%。[①] 其他教培机构看到新东方率先吃螃蟹获得了不错成效之后,也对直播带货跃跃欲试,学而思、豆神教育、思考乐等机构相继宣布启动直播带货业务。各家教培行业企业如何在这条赛道上争奇斗艳、做出特色、避免同质化,值得在未来持续关注。

2. 猿辅导跨界服装和生活用品

猿辅导在“双减”政策出台前估值率刷新高,尽管存在一些质疑,但其仍在K12学科类培训赛道中吸引了大量资金投入。“双减”政策出台后,猿辅导原有的K12学科类培训业务已悉数下线,教培业务全面转向非学科类的素质教育方向。与此同时,手握大笔投资需要寻找新的业务亮点的猿辅导也在“双减”政策落地后积极拓展跨界业务。自2021年9月,猿辅导母公司陆续投资启动了咖啡(北京单一起源咖啡有限公司)、母婴护理(北京元满母婴护理有限公司)和服饰(北京冰原服饰有限公司)业务,主要针对城市白领的需求。相较于新东方、思考乐等培训机构积极跨界热度较高、能够依托流量在短期内带来成效的电商直播业务,猿辅导的跨界幅度更大,如何将猿辅导强大的在线业务能力用来推动这些涉及线下服务或产品的业务,教培机构转型与教育行业相关度较低的业务能否取得良好效果,仍有待相关市场反馈给出答案。

跨界虽好,但毕竟是进入全新的业务领域,对于教培机构特别是已上市的机

---

① 参见鲸媒体:《新东方2023H1净营收13.83亿美元,账上现金超10亿美元》。

构而言，做好业务自然重要，确保业务执行过程中合法合规也十分关键。进入相关行业前，教培企业需招聘相关业务合规人员、扩充法律合规团队，并与外部中介机构一道共同梳理业务涉及的资质证照、市场准入、经营合规要点，并在后续业务开展过程中持续做好合规管理，避免拓展新业务给企业造成不必要的法律后果或对资本运作造成不利影响。对于在 A 股或其他国家和地区资本市场已经上市的有转型需求的教培行业企业，在转型过程中应扬长避短，充分发挥上市公司的优势，利用好资本市场提供的各类投融资工具，提升转型成功的概率。关于上市公司利用资本市场工具进行转型的相关内容可参见本书业务规则编第三章之“上市公司资本运作：方式、规则及案例”。

三、投资机构的抉择

“双减”政策出台，教育培训行业尤其是 K12 学科类教育培训行业发生剧变，涉足本行业的投资机构或多或少受到冲击。

根据“双减”政策，K12[①] 学科类培训机构不能进行任何资本运作、不能以任何方式在境内或境外上市，还需要变为非营利机构。如果投资者前期投资了主业为 K12 学科类培训业务的企业，其在“双减”政策下的选择已较为有限，其中按照投资协议约定启动回购条款（如有）或协助企业进行业务转型，可能是路径较为清晰的两个选项。而这两个选项都与被投资企业及其创始人团队的资金实力密切相关。相关企业/创始人团队是否有足够的资金回购投资人股权，是否有足够多的资金支撑业务转型和可预见的亏损，是否尚有其他可用于融资的优质资产，核心团队是否保持稳定等，都是已入局投资者必须关注的问题。

投资机构是选择和教培机构一起守望相助、积极谋求转型发展，还是选择果断退出、及时止损，各投资机构需要结合自身、标的企业和行业整体情况，对盘根错节的业务、财务法律问题进行综合分析，最终选择一套效果满意、成功率高的处置方案。

---

① “双减”政策提到，“对面向普通高中学生的学科类培训机构的管理，参照本意见有关规定执行”。根据前述内容，我们倾向认为，在中央层面没有进一步澄清的情况下，高中阶段学科类培训机构的资本运作限制有较大概率按照“双减”政策中义务教育阶段的相关规定执行。

结　语

教育是立国之本,孩子是国家的未来,生育率、人口结构等问题越来越受到社会的关注。"双减"政策颁布实施,既出乎意料,又有迹可循。在当前政策下,原先主要依赖 K12 学科类培训的教育机构已经没有退路,或主动退出市场,或背水一战、积极谋求转型。也许国家所希望的素质教育、终身学习体系已经在此危机中酝酿;而后"双减"政策时代教育培训企业的优秀代表,也正在痛苦的变革中开始蜕变。

我们将持续跟进后"双减"政策时代教育行业法律法规的变迁,以及市场中教培机构转型发展的相关案例,在未来继续与各位分享我们的见闻和思考。

附录　行业相关主要法律规定及监管政策

一、“减碳”相关法律规定及监管政策

序号	名　　称	生效时间	发布单位
1	《关于构建绿色金融体系的指导意见》	2016.08.31	中国人民银行、财政部、国家发改委、原环保部、原银监会、中国证监会、原中国保监会
2	《关于支持绿色债券发展的指导意见》	2017.03.02	中国证监会
3	《非金融企业绿色债务融资工具业务指引》	2017.03.22	中国银行间市场交易商协会
4	《绿色债券评估认证行为指引(暂行)》	2017.10.26	中国人民银行、中国证监会
5	《关于加强绿色金融债券存续期监督管理有关事宜的通知》	2018.03.01	中国人民银行
6	《大型活动碳中和实施指南(试行)》	2019.05.29	生态环境部
7	《关于促进应对气候变化投融资的指导意见》	2020.10.20	生态环境部、国家发改委、中国人民银行、原中国银监会、中国证监会
8	《绿色技术推广目录》(2020年)	2020.12.31	国家发改委、科学技术部、工信部、自然资源部
9	《关于统筹和加强应对气候变化与生态环境保护相关工作的指导意见》	2021.01.09	生态环境部
10	《关于加快建立健全绿色低碳循环发展经济体系的指导意见》	2021.02.02	国务院
11	《关于明确碳中和债相关机制的通知》	2021.03.18	中国银行间市场交易商协会
12	《绿色债券支持项目目录》(2021年版)	2021.04.02	中国人民银行、国家发改委、中国证监会

续表

序号	名　　称	生效时间	发布单位
13	《关于开展绿色种养循环农业试点工作的通知》	2021.04.25	农业农村部、财政部
14	《关于加强县城绿色低碳建设的意见》	2021.05.25	住房和城乡建设部、科学技术部、工信部、民政部、生态环境部、交通运输部、水利部、文化和旅游部、应急管理部、市场监管总局、国家体育总局、国家能源局、国家林业和草原局、国家文物局、原国家乡村振兴局
15	《银行业金融机构绿色金融评价方案》	2021.07.01	中国人民银行
16	《对外投资合作绿色发展工作指引》	2021.07.09	商务部、生态环境部
17	《关于推进国家生态工业示范园区碳达峰碳中和相关工作的通知》	2021.08.27	生态环境部
18	《关于完整准确全面贯彻新发展理念做好碳达峰碳中和工作的意见》	2021.09.22	中共中央、国务院
19	《关于严格能效约束推动重点领域节能降碳的若干意见》	2021.10.18	国家发改委、工信部、生态环境部、市场监管总局、国家能源局
20	《关于做好全国碳排放权交易市场数据质量监督管理相关工作的通知》	2021.10.23	生态环境部
21	《2030年前碳达峰行动方案》	2021.10.24	国务院
22	《绿色交通“十四五”发展规划》	2021.10.29	交通运输部
23	《关于推进中央企业高质量发展做好碳达峰碳中和工作的指导意见》	2021.11.27	国务院国有资产监督管理委员会
24	《贯彻落实碳达峰碳中和目标要求　推动数据中心和5G等新型基础设施绿色高质量发展实施方案》	2021.11.30	国家发改委、中共中央网络安全和信息化委员会办公室、工信部、国家能源局

续表

序号	名　　称	生效时间	发布单位
25	《2021 年碳达峰碳中和专项行业标准制修订项目计划》	2021.12.02	工信部
26	《"十四五"节能减排综合工作方案》	2021.12.28	国务院
27	《碳排放权交易管理办法(试行)》	2021.02.01	生态环境部
28	《关于加快建设全国统一电力市场体系的指导意见》	2022.01.18	国家发改委、国家能源局
29	《关于完善能源绿色低碳转型体制机制和政策措施的意见》	2022.01.30	国家发改委、国家能源局
30	《上海证券交易所公司债券发行上市审核规则适用指引第 2 号——特定品种公司债券》(2022 年修订)	2022.06.02	上交所
31	《深圳证券交易所公司债券创新品种业务指引第 1 号——绿色公司债券》(2022 年修订)	2022.09.16	深交所

二、光伏行业相关法律规定及监管政策

(一)光伏行业主要法律规定和行业监管规定

序号	名　　称	生效时间	发布单位
1	《可再生能源法》	2010.04.01	全国人大常委会
2	《电力法》	2018.12.29	全国人大常委会
3	《关于促进先进光伏技术产品应用和产业升级的意见》	2015.06.01	国家能源局、工信部、国家认证认可监督管理委员会
4	《可再生能源电价附加补助资金管理办法》	2020.01.20	财政部、国家发改委、国家能源局
5	《可再生能源发电有关管理规定》	2006.01.05	国家发改委
6	《可再生能源发电价格和费用分摊管理试行办法》	2006.01.01	国家发改委
7	《电力监管条例》	2005.05.01	国务院

续表

序号	名　　称	生效时间	发布单位
8	《电力业务许可证监督管理办法》	2020.12.25	国家能源局
9	《发电企业与电网企业电费结算办法》	2021.01.01	国家能源局
10	《电力建设工程施工安全监督管理办法》	2015.10.01	国家发改委
11	《电力业务许可证管理规定》	2005.12.01	原国家电力监管委员会
12	《分布式光伏发电项目管理暂行办法》	2013.11.18	国家能源局
13	《光伏电站开发建设管理办法》	2022.11.30	国家能源局
14	《关于完善光伏发电规模管理和实行竞争方式配置项目的指导意见》	2016.05.30	国家发改委、国家能源局
15	《关于进一步加强光伏电站建设与运行管理工作的通知》	2014.10.09	国家能源局
16	《建设项目环境影响评价分类管理名录》(2021年版)	2021.01.01	生态环境部
17	《关于光伏电站建设使用林地有关问题的通知》	2015.11.27	国家林业局(已撤销)
18	《安全生产许可证条例》	2014.07.29	国务院
19	《工业产品生产许可证管理条例》	2005.09.01	国务院
20	《危险化学品安全管理条例》	2013.12.07	国务院
21	《危险化学品登记管理办法》	2012.08.01	国家安全生产监督管理总局(已撤销)
22	《光伏制造行业规范条件》(2021年本)和《光伏制造行业规范公告管理暂行办法》(2021年本)	2021.03.15	工信部
23	《关于开展可再生能源发电补贴自查工作的通知》	2022.03.12	国家发改委、能源局、财政部

(二)光伏行业国家主要补贴政策

序号	阶段	时间	政　　策
1	事前补贴	2009—2015年	•《关于实施金太阳示范工程的通知》 国家对于符合标准的项目按照光伏发电系统及其配套输配电工程总投资的50%或70%予以事前补助

续表

序号	阶段	时间	政　　策
2	标杆上网电价	2013 年	●国家发改委《关于发挥价格杠杆作用促进光伏产业健康发展的通知》 全国分为Ⅰ、Ⅱ、Ⅲ类太阳能资源区，对于 2013 年 9 月 1 日以来备案的光伏电站项目，光伏发电标杆上网电价分别为每千瓦时 0.90 元、0.95 元、1.00 元（含税，下同），在当地燃煤机组标杆上网电价（含脱硫等环保电价）以内的部分由当地省级电网与发电企业进行结算，高出部分通过可再生能源发展基金予以补贴。分布式光伏全电量补贴每千瓦时 0.42 元。 ●《关于完善陆上风电、光伏发电上网标杆电价政策的通知》 2016 年起三类资源区标杆电价分别降至每千瓦时 0.80 元、0.88 元、0.98 元，并实行光伏发电上网标杆电价随发展规模逐步降低的价格政策。 ●国家发改委、财政部、国家能源局《关于 2018 年光伏发电有关事项的通知》 下调 2018 年 5 月 31 日以来新投运的光伏电站标杆上网电价为每千瓦时 0.50 元、0.60 元、0.70 元
3	指导价	2019—2020 年	●国家发改委《关于完善光伏发电上网电价机制有关问题的通知》 对于 2019 年 7 月 1 日后并网的集中式光伏电站，Ⅰ—Ⅲ类资源区新增集中式光伏电站指导价分别确定为每千瓦时 0.40 元、0.45 元、0.55 元；对于纳入补贴规模的"自发自用、余量上网"模式的工商业分布式光伏电站，全发电量补贴每千瓦时 0.10 元，"全额上网"模式按指导价进行；户用光伏全发电量补贴每千瓦时 0.18 元。存量项目按照指导价执行，新增项目实际电价通过市场竞争方式确定，但不得高于指导价
4	平价上网	2021 年至今	●国家发改委《关于 2021 年新能源上网电价政策有关事项的通知》 2021 年起新备案的集中式光伏电站、工商业分布式光伏项目上网电价按当地燃煤发电基准价执行，取消国家补贴；可自愿通过市场化交易形成上网电价。 ●国家发改委《关于落实好 2021 年新能源上网电价政策有关事项的函》 对 2021 年纳入当年中央财政补贴规模的新建户用分布式光伏项目，其全发电量补贴标准按每千瓦时 0.03 元执行。 ●国家发改委《关于 2021 年新能源上网电价政策有关事项的通知（征求意见稿）》 户用分布式光伏发电项目 2022 年不再补贴。 ●国家发改委《关于 2022 年新建风电、光伏发电项目延续平价上网政策的函》 2022 年，对新备案集中式光伏电站和工商业分布式光伏项目，将延续平价上网政策，上网电价按当地燃煤发电基准价执行，新建项目可自愿通过参与市场化交易形成上网电价，以充分体现新能源的绿色电力价值

三、电池行业相关法律规定及监管政策

序号	名　　称	生效时间	发布单位
	法律规定		
1	《环境保护法》(2014 年修订)	2015.01.01	全国人大常委会
2	《电力法》(2018 年修正)	2018.12.29	全国人大常委会
3	《产品质量法》(2018 年修正)	2018.12.29	全国人大常委会
4	《环境影响评价法》(2018 年修正)	2018.12.29	全国人大常委会
5	《固体废物污染环境防治法》(2020 年修订)	2020.09.01	全国人大常委会
6	《消防法》(2021 年修正)	2021.04.29	全国人大常委会
7	《安全生产法》(2021 年修正)	2021.09.01	全国人大常委会
8	《工业产品生产许可证管理条例实施办法》(2022 年修订)	2022.11.01	市场监管总局
	政策文件及监管规定		
9	《电池工业污染物排放标准》(GB 30484－2013)	2014.03.01	原环保部、原国家质量监督检验检疫总局
10	《中国制造 2025》	2015.05.08	国务院
11	《电池行业清洁生产评价指标体系》	2015.12.31	国家发改委、原环保部、工信部
12	《国民经济和社会发展第十三个五年规划纲要》	2016.03.16	全国人大
13	《轻工业发展规划》(2016—2020 年)	2016.08.05	工信部
14	《消费品标准和质量提升规划》(2016—2020 年)	2016.09.06	国务院办公厅
15	《智能制造发展规划》(2016—2020 年)	2016.09.28	工信部、财政部
16	《信息化和工业化融合发展规划》(2016—2020 年)	2016.10.12	工信部
17	《关于加快推进再生资源产业发展的指导意见》	2016.12.21	工信部、商务部、科技部
18	《铅蓄电池再生及生产污染防治技术政策》	2016.12.26	原环保部
19	《废电池污染防治技术政策》	2016.12.26	原环保部
20	《信息产业发展指南》	2017.01.19	工信部

续表

序号	名　　称	生效时间	发布单位
21	《中国化学与物理电源行业协会电池行业“十三五”发展规划》	2017.02.09	中国化学与物理电源行业协会
22	《关于印发〈促进汽车动力电池产业发展行动方案〉的通知》	2017.02.20	工信部、国家发改委、科技部、财政部
23	《关于促进储能技术与产业发展的指导意见》	2017.09.22	国家发改委、财政部、科技部、工信部、国家能源局
24	《关于深化“互联网＋先进制造业”发展工业互联网的指导意见》	2017.11.19	国务院
25	《贯彻落实〈关于促进储能技术与产业发展的指导意见〉2019—2020年行动计划》	2019.06.25	国家发改委、科技部、工信部、国家能源局
26	《产业结构调整指导目录》(2019年本)	2020.01.01	国家发改委
27	《关于加快建立健全绿色低碳循环发展经济体系的指导意见》	2021.02.02	国务院
28	《“十四五”可再生能源发展规划》	2021.10.21	国家发改委、国家能源局、财政部等
29	《锂离子电池行业规范条件》(2021年本)	2021.12.20	工信部
30	《锂离子电池行业规范公告管理暂行办法》(2021年本)	2021.12.20	工信部
31	《“十四五”新型储能发展实施方案》	2022.01.29	国家发改委、国家能源局

四、储能行业相关法律规定及监管政策

(一)主要法律规定及总体政策

序号	名称	生效时间	发布单位	主要内容
1	《“十四五”新型储能发展实施方案》	2022.01.29	国家发改委、国家能源局	到2025年,新型储能由商业化初期步入规模化发展阶段。到2030年,新型储能全面市场化发展

续表

序号	名称	生效时间	发布单位	主要内容
2	《加快农村能源转型发展助力乡村振兴的实施意见》	2021.12.29	国家能源局、原国家乡村振兴局、农业农村部	支持利用农户闲置土地和农屋屋顶，建设分布式风电和光伏发电，配置一定比例储能
3	《"十四五"能源领域科技创新规划》	2021.11.29	国家能源局、科技部	突破能量型、功率型等储能本体及系统集成关键技术和核心装备
4	《"十四五"可再生能源发展规划》	2021.10.21	国家发改委、国家能源局等	加快推进抽水蓄能电站建设；推进黄河上游梯级电站大型储能试点项目建设；有序推进长时储热型太阳能热发电发展；推动其他新型储能规模化应用
5	《抽水蓄能中长期发展规划》（2021—2035年）	2021.09.17	国家能源局	2025年，抽水蓄能投产总规模6200万千瓦以上；2030年，投产总规模1.2亿千瓦左右；2035年，形成满足新能源高比例大规模发展需求的，技术先进、管理优质、国际竞争力强的抽水蓄能现代产业，培养形成一批抽水蓄能大型骨干企业
6	《新型储能项目管理规范（暂行）》	2021.09.24	国家能源局	适用于除抽水蓄能外以输出电力为主要形式，并对外提供服务的储能项目。规范新型储能项目管理，促进新型储能有序、安全、健康发展，支撑构建以新能源为主体的新型电力系统
7	《关于加快推动新型储能发展的指导意见》	2021.07.15	国家发改委、国家能源局	2025年，新型储能装机规模达3000万千瓦以上。2030年，实现新型储能全面市场化发展；明确了14项主要任务和工作要点；首次明确储能装机量的量化目标：到2025年，新型储能装机（抽水蓄能以外技术）规模达3000W以上，并实现新型储能从商业化初期向规模化发展转变

续表

序号	名称	生效时间	发布单位	主要内容
8	《贯彻落实〈关于促进储能技术与产业发展的指导意见〉2019—2020年行动计划》	2019.06.25	国家发改委、科技部、工信部、国家能源局	细化促进储能产业发展的重点任务，提出要加强先进储能技术研发和智能制造升级、完善落实促进储能技术与产业发展政策、推进抽水蓄能发展、推进储能项目示范和应用、推进新能源汽车动力电池储能化应用、加快推进储能标准化
9	《关于促进储能技术与产业发展的指导意见》	2017.09.22	国家发改委、财政部、科技部、工信部、国家能源局	首个储能产业专门指导性政策。明确储能的重要意义，发展储能技术的总体要求、重点任务和保障措施
10	《能源发展战略行动计划》（2014—2020年）	2014.06.07	国务院办公厅	明确储能是9个能源科技重点创新领域之一
11	《可再生能源法》（2009年修正）	2010.04.01	全国人大常委会	电网企业应当加强电网建设，扩大可再生能源电力配置范围，发展和应用智能电网、储能等技术
12	《可再生能源产业发展指导目录》	2005.11.29	国家发改委	列示氧化还原液流储能电池

（二）分时电价政策

1.国家层面政策

序号	名称	生效时间	发布单位	主要内容
1	《关于进一步完善分时电价机制的通知》	2021.07.26	国家发改委	科学划分峰谷时段；合理确定峰谷价差：上年或当年预计最大系统峰谷率超40%的地方，峰谷电价差原则上不低于4∶1，其他地方原则上不低于3∶1；引入尖峰电价机制；建立健全季节性电价机制；扩大分时电价执行范围
2	《关于创新和完善促进绿色发展价格机制的意见》	2018.06.21	国家发改委	加大峰谷电价实施力度，运用价格信号引导电力削峰填谷；利用峰谷电价差、辅助服务补偿等市场化机制，促进储能发展；推行居民峰谷电价

2. 地方层面政策

序号	名称	生效时间	发布单位	实施范围	峰平谷电价比	尖峰电价
1	《关于完善居民分时电价政策的通知》	2022.05.01	山东发改委	国网山东省电力公司直接抄表、收费到户的城乡居民用户	峰段每千瓦时提高0.03元，谷段电价每千瓦时降低0.3769元	
2	《关于进一步完善峰谷分时电价政策措施》	2022.02.24	黑龙江发改委	大工业用户和设备容量在100千伏安（千瓦）及以上的一般工商业用户，电动汽车充电设施用户；其他用户自愿选择	1.5:1:0.5	以高峰时段电价为基础上浮20%
3	《关于进一步完善青海电网峰谷分时电价的通知》	2021.12.21	青海发改委	一般工商业用户	1.63:1:0.37	在用户对应高峰电价基础上上浮20%
4	《关于进一步完善分时电价机制有关事项的通知》	2022.01.01	江苏发改委	315千伏安及以上的大工业用电		以峰段电价为基础上浮20%
5	《关于完善分时电价机制有关事项的通知》	2021.12.14	山西发改委	电气化铁路牵引用电外的执行工商业电价的电力用户	1.6:1:0.45	在峰时段电价基础上上浮20%
6	《关于进一步完善我省分时电价机制的通知》	2022.01.01	四川发改委	执行分时电价的大工业用户	1.6:1:0.4	在高峰时段电价基础上上浮20%
7	《进一步完善我市分时电价机制有关事项的通知》	2022.01.01	重庆发改委	除国家有专门规定的电气化铁路牵引用电外的，10千伏及以上且受电变压器容量100KVA及以上的大工业用户，普非工业用户动力用电	1.6:1:0.38	在高峰电价基础上上浮20%

续表

序号	名称	生效时间	发布单位	实施范围	峰平谷电价比	尖峰电价
8	《关于完善我区峰谷分时电价机制有关事项的通知》	2021.12.20	广西发改委	广西供电区域内大工业用电、专用变压器容量在160千伏安及以上的普通工业用电	1.5:1:0.5	在峰段电价基础上上浮20%
9	《关于进一步完善我省分时电价机制的通知》	2022.01.01	甘肃发改委	全省工商业电力用户(电气化铁路牵引用电除外)、农业生产电力用户(农业排灌用电除外)、居民电动汽车充电桩执行分时电价政策,居民生活用电自主选择	1.5:1:0.5	
10	《关于进一步完善分时电价机制有关事项的通知》	2022.01.01	陕西发改委	大工业生产用户;农业生产用电、一般工商业及其他用户	大工业生产用户用电峰平谷比价为1.63:1:0.37 农业生产用电、一般工商业及其他用电峰平谷比价为1.5:1:0.5	在峰段电价基础上每千瓦时上浮20%
11	《关于工商业用户试行季节性尖峰电价和需求响应补偿电价的通知》	2021.12.01	安徽发改委、能源局	执行分时电价的工商业用户		当日高峰时段购电价格基础上每千瓦时上浮0.072元
12	《关于进一步完善我省分时电价政策有关事项的通知》	2021.10.15	浙江发改委	大工业电价用户	提高高峰电价每千瓦时6分,降低大工业低谷电价每千瓦时6.38分	提高尖峰电价每千瓦时5.6分
13	《关于进一步完善我省峰谷分时电价政策有关问题的通知》	2021.10.01	广东发改委	大工业用户、普通工业专用变压器用户;居民可自主选择是否执行峰平谷分时电价政策	1.7:1:0.38	上浮25%

续表

序号	名称	生效时间	发布单位	实施范围	峰平谷电价比	尖峰电价
14	《关于进一步完善峰谷分时电价机制的通知》	2021.10.01	宁夏发改委		1.5:1:0.5	

(三)部分地区的补贴政策

序号	名称	生效时间	发布单位	主要内容
1	《诸暨市整市推进分布式光伏规模化开发工作方案》	2022.06.09	浙江诸暨市人民政府	“十四五”期间,按每千瓦时200元给予新型储能设施投资单位一次性补贴
2	《关于开展2022年新型储能项目试点工作的通知》	2022.05.10	宁夏发改委	给予自治区储能试点项目0.8元/千瓦时调峰服务补偿价格,全生命周期内完全充放电前600次在辅助服务市场中不考虑价格排序
3	《关于申报2022年生态文明建设储能领域市级预算内基本建设投资项目的通知》	2022.02.21	成都发改委	对入选的用户侧、电网侧、电源侧、虚拟电厂储能项目,年利用小时数不低于600小时的,按照储能设施规模给予每千瓦每年230元且单个项目最高不超过100万元的市级预算内资金补助,补助周期为连续3年
4	《关于加快光伏发电推广应用的实施意见》	2022.02.17	芜湖市人民政府	发文日至2023年12月新建光伏配储项目,自项目投运次月起对储能系统按实际放电量给予储能电站运营主体0.3元/千瓦时补贴,同一项目年度最高补贴100万元
5	《苏州市吴江区分布式光伏规模化开发实施方案》	2021.11.19	江苏苏州吴江区人民政府	2021年7月至2023年,光储项目最高补贴1.1元/千瓦时

续表

序号	名称	生效时间	发布单位	主要内容
6	《关于浙江省加快新型储能示范应用的实施意见》	2021.11.03	浙江发改委、浙江省能源局	支持引导新型储能通过市场方式实现全生命周期运营。过渡期间，调峰项目（年利用小时数不低于600小时）给予容量补偿，补偿标准逐年退坡，补贴期暂定3年（按200元、180元、170元/千瓦逐年退坡）
7	《温州市制造业千企节能改造行动方案（2021—2023）》	2021.10.25	温州市人民政府	对于实际投运的分布式储能项目，按照实际放电量给予储能运营主体0.8元/千瓦时的补贴
8	《肇庆高新区节约用电支持制造业发展的若干措施》	2021.09.29	广东肇庆高新区管委会	2021年9月至2022年9月于区内企业建设并备案的储能、冰蓄冷项目，建成使用后给予150元/千瓦补贴，每个区内企业最高补贴100万元
9	《关于公开征集朝阳区2021年节能减碳项目的通知》	2021.08.19	北京朝阳区发改委	2020年1月1日至2021年6月30日，储能技术项目给予不超过总投资额20%的补助
10	《容桂街道鼓励企业有序用电十项措施》	2021.05.29	广东佛山顺德容桂街道	鼓励企业利用蓄冷手段实行节能用电，包括但不限于使用冰蓄冷、水蓄冷等，单个企业补助不超过30万元
11	《南京市2020年度充电设施建设运营财政补贴办法》	2021.05.10	南京市财政局、南京市交通局、南京市工信局	2020年度，给予具备“光储充放”功能，储能电量达到500千瓦时（及以上）且光伏装机容量达到100千瓦（及以上）的社会公共充电设施运营补贴0.2元/千瓦时
12	《勒流街道鼓励企业有序用电的八项扶持措施》	2021.05.01	广东佛山顺德勒流街道	单个企业所购置的蓄能设备补助不超过30万元
13	《支持储能产业发展的若干措施（试行）》	2021.01.18	青海省发改委等四部门	2021年、2022年投产的电化学储能项目，给予0.1元/千瓦时运营补贴

续表

序号	名称	生效时间	发布单位	主要内容
14	《苏州工业园区绿色发展专项引导资金管理办法》	2019.03.24	江苏苏州工业园区管委会	2022年1月1日后并网，且接入园区碳达峰平台的储能项目，对项目投资方按项目放电量补贴0.3元/千瓦时，补贴3年
15	《关于进一步促进光伏产业持续健康发展的意见》	2018.09.17	合肥市人民政府	自项目投运次月起对储能系统按实际充电量给予投资人1元/千瓦时补贴，同一项目年度最高补贴100万元

五、新能源汽车行业相关法律规定及监管政策

序号	名　　称	生效时间	发布单位
1	《关于加快培育和发展战略性新兴产业的决定》	2010.10.10	国务院
2	《乘用车生产企业及产品准入管理规则》	2012.01.01	工信部
3	《节能与新能源汽车产业发展规划(2012—2020年)》	2012.06.28	国务院
4	《关于加快新能源汽车推广应用的指导意见》	2014.07.14	国务院办公厅
5	《关于完善城市公交车成品油价格补助政策加快新能源汽车推广应用的通知》	2015.01.01	财政部、工信部、交通部
6	《关于加快推进新能源汽车在交通运输行业推广应用的实施意见》	2015.03.13	交通部
7	《关于2016—2020年新能源汽车推广应用财政支持政策的通知》	2015.04.22	财政部、工信部、科技部、国家发改委
8	《中国制造2025》	2015.05.08	国务院
9	《新建纯电动乘用车企业管理规定》	2015.07.10	国家发改委、工信部
10	《"十三五"国家战略性新兴产业发展规划》	2016.11.29	国务院
11	《关于调整新能源汽车推广应用财政补贴政策的通知》	2017.01.01	财政部、科技部、工信部、国家发改委
12	《汽车产业中长期发展规划》	2017.04.06	工信部、国家发改委、科技部
13	《关于完善汽车投资项目管理的意见》	2017.06.04	国家发改委、工信部

续表

序号	名　　称	生效时间	发布单位
14	《关于免征新能源汽车车辆购置税的公告》	2018.01.01	财政部、税务总局、工信部、科技部
15	《关于节能新能源车船享受车船税优惠政策的通知》	2018.07.10	财政部、税务总局、工信部、交通部
16	《关于进一步完善新能源汽车推广应用财政补贴政策的通知》	2019.03.26	财政部、工信部、科技部、国家发改委
17	《道路机动车辆生产企业及产品准入管理办法》	2019.06.01	工信部
18	《道路机动车辆生产企业准入审查要求》	2019.06.01	工信部
19	《推动重点消费品更新升级　畅通资源循环利用实施方案(2019—2020年)》	2019.06.03	国家发改委、生态环境部、商务部
20	《产业结构调整指导目录》(2019年本)	2020.01.01	国家发改委
21	《关于新能源汽车免征车辆购置税有关政策的公告》	2021.01.01	财政部、税务总局、工信部
22	《关于完善新能源汽车推广应用财政补贴政策的通知》	2020.04.23	财政部、工信部、科技部、国家发改委
23	《乘用车企业平均燃料消耗量与新能源汽车积分并行管理办法》(2020年修订)	2021.01.01	工信部、财政部、商务部、海关总署、市场监管总局
24	《新能源汽车生产企业及产品准入管理规定》(2020年修订)	2020.09.01	工信部
25	《新能源汽车产业发展规划(2021—2035年)》	2020.10.20	国务院
26	《关于加快建立健全绿色低碳循环发展经济体系的指导意见》	2021.02.02	国务院
27	《2030年前碳达峰行动方案》	2021.10.24	国务院
28	《关于进一步提升电动汽车充电基础设施服务保障能力的实施意见》	2022.01.10	国家发改委、国家能源局、工信部等
29	《2022年汽车标准化工作要点》	2022.03.18	工信部
30	《关于进一步释放消费潜力促进消费持续恢复的意见》	2022.04.20	国务院办公厅
31	《关于开展2022新能源汽车下乡活动的通知》	2022.05.16	工信部、农业农村部、商务部、国家能源局

六、智能制造行业相关法律规定及监管政策

序号	名　　称	生效时间	发布单位
主要法律规定			
1	《工业产品生产许可证管理条例》	2005.09.01	国务院
2	《环境保护法》(2014 年修订)	2015.01.01	全国人大常委会
3	《标准化法》(2017 年修订)	2018.01.01	全国人大常委会
4	《计量法》(2018 年修正)	2018.10.26	全国人大常委会
5	《产品质量法》(2018 年修正)	2018.12.29	全国人大常委会
6	《环境影响评价法》(2018 年修正)	2018.12.29	全国人大常委会
7	《消防法》(2021 年修正)	2021.04.29	全国人大常委会
8	《安全生产法》(2021 年修正)	2021.09.01	全国人大常委会
9	《工业产品生产许可证管理条例实施办法》(2022 年修订)	2022.11.01	市场监管总局
主要行业政策			
10	《中国制造 2025》	2015.05.08	国务院
11	《国民经济和社会发展第十三个五年规划纲要》	2016.03.16	全国人大
12	《装备制造业标准化和质量提升规划》	2016.08.01	原国家质检总局、国家标准化委、工信部
13	《智能制造发展规划(2016—2020 年)》	2016.09.28	工信部、财政部
14	《“十三五”先进制造技术领域科技创新专项规划》	2017.04.14	科技部
15	《高端智能再制造行动计划(2018—2020 年)》	2017.10.31	工信部
16	《关于深化“互联网 + 先进制造业”发展工业互联网的指导意见》	2017.11.19	国务院
17	《增强制造业核心竞争力三年行动计划(2018—2020 年)》	2017.11.20	国家发改委
18	《国家智能制造标准体系建设指南》(2018 年版)	2018.08.14	工信部、国家标准化委
19	《新一代人工智能产业创新重点任务揭榜工作方案》	2018.11.08	工信部

续表

序号	名　　称	生效时间	发布单位
20	《关于促进制造业产品和服务质量提升的实施意见》	2019.08.29	工信部
21	《关于印发制造业设计能力提升专项行动计划(2019—2022年)的通知》	2019.10.11	工信部、国家发改委等十三部门
22	《国民经济和社会发展第十四个五年规划和2035年远景目标纲要》	2021.03.11	全国人大
23	《广东省制造业高质量发展“十四五”规划》	2021.07.30	广东省人民政府
24	《“十四五”智能制造发展规划》	2021.12.21	工信部、国家发改委等八部门

七、半导体制造行业相关法律规定及监管政策

序号	名　　称	生效时间	发布单位
1	《新时期促进集成电路产业和软件产业高质量发展的若干政策》	2020.07.27	国务院
2	《关于集成电路设计和软件产业企业所得税政策的公告》	2019.05.17	财政部、国家税务总局
3	《关于印发〈“十三五”国家战略性新兴产业发展规划〉的通知》	2016.11.29	国务院
4	《关于印发〈“十三五”国家科技创新规划〉的通知》	2016.07.28	国务院
5	《国家集成电路产业发展推进纲要》	2014.06.24	国务院

八、SaaS行业相关法律规定及监管政策

序号	名　　称	生效时间	发布单位
1	《关于加强网络信息保护的决定》	2012.12.28	全国人大常委会
2	《网络安全法》	2017.06.01	全国人大常委会
3	《数据安全法》	2021.09.01	全国人大常委会
4	《工业和信息化领域数据安全管理办法(试行)》	2023.01.01	工信部

续表

序号	名　　称	生效时间	发布单位
5	《个人信息保护法》	2021.11.01	全国人大常委会
6	《密码法》	2020.01.01	全国人大常委会
7	《互联网信息服务管理办法》	2011.01.08	国务院
8	《计算机信息系统安全保护条例》	2011.01.08	国务院
9	《计算机信息网络国际联网安全保护管理办法》	2011.01.08	国务院
10	《电信条例》	2016.02.06	国务院
11	《关键信息基础设施安全保护条例》	2021.09.01	国务院
12	《互联网安全保护技术措施规定》	2006.03.01	公安部
13	《计算机信息系统安全专用产品检测和销售许可证管理办法》	1997.12.12	公安部
14	《信息安全等级保护管理办法》	2007.06.22	公安部、国家保密局、国家密码管理局、原国务院信息工作办公室
15	《通信网络安全防护管理办法》	2010.03.01	工信部
16	《电信和互联网用户个人信息保护规定》	2013.09.01	工信部
17	《规范互联网信息服务市场秩序若干规定》	2012.03.15	工信部
18	《电信业务经营许可管理办法》	2017.09.01	工信部
19	《电信业务分类目录(2015年版)》	2016.03.01	工信部
20	《关于修订〈电信业务分类目录(2015年版)〉的公告》	2019.06.06	工信部
21	《电信和互联网用户个人信息保护规定》	2013.09.01	工信部
22	《网络产品安全漏洞管理规定》	2021.09.01	工信部、国家互联网信息办公室、公安部
23	《互联网信息服务算法推荐管理规定》	2022.03.01	国家互联网信息办公室、工信部、公安部、市场监管总局
24	《网络安全审查办法》(2021)	2022.02.15	国家互联网信息办公室、国家发改委、工信部、公安部等

续表

序号	名　称	生效时间	发布单位
25	《互联网宗教信息服务管理办法》	2022.03.01	国家宗教事务局、国家互联网信息办公室、工信部、公安部、国家安全部
26	《互联网用户公众账号信息服务管理规定》	2021.02.22	国家互联网信息办公室
27	《网络信息内容生态治理规定》	2020.03.01	国家互联网信息办公室
28	《计算机信息系统保密管理暂行规定》	1998.02.26	国家保密局
29	《信息安全技术网络安全等级保护基本要求》	2019.12.01	市场监管总局、中国国家标准化管理委员会
30	《信息安全技术网络安全等级保护测评要求》	2019.12.01	市场监管总局、中国国家标准化管理委员会
31	《信息安全技术网络安全等级保护安全设计技术要求》	2019.12.01	市场监管总局、中国国家标准化管理委员会

九、生物医药行业相关法律规定及监管政策

(一)药品行业相关法律规定及监管政策

序号	名　称	生效时间	发布单位
1	《药品管理法》(2019年修订)	2019.12.01	全国人大常委会
2	《药品管理法实施条例》(2019年修订)	2019.03.02	国务院
3	《医疗机构药品监督管理办法(试行)》	2011.10.11	原国家食品药品监督管理局
4	《药物临床试验质量管理规范》(2020年修订)	2020.07.01	国家药监局、卫健委
5	《药物非临床研究质量管理规范》	2017.09.01	原食药总局
6	《药品注册管理办法》	2020.07.01	市场监管总局
7	《药品上市后变更管理办法(试行)》	2021.01.12	国家药监局

续表

序号	名　称	生效时间	发布单位
8	《中华人民共和国药典》(2020 年版)	2020.12.30	国家药监局、卫健委
9	《国家基本药物目录》(2018 年版)	2018.11.01	卫健委、国家中医药管理局
10	《药品生产管理规范》	1984.10.13	国家药监局
11	《药品生产监督管理办法》	2020.07.01	市场监管总局
12	《药品委托生产监督管理规定》	2014.10.01	原食药总局
13	《药品生产质量管理规范》(2010 年修订)	2011.03.01	原卫生部
14	《药品说明书和标签管理规定》	2006.06.01	原国家食品药品监督管理局
15	《药品包装管理办法》	1988.09.01	国家药监局
16	《药品经营质量管理规范》(2016 年修正)	2016.07.13	原食药总局
17	《药品经营许可证管理办法》(2017 年修正)	2017.11.17	原食药总局
18	《互联网药品信息服务管理办法》	2017.11.17	原食药总局
19	《关于印发推进药品价格改革意见的通知》	2015.06.01	国家发改委等
20	《药品医疗器械飞行检查办法》	2015.09.01	原食药总局
21	《医药代表备案管理办法(试行)》	2020.12.01	国家药监局
22	《药品记录与数据管理要求(试行)》	2020.12.01	国家药监局
23	《药品、医疗器械、保健食品、特殊医学用途配方食品广告审查管理暂行办法》	2020.03.01	市场监管总局
24	《国家基本医疗保险、工伤保险和生育保险药品目录(2022 年)》	2023.03.01	国家医疗保障局、人社部
25	《关于深化医疗保障制度改革的意见》	2020.02.25	中国共产党中央委员会、国务院
26	《国民经济和社会发展第十三个五年规划纲要》	2016.03.16	全国人大
27	《促进医药产业健康发展的指导意见》	2016.03.04	国务院办公厅
28	《医药工业发展规划指南》	2016.10.26	工信部、国家发改委、科技部等
29	《"十三五"国家战略性新兴产业发展规划》	2016.11.29	国务院

续表

序号	名　　称	生效时间	发布单位
30	《“十三五”深化医药卫生体制改革规划》	2016.12.27	国务院
31	《“十三五”国家药品安全规划》	2017.02.14	国务院
32	《关于开展仿制药质量和疗效一致性评价的意见》	2016.02.06	国务院办公厅
33	《关于改革完善仿制药供应保障及使用政策的意见》	2018.03.21	国务院办公厅
34	《关于印发深化医药卫生体制改革2019年重点工作任务的通知》	2019.05.23	国务院办公厅
35	《国家组织药品集中采购和使用试点方案的通知》	2019.01.01	国务院办公厅
36	《关于国家组织药品集中采购和使用试点扩大区域范围的实施意见》	2019.09.25	国家医疗保障局、工信部、财政部等

（二）医疗器械行业相关法律规定及监管政策

序号	名　　称	生效时间	发布单位
1	《医疗器械监督管理条例》(2021年修订)	2021.06.01	国务院
2	《定制式医疗器械监督管理规定(试行)》	2020.01.01	国家药监局、卫健委
3	《医疗器械标准管理办法》	2017.07.01	原食药总局
4	《医疗器械分类规则》	2016.01.01	原食药总局
5	《医疗器械通用名称命名指导原则》	2019.12.16	国家药监局
6	《医疗器械通用名称命名规则》	2016.04.01	原食药总局
7	《医疗器械说明书和标签管理规定》	2014.10.01	原食药总局
8	《医疗器械唯一标识系统规则》	2019.10.01	国家药监局
9	《医疗器械注册与备案管理办法》	2021.10.01	市场监管总局
10	《医疗器械临床试验质量管理规范》	2022.05.01	国家药监局、卫健委
11	《医疗器械临床试验检查要点及判定原则》	2018.11.19	国家药监局
12	《医疗器械注册质量管理体系核查指南》	2022.09.29	国家药监局
13	《关于发布〈免于临床评价医疗器械目录〉的通告》	2021.10.01	国家药监局

续表

序号	名　　称	生效时间	发布单位
14	《医疗器械生产监督管理办法》	2022.05.01	市场监管总局
15	《医疗器械经营监督管理办法》	2022.05.01	市场监管总局
16	《医疗器械网络销售监督管理办法》	2018.03.01	原食药总局
17	《医疗器械使用质量监督管理办法》	2016.02.01	原食药总局
18	《医疗器械临床使用管理办法》	2021.03.01	卫健委
19	《医疗器械召回管理办法》	2017.05.01	原食药总局
20	《药品医疗器械飞行检查办法》	2015.09.01	原食药总局
21	《医疗器械生产企业管理者代表管理指南》	2018.09.29	国家药监局
22	《医疗器械质量抽查检验管理办法》	2020.03.10	国家药监局
23	《关于发布医疗器械生产质量管理规范的公告》	2015.03.01	原食药总局
24	《关于发布医疗器械生产质量管理规范附录独立软件的通告》	2020.07.01	国家药监局
25	《医疗器械广告管理办法》	1992.10.01	原工商总局、国家药监局
26	《药品、医疗器械、保健食品、特殊医学用途配方食品广告审查管理暂行办法》	2020.03.01	市场监管总局
27	《医疗器械不良事件监测和再评价管理办法》	2019.01.01	市场监管总局、卫健委
28	《关于调整部分医疗器械行政审批事项审批程序的决定》	2017.07.01	原食药总局
29	《关于深化医疗保障制度改革的意见》	2020.02.25	中国共产党中央委员会、国务院
30	《关于扩大医疗器械注册人制度试点工作的通知》	2019.08.01	国家药监局
31	《关于促进"互联网+医疗健康"发展的意见》	2018.04.25	国务院办公厅
32	《关于巩固破除以药补医成果持续深化公立医院综合改革的通知》	2018.03.05	原卫计委等
33	《医疗器械标准规划(2018—2020年)》	2018.01.29	原食药总局

续表

序号	名　　称	生效时间	发布单位
34	《关于深化审评审批制度改革鼓励药品医疗器械创新的意见》	2017.10	中共中央办公厅、国务院办公厅
35	《关于支持社会力量提供多层次多样化医疗服务的意见》	2017.05.16	国务院办公厅
36	《关于印发“十三五”深化医药卫生体制改革规划的通知》	2016.12.27	国务院
37	《关于在公立医疗机构药品采购中推行“两票制”的实施意见(试行)》	2016.12.26	原国务院深化医药卫生体制改革领导小组办公室等
38	《医药工业发展规划指南》	2016.10.26	工信部等
39	《国民经济和社会发展第十三个五年规划纲要》	2016.03.16	全国人大
40	《关于促进医药产业健康发展的指导意见》	2016.03.04	国务院办公厅
41	《关于改革药品医疗器械审评审批制度的意见》	2015.08.09	国务院

(三)互联网医院相关法律规定及监管政策

序号	名　　称	生效时间	发布单位
1	《互联网药品交易服务审批暂行规定》	2005.12.01	原国家食品药品监督管理局
2	《关于加强互联网药品销售管理的通知》	2013.10.29	原食药总局
3	《关于推进医疗机构远程医疗服务的意见》	2014.08.21	原卫计委
4	《关于印发〈推进和规范医师多点执业的若干意见〉的通知》	2014.11.05	原卫计委
5	《关于积极推进“互联网+”行动的指导意见》	2015.07.01	国务院
6	《“十三五”卫生与健康规划》	2016.12.27	国务院
7	《医疗机构管理条例实施细则》	2017.04.01	原卫计委
8	《医师执业注册管理办法》	2017.04.01	原卫计委
9	《互联网药品信息服务管理办法》	2017.11.17	原食药总局
10	《医师法》	2022.03.01	全国人大常委会

续表

序号	名　　称	生效时间	发布单位
11	《关于促进"互联网+"医疗健康发展的意见》	2018.04.25	国务院办公厅
12	《互联网医院管理办法(试行)》	2018.07.17	卫健委、国家中医药管理局
13	《互联网诊疗管理办法(试行)》	2018.07.17	卫健委、国家中医药管理局
14	《远程医疗服务管理规范(试行)》	2018.07.17	卫健委、国家中医药管理局
15	《关于完善"互联网+"医疗服务价格和医保支付政策的指导意见》	2019.08.17	国家医疗保障局
16	《促进健康产业高质量发展行动纲要(2019—2022年)》	2019.08.28	国家发改委、教育部、科技部等
17	《关于进一步推动互联网医疗服务发展和规范管理的通知》	2020.04.18	卫健委
18	《互联网诊疗监管细则(试行)》	2022.02.08	卫健委、国家中医药管理局

(四)医美行业相关法律规定及监管政策

产品类别	名　　称	生效时间	发布单位
化妆品	《化妆品监督管理条例》	2021.01.01	国务院
	《化妆品生产经营监督管理办法》	2022.01.01	市场监管总局
	《化妆品新原料注册备案资料管理规定》	2021.05.01	国家药监局
	《化妆品生产质量管理规范》	2022.07.01	国家药监局
	《化妆品注册备案管理办法》	2021.05.01	市场监管总局
	《化妆品注册和备案检验工作规范》	2019.09.03	国家药监局
	《化妆品新原料注册备案资料管理规定》	2021.05.01	国家药监局
	《化妆品功效宣称评价规范》	2021.05.01	国家药监局
	《关于试行化妆品电子注册证的公告》	2022.01.01	国家药监局
	《化妆品分类规范(征求意见稿)》	2018.01.09 发布(尚未生效)	原食药总局

续表

产品类别	名　　称	生效时间	发布单位
医美机构	《医疗机构管理条例》	2022.05.01	国务院
	《医疗机构管理条例实施细则》	2017.04.01	原卫计委
	《关于印发〈美容医疗机构、医疗美容科(室)基本标准(试行)〉的通知》	2002.04.16	原卫生部
医美执业人员	《医师法》	2022.03.01	全国人大常委会
	《护士条例》	2020.03.27	国务院
	《医师执业注册管理办法》	2017.04.01	原卫计委
	《护士执业注册管理办法》	2021.01.08	卫健委
	《关于加强医疗美容主诊医师管理有关问题的通知》	2017.03.17	原卫计委
医美项目	《医疗美容服务管理办法》	2016.01.19	原卫计委
	《关于印发〈医疗美容项目分级管理目录〉的通知》	2009.12.11	原卫生部
	《关于开展医疗美容专项整治工作的通知》	2011.01.14	原卫生部
	《关于进一步加强医疗美容综合监管执法工作的通知》	2020.04.03	卫健委、中央网信办、教育部、公安部、商务部、海关总署、市场监管总局、国家药监局
	《关于开展严厉打击非法医疗美容专项行动的通知》	2017.05.18	原卫计委、中央网信办、公安部、人社部、海关总署、原工商总局、原食药总局
	《打击非法医疗美容服务专项整治工作方案》	2021.05.28	卫健委、中央网信办、公安部、海关总署、市场监管总局、国家邮政局、国家药监局、国家中医药管理局

续表

产品类别	名　　称	生效时间	发布单位
医美广告	《广告法》	2021.04.29	全国人大常委会
	《医疗广告管理办法》	2007.01.01	原工商总局、原卫生部
	《药品、医疗器械、保健食品、特殊医学用途配方食品广告审查管理暂行办法》	2020.03.01	市场监管总局
	《关于发布〈医疗美容广告执法指南〉的公告》	2021.11.01	市场监管总局
医疗质量管理	《医疗质量管理办法》	2016.11.01	原卫计委
	《医疗机构门诊质量管理暂行规定》	2022.06.06	卫健委

十、跨境电商行业相关境内法律规定及监管政策

序号	名　　称	生效时间	发布单位
1	《关于实施支持跨境电子商务零售出口有关政策的意见》	2013.08.21	商务部等
2	《关于支持外贸稳定增长的若干意见》	2014.05.04	国务院
3	《关于促进跨境电子商务健康快速发展的指导意见》	2015.06.16	国务院
4	《关于促进外贸回稳向好的若干意见》	2016.05.05	国务院
5	《电子商务法》	2019.01.01	全国人大常委会
6	《关于跨境电子商务综合试验区零售出口货物税收政策的通知》	2018.10.01	财政部、国家税务总局等
7	《关于跨境电子商务零售进出口商品有关监管事宜的公告》	2019.01.01	海关总署
8	《关于跨境电子商务综合试验区零售出口企业所得税核定征收有关问题的公告》	2020.01.01	国家税务总局
9	《关于全面推广跨境电子商务出口商品退货监管措施有关事宜的公告》	2020.03.27	海关总署
10	《关于同意在雄安新区等46个城市和地区设立跨境电子商务综合试验区的批复》	2020.04.27	国务院

续表

序号	名　　称	生效时间	发布单位
11	《关于开展跨境电子商务企业对企业出口监管试点的公告》	2020.07.01	海关总署
12	《关于进一步做好稳外贸稳外资工作的意见》	2020.08.05	国务院
13	《关于推进对外贸易创新发展的实施意见》	2020.10.25	国务院
14	《关于加快发展外贸新业态新模式的意见》	2021.07.02	国务院
15	《“十四五”电子商务发展规划》	2021.10.09	商务部、中央网信办、国家发改委
16	《“十四五”对外贸易高质量发展规划》	2021.11.18	商务部
17	《2022 年政府工作报告》	2022.03.05	国务院
18	《关于推动外贸保稳提质的意见》	2022.05.17	国务院
19	《关于跨境电子商务出口退运商品税收政策的公告》	2023.01.30	财政部、海关总署、国家税务总局

十一、游戏行业相关法律规定及监管政策

序号	名　　称	生效时间	发布单位
1	《网络安全法》	2017.06.01	全国人大常委会
2	《数据安全法》	2021.09.01	全国人大常委会
3	《个人信息保护法》	2021.11.01	全国人大常委会
4	《著作权法》(2020 年修正)	2021.06.01	全国人大常委会
5	《未成年人保护法》(2020 年修订)	2021.06.01	全国人大常委会
6	《互联网信息服务管理办法》(2011 年修订)	2011.01.08	国务院
7	《关于移动游戏出版服务管理的通知》	2016.07.01	原新闻出版广电总局
8	《网络出版服务管理规定》	2016.03.10	原新闻出版广电总局、工信部
9	《关于加强对进口网络游戏审批管理的通知》	2009.07.01	原新闻出版总署
10	《关于加强网络游戏虚拟货币管理工作的通知》	2009.06.04	原文化部、商务部
11	《“网络游戏虚拟货币发行企业”、“网络游戏虚拟货币交易企业”申报指南》	2009.07.20	原文化部

续表

序号	名　　称	生效时间	发布单位
12	《网络游戏虚拟货币监管和执法要点指引》	2010.11.16	原文化部
13	《关于防止未成年人沉迷网络游戏的通知》	2019.10.25	国家新闻出版署
14	《关于保护未成年人身心健康实施网络游戏防沉迷系统的通知》	2007.04.15	教育部、原新闻出版总署、中央精神文明建设指导委员会
15	《关于启动网络游戏防沉迷实名验证工作的通知》	2011.07.01	原新闻出版总署、中央精神文明建设指导委员会、教育部、公安部等
16	《关于进一步严格管理切实防止未成年人沉迷网络游戏的通知》	2021.09.01	国家新闻出版署
17	《关于网络游戏发展和管理的若干意见》	2005.07.12	原文化部、原信息产业部
18	《关于规范网络游戏经营秩序查禁利用网络游戏赌博的通知》	2007.01.25	公安部、原信息产业部、原文化部、原新闻出版总署
19	《关于进一步加强网吧及网络游戏管理工作的通知》	2007.02.15	公安部、原文化部等
20	《互联网文化管理暂行规定》(2017 年修订)	2017.12.15	原文化部
21	《关于启用游戏游艺设备内容审核系统　做好游戏游艺设备电子标识管理工作的通知》	2020.11.02	文化和旅游部

十二、教育行业相关法律规定及监管政策

序号	名　　称	生效时间	发布单位
1	《教育法》(2021 年修正)	2021.04.30	全国人大常委会
2	《义务教育法》(2018 年修正)	2018.12.29	全国人大常委会
3	《职业教育法》(2022 年修订)	2022.05.01	全国人大常委会
4	《民办教育促进法》(2018 年修正)	2018.12.29	全国人大常委会
5	《未成年人保护法》(2020 年修订)	2021.06.01	全国人大常委会
6	《民办非企业单位登记管理暂行条例》	1998.10.25	国务院

续表

序号	名　　称	生效时间	发布单位
7	《中外合作办学条例》(2019 年修订)	2019.03.02	国务院
8	《民办教育促进法实施条例》(2021 年修订)	2021.09.01	国务院
9	《关于鼓励社会力量兴办教育促进民办教育健康发展的若干意见》	2016.12.29	国务院
10	《关于加快发展现代职业教育的决定》	2014.05.02	国务院
11	《国家职业教育改革实施方案》	2019.01.24	国务院
12	《关于进一步减轻义务教育阶段学生作业负担和校外培训负担的意见》	2021.07.24	中国共产党中央委员会、国务院
13	《关于加强民办高校规范管理引导民办高等教育健康发展的通知》	2006.12.21	国务院
14	《关于规范校外培训机构发展的意见》	2018.08.06	国务院
15	《关于做好外商投资营利性非学历语言类培训机构审批登记有关工作的通知》	2019.07.24	教育部、商务部、市场监管总局
16	《关于引导规范教育移动互联网应用有序健康发展的意见》	2019.08.10	教育部、中央网信办等
17	《关于促进在线教育健康发展的指导意见》	2019.09.19	教育部、中央网信办等
18	《民办学校分类登记实施细则》	2016.12.30	教育部、人社部等
19	《营利性民办学校监督管理实施细则》	2016.12.30	教育部、人社部、原工商总局
20	《关于进一步加强学科类隐形变异培训防范治理工作的意见》	2022.11.21	教育部、中央政法委等
21	《关于切实减轻中小学生课外负担开展校外培训机构专项治理行动的通知》	2018.02.13	教育部、民政部、人社部、原工商总局
22	《教育移动互联网应用程序备案管理办法》	2019.11.11	教育部
23	《关于进一步明确义务教育阶段校外培训学科类和非学科类范围的通知》	2021.07.28	教育部
24	《关于深化现代职业教育体系建设改革的意见》	2022.12.21	中共中央办公厅、国务院办公厅

主要参考文献

1. 德恒探索：《注册制下：如何在北交所、科创板、创业板之间作出选择?》，载 http://www.dehenglaw.com/CN/tansuocontent/0008/022615/7.aspx? MID=0902。

2. 海通策略：《全面注册制的影响和建议》，载 https://finance.sina.com.cn/stock/marketresearch/2022-11-08/doc-imqqsmrp5380721.shtml。

3.《IPO 合集|科创属性够"硬核"么? 25 个终止案例详解来了!》，载 https://mp.weixin.qq.com/s/e-Mo4i4Xwo7YZiWoRipq_A。

4. 北京半导体行业协会：《[产业信息速递]拆解半导体产业链》，载 https://mp.weixin.qq.com/s?__biz=MzU4ODU1NjQyMg==&mid=2247504199&idx=1&sn=80c8205dd6eff45edf8c658c277487e3&chksm=fdd860aecaafe9b882c4b1-e18b27f831a674df2a57f124e12ab7922e3bcf4503f7a6a683a7e4&scene=27。

5. 海润天睿：《解读|美国对华半导体严格出口管制，关于 EDA 软件的限制、影响和对策》，载 https://mp.weixin.qq.com/s/8hup1fnhJEgdpWdta-fiWQ。

6.《云计算的三种服务模式：IaaS、PaaS 和 SaaS》，载 https://baijiahao.baidu.com/s?id=1722999740705338238&wfr=spider&for=pc。

7. 艾瑞咨询：《2021 年中国企业级 SAAS 行业研究报告》，载 https://mp.weixin.qq.com/s?src=11&timestamp=1673874896&ver=4292&signature=VsYDtK4loudu6SmPthrAp-6fdSxwNNP6QRb9MScbLTEVda5o389jGHnu2oX0k-4auNzhxZo7BW066z1rUxgav11*i1Wrzj3oohCV3kcos-wJf4pBazLM1uHPDcina-9SPG&new=1。

8. 中金点睛：《云兴霞蔚系列之 SaaS 篇：云程发轫，风禾尽起》，载 http://finance.sina.com.cn/stock/stockzmt/2021-02-19/doc-ikftpnny7822748.shtml。

9. 中信证券：《2021 年全球 SaaS 云计算行业研究报告》，载 https://mp.weixin.qq.com/s?src=11&timestamp=1673875017&ver=4292&signature=DwZYXZAY-

HqZ5Id3bgLOYPfXCQVytFGI - mK4ed - V9gjCnuawlkwRPu4 - KikSG5VidaAattx - 0BuBN364G84QpzCbUwDuG06WphU0aKihPbvOcZJElW04W * j1AUwTKH9Eo7&new = 1。

10.《云计算 SaaS 服务模式精讲》，载 https://mp. weixin. qq. com/s/SEpGhs-demvFuyhH9pSqbsg。

11. 慧谷资本：《SaaS 风云 I 开篇：SaaS 知多少》，载 https://mp. weixin. qq. com/s? src = 11&timestamp = 1673875284&ver = 4292&signature = Lhj72e - mXezQG8ZfLKzbLYT0tWYSsBW * 4k0XOA59LMPgtbz * SeSVSjmMVCtHchHFsYkuYF6S466IAZr * x9M1pIi4A5L5FuOiQI1r * 7ungN6b * 5bss3NZjfkc5ac - 4o3s&new = 1。

12. Lisa Morgan：《如何确保云计算的合规性》，载 https://www. 51cto. com/article/599725. html。